Hin
Bredendieck

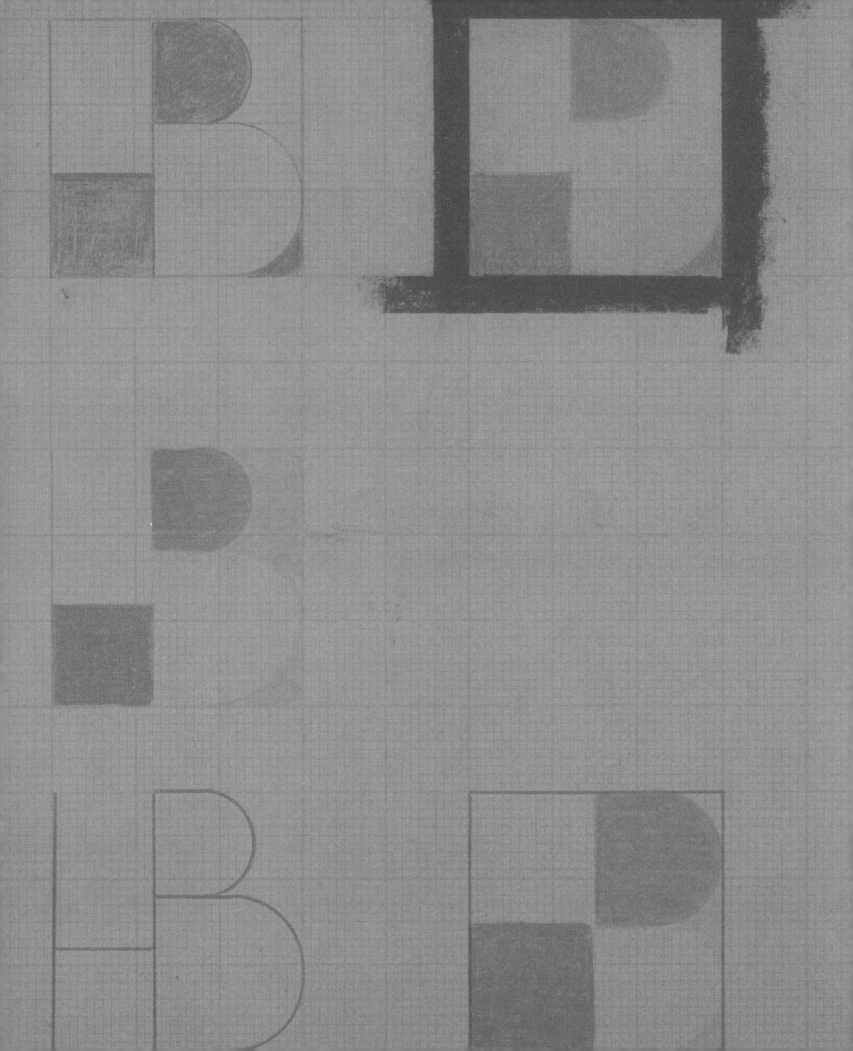

Hin Bredendieck

Von Aurich nach Atlanta · From Aurich to Atlanta

mit Texten, Briefen und Dokumenten
bearbeitet von Gloria Köpnick
und mit Beiträgen von Rainer Stamm

with texts, letters, and documents
edited by Gloria Köpnick
and with essays by Rainer Stamm

HIRMER

Inhalt

Contents

7 __ Vorwort und Dank

11 __ Frühe Jahre

19 __ Bauhaus Dessau:
Im Vorkurs

34 __ Hin Bredendieck und Paul Klee

40 __ Hin Bredendiecks Mitschriften
zu Schlemmers Unterricht
„der mensch"

46 __ Streik

49 __ Bauhaus Dessau:
In der Metallwerkstatt

76 __ „me" – Produktdatenblätter der
Metallwerkstatt am Bauhaus

84 __ „entwurf einiger neuer
stuhlmodelle"

96 __ Fotografie am Bauhaus

103 __ Zwischen Wirtschaftskrise und
Werbeatelier: Bredendieck in Berlin

114 __ Auf den Spuren einer vergessenen
Künstlerin: Virginia Tooker -
Virginia Weisshaus -
Virginia Bredendieck

7 __ Preface and Acknowledgements

11 __ Early Years

19 __ Bauhaus Dessau:
The Preliminary Course

34 __ Hin Bredendieck and Paul Klee

40 __ Hin Bredendieck's Notes on
Schlemmer's Course
"The Human Being"

46 __ Strike

49 __ Bauhaus Dessau:
In the Metal Workshop

76 __ "me"–Product Datasheets from
the Bauhaus Metal Workshop

84 __ "The Design of Various
New Chairs"

96 __ Photography at the Bauhaus

103 __ Between Economic Crisis and
Advertising Studio: Bredendieck in Berlin

114 __ On the Trail of a Forgotten Artist:
Virginia Tooker–
Virginia Weisshaus–
Virginia Bredendieck

135 __ Schweizer Jahre 1932–1934

159 __ für die Wohnung ... Oldenburger Jahre: 1934–1937

171 __ Hin Bredendieck in Chicago

210 __ Lerner-Bredendieck Designers

218 __ Joan Saugrain Bredendieck

221 __ Hin Bredendieck in Atlanta

249 __ Texte von Hin Bredendieck

250 __ Hin Bredendieck: This is Hin Bredendieck, recording his own life story, ca. 1990

256 __ Hin Bredendieck: The Legacy of Bauhaus, 1962

262 __ Hin Bredendieck: Vorkurs und Entwurf, 1979

272 __ Schriftenverzeichnis Hin Bredendieck
273 __ Literatur
276 __ Register
279 __ Bildnachweis
280 __ Impressum

135 __ The Swiss Years, 1932–1934

159 __ for the home ... The Oldenburg Years, 1934–1937

171 __ Hin Bredendieck in Chicago

210 __ Lerner-Bredendieck Designers

218 __ Joan Saugrain Bredendieck

221 __ Hin Bredendieck in Atlanta

249 __ Texts by Hin Bredendieck

250 __ Hin Bredendieck: This is Hin Bredendieck, recording his own life story, ca. 1990

256 __ Hin Bredendieck: The Legacy of the Bauhaus, 1962

262 __ Hin Bredendieck: Course and Design, 1979

272 __ Writings of Hin Bredendieck
273 __ References
276 __ Index
279 __ Image credits
280 __ Colophon

Vorwort und Dank

Preface and Acknowledge-ments

Leben und Werk von Hin Bredendieck sind eine Entdeckung.

In der kunsthistorischen Literatur ist Hin Bredendieck bislang eine Randfigur geblieben: In Standardwerken zur Bauhaus-Geschichte taucht sein Name meist nur im Zusammenhang mit der Gestaltung der Kandem-Lampen, des im Bauhaus-Archiv bewahrten Arbeitshockers oder des Teeglashalter-Unikats aus der Sammlung des Bauhauses Dessau auf. Auch in den Erinnerungen von Bauhäuslern und Zeitzeugen begegnet man Bredendieck nur selten. In der grundlegenden Sammlung „Bauhaus und Bauhäusler. Erinnerungen und Bekenntnisse" findet Bredendieck lediglich als Dozent am New Bauhaus Chicago Erwähnung, als den ihn Richard Koppe erlebte. Auch Konrad Wachsmann erinnert Bredendieck – neben László Moholy-Nagy, György Kepes und Alexander Archipenko – als Lehrer in Chicago. Gustav Hassenpflug – als ehemaliger Weggefährte – nennt Bredendieck zwar in „Die Zeit ohne Eigenschaften. Eine Bilanz der zwanziger Jahre" als wichtigen Fortführer der Bauhaus-Pädagogik, als den ihn auch Rainer K. Wick und Gabriele Diana Grawe anerkennen, dennoch blieb jede Beschäftigung mit seinem Leben und Werk bislang fragmentarisch.

Die Biografie Bredendiecks anhand seiner wesentlichen Lebensstationen Aurich, Dessau, Berlin, Zürich, Oldenburg, Chicago und Atlanta wurde im Rahmen des Forschungs- und Ausstellungsprojekts „Zwischen Utopie und Anpassung – Das Bauhaus in Oldenburg" (2016/2019) am Landesmuseum für Kunst und Kulturgeschichte Oldenburg erstmals umfassend in den Blick genommen. Schon in diesem ersten Schritt wurden die Splitter der Rezeption seines Werks, der bislang bekannten Arbeiten und Entwürfe, der Zeitzeugenberichte und wissenschaftlichen Vorarbeiten zusammengetragen und zu einem komplexeren Lebensbild ergänzt. Als das wichtigste und folgenreichste Ergebnis dieser Vorarbeiten stellte sich die Lokalisierung des umfangreichen Nachlassteils heraus, der sich noch in Familienbesitz befand. Die Zersplitterung und jahrzehntelange Unzugänglichkeit des Nachlasses hatte ebenso zu der

The life and work of Hin Bredendieck are a true discovery.

Hin Bredendieck has thus far been a marginal figure in art history. In standard works on the Bauhaus, his name usually only appears in connection with the design of the Kandem lamps, the industrial stool preserved in the Bauhaus Archive, or the unique tea-glass holder in the Bauhaus Dessau collection. Likewise, Bredendieck is rarely mentioned in the memoirs of other Bauhaus members and their contemporaries. In the major historical work *Bauhaus und Bauhäusler. Erinnerungen und Bekenntnisse* (The Bauhaus and Its Members: Memories and Confessions), Bredendieck is mentioned only by Richard Koppe, who remembers him as a lecturer at the New Bauhaus in Chicago. Konrad Wachsmann also recalls Bredendieck as a teacher in Chicago—alongside László Moholy-Nagy, György Kepes, and Alexander Archipenko. Gustav Hassenpflug mentions Bredendieck in *Die Zeit ohne Eigenschaften. Eine Bilanz der Zwanziger Jahren* (The Era without Qualities: A Review of the 1920s), citing him as critical in the continuation of Bauhaus educational theory; and Rainer K. Wick and Gabriele Diana Grawe also acknowledge his contribution in that regard. Nevertheless, analysis of his life and work has thus far remained fragmentary.

Bredendieck's biography—following his career through Aurich, Dessau, Berlin, Zurich, Oldenburg,

Chicago, and Atlanta—was comprehensively examined for the first time in *Between Utopia and Adaptation: The Bauhaus in Oldenburg* (2016/2019), an exhibition and research project at the Oldenburg State Museum for Art and Cultural History. This brought together examples of his work and designs, critical reception, contemporary accounts, and preliminary scholarly work, which together began to form a more complex picture of his life. The most important result of this preparatory work was the discovery of an extensive part of his estate that was still in the possession of his family. The fragmentation of the estate, and the decades in which it was inaccessible, had contributed significantly to Bredendieck's obscurity, as had the dispersion of documentary evidence and other traces of his life story, as is typical of many emigrants.

Hin Bredendieck's extensive estate is now distributed over three locations. A small collection, which he had donated during his lifetime, is now kept in the Bauhaus Archive in Berlin. After his death, a number of documents were handed over to the Georgia Institute of Technology in Atlanta. That collection includes letters, manuscripts, notes, drawings and drafts, photographs, and printed matter from each of his creative phases, and it is not yet processed—there has not yet been a chronological or categorical organization of the inventory.

The third partial estate, including documents from all creative phases, was preserved in Ireland by his son Karl Bredendieck. In the spring of 2018, it was transferred to Oldenburg, where it was thoroughly categorized, put into chronological order, and given a general index. These holdings were initially entrusted to Oldenburg in the form of a permanent loan, and then were acquired in April 2018 by the State Museum for Art and Cultural History.

This publication and the research project *Hin Bredendieck: From Aurich to Atlanta* would not have been possible without the help and support of many individuals and institutions. We would thus like to thank all those who have supported and promoted our work, especially:

the members of the Bredendieck family—in particular Hin Bredendieck's children in the USA and Ireland: Dina Zinnes, Gwen B. Fischer, and Karl

mangelnden Beachtung Bredendiecks beigetragen wie die für viele Emigranten typische Zerstreuung seiner Lebensspuren, Nachwirkungen und Schaffenszeugnisse.

Hin Bredendiecks reichhaltiger Nachlass ist heute auf drei Standorte verteilt: Ein kleiner Bestand, welchen er noch zu Lebzeiten abgegeben hatte, wird heute im Bauhaus-Archiv Berlin verwahrt. Nach seinem Tod wurde ein umfangreicher Nachlassteil dem Georgia Institute of Technology Atlanta übergeben. Das Konvolut umfasst Briefe, Manuskripte, Notizen, Zeichnungen und Entwürfe, Fotografien sowie Drucksachen aller Schaffensphasen und ist bislang weder aufgearbeitet noch verzeichnet worden, es gibt keine chronologische oder logische Gliederung der Bestände.

Ein weiteres, bedeutendes Nachlasskonvolut wurde von seinem Sohn Karl Bredendieck in Irland bewahrt. Es umfasst ebenfalls Dokumente aller Schaffensphasen und konnte im Frühjahr 2018 nach Oldenburg überführt werden. Hier wurde es grundlegend systematisiert, in eine chronologische Ordnung gebracht und grob verzeichnet. Im April 2019 konnte dieser zunächst als Dauerleihgabe nach Oldenburg verbrachte Bestand vom Landesmuseum für Kunst und Kulturgeschichte erworben werden.

Dass die Ergebnisse des Forschungsvorhabens „Hin Bredendieck. Von Aurich nach Atlanta" mit dieser Publikation nun präsentiert werden können, wäre ohne die Hilfe und Unterstützung vieler Personen und Institutionen nicht möglich gewesen. Daher möchten wir uns bei all denen bedanken, die unsere Arbeit unterstützt und gefördert haben, vor allem

bei den Mitgliedern der Familie Bredendieck, insbesondere Dina Zinnes, Gwen B. Fischer und Karl Bredendieck, den Kindern Hin Bredendiecks in den USA und Irland – für ihr Vertrauen in unsere Arbeit und die wichtigen Gespräche, die kein Dokument oder Archiv hätten ersetzen können;

bei der Alfried Krupp von Bohlen und Halbach-Stiftung, der ZEIT-Stiftung Ebelin und Gerd Bucerius, der Rudolf-August Oetker-Stiftung und der Waldemar Koch Stiftung, die das Projekt großzügig gefördert und das Erscheinen der vorliegenden Publikation damit ermöglicht haben;

beim Georgia Institute of Technology, Atlanta, insbesondere Jim Budd, Jody A. Thompson, Susan Sanders und Kirk Henderson, die unser Vorhaben tatkräftig unterstützt haben;

bei Barbara Hein (*art*), die als erste Journalistin das Potential von Bredendiecks Geschichte erkannt und für ein großes Publikum sichtbar gemacht hat, sowie Jörg Häntzschel (*Süddeutsche Zeitung*), Manuel Wischnewski (*blau*) und Bettina Maria Brosowsky (*domus*), die die Geschichte gemeinsam mit uns begonnen haben, in die Welt zu tragen;

beim Hirmer Verlag, respektive Kerstin Ludolph und Cordula Gielen für die Koordination des Vorhabens sowie Sophie Friederich, die die vorliegende Publikation mit Leidenschaft und Akribie gestaltet hat; bei Gérard Goodrow für seine Übersetzungen der deutschen Texte ins Englische sowie bei James Copeland für das hervorragende Lektorat der englischen Texte;

bei den Referentinnen und Referenten unseres Symposiums „Das Bauhaus in der Provinz", das im November 2017 stattgefunden hat und zum ersten Treffen mit der Familie Bredendieck wurde, sowie bei den Referentinnen und Referenten des Symposiums „Deutsche Design-Emigranten", das im November 2019 in Oldenburg stattfand und neue Perspektiven auf die Migration von Ideen geworfen hat, – für ihre inspirierenden Vorträge;

beim Niedersächsischen Ministerium für Wissenschaft und Kultur – für die Bewilligung des Forschungsprojekts „Das Bauhaus in Oldenburg – Avantgarde in der Provinz" im Rahmen des Programms Pro*Niedersachsen, das die Basis für das vorliegende Projekt geliefert hat;

sowie dem Team des Landesmuseums Oldenburg, den Bildgeberinnen und Bildgebern.

Gloria Köpnick und Rainer Stamm
Oldenburg, Januar 2020

Bredendieck—for their confidence in our work and the important conversations that no documents or archives could have replaced;

the Alfried Krupp von Bohlen und Halbach Foundation, the ZEIT Foundation Ebelin and Gerd Bucerius, the Rudolf-August Oetker Foundation, and the Waldemar Koch Foundation, whose generous support has made the publication of this book possible;

the Georgia Institute of Technology in Atlanta, in particular Jim Budd, Jody A. Thompson, Susan Sanders, and Kirk Henderson, who have actively supported our project;

Barbara Hein (*art*), the first journalist to recognize the potential of Bredendieck's story and make it visible to a larger audience, as well as Jörg Häntzschel (*Süddeutsche Zeitung*), Manuel Wischnewski (*blue*), and Bettina Maria Brosowsky (*domus*), who began, together with us, to carry his story into the world;

Hirmer Verlag—in particular Kerstin Ludolph and Cordula Gielen, for the coordination of the project, and Sophie Friederich, who designed this publication with passion and meticulous care;

Gérard Goodrow for his translations of the German texts into English, as well as James Copeland for his excellent editing of the English texts;

the speakers at our symposium "The Bauhaus in the Provinces," which took place in November 2017 and led to our first meeting with the Bredendieck family, as well as the speakers of the symposium "German Design Emigrants," which took place in Oldenburg in November 2019 and opened new perspectives on the migration of ideas—for their inspiring lectures;

the Lower Saxony Ministry of Science and Culture—for approving the research application "The Bauhaus in Oldenburg: The Avant-Garde in the Provinces" as part of "Pro*Lower Saxony," which provided the basis for the present project;

and, finally, the team of the Oldenburg State Museum and those who provided us with images.

Gloria Köpnick and Rainer Stamm
Oldenburg, January 2020

Frühe Jahre

Kindheit und Jugend in Aurich –
Lehrjahre in Leer

Hinrich Hermann Focko Bredendieck (gen. Hin, seltener Hinnerk bzw. Heinrich)[1] wurde am 9. Juni 1904[2] als Sohn von Hinrich Bredendieck (1872–1932) und Aaltje Gesine Bredendieck (geb. Bohlen; gen. Anna; 1869–1931) im ostfriesischen Aurich geboren und wuchs mit fünf Brüdern und zwei Schwestern in einer Familie des gehobenen Bürgertums auf. Während die Region Ostfriesland eher landwirtschaftlich geprägt war, besaß Aurich, das 1883 an das Eisenbahnnetz angeschlossen worden war, als preußische Garnisonsstadt um 1900 einen kleinstädtischen Charakter. In der Beamtenstadt lebten um 1900 etwa 6.000 Einwohner, eine Zahl, die sich bis in die 1920er-Jahre kaum verändern sollte. Am zentralen Ostertorplatz führten Hins Eltern einen Kolonialwarenladen.

In einer Aufzeichnung aus dem Jahr 1969 rekapitulierte Bredendieck – inzwischen selbst mehrfacher Familienvater – seine Kindheit in Aurich.[3] Das Verhältnis zu seinem Vater beschreibt er als respektvoll doch distanziert. Während des Weltkrieges, dessen Ausbruch Hin Bredendieck als Zehnjähriger erlebt hatte, kümmerte sich seine Mutter allein um Haus und Hof, acht Kinder und das Geschäft: „Meine Mutter schien in der Lage zu sein, nahezu alles zu tun, (...) sie hat sogar die Räume gestrichen und die Wände ausgebessert", erinnert er.[4] Während er sich einem Teil seiner Geschwister enger verbunden fühlte, behielt er das Verhältnis zu seiner Mutter als distanziert in Erinnerung und – dies mag den sozialen Konventionen des späten Kaiserreichs geschuldet gewesen sein – eine Umarmung als die Ausnahme: „Ich erinnere mich, einige Jahre später, als ich einmal von der Hochschule nach Hause kam, war ich überrascht, als ich meine Mutter spontan in die Arme nahm. Es muss das erste Mal gewesen sein, dass ich das tat, oder vielleicht überhaupt die Gelegenheit dazu hatte."[5] Aus den schwierigen Kriegsjahren, dem großen Einsatz der Mutter sowie der Heimkehr des Vaters zog Bredendieck rückblickend eine wichtige Lehre fürs Leben: „you can do it".

Early Years

Childhood in Aurich,
Apprenticeship in Leer

Hinrich Hermann Focko Bredendieck (called Hin, more rarely Hinnerk or Heinrich)[1] was born on June 9, 1904,[2] the son of Hinrich Bredendieck (1872–1932) and Aaltje Gesine Bredendieck (née Bohlen; called Anna; 1869–1931), in the East Frisian town of Aurich. He grew up with five brothers and two sisters in an upper-middle-class family. While the East Frisian region was largely agrarian, Aurich, as a Prussian garrison that had been connected to the railway network since 1883, had the character of a proper town. Around 1900, approximately 6,000 inhabitants lived in this community of civil servants, a number that would not change until the 1920s. Hin's parents ran a general store on the central Ostertorplatz.

In a note from 1969 describing his childhood in Aurich, Bredendieck—by then a father himself—recalled his relationship to his father as respectful yet distant.[3] During the First World War, which broke out when he was ten, his mother was alone in taking care of the house and property, eight children, and the business. "My mother seem[ed] to be able to do almost anything ... she even did the painting of the rooms, including repairing a plaster wall," he recalled.[4] While he felt close to some of his siblings, he remembered his relationship with his mother as also being distant and—this may have been due to the social conventions of the late empire—a hug as the exception: "I remember, some years later when I ... came home from college, I surprised myself when I spontaneously gave my mother a big hug. It must

1 //

abb. 1 // Familie Bredendieck, Aurich, 1912, Familienbesitz, hintere Reihe: Johann (1899–1965) und Friedrich (1903–1977), vordere Reihe: Diedrich (1906–2002), Mutter Anna (1869–1931), Hermann (1908–2000), Hinrich (1904–1995), Vater Hinrich (1872–1932), Hedwig (1900–1975), Elise (1902–1984). Otto (1913–1998) wurde erst ein Jahr nach der Aufnahme geboren. **// fig. 1 //** The Bredendieck Family, Aurich, 1912, family estate. Back row: Johann and Fritz. Front row: Diedrich, Mother Anna, Hermann, Hinrich, Father Hinrich, Hedwig, Elise. Otto was born a year after the photo was taken.

abb. 2 // Kolonialwarenladen der Familie Bredendieck in Aurich, um 1930, Familienbesitz **// fig. 2 //** The Bredendieck family general store in Aurich, ca. 1930, family estate

have been the first time I ever did this, or perhaps had a chance to do so."[5] In retrospect, Bredendieck drew an important life lesson from the difficult war years, his mother's great commitment, and his father's return home: "you can do it."

At the age of fourteen, having finished elementary school, Bredendieck began an apprenticeship as a cabinetmaker.[6] He had already noticed and tested his manual skills when he was a child: "At home I was always trying to build something. Having practically no tools, when a knife in the kitchen was missing, they were only looking for me. And most of the time, they were right."[7] Even before his apprenticeship began, he had made numerous paper models of buildings, which he did not really intend to play with: "The fun was in the making. I think the making of these models may have helped to develop my spatial conception."[8]

In addition to his apprenticeship in the cabinetmaking workshop of Carl M. Mensen at Ostertorplatz 1, where all the work was still done by hand, Bredendieck attended night classes twice a week.[9] While his school attendance was classified as "very irregular," he received a grade of "very good" in drawing. After four years, he completed his training in 1922 with "best results."[10] Bredendieck was deeply impressed by Mensen's perfectionism.[11] For his final apprenticeship exam, he built an oak sideboard that has survived in the family to this day; for its design, he consulted numerous books and furniture catalogs. A simple oak chest built by Bredendieck in this period is likewise still in the family's possession today.

After completing his apprenticeship in Aurich, Bredendieck worked from July 1922 to October 1923

2 //

Nach Abschluss der Volksschule begann Bredendieck mit 14 Jahren eine Lehre als Tischler.[6] Bereits als Kind hatte er sein handwerkliches Geschick bemerkt und erprobt: „Zu Hause habe ich immer versucht, etwas zu bauen. Praktisch ohne Werkzeug. Wenn ein Messer in der Küche fehlte, suchten sie nur nach mir und meistens hatten sie damit recht."[7] Bereits vor Beginn seiner Lehre hatte er Papiermodelle von Gebäuden angefertigt, die er jedoch nicht nur zum Spielen nutzte: „Der Spaß lag vor allem in der Herstellung. Ich denke, die Herstellung dieser Modelle hat wahrscheinlich dazu beigetragen, meine räumliche Vorstellungskraft zu entwickeln."[8]

Neben der Ausbildung in der Tischlerei von Carl M. Mensen am Ostertorplatz 1, in der alle Arbeiten noch mit der Hand ausgeführt

3 //

wurden, besuchte Bredendieck zwei Mal pro Woche die Abendschule.[9] Während sein Schulbesuch als „sehr unregelmäßig" eingestuft wurde, erlangte er im Zeichnen die Bewertung „sehr gut". Nach vier Jahren schloss er die Ausbildung 1922 mit „bestem Erfolg" ab.[10] An der Ausbildung bei Mensen beeindruckte Bredendieck nachhaltig dessen Perfektionismus.[11] Als Gesellenstück baute er ein Buffet aus Eichenholz, das sich bis heute in der Familie erhalten hat und für dessen Entwurf er zahlreiche Bücher und Möbelkataloge zu Rate gezogen hatte. Auch eine von Hin Bredendieck gebaute, schlichte Truhe aus Eichenholz aus dieser Zeit befindet sich heute noch in Familienbesitz.

Nach Abschluss seiner Ausbildung in Aurich arbeitete Hin Bredendieck von Juli 1922 bis Oktober 1923 in der Möbelfabrik Hermann Schulte in der rund dreißig Kilometer entfernten Stadt Leer, in der auch maschinell gefertigt wurde.[12] Schulte war mit den „flott und sauber" ausgeführten Arbeiten des jungen Tischlers äußerst zufrieden, doch aufgrund einer „geringen Auftragslage und infolge der schwierigen Wohnungsverhältnisse" sah sich Bredendieck gezwungen zu kündigen.[13]

Auf der Suche an den Kunstgewerbeschulen in Stuttgart und Hamburg

Auf Anraten seiner Eltern entschied sich Hin Bredendieck für den Besuch einer Hochschule und immatrikulierte sich zum Wintersemester 1923/24 an der Württembergischen Kunstgewerbeschule in Stuttgart,[14] auf die ihn ein Arbeitskollege aufmerksam gemacht hatte und die zu dieser Zeit von dem Maler und Grafiker Bernhard Pankok geleitet wurde.[15] Nicht nur die prekäre wirtschaftliche Situation wird Bredendieck motiviert haben sich weiterzubilden, sondern auch der Wunsch nach neuen – vor allem künstlerischen – Impulsen. Seiner Studentenakte zufolge war er in Stuttgart für das Studienfach „Innenausstattung und Möbelbau" eingeschrieben.[16] Im ersten Semester belegte er freies Zeichnen, Möbelgestaltung, Materialkunde und Grundrissgeometrie. Doch verschiedene Vorkommnisse bewegten Bredendieck bald dazu, die Lehranstalt zu wechseln: Ein Professor hatte ihn bereits bei seinem Eintritt gewarnt, wenn er den Anforderungen nicht gewachsen sei,

in the Hermann Schulte furniture factory in the town of Leer, some thirty kilometers away. In the Schulte factory, work was also done on machines.[12] Schulte was extremely satisfied with the young carpenter's "fast and clean" work, but was forced to lay off Bredendieck "due to a low order level and as a consequence of the difficult housing conditions."[13]

A Time of Searching at the Arts and Crafts Schools in Stuttgart and Hamburg

On the advice of his parents, Bredendieck decided to attend an institution of higher education and enrolled for the winter semester 1923/24 at the Württembergische Kunstgewerbeschule (School of Arts and Crafts) in Stuttgart,[14] to which a colleague had drawn his attention and which at that time was led by the painter and graphic artist Bernhard Pankok.[15] It was not only the precarious economic situation that motivated Bredendieck to further his education, but also his desire for new—especially artistic—inspiration. According to his student file, he was enrolled in Stuttgart for the Interior Design and Cabinetry course.[16] In the first semester, he studied free drawing, furniture design, materials science, and floorplan geometry. But various incidents soon led Bredendieck to change schools: one professor had already warned him when he entered the school that he would have to leave if he could not cope with the demands. Years later—after having had further similar experiences—Bredendieck assessed this statement as an allusion to his limited educational background.[17] Both in Stuttgart and later in Hamburg, he repeatedly realized that, unlike him, most of his fellow students had no practical experience, but could prove that they had attended high school, while he had only completed elementary school. In the summer of 1924, after two semesters, he discontinued his studies in Stuttgart. Looking back, he was amazed at his determination to continue his education at another institution: "How did I, twenty years

müsse er die Schule verlassen. Jahre später – und mit weiteren ähnlichen Erlebnissen im Gepäck – bewertete Bredendieck diesen Hinweis als Anspielung auf seinen begrenzten Bildungshintergrund.[17] Sowohl in Stuttgart als auch später in Hamburg wurde er immer wieder gewahr, dass die meisten Kommilitonen im Gegensatz zu ihm keine praktische Erfahrung mitbrachten, aber den Besuch eines Gymnasiums vorweisen konnten, während er nur über den Abschluss der Volksschule verfügte. Nach zwei Semestern, im Sommer 1924, beendete er sein Studium in Stuttgart. Rückblickend war er erstaunt über seine Entschlossenheit, die Ausbildung an einer anderen Einrichtung fortzusetzen: „Wie konnte ich – kaum zwanzig Jahre alt, mit wenig Vorbildung und aus einer eher kleinen Stadt kommend, die ich vorher nie verlassen hatte – wissen: diese Schule war nichts für mich?"[18]

6 //

abb. 6 // Hin Bredendieck (unten rechts) auf einem Foto der Klasse von Prof. Zuberer an der Württembergischen Staatlichen Kunstgewerbeschule Stuttgart, Wintersemester 1923/1924 // **fig. 6** // Hin Bredendieck (bottom right) in a photo of Prof. Zuberer's class at the Württembergische Kunstgewerbeschule (School of Arts and Crafts) in Stuttgart, winter semester 1923/1924

Zum Wintersemester 1924/25 immatrikulierte sich Bredendieck an der Staatlichen Kunstgewerbeschule in Hamburg. Hier hatte nicht nur Lyonel Feininger für kurze Zeit (1887/88) studiert, sondern auch Anni Albers, bevor sie ans Bauhaus Weimar wechselte. Im April 1924 - also nur wenige Monate bevor sich Bredendieck hier im Oktober immatrikulierte - verfasste der Kunsthistoriker Alfred Rohde einen Bericht über das Programm dieser Kunstgewerbeschule, der in der Zeitschrift *Deutsche Kunst und Dekoration* erschien.[19] Rohde betonte die Freiheit, die den Schüler gelassen werde, um eigene Entwürfe zu entwickeln und auch, dass die Grundausbildung und die spätere Arbeit in den Fachklassen (an die wiederum die Werkstätten angeschlossen waren) dem höchsten Zweck - der Architektur - dienen solle und Arbeitsproben in regelmäßig stattfindenden Schülerausstellungen präsentiert würden. Bredendiecks Suche scheint dies dennoch nicht sonderlich entsprochen zu haben, da der Unterricht in seiner Wahrnehmung wieder dem glich, was er in Stuttgart erlebt hatte. Bredendieck belegte - aufbauend auf seinen Vorkenntnissen im Bereich der Holzverarbeitung - Kurse in Möbelbau und Innenausstattung und entwarf erstmals Möbel mit kubischen Formen. Schnell wurde er sich dabei seiner Außenseiterrolle bewusst, weigerte er sich doch, seine Möbelentwürfe mit schmückenden - von ihm als überflüssig empfundenen - Ornamenten zu dekorieren: „Ihre Idee war, dass wir viele Ornamente entwerfen sollten. Als ich protestierte, sagten sie: ‚Aber Sie müssen. Wie wollen Sie Mitarbeiter beschäftigen, wenn Sie keine Ornamente entwerfen?' Arrogant antwortete ich: ‚Das ist nicht mein Problem'", erinnerte er sich 1980 in einem Interview.[20]

Auch das Studium in Hamburg brach Bredendieck nach zwei Semestern ab und entschloss sich zu einer Bewerbung an der Berliner Kunstgewerbeschule. Bei der Aufnahmeprüfung mussten die Bewerber einen Entwurf für ein Speisesaalmöbel entwickeln, für dessen Gestaltung die Mitbewerber, wie sich Bredendieck erinnert, sogleich in der Bibliothek nach Entwürfen des Professors, der die Aufgabe gestellt hatte, recherchierten und als zweite Aufgabe einen Stuhl im barocken Stil zeichnen.[21] Seine Ablehnung führte Bredendieck auf den fehlenden Besuch eines Gymnasiums und den damit verbundenen sozialen Status zurück, doch wurde ihm ebenfalls bewusst,

old, with little previous education, coming from a rather small town, which I had never left before, know that this school was not for me?"[18]

For the winter semester 1924/25, Bredendieck enrolled at the Staatliche Kunstgewerbeschule in Hamburg. Not only had Lyonel Feininger studied there for a short time (1887/88), but so had Anni Albers before she transferred to the Bauhaus in Weimar. In April 1924—just a few months before Bredendieck enrolled there in October—the art historian Alfred Rohde wrote a report on this arts and crafts school that appeared in the magazine *Deutsche Kunst und Dekoration*.[19] Rohde emphasized the freedom given to students to develop their own designs, and how basic education and later work in the specialized classes (with which the workshops were affiliated) should serve the highest purpose— architecture—with work samples presented in regular student exhibitions. Bredendieck's search, however, does not seem to have corresponded much to this, since the way he perceived the teaching was similar to what he had experienced in Stuttgart. Building on his previous knowledge in the field of woodworking, Bredendieck took courses in cabinetry and interior design and, for the first time, designed furniture with cubic forms. He quickly became aware of his role as an outsider, refusing to decorate his furniture designs with ornamental elements, which he considered superfluous: "Their idea was that we should design lots of ornamentation. When I protested, they said, 'But you must. How are you going to keep people employed if you don't design ornaments?' Arrogantly I answered, 'That is no concern of mine!'" he recalled in an interview in 1980.[20]

Bredendieck also discontinued his studies in Hamburg after two semesters and decided to apply to the Berliner Kunstgewerbeschule. As part of the entrance exam, the applicants had to draft a design for a piece of dining room furniture, for which, as Bredendieck recalls, his competitors immediately went to the library to research the designs of the professor who had set the task; as a second task, they were to draw a chair in the baroque style.[21] Once again, Bredendieck attributed his rejection to the lack of a high school education and the associated social status, but he also realized that this was not the right institute of higher education for him either. He later remembered with astonishment and gratitude the unconditional support of his parents, not least because he was the only one of his siblings who had been given the opportunity to attend such an institute.

After Bredendieck was rejected in Berlin, he worked for a short time in a furniture factory and then moved back to Aurich, financing himself with casual jobs. It was here that he remembered meeting a stranger in an art gallery in Stuttgart two years earlier: He had told him about the Bauhaus and was surprised that Bredendieck had moved from East Frisia to Stuttgart instead of going to nearby Weimar, where the Bauhaus was located until 1925. While Bredendieck had previously been a searching outsider, at the Bauhaus he finally found what he had missed in the other schools: a new and modern educational institution largely liberated from academic traditions and bourgeois educational ideals.

7 //

dass auch dies nicht die richtige Hochschule für ihn war. Staunend und dankbar erinnerte er sich später an die vorbehaltlose Unterstützung seiner Eltern, nicht zuletzt, da er als einziges seiner Geschwister die Möglichkeit zum Besuch einer Hochschule erhalten hatte.

Nachdem Hin Bredendieck in Berlin abgelehnt worden war, arbeitete er für kurze Zeit in einer Möbelfabrik und zog dann – sich mit Gelegenheitsjobs finanzierend – zurück nach Aurich, wo er sich an das Zusammentreffen mit einem Fremden in einer Kunstgalerie zwei Jahre zuvor in Stuttgart erinnerte: Dieser habe ihm vom Bauhaus erzählt und sich gewundert, dass Bredendieck von Ostfriesland nach Stuttgart gewechselt war, statt in das näher gelegene Weimar zu gehen, wo das Bauhaus bis 1925 angesiedelt war. War Bredendieck bis dato ein suchender Außenseiter gewesen, fand er am Bauhaus schließlich, was er an den anderen Kunstgewebeschulen vermisst hatte: eine neuartige und moderne, von akademischen Traditionen und bürgerlichen Bildungsidealen weitgehend befreite Ausbildungsstätte.

1   „Hin", die Kurzform seines Vornamens, nahm er vermutlich erst mit seinem Eintritt ins Bauhaus Dessau an, dennoch tauchen in offiziellen Dokumenten der Jahre bis zur Emigration auch immer wieder die verschiedenen Langformen und Varianten auf. In Ausweisdokumenten der US-Jahre wird „Hin" schließlich auch als offizieller Name geführt.

2   In Bredendiecks Ausweisdokumenten – und dem Bauhaus-Diplom – findet sich das korrekte Geburtsdatum. In mehreren Kurzbiografien wird sein Geburtstag jedoch fälschlicherweise mit dem 9. April 1904 angegeben, vgl. AKL, Bd. 14, 1996, 57f.; Biographisches Lexikon Ostfriesische Landschaft (kurz BLO), Bd. IV, Aurich 2007, S. 55–58; Binroth 2002, S. 206.

3   Hin Bredendieck, maschinenschriftliche Aufzeichnungen aus dem Sommer 1969, Archives and Records Management Department, Georgia Tech Library, Georgia Institute of Technology, Nachlass Hin Bredendieck [im Folgenden: GTL-HB].

4   Ebd. [übersetzt aus dem Englischen]

5   Ebd. [übersetzt aus dem Englischen].

6   Lehrvertrag mit der Tischlerei Mensen v. 30.5.1918, Landesmuseum für Kunst und Kulturgeschichte Oldenburg, Nachlass Hin Bredendieck (im Folgenden: LMO-HB) 10.

7   Bredendieck 1990, S. 1 [übersetzt aus dem Englischen].

8   Ebd. [übersetzt aus dem Englischen].

9   Gewerbliche Fortbildungs-schule in Aurich, Zeugnis Hinrich Bredendieck v. 10.3.1922, LMO-HB 10.

10   Ausbildungsbescheinigung von C. M. Mensen für Hinrich Breden-dieck, v. 18.10.1923, LMO-HB 10.

1972 besuchte Bredendieck die in Aurich lebende Mathilde Mensen, die Witwe seines Tischlermeisters Carl M. Mensen, zu deren 89. Geburtstag: „Eine unglaubliche Veränderung!". Prof. Hinrich Bredendik [sic] (USA) erfreut über Aurichs Entwicklung, unidentifizierter Zeitungsartikel v. 27.9.1972, LMO-HB 10.

11   Vgl. Hin Bredendieck, maschinenschriftliche Aufzeichnungen aus dem Sommer 1969, GTL-HB.

12   Möbelfabrik Hermann Schulte, Zeugnis Hinrich Bredendieck, v. 17.10.1923, LMO-HB 10.

13   Ebd.

14   Vgl. zur Geschichte der Württembergischen Kunstgewerbe-schule Stuttgart Büttner 2011.

15   Vgl. Studentenausweise und Semesterzeugnisse von Hinrich Bredendieck, Württembergische Staatliche Kunstgewerbe-Schule Stuttgart, Wintersemester 1923/24 und Sommersemester 1924, LMO-HB 10.

16   Hin Bredendieck, Matrikelakte 566, Württembergische Staatliche Kunstgewerbe-Schule Stuttgart. Die Autorin dankt Nils Büttner, Stuttgart, für die Bereitstellung der Unterlagen.

17   Vgl. Bredendieck 1990, S. 4.

18   Ebd. [übersetzt aus dem Englischen].

19   Alfred Rohde: Die Staatliche Kunstgewerbe-Schule zu Hamburg, in: Deutsche Kunst und Dekoration, 27. Jg. 1924, H. 7, S. 138f.

20   Sheila Beardsley: The Master Designer, in: Atlanta Weekly v. 19.10.1980 [übersetzt aus dem Englischen].

21   Bredendieck 1990, S. 5.

1   He presumably only accepted "Hin," the short form of his first name, when he entered the Bauhaus in Dessau, but the various long forms and variants still appear time and again in official documents from the years leading up to emigration. In identity documents from the US years, "Hin" was ultimately entered as his official name.

2   The correct date of birth is noted in Bredendieck's identity documents, as well as on his Bauhaus diploma. In several short biographies, however, his birthday is incorrectly noted as being in April 1904. See Allgemeines Künstlerlexikon [AKL], 14 (1996): 57–58; Biographisches Lexikon Ostfriesische Landschaft [BLO], IV (2007): 55–58; Binroth 2002, 206.

3   Hin Bredendieck, typewritten notes from the summer of 1969, Archives and Records Management Department, Georgia Institute of Technology, Hin Bredendieck Estate (hereinafter: GTL-HB).

4   Ibid.

5   Ibid.

6   Apprenticeship contract with the Mensen cabinetmaking workshop dated May 30, 1918, Landesmuseum für Kunst und Kulturgeschichte Oldenburg, Hin Bredendieck Estate (hereinafter: LMO-HB) 10.

7   Bredendieck 1990, 1.

8   Ibid.

9   Vocational Continuation School in Aurich, school report for Hinrich Bredendieck dated March 10, 1922, LMO-HB 10.

10   Certificate of training from C. M. Mensen for Hinrich Bredendieck dated October 18, 1923, LMO-HB 10

[translated]. In 1972, Bredendieck visited Mathilde Mensen, the widow of his master carpenter Carl M. Mensen, who lived in Aurich, on her eighty-ninth birthday: "'Eine unglaubliche Veränderung!' Prof. Hinrich Bredendik [sic] (USA) erfreut über Aurichs Entwicklung," unidentified newspaper article dated September 27, 1972, LMO-HB 10.

11   See Bredendieck, notes from 1969, GTL-HB.

12   Hermann Schulte furniture factory, letter of recommendation for Hinrich Bredendieck, dated October 17, 1923, LMO-HB 10.

13   Ibid. [translated].

14   For more on the history of the Württembergische Kunstgewerbe-schule Stuttgart, see Büttner 2011.

15   See Hinrich Bredendieck's student ID and semester reports from the Württembergische Staatliche Kunstgewerbeschule Stuttgart for the winter semester 1923/24 and the summer semester 1924 in the LMO-HB 10.

16   Hin Bredendieck, matriculation file 566, Württembergische Staatliche Kunstgewerbeschule Stuttgart. The author is grateful to Nils Büttner, Stuttgart, for providing the relevant documents.

17   See Bredendieck 1990, 4.

18   Ibid.

19   Alfred Rohde, "Die Staatliche Kunstgewerbeschule zu Hamburg," Deutsche Kunst und Dekoration, 27, no. 7 (1924): 138–39.

20   Sheila Beardsley, "The Master Designer," Atlanta Weekly (October 19, 1980).

21   Bredendieck 1990, 5.

Bauhaus Dessau

Im Vorkurs

Bauhaus Dessau

The Preliminary Course

Das von dem Architekten Walter Gropius im April 1919 gegründete Staatliche Bauhaus Weimar war ein Experimentierfeld für neue Ideen und die einflussreichste Hochschule für Gestaltung im 20. Jahrhundert. Sie prägte maßgeblich die Entwicklung des Designs, der Kunst und der Architektur der Moderne. Als Lehrkräfte konnte Gropius namhafte Künstler wie Lyonel Feininger, Wassily Kandinsky, Paul Klee und Oskar Schlemmer gewinnen. Insbesondere das neuartige Unterrichtskonzept der Vorkurs-Lehre, das in Weimar maßgeblich von dem Schweizer Künstler Johannes Itten entwickelt worden war, zählt zu den Errungenschaften der Schule. Nach dem obligatorischen Vorkursbesuch setzten die Schülerinnen und Schüler ihre Ausbildung in den nach Materialien gegliederten Werkstätten fort.

Kennzeichnend für das Bauhaus war auch ein ausgeprägtes Gemeinschaftsgefühl, das bei regelmäßig stattfindenden Festen kultiviert wurde. Obwohl das Bauhaus mit den akademischen Lehrmethoden der Staatlichen Kunstakademien brach, bestand es seine erste Probe 1923 mit einer epochemachenden Ausstellung. Das Bauhaus zog Studierende aus vielen verschiedenen Ländern an und wurde während seiner 14-jährigen Existenz zu einem freiheitlichen Zentrum der europäischen Avantgarde. Männer und Frauen unterschiedlichen Alters, unterschiedlicher Herkunft oder Bildung lernten gemeinsam – zwischen der Gründung des Bauhauses 1919 und seiner Schließung 1933 knapp über 1.400 Personen. Regelmäßig stattfindende Gastvorträge erweiterten das Programm um Positionen der Moderne aus den Bereichen Architektur, Kunst, Tanz, Musik und Literatur.

1925 musste die Schule aus politischen Gründen ihren Standort wechseln und fand in Dessau eine neue Heimat. Während das

The Bauhaus, founded by architect Walter Gropius in Weimar in April 1919, was a testing ground for new ideas and became the most influential design school of the twentieth century. It made a decisive contribution to the development of modern design, art, and architecture. For its teaching staff, Gropius succeeded in recruiting such renowned artists as Lyonel Feininger, Wassily Kandinsky, Paul Klee, and Oskar Schlemmer. The innovative pedagogical concept of the Preliminary Course, developed to a large extent by the Swiss artist Johannes Itten, proved to be one of the school's principal achievements. After the Preliminary Course, which was required for all new students, the teaching program continued in the workshops, which were organized according to specific materials.

A notable characteristic of the Bauhaus was its strong sense of community, which was cultivated at regular events. After the Bauhaus broke with the academic teaching methods of the state-run art academies, it stood its first test in 1923 with an epoch-making exhibition. The Bauhaus quickly attracted students from many different countries and, during its fourteen-year existence, became a liberal center of the European avant-garde. Men and women of different ages, origins, and educational backgrounds studied together; between the

bauhaus dessau

2 //

1 //

abb. 1 // Bauhaus Dessau, um 1928, Fotografie: Walter Kilham Jr. (?) **// fig. 1 //** Bauhaus Dessau, ca. 1928, photograph by Walter Kilham Jr. (?)

abb. 2 // bauhaus dessau, Schulprogramm, 1927, Gestaltung: Herbert Bayer **// fig. 2 //** bauhaus dessau, School brochure, 1927, designed by Herbert Bayer

founding of the school in 1919 and its closure in 1933, over 1,400 students studied at the Bauhaus. Regular guest lectures expanded the program, presenting modernist approaches in the fields of architecture, art, dance, music, and literature.

Due to political pressures, the school was forced to relocate in 1925, and it found a new home in the city of Dessau. While the Bauhaus in Weimar was housed in a historic structure designed by Henry van de Velde, with the move to Dessau, Walter Gropius designed and created a new school building, which, with its glass façade, became iconic in its own right. The building was equipped with furniture and lamps from the Bauhaus workshops and the campus

Bauhaus in Weimar in dem historischen, von Henry van de Velde entworfenen Schulgebäude untergebracht war, plante und realisierte Walter Gropius in Dessau ein eigenes, durch seine Glasfassade ikonisch gewordenes Schulgebäude, das mit Mobiliar und Leuchten aus den Bauhaus-Werkstätten ausgestattet wurde, sowie eine Reihe von Häusern für die Bauhaus-Meister (sog. Meisterhäuser).

In Dessau vollzog sich auch ein programmatischer Wandel: Die ehemals expressionistischen Tendenzen wurden durch neue, konstruktivistische und funktionalistische Formen abgelöst, die sich

Hinnerk 25

3 //

included a number of houses for Bauhaus masters (the so-called Masters' Houses).

A change in curriculum also took place in Dessau, as expressionist tendencies were replaced by new constructivist and functionalist forms. This was reflected mainly in the area of product design, but also through the use of new materials. In the school program designed by Herbert Bayer in 1927, Walter Gropius refers to the "basic principles of bauhaus production": "the bauhaus wants to assist in the development of present-day housing, from the simplest household appliances to the finished dwelling."[1] The foundation of the Bauhaus Ltd. company in November 1925 contributed to the school's revenue with product sales, while also emphasizing its proximity to the worlds of business and industrial production. When the State of Anhalt recognized the Bauhaus as an institute of higher education in October 1925, it was given the additional title "Hochschule für Gestaltung" (College of Design). The lecturers who had previously been called masters were now appointed professors, and the graduates no longer took an examination before the Chamber of Crafts and Trades but rather, after successful completion of their studies, received a certificate or, in the case of special talent, a "diploma."[2]

The Bauhaus Dessau, which had already begun offering classes in the summer of 1925, officially opened in December of that year. Bredendieck matriculated in the summer of 1927, and, in comparison to the schools of arts and crafts he had previously attended, it was a clear improvement: "Having experienced three other art schools before, the Bauhaus seemed to have a different 'atmosphere.'

insbesondere im Bereich des Produktdesigns und in der Verwendung neuer Materialien wiederspiegelten. Im 1927 von Herbert Bayer gestalteten Schulprogramm benannte Walter Gropius die „grundsätze der bauhaus-produktion": „das bauhaus will der zeitgemäßen entwicklung der behausung dienen, vom einfachen hausgerät bis zum fertigen wohnhaus."[1] Die im November 1925 erfolgte Gründung der Bauhaus GmbH trug mit Produktverkäufen zum Unterhalt der Schule bei und unterstrich die Nähe zur Wirtschaft und industriellen Produktion. Als die anhaltinische Landesregierung im Oktober 1925 das Bauhaus als Hochschule anerkannte, erhielt es den Namenszusatz „Hochschule für Gestaltung". Die zuvor als Meister titulierten Dozenten wurden nun zu Professoren ernannt und die Absolventinnen und Absolventen legten keine Prüfung mehr vor der Handwerkskammer

I felt at home, it was the right place for me."[3] The artist Etel Mittag-Fodor, who came to the Bauhaus in September 1928 and later photographed furniture produced by Bredendieck, had similar memories: "This was a new world for me. Everything was completely different from what I knew. Nothing was taken for granted, nothing accepted. Everything had to be discussed, examined from different angles. No discipline was imposed, there was only self-discipline."[4]

The Preliminary Course

As one of sixty-five newly admitted students, Bredendieck had registered at the Bauhaus in April 1927 together with Otti Berger, Max Bill, Franz Ehrlich, Max Gebhard, Gustav Hassenpflug, Elisabeth Henneberger, Robert Lenz, Gerda Marx, Wera Meyer-Waldeck, Takehiko Mizutani, and Werner Zimmermann.[5] For all of them, their studies at the Bauhaus began with the Preliminary Course led by Josef Albers. Albers, who had worked as a teacher before taking up his own artistic career, had attended Itten's Preliminary Course at the Bauhaus Weimar in 1920 and then attended the Stained Glass Workshop. From 1923 onwards, Albers taught the Preliminary Course alongside Moholy-Nagy, who taught the course until 1928. Albers's course took place on four mornings and comprised twelve hours per week: "The course itself was not structured with a series of specific assignments each to be completed within a certain time. Nor were there formal lectures," Bredendieck recalled.[6] In contrast, Magdalena Droste explains that Albers's course, which focused on the economy of material use, was indeed very well structured. From 1927 onwards, students were "not permitted to work with just any material, but rather with glass, paper, and metal in a fixed order: in the first month only with glass, in the second month only with paper, and then in the third month with two materials which, according to the student's research, were related to each other. In the fourth month, the students were free to choose their own materials."[7]

ab, sondern erhielten nach erfolgreichem Studium ein Zeugnis bzw. bei besonderer Begabung ein „Diplom".[2]

Das Bauhaus Dessau, das den Schulbetrieb bereits im Sommer 1925 aufgenommen hatte, wurde im Dezember des Jahres offiziell eröffnet. Bei Bredendiecks Ankunft im Sommer 1927 fand er hier den gesuchten, unvergleichlichen Kontrast zu den bisher von ihm besuchten Kunstgewerbeschulen: „Having experienced three other art schools before, the Bauhaus seems to have a different ‚atmosphere'. I felt at home, it was the right place for me."[3] Auch die aus Österreich-Ungarn stammende Künstlerin Etel Mittag-Fodor, die im September 1928 ans Bauhaus kam und später von Bredendieck hergestellte Möbel fotografieren sollte, erinnert sich in ähnlicher Weise: „Das war eine neue Welt für mich. Alles war total anders, als das, was ich kannte. Nichts war selbstverständlich, nichts einfach so akzeptiert. Alles musste diskutiert und aus verschiedenen Perspektiven untersucht werden. Es wurden keine Regeln vorgegeben, alles basierte auf Selbstdisziplin."[4]

Im Vorkurs

Als einer von 65 neu aufgenommenen Studierenden hatte Bredendieck sich im April 1927 zusammen mit Otti Berger, Max Bill, Franz Ehrlich, Max Gebhard, Gustav Hassenpflug, Elisabeth Henneberger, Robert Lenz, Gerda Marx, Wera Meyer-Waldeck, Takehiko Mizutani und Werner Zimmermann am Bauhaus eingeschrieben.[5] Am Beginn des Bauhaus-Studiums stand für alle der Besuch des von Josef Albers geleiteten Vorkurses. Albers, der als Volksschullehrer gearbeitet hatte, bevor er eine eigene künstlerische Karriere einschlug, hatte 1920 am Bauhaus Weimar den Vorkurs von Itten und anschließend die Werkstatt für Glasmalerei besucht. Ab 1923 unterrichtete Albers, der 1925 zum Bauhausmeister ernannt wurde, neben Moholy-Nagy, der bis 1928 im Vorkurs lehrte – den Vorkurs. Albers' Kurs fand an vier Vormittagen statt und umfasste wöchentlich zwölf Stunden: „The course itself was not structured with a series of specific assignments each to be completed within a certain time. Nor were there formal lectures", erinnert sich Bredendieck.[6] Magdalena Droste beschreibt hingegen, dass Albers' auf Ökonomie der Materialverwendung ausgerichteter Kurs sehr wohl strukturiert war. Ab 1927 durften die Studierenden „nicht mit jedem Material arbeiten, sondern in festgelegter Reihenfolge mit Glas,

4 //

5 //

6 //

abb. 4 // Josef Albers mit einer Gruppe Studenten im Vorkurs, Bauhaus Dessau, 1928, Fotografie: Umbo (Otto Umbehr), The Josef and Anni Albers Foundation // fig. 4 // Josef Albers with a group of students in the Preliminary Course, Bauhaus Dessau, 1928, photograph by Umbo (Otto Umbehr), The Josef and Anni Albers Foundation

abb. 5 und 6 // Josef Albers mit Studenten im Vorkurs, Bauhaus Dessau, 1928, Fotografie: Max Bill (?), Reproduktionen // figs. 5 and 6 // Josef Albers with students in the Preliminary Course, Bauhaus Dessau, 1928, photographs by Max Bill (?), reproductions

The exercises of the course focused on releasing creative energies.[8] The laboratory-like quality of the Preliminary Course opened up numerous design possibilities, always with the aim of fundamentally rediscovering color, form, and material. Bredendieck's children remember him talking about Preliminary Course exercises many years later, including drawing an object on the floor from the highest point of the Bauhaus staircase, or drawing a chair from the most unusual perspectives. He recalls one exercise in his essay "Vorkurs und Entwurf" (Preliminary Course and Design):

"My training began with Albers's Preliminary Course. As I recall, Albers gave a short lecture on creative work in general. Afterwards, he gave us the task, 'hole in paper.' All of us were taken aback. Was this really a task? One student dared to say, 'You could simply bite a hole in the paper.' Just as surprisingly, Albers replied to this by saying, 'There you are, you have a hole already.' And with this, he left the room. As surprised as everyone was, we got started in making various holes. Later, we realized that Albers did not necessarily expect everyone to come up with a solution. His intention was rather to dissuade us from our usual way of thinking and to inspire us creatively. If memory serves me well, the 'hole task,' if you want to call it a task, was the only one he gave the entire class."[9]

With the paper exercises, which he formulated in 1928 in his essay "Gestaltungsunterricht" (Teaching Design), Albers pursued a pedagogical goal:

Papier, und Metall: Im ersten Monat nur mit Glas, im zweiten Monat nur mit Papier und im dritten dann mit zwei Materialien, die nach Untersuchung des Studierenden einander verwandt seien. Im vierten Monat durften die Studenten die Materialien frei wählen."[7]

In den Übungen des Kurses stand das Freisetzen kreativer Energien im Vordergrund.[8] Der Laborcharakter des Vorkurses eröffnete zahlreiche Gestaltungsmöglichkeiten mit dem Ziel, Farbe, Form und Material grundsätzlich neu zu entdecken. Bredendiecks Kinder erinnern sich an Vorkurs-Übungen, von denen er noch viele Jahre später berichtete, darunter das Zeichnen eines am Boden

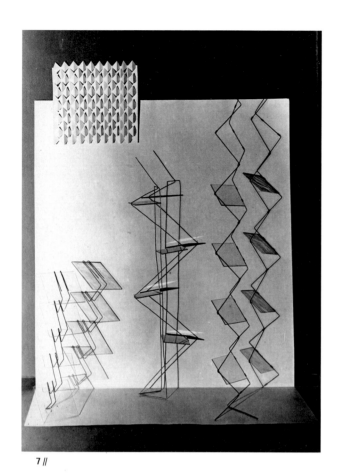

"At the beginning of our experimental work, we very soon forbid ourselves the use of familiar working methods (since they could no longer be discovered). For example, in the outside world (in the crafts and industry) paper is employed, for the most part, lying flat and glued down—one side of the paper is usually ignored, and the edge is almost never used. This was a reason for us to use paper standing up, uneven, sculpturally mobile, two-sided, with the edges emphasized, and, if possible, without waste. Instead of gluing it, we tie it, pin it, sew it, rivet it—that is, fasten it in other ways—and we also investigate its capacity to withstand tension and pressure. Thus, the treatment of materials is intentionally different from that on the outside, though not essentially so. The purpose is not to do things in other ways (whereby the form is generally taking into account) but, rather, not to do things as others do them (whereby the method is emphasized). To give preference to such materials whose use or application is nonexistent or whose treatment is unknown encourages self-reliance. For example, building with corrugated cardboard, wire mesh,

abb. 7 // Konstruktionsstudien „Draht und Glas mit Kantenbetonung" von Klaus Neumann (links), Hin Bredendieck (Mitte und rechts) und Elisabeth Henneberger (oben) aus dem Vorkurs bei Josef Albers, um 1927, Fotografie: Erich Consemüller, Klassik Stiftung Weimar, Museen **// fig. 7 //** Construction studies for "wire and glass with edge emphasis," designed by Klaus Neumann (left), Hin Bredendieck (center and right), and Elisabeth Henneberger (top), from the Preliminary Course held by Josef Albers, ca. 1927, photograph by Erich Consemüller, Klassik Stiftung Weimar, Museums

abb. 8 // Konstruktions- und Festigkeitsübungen „Papierfaltungen" aus dem Vorkurs bei Josef Albers mit kugelförmigem Werk von Hin Bredendieck (Mitte), um 1927, Fotografie: Erich Consemüller, Klassik Stiftung Weimar, Museen **// fig. 8 //** "Paper folding" construction and sturdiness exercises from the Preliminary Course with Josef Albers, with spherical work by Hin Bredendieck (center), ca. 1927, photograph by Erich Consemüller, Klassik Stiftung Weimar, Museums

liegenden Gegenstands vom höchsten Punkt des Treppenhauses im Bauhaus aus oder das Skizzieren eines Stuhls aus den ungewöhnlichsten Perspektiven. Eine Aufgabe beschreibt er in seinem Aufsatz „Vorkurs und Entwurf":

„Die Ausbildung begann für mich mit dem Vorkurs von Albers. Wie ich mich erinnere, hielt Albers einen kurzen Vortrag, ganz allgemein über die schöpferische Arbeit. Danach stellte er die Aufgabe: ‚Loch in Papier'. Scheinbar ohne Ausnahme waren wir alle sehr erstaunt: War das wirklich eine Aufgabe? Einer wagte zu äußern: ‚Man kann doch einfach ein Loch ins Papier beißen.' Wiederum ganz unerwartet erklärte Albers: ‚Da haben Sie ja schon ein Loch', und mit dieser Bemerkung verließ er den Raum. Obwohl wir noch überrascht waren, fingen wir dennoch an, verschiedene zu machen. Später wurde uns bewußt, daß Albers nicht notwendigerweise von jedem eine Lösung erwartete. Seine Absicht war es vielmehr, uns von unserer üblichen Denkweise abzubringen und uns schöpferisch anzuregen. Soweit ich mich erinnere, war die ‚Lochaufgabe‘, wenn man diese als eine Aufgabe bezeichnen will, die einzige, die er der ganzen Klasse stellte."[9]

Albers verfolgte mit den Papierübungen ein pädagogisches Ziel, das er 1928 in seinem Aufsatz „Gestaltungsunterricht" formulierte: „Wir verbieten uns zu Anfang unserer Versuchsarbeit sehr bald die Anwendung bekannter Arbeitsmethoden (weil nicht mehr zu erfinden). Beispiel: Papier wird draußen (in Handwerk und Industrie) meist liegend und flach und geklebt verwendet, eine Seite des Papiers bleibt meist nicht sprechend, die Kante wird fast nie genutzt. Das ist uns Anlaß, Papier stehend, uneben, plastisch bewegt, beiderseitig und kantenbetont und möglichst ohne Verschnitt auszunutzen. Anstatt zu kleben werden wir es möglichst binden, stecken, nähen, nieten, also anders befestigen und es auf seine Leistung bei Zug- und Druck-Beanspruchung untersuchen. Die Materialbehandlung geschieht also mit Absicht anders als draußen, aber nicht grundsätzlich. Nicht um es anders zu machen (wobei meist die Form berücksichtigt würde), sondern um es nicht zu machen wie die andern (wobei die Methode betont ist). (...) Weitere Steigerung der Selbständigkeit erreichen wir durch Bevorzugung solcher Materialien oder Bauelemente, deren Verwendung bzw. Anwendung nicht existiert oder deren Bearbeitung nicht bekannt ist. Beispiele: Wellpappe, Drahtgewebe, Cellophan, Stroh, Gummi, Zündholzschachteln, Grammophonnadeln, Rasierklingen."[10]

Bredendieck, dessen spätere Arbeit als Designpädagoge am New Bauhaus Chicago, am Institute of Design in Chicago und auch an der Georgia Tech in Atlanta auf der Weiterentwicklung der Bauhaus-Vorkurslehre basierte, beschreibt den Unterricht Jahrzehnte später:

„Für die weiteren Arbeiten benutzte jeder sein eigenes Material, aus eigener Initiative gewählt oder empfohlen von Albers. Verschiedene Materialien wurden jetzt bearbeitet: Holz, Papier, Glas, Draht, Kunststoffe usw. – war es doch den einzelnen überlassen, was und wieviel sie machten. Demzufolge waren die Ergebnisse sehr unterschiedlich; sie reichten von einer visuellen Anordnung von Perlen auf einer

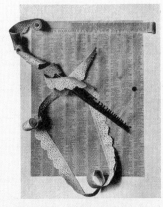

9 //

abb. 9 // Seite aus *bauhaus* mit zwei Werken Hin Bredendiecks, in: *bauhaus. zeitschrift für gestaltung*, 1928, Heft 2/3 // fig. 9 // Page from *bauhaus* with two works by Hin Bredendieck, *bauhaus: magazine for design*, 1928, issue 2/3

10 //

11 //

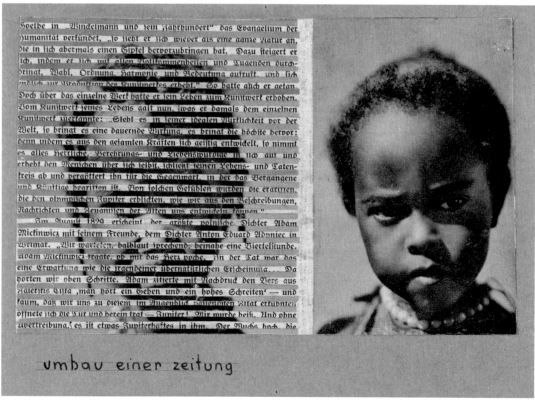

umbau einer zeitung

12 //

13 //

Glasplatte über die visuelle Veränderung einer Zeitung bis zu einfachen und auch komplizierten Strukturen aus verschiedenen Materialien.

Albers sprach regelmäßig mit jedem, machte Vorschläge, um eine Arbeit weiterzuführen, und ermutigte diesen oder jenen, wenn es nötig war. Von Zeit zu Zeit wurden die Arbeiten gemeinsam besprochen. Während solcher Besprechungen machte Albers solche Bemerkungen, wie: ‚Erreiche mehr mit Weniger', ‚visuelle und strukturelle Ordnung' oder ‚Ökonomie von Materialien.'"[11]

Einige von Bredendiecks Vorkurs-Arbeiten aus dem Unterricht bei Albers wurden von seinem Kommilitonen Erich Consemüller fotografisch dokumentiert und 1928 in der Zeitschrift *bauhaus. zeitschrift für*

abb. 13 // Hin Bredendieck, Collage aus Zeitungspapierstreifen, um 1927/28 //
fig. 13 // Hin Bredendieck, collage from newspaper strips, ca. 1927/28

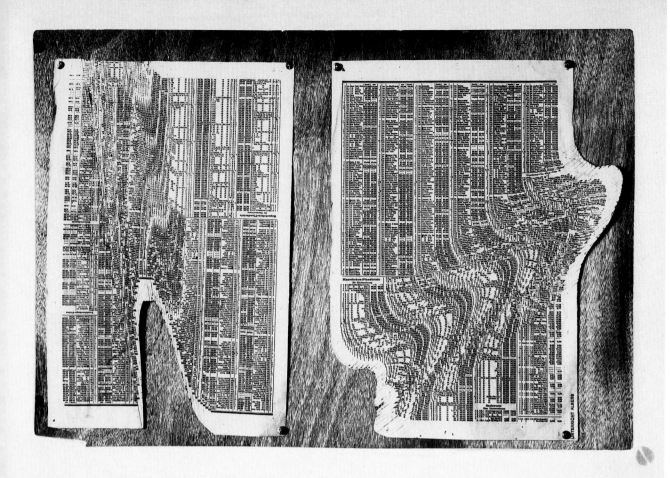

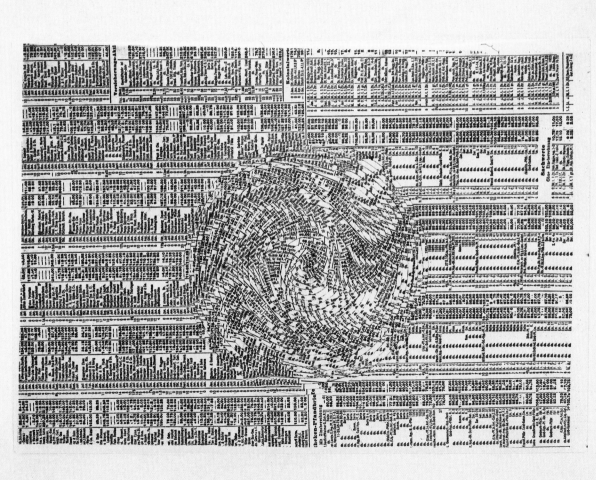

14 //

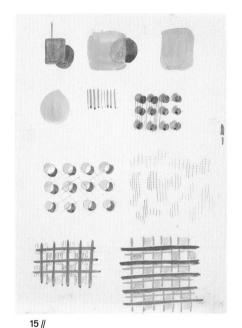

15 //

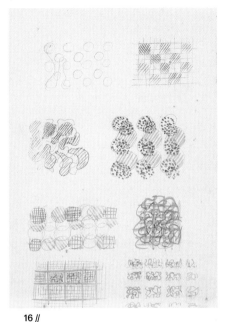

16 //

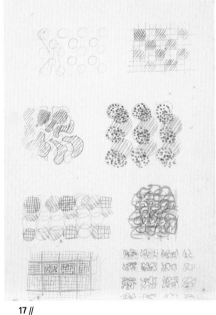

17 //

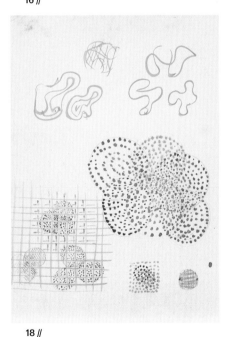

18 //

cellophane, straw, rubber, matchboxes, gramophone needles, and razor blades."[10]

Bredendieck—whose later work as a design educator at the New Bauhaus and the Institute of Design, both in Chicago, as well as at Georgia Tech in Atlanta, was based on the further development of the Bauhaus Preliminary Course theory—described the teaching method decades later:

"From then on, everyone used a specific material, chosen on his or her own initiative or as recommended by Albers. Various materials were now being worked with: wood, paper, glass, wire, plastics, etc. It was up to each individual what exactly and how much they did. The results were thus quite varied: they ranged from a visual arrangement of beads on a glass plate and the visual modification of a newspaper to simple and complicated structures comprised of various materials. Albers spoke regularly with everyone, made suggestions about how to continue a particular work, and—when necessary—encouraged one student or another. From time to time, the work was discussed together. During such meetings, Albers made remarks such as: 'achieve more with less,' 'visual and structural order,' or 'economy of materials.'"[11]

Several of Bredendieck's Preliminary Course works from his lessons with Albers were photographed by his fellow student Erich Consemüller and published in 1928 in the journal *bauhaus. zeitschrift für gestaltung*.[12] Material exercises in paper and glass, metal folding, and exercises in preventing compressive stress demonstrate both the groundbreaking experimental character of the Preliminary Course and Bredendieck's particular talent and desire to experiment. Bredendieck later noted about the material experiments with glass and wire: "we use glass because it is more difficult

gestaltung publiziert.[12] Materialübungen in Papier und Glas, Metallfaltungen und Übungen für eine Druckspannungsarretierung zeigen sowohl den bahnbrechenden experimentellen Charakter des Vorkurses als auch Bredendiecks besondere Begabung und seine Experimentierlust. Über die Materialexperimente mit Glas und Draht notierte Bredendieck später im Zusammenhang mit seinem Unterricht am New Bauhaus Chicago: „wir verwenden glas weil es schwieriger ist zu verbinden und draht weil wir damit nahezu im raum zeichnen können."[13]

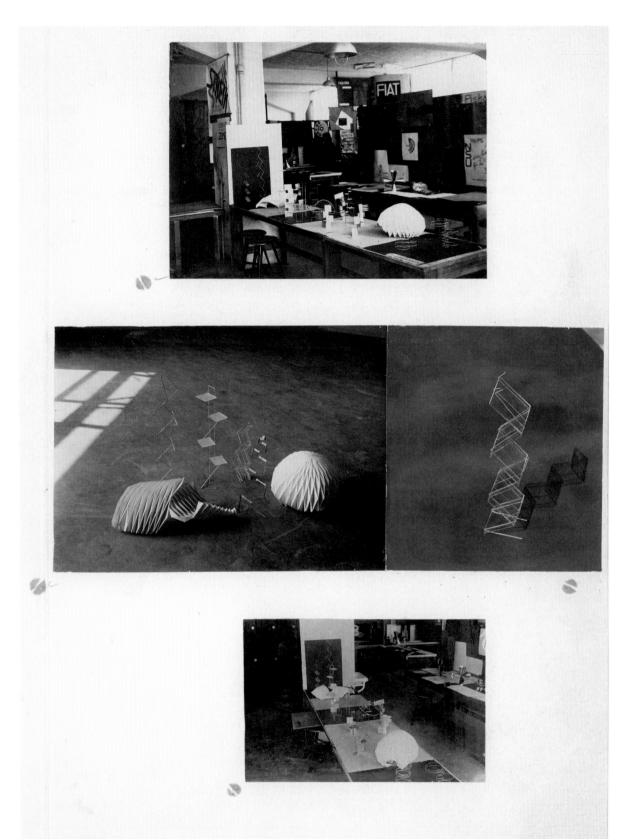

abb. 19 // Hin Bredendieck, „vorkurs-arbeiten bauhaus 1927", Semester-ausstellung mit Arbeiten aus dem Vorkurs bei Josef Albers, Fotografien auf Karton montiert, Bauhaus-Archiv Berlin // fig. 19 // Hin Bredendieck, "Work from the bauhaus Preliminary Course 1927," semester exhibition with works from the Preliminary Course held by Josef Albers, photographs mounted on cardboard, Bauhaus Archive Berlin

abb. 20 // Semesterausstellung mit Arbeiten aus dem Vorkurs bei Josef Albers, Bauhaus Dessau, 1927/28, Reproduktion // fig. 20 // Semester exhibition with works from the Preliminary Course held by Josef Albers, Bauhaus Dessau, 1927/28, reproduction

abb. 21 // Hin Bredendieck, Materialstudien in Metall aus dem Vorkurs Josef Albers, Bauhaus Dessau, 1927, Reproduktion // fig. 21 // Hin Bredendieck, Material studies in metal from the Preliminary Course held by Josef Albers, Bauhaus Dessau, 1927, reproduction

v o r k u r s - a r b e i t e n bauhaus 1927

19 //

20 //

21 //

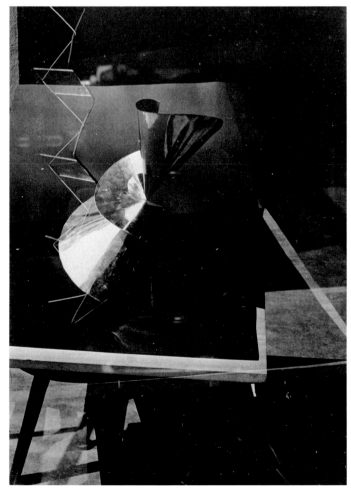

22 //

23 //

abb. 22 // Takehiko Mizutani, Materialübung aus dem Vorkurs bei Josef Albers, Bauhaus Dessau, 1927/28, Fotografie: Hin Bredendieck (?), Reproduktion **// fig. 22 //** Takehiko Mizutani, Material exercise from the Preliminary Course held by Josef Albers, Bauhaus Dessau, 1927/28, photograph by Hin Bredendieck (?), reproduction

abb. 23 // Materialübung aus dem Vorkurs bei Josef Albers, Bauhaus Dessau, 1927/28, Fotografie: Hin Bredendieck (?), Reproduktion **// fig. 23 //** Material exercise from the Preliminary Course held by Josef Albers, Bauhaus Dessau, 1927/28, photograph by Hin Bredendieck (?), reproduction

to connect and wire because we can almost draw in space with it."[13]

Photo collages and collections of thematically sorted newspaper clippings, which presumably stem from suggestions from Josef Albers's lessons, have also been preserved: "Photos were also systematically collected and cut out for poster designs, collages, advertisements, etc.," as Bredendieck's fellow student Max Gebhard recalls the Preliminary Course assignments.[14]

In the summer semester of 1927, Hin Bredendieck attended Albers's course on "material and work theory" as well as—according to his diploma—courses on "artistic design theory with professor w. kandinsky; nude drawing with professor klee; geometry and mathematics with dipl. eng. köhn; chemistry with associate professor müller."[15] Precisely dated and in some cases comprehensive transcripts of these courses can be found in Bredendieck's partial estate in Oldenburg. While the attendance of Klee's lessons is also explicitly noted on the diploma, records of lessons with Oskar Schlemmer, among others, have also been preserved. The attendance of the lessons is, however, not mentioned on the diploma. Bredendieck did not document in which lessons the color exercises occurred (figs. 15–18). "

At the end of the semester, the students displayed their work to the entire school for evaluation by the faculty. The students did not receive grades," Bredendieck recalls[16]. After successful completion of the Preliminary Course, a workshop was selected.

Auch Fotocollagen und Sammlungen von thematisch sortierten Zeitungsausschnitten, die vermutlich auf Anregungen aus dem Unterricht von Josef Albers zurückgehen, sind erhalten: „So wurden auch systematisch Fotos gesammelt und für Plakatgestaltungen, Collagen, Inserate usw. ausgeschnitten", erinnert sich Bredendiecks Kommilitone Max Gebhard an entsprechende Vorkurs-Aufgaben.[14]

Im Sommersemester 1927 besuchte Hin Bredendieck neben dem Kurs zu „material- und werklehre" bei Josef Albers – laut seinem Diplom – auch die „lehre der künstlerischen gestaltung bei herrn professor w. kandinsky; aktzeichnen bei herrn professor klee; geometrie und mathematik bei herrn dipl. ing. köhn; chemie bei herrn studienrat müller."[15] Datierte, zum Teil umfangreiche Mitschriften dieser Kurse finden sich in Bredendiecks Nachlass (Oldenburg). Während der Besuch des Unterrichts bei Klee auch im Diplom erwähnt ist, haben sich unter anderem auch Mitschriften zum Unterricht bei Oskar Schlemmer erhalten. Der Besuch des Unterrichts ist indes nicht im Zeugnis aufgeführt. In welchem Unterricht die Farbübungen (Abb. 15–18) entstanden sind, hat Bredendieck nicht dokumentiert. „Am Ende des Semesters stellte jeder seine Arbeiten aus, die dann vom ganzen Lehrkörper bewertet wurden. Der Lehrkörper beurteilte, ob der betreffende Student genügend Fähigkeiten zeigte, um sein Studium am Bauhaus fortsetzen zu können. Zensuren wurden nicht gegeben", erinnerte sich Bredendieck.[16] Nach erfolgreichem Abschluss des Vorkurses erfolgte die Wahl einer Werkstatt.

1   Walter Gropius: grundsätze der bauhaus-produktion, in: bauhaus dessau, Schulprospekt, gestaltet von Herbert Bayer, S. 28f., hier S. 28.

2   Im Kreise der Professoren wurde am 14.10.1931 der Fall von Bredendiecks Kommilitonen Hermann Gautel erörtert: „die von gautel vorgelegten prospekte lassen zu wenig erkennen, wie weit seine mitarbeit an den modellen geht. es muss daher auf vorlage einer selbstständigen arbeit bestanden werden." Schließlich erklärte Gautel am 27.10.1931 schriftlich seinen Verzicht auf das Diplom, vgl. Binroth 2002, S. 186.

3   Bredendieck 1990.

4   Mittag-Fodor 2014, S. 95.

5   Vgl. Wingler 1962, S. 534, Bredendieck erhielt die Immatrikulationsnummer 182.

6   Bredendieck 2009, S. 13. Bredendieck erinnert, dass der Kurs täglich stattgefunden haben soll, bei Droste 1998, S. 140, heißt es, der Kurs habe an vier Vormittagen stattgefunden. Vgl. hierzu auch den Schulprospekt von 1927 (Abb. 2), indem ein Semesterplan abgedruckt ist, S. 4f.

7   Droste 1998, S. 140; vgl. auch Herzogenrath 1980.

8   Vgl. zum Vorkurs die Erinnerungen von Werner David Feist, Feist 2012, S. 31-41.

9   Bredendieck 1979, S. 63; dt. Wiederabdruck, in: Whitford 1993, S. 226; Droste/Friedewald 2019a, S. 55-63; auf Englisch, in: Droste/ Friedewald 2019b, S. 55-63; siehe auch Bredendieck 2009, S. 11f. Trotz des mehrfachen Abdrucks heißt es in Holländer/Wiedemeyer 2019, S. 130: „Die Übung ‚Loch im Papier' kennen wir nur aus dem Bericht, den [Hans] Fischli über seine Unterrichtserfahrungen bei Josef Albers verfasste (...)."

10   Josef Albers: Gestaltungsunterricht, in: Die Böttcherstraße, 1. Jg. (1928), H. 2 v. Juni, S. 26f., hier S. 26.

11   Bredendieck 1979, S. 63.

12   Vgl. zu den Fotografien von Consemüller: Herzogenrath/Kraus 1989; vgl. bauhaus. zeitschrift für gestaltung, 2. Jg. 1928, H. 2/3, S. 7.

13   Hin Bredendieck, zu draht- und glasarbeiten, undat. Typoskript (um 1938), LMO-HB 2.

14   Gebhard 1985, S. 198f.

15   Bauhaus-Diplom (Nr. 11) von Hinnerk Bredendieck v. 20.5.1930, LMO-HB 10.

16   Bredendieck 1979, S. 63.

1   Walter Gropius, "grundsätze der bauhaus-produktion," in bauhaus dessau, school brochure designed by Herbert Bayer, 28-29, here 28 [translated].

2   The case of Bredendieck's fellow student Hermann Gautel was discussed among professors on October 14, 1931: "the brochures presented by gautel do not give enough indication of the extent of his collaboration on the models. it is therefore necessary to insist on the presentation of an independent work." Gautel ultimately declared his renunciation of the diploma in writing on October 27, 1931; see Binroth 2002, 186.

3   Bredendieck 1990 [translated].

4   Mittag-Fodor 2014, 100.

5   See Wingler 1962, 534; Bredendieck was given the matriculation number 182.

6   Bredendieck 2009, 13. Although Bredendieck recalled that the course took place every day, Droste stated that the course took place on four mornings; see Droste 1998, 140. See also the school brochure of 1927 (fig. 2), in which a semester plan is printed on 4-5.

7   Droste 1998, 140 [translated]; see also Herzogenrath 1980.

8   Regarding the Preliminary Course, see also the recollections of Werner David Feist in Feist 2012, 28-38.

9   Bredendieck 1979, 63 [translated]; reprinted in German in Whitford 1993, 226; Droste/Friedewald 2019a, 55-63; reprinted in English in Droste/Friedewald 2019b, 55-63; see also Bredendieck 2009, 11-12. Despite the multiple reprintings, one can read in Holländer/Wiedemeyer 2019, 130: "We only know the exercise 'hole in paper' from the report that [Hans] Fischli wrote about his experiences in the class of Josef Albers" [translated].

10   Josef Albers, "Gestaltungsunterricht," Die Böttcherstraße 1, no. 2 (June 1928): 26-27, here 26 [translated].

11   Bredendieck 1979, 63 [translated].

12   bauhaus. zeitschrift für gestaltung 2, nos. 2/3 (1928): 7; for more on Consemüller's photographs, see Herzogenrath/Kraus 1989.

13   Hin Bredendieck, "zu draht- und glasarbeiten," undated typescript (ca. 1938), LMO-HB 2 [translated].

14   Gebhard 1985, 198-99 [translated].

15   Hinnerk Bredendieck's Bauhaus diploma (no. 11), dated May 20, 1930, LMO-HB 10 [translated].

16   Bredendieck 2009, 13.

Hin Bredendieck and Paul Klee

Although Paul Klee was by no means as important a teacher for Hin Bredendieck as Josef Albers or László Moholy-Nagy, Bredendieck did hold on to transcripts of Klee's lessons throughout his life.

In the winter semester of 1927/28, Bredendieck attended Klee's "Elementary Design Theory" course offered to students of the second semester. For the lectures that took place from November 28, 1927, to February 13, 1928, a total of forty-four transcript pages, dated and fully identifiable, have been preserved. From mid-February onwards, Bredendieck attended Klee's lectures on "visual design." Bredendieck's notes on these lectures, fourteen pages with dates, illustrate the topics noted in Klee's pocket calendar: "According to Points" (February 20), "Curves and Straight Lines. Irregular Progression" (February 27), and "Preliminary Course. Second Semester. Final Lecture. Style. Tasks" (March 5).[1]

These notes and diagrams largely correspond to the Bauhaus master's own notes on planimetric design titled "Assembled Forms from Irregular Factors."[2] And the "tasks" noted by Bredendieck on March 5 also correspond to the "tasks" from the collection of exercises on "Visual Design Theory" preserved in Klee's estate:[3]

"1 Scale, tonal or color-complementary[4]

2 Shift / Reflection, Rotation[5]

3 dividual—individual in Union ..."

Klee's idiosyncratic ideas on design theory would not, however, have a lasting influence on Bredendieck. After the Preliminary Course, the name Klee appears again in Bredendieck's papers only on the occasion of the Bauhaus master's fiftieth birthday. On behalf of the students, Albert Mentzel requested that Bredendieck, in his role as student union spokesman, organize a party on the occasion of Klee's birthday. The birthday was two days after this request, on December 18, which was also the last

Hin Bredendieck und Paul Klee

Obwohl Paul Klee als Lehrer am Bauhaus für Hin Bredendieck bei weitem nicht die Bedeutung hatte wie etwa Josef Albers oder László Moholy-Nagy, bewahrte er die Mitschriften zu Klees Unterricht Zeit seines Lebens auf.

Im Wintersemester 1927/28 besuchte Bredendieck zunächst Klees für die Studierenden des zweiten Vorkurs-Semesters angebotenen Unterricht „Elementare Gestaltungslehre". Zu den vom 28. November 1927 bis zum 13. Februar 1928 stattfindenden Vorlesungen haben sich insgesamt 44 – eindeutig identifizierbare und datierte – Seiten Mitschriften erhalten.

Im Anschluss daran besuchte Bredendieck ab Mitte Februar Klees weiterführenden Unterricht zur „Bildnerischen Gestaltungslehre", zu dem sich 14 Seiten erhalten haben, die die in Klees Taschenkalender notierten Themen illustrieren:

„Nach Punkten" (20. Februar), „Bogen und Gerade. Unregelmäßige Progression" (27. Februar) und „Vorkurs. Zweites Semester. Letztes Kolleg. Stil. Aufgaben" (5. März).[1]

Diese Mitschriften und Diagramme entsprechen weitgehend den mit „Formgebilde aus irregulären Faktoren" überschriebenen Aufzeichnungen des Bauhaus-Meisters zur Planimetrischen Gestaltung.[2] Und auch die von Bredendieck am 5. März mitnotierten „Aufgaben" korrespondieren mit den in Klees Nachlass erhaltenen „Aufgaben" aus der Übungssammlung zur „Bildnerischen Gestaltungslehre":[3]

„1 Scalen helldunkel – farbig komplementär[4]

2 Schiebung, / Spiegelung, Drehung[5]

3 dividuel[l] – individuel[l] in Vereinigung ..."

Klees eigenwillige Ideen zur Gestaltungslehre sind für Bredendieck indes ohne Nachwirkung geblieben. Nach dem Vorkurs taucht der Name Klees erst wieder anlässlich des 50. Geburtstags des Bauhaus-Meisters in seinen Papieren auf: Im Auftrag der Studierenden wandte sich Albert Mentzel an Bredendieck als Sprecher der „studierendenvertretung" mit dem Wunsch, anlässlich von Klees rundem Geburtstag am 18. Dezember, zwei Tage darauf und somit am letzten Freitag vor Weihnachten und „als schlussfest vor den ferien", ein Fest zu organisieren: „parole zirkus. kostümzwang. vorführungen auf büh[n]e und im zuschauerraum. (...) auf klees besonderen wunsch wird er nicht zum gegenstand einer bauhausöffentlichen veranstaltung gemacht werden."[6]

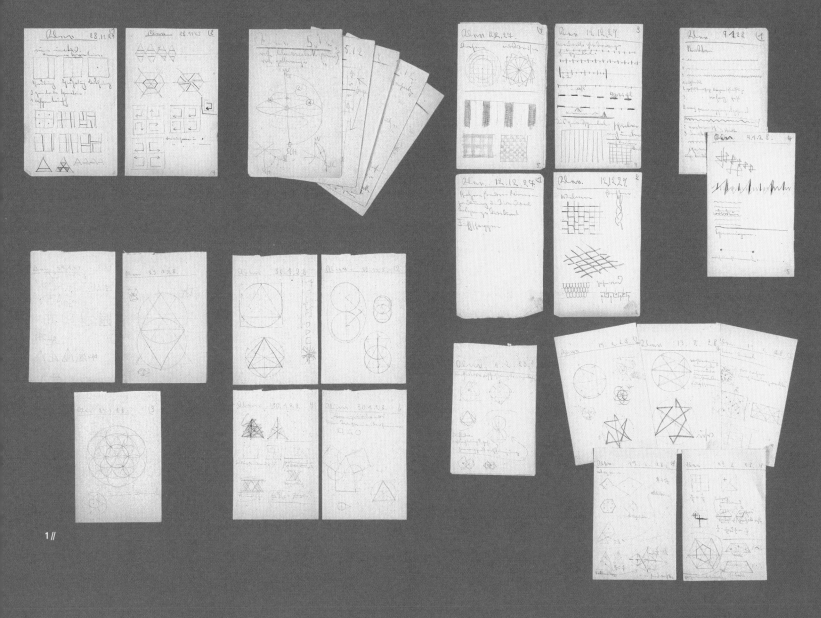

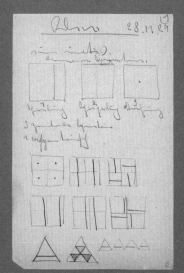

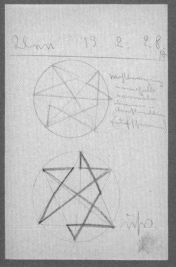

abb. 1 // Hin Bredendieck, Mitschriften aus dem Unterricht bei Paul Klee, 1927/28, Blei- und Buntstift auf Papier **// fig. 1 //** Hin Bredendieck, Notes from his lessons with Paul Klee, 1927/28, pencil and crayon on paper

abb. 2 // Hin Bredendieck, Mitschrift aus dem Unterricht bei Paul Klee, 28. November 1927, Seite 1 **// fig. 2 //** Hin Bredendieck, Notes from his lessons with Paul Klee, November 28, 1927, page 1

abb. 3 // Hin Bredendieck, Mitschrift aus dem Unterricht bei Paul Klee, 9. Januar 1928, Seite 4 **// fig. 3 //** Hin Bredendieck, Notes from his lessons with Paul Klee, January 9, 1928, page 4

abb. 4 // Hin Bredendieck, Mitschrift aus dem Unterricht bei Paul Klee, 13. Februar 1928, Seite 4 **// fig. 4 //** Hin Bredendieck, Notes from his lessons with Paul Klee, February 13, 1928, page 4

1 //

2 //

3 //

4 //

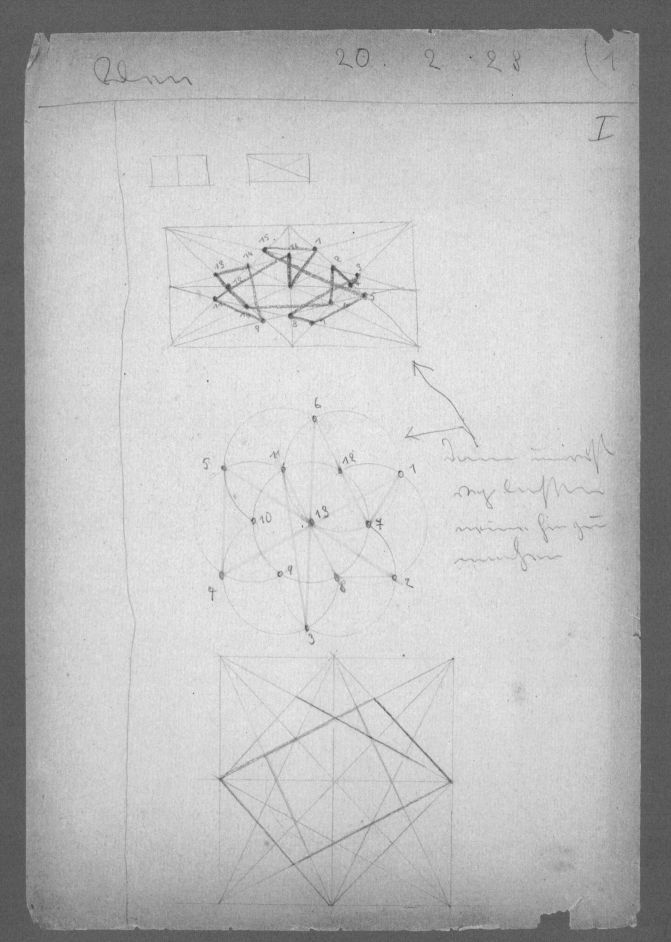

abb. 5 // Hin Bredendieck,
Mitschrift aus dem Unterricht
bei Paul Klee, 20. Februar 1928,
Seite 1 // fig. 5 // Hin Bredendieck, Notes from his lessons
with Paul Klee, February 20,
1928, page 1

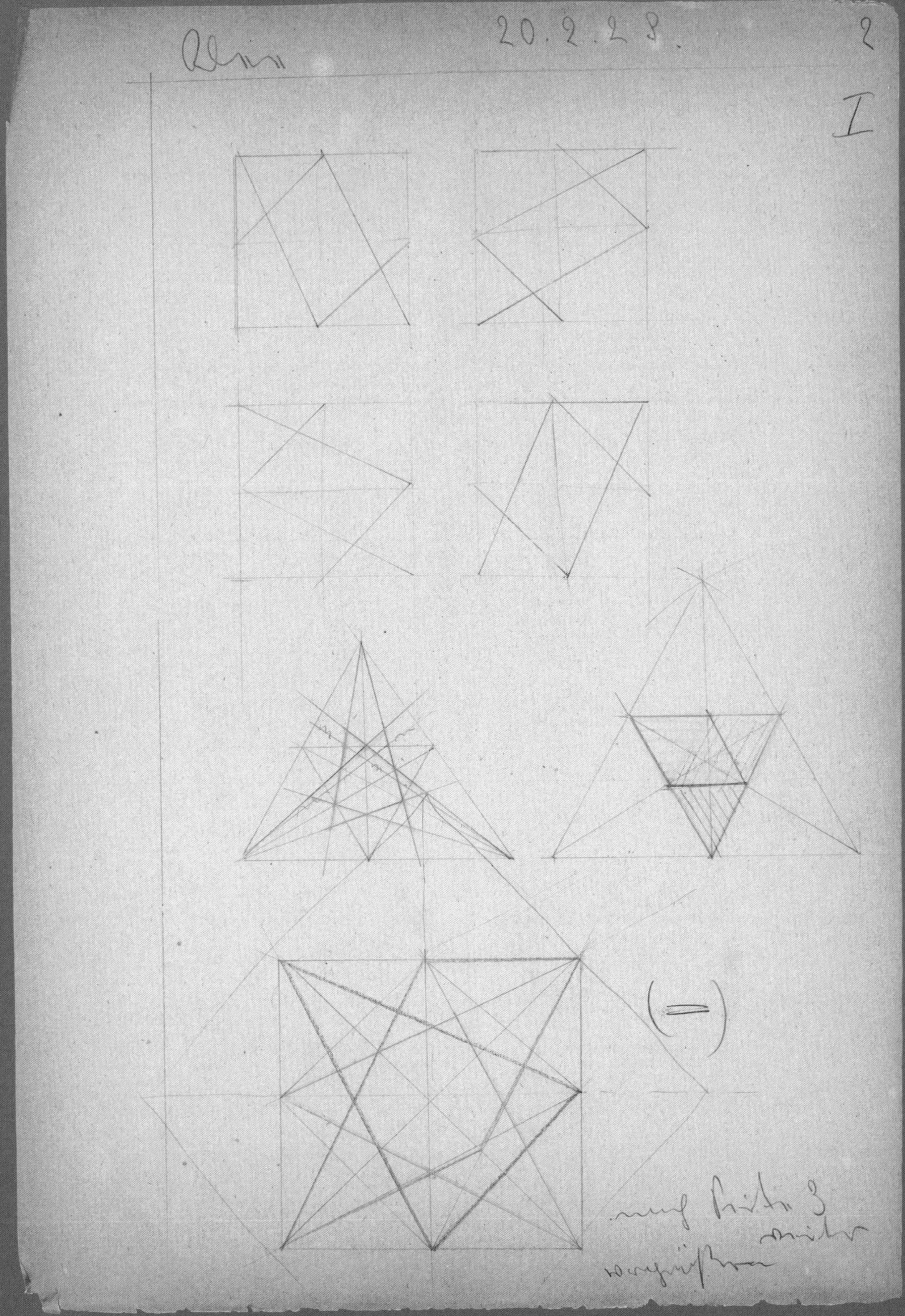

abb. 6 // Hin Bredendieck, Mitschrift aus dem Unterricht bei Paul Klee, 20. Februar 1928, Seite 2 // fig. 6 // Hin Bredendieck, Notes from his lessons with Paul Klee, February 20, 1928, page 2

6 //

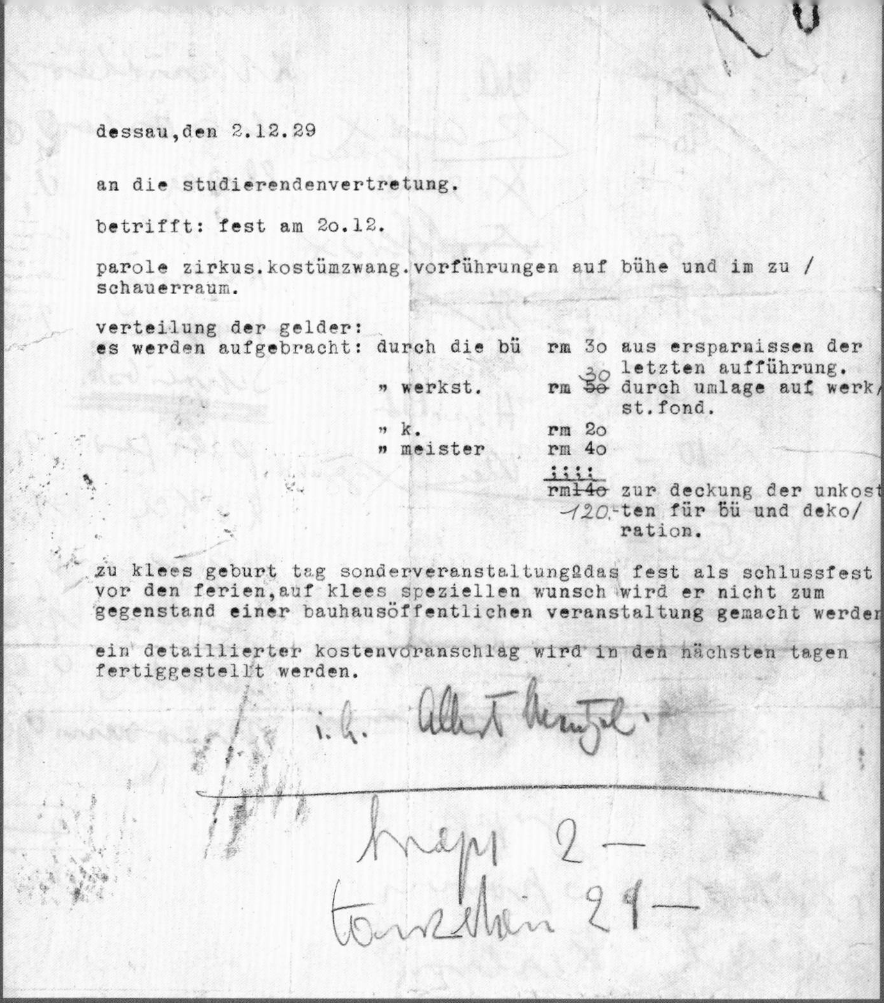

abb. 7 // Albert Mentzel an die Studierendenvertretung, Brief vom 2. Dezember 1929 **// fig. 7 //** Letter from Albert Mentzel "an die studierendenvertretung" (to the student representatives), dated December 2, 1929

7 //

Friday before Christmas; the event could therefore serve "as a final party before the holidays." In his request, Mentzel outlined the event: "circus motto. obligatory costumes. performances on the stage and in the auditorium. ... at the special request of Klee, he will not be made the subject of a bauhaus public event."[6]

The "festivity accounting" preserved in Bredendieck's estate proves that this celebration indeed took place and provides an overview of receipts and expenditures: 55 Reichsmark were contributed by the masters,[7] 31 Reichsmark by the students, and Ivana Tomljenovic (called Koka) and Klee's pupil Hans R. Schiess each advanced an additional 10 Reichsmark. In addition to the 45 Reichsmark for the band, additional costs of 29 Reichsmark included the entertainment tax and an obligatory "dance license."

Rainer Stamm

Die in Bredendiecks Nachlass erhaltene „fest-abrechnung" belegt, dass diese Feier stattgefunden hat und gibt einen Überblick über Einnahmen und Ausgaben: 55 RM steuerten die Meister bei,[7] 31 RM die Studenten, Ivana Tomljenovic (gen. Koka) und der Klee-Schüler Hans R. Schiess streckten zusätzlich je 10 RM vor. Bei den Kosten schlugen – neben 45 RM für die Kapelle – vor allem die Vergnügungssteuer und der erforderliche behördliche „Tanzschein" mit insgesamt 29 RM zu Buche.

Rainer Stamm

1   See Klee 1979, 1077-78 and Frey 2003, 241.
2   See Paul Klee, *Bildnerische Gestaltungslehre*, BG II.13/4-7: "Unregelmässige Formen aus dem inneren der Normen abgeleitet": http://www.kleegestaltungslehre.zpk.org/ee/ZPK/BG/2012/02/13/004 [last accessed on October 5, 2019].
3   See LMO-HB 13.
4   See Paul Klee, *Bildnerische Gestaltungslehre*, BG II.23/1: http://www.kleegestaltungslehre.zpk.org/ee/ZPK/BG/2012/02/23/001 [last accessed on October 5, 2019].
5   Regarding the three movements shifting, reflecting, and rotation, see also Lena Meyer-Bergner's notes from her lessons with Klee, *form + zweck. Fachzeitschrift für industrielle Formgestaltung*, 7 (1979): 60–62. They correspond with Bredendieck's notes from November 11, 1927.
6   Letter from Albert Mentzel "an die studierendenvertretung," dated December 2, 1929, LMO-HB 13.
7   Ibid. The reverse side of the letter served as a list of payments received: Klee himself, Kandinsky, and Hannes Meyer had each paid 10 Reichsmark, the other Bauhaus masters 5 Reichsmark each.

1   Vgl. Klee 1979, S. 1077f. sowie Frey 2003, S. 241.
2   Vgl. Paul Klee, Bildnerische Gestaltungslehre: BG II.13/4-7: „Unregelmässige Formen aus dem inneren der Normen abgeleitet, http://www.kleegestaltungslehre.zpk.org/ee/ZPK/BG/2012/02/13/004, zuletzt abgerufen am 5.10.2019.
3   Vgl. LMO-HB 13.
4   Vgl. Paul Klee, Bildnerische Gestaltungslehre: BG II.23/1: http://www.kleegestaltungslehre.zpk.org/ee/ZPK/BG/2012/02/23/001, zuletzt abgerufen am 5.10.2019.
5   Zu den „drei Bewegungsarten" Schiebung, Spiegelung, Drehung vgl. auch die Aufzeichnungen von Lena Meyer-Bergner: Unterricht bei Klee, in: *form + zweck. Fachzeitschrift für industrielle Formgestaltung*, 7/1979, S. 60-62, die mit Bredendiecks Mitschrift v. 28.11.1927 korrespondieren.
6   Albert Mentzel „an die studierendenvertretung", Brief v. 2.12.1929, LMO-HB 13.
7   Ebd. Die Rückseite des Schreibens diente als Liste der eingegangenen Zahlungen: Klee selbst, Kandinsky und Hannes Meyer hatten jeweils 10 RM gezahlt, die anderen Bauhaus-Meister jeweils 5 RM.

abb. 8 // Hin Bredendieck,
Mitschrift aus dem Unterricht
bei Paul Klee, 20. Februar 1928,
Seite 3 // fig. 8 // Hin Bredendieck,
Notes from his lessons with Paul
Klee, February 20, 1928, page 3

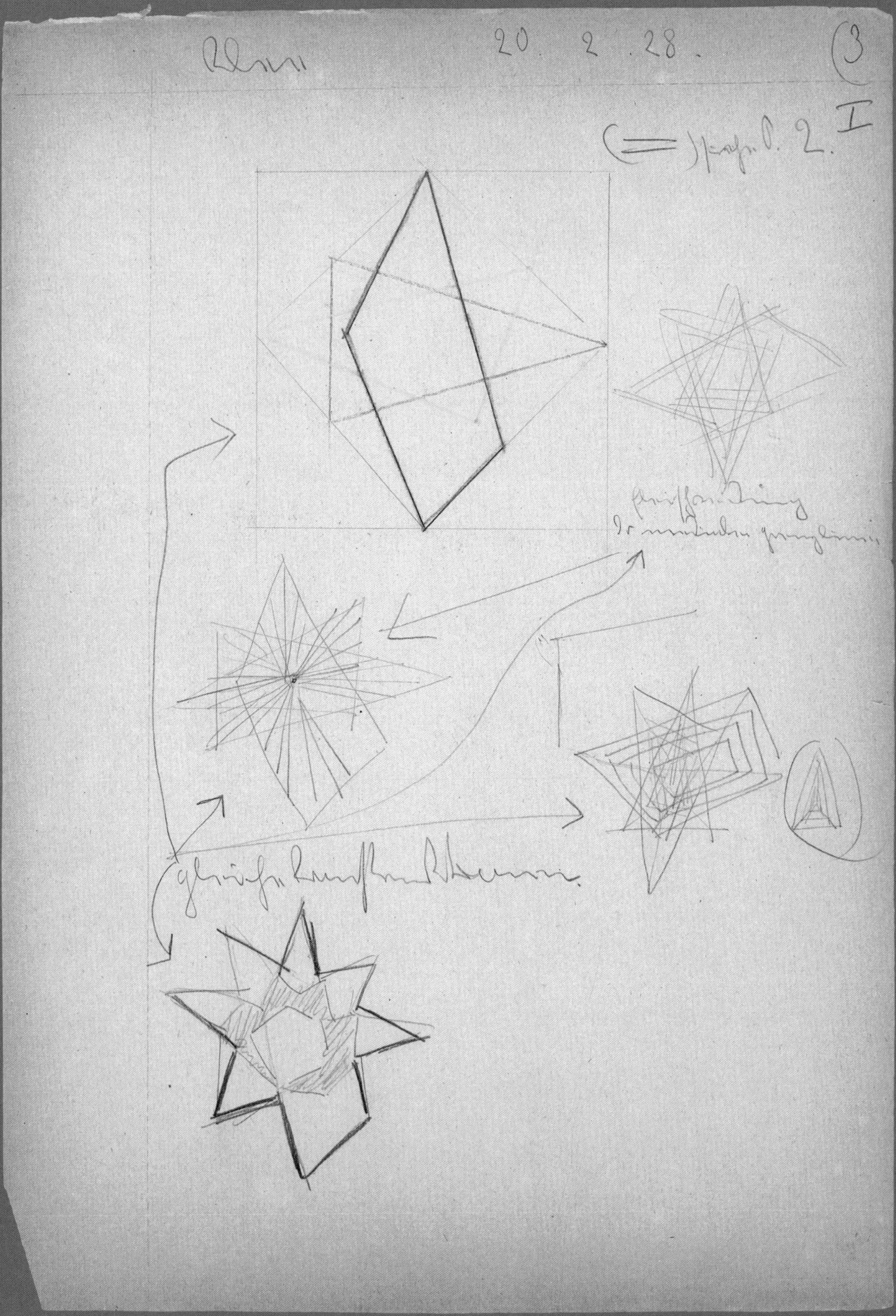

8 //

Hin Bredendieck's Notes on Schlemmer's Course "The Human Being"

In the summer semester of 1928, Hin Bredendieck attended Oskar Schlemmer's course "The Human Being." The two-part course had been newly created when Hannes Meyer assumed the directorship of the Bauhaus on April 1, 1928, and consisted of a two-hour nude drawing course on Thursday evenings and a two-hour lecture by Schlemmer on Fridays.

On April 13, the first day of his lectures, Schlemmer reported to his friend Otto Meyer-Amden: "The era of Hannes Meyer has now begun.... Meyer goes about it slowly and cautiously; the new curriculum is valuable; instead of the hitherto considerable confusion of the areas of instruction, it now provides for two days of art and theory (Monday and Friday) which serve only these purposes, in between three days of workshops, running continuously even in the afternoon, as has not been the case until now, and the complete freedom of Saturday for sports, excursions, and other things. My activity is restricted to Thursday and Friday, so I enjoy relative freedom the rest of the time."[1]

For third-semester students, both parts of the course were obligatory. This applied to Bredendieck, as well as to his fellow students Otti Berger, Erich Comeriner, Eva Fernbach, Gustav Hassenpflug, Melanie Leuthold, Gerda Marx, and Wera Meyer-Waldeck, who had begun their studies in Dessau together with him in the summer of 1927 and whose participation is documented by the answers to Schlemmer's "evaluation questions" for his lecture.[2]

In the Bredendieck estate, drawings and notes have been preserved, each of which is captioned "Schlemmer" and can be clearly assigned to this course.[3] Dates along the upper edge of the sheets, which correspond exactly with the lecture plan from

Hin Bredendiecks Mitschriften zu Schlemmers Unterricht „der mensch"

Im Sommersemester 1928 besuchte Hin Bredendieck Oskar Schlemmers Vorlesung „der mensch". Der zweiteilige Kurs war mit der Übernahme des Bauhaus-Direktorats durch Hannes Meyer zum 1. April 1928 neu geschaffen worden und bestand aus einem zweistündigen Aktzeichenkurs am Donnerstagabend und Schlemmers ebenfalls zweistündiger Vorlesung am darauffolgenden Freitag.

Am 13. April, dem ersten Tag seiner Vorlesungen, berichtete Schlemmer an den befreundeten Otto Meyer-Amden: „Die Ära Hannes Meyer hat nun begonnen. (...) Meyer geht langsam und vorsichtig zu Werke; wertvoll ist der neue Lehrplan, der anstelle einer seitherigen ziemlichen Konfusion der Unterrichtsgebiete nun zwei Kunst- und Theorietage (Montag und Freitag) vorsieht, die nur diesen Zwecken dienen, dazwischen drei Werkstattage, durchgehend auch nachmittags, wie seither nicht der Fall, und die gänzliche Freiheit des Samstags für Sport, Ausflüge und anderes. Meine Tätigkeit ist auf die Tage Donnerstag und Freitag zusammengedrängt, so daß ich in der übrigen Zeit eine relative Freiheit genieße."[1]

Für die Studierenden des dritten Semesters waren beide Veranstaltungsteile obligatorisch. Dies galt somit für Bredendieck ebenso wie für seine Kommilitonen Otti Berger, Erich Comeriner, Eva Fernbach, Gustav Hassenpflug, Melanie Leuthold, Gerda Marx und Wera Meyer-Waldeck, die gemeinsam mit ihm im Sommer 1927 das Studium in Dessau begonnen hatten und deren Teilnahme durch die Beantwortung von Schlemmers ,Evaluationsfragen' zu seiner Vorlesung belegt ist.[2]

Im Nachlass Bredendiecks haben sich Zeichnungen und Mitschriften erhalten, die jeweils mit „Schlemmer" überschrieben und eindeutig diesem Unterricht zuzuordnen sind.[3] Tagesdaten am oberen Blattrand, die exakt mit dem Vorlesungsplan aus Schlemmers Nachlass korrespondieren,[4] ermöglichen eine weitgehende Rekonstruktion der Abfolge und Struktur des Unterrichts. Die Mitschriften umfassen 38, teilweise beidseitig bezeichnete Blätter und reichen vom 13. April bis zum 15. Juni 1928.

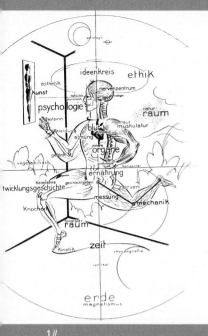

1 //

Von den Donnerstagen, vom 19. April bis zum 24. Mai, haben sich jeweils mehrere Skizzenblätter mit Aktzeichnungen erhalten. Schlemmer selbst berichtet: „mangels guter modelle greifen die studierenden zur selbsthilfe und stehen abwechselnd selbst modell. auf diese weise ist eine große variabilität der körper gewährleistet. sodann ist das aktzeichnen auf die bühne bezw. aula verlegt, wodurch im gegensatz zu dem nüchternen lehrsaal und gleichbleibender monotoner beleuchtung durch aufbauten, geräte, scheinwerferlicht, bisweilen auch grammofonmusik anregung und abwechslung geschaffen wird."[5]

Aktzeichnungen Bredendiecks fehlen vom 17. Mai, 31. Mai, 7. Juni und 14. Juni. Da am 17. Mai Christi Himmelfahrt war und am 14. Juni ein Vortrag des Baurats Reinhold Niemeyer am Bauhaus stattfand, ist zu vermuten, dass diese Termine ausgefallen sind. An einem der beiden anderen Daten könnte Bredendieck selbst als Modell Akt gestanden haben.

Im Nachlass Oskar Schlemmers fand sich ein Plan, mit dem er seinen Unterricht konzipierte. Die Inhalte des Sommersemesters sind hierin strukturiert und für die Daten vom 13. April bis zum 13. Juli

Schlemmer's estate,[4] allow for an extensive reconstruction of the sequence and structure of the lessons. The notes comprise altogether thirty-eight sheets, some with inscriptions on both sides, and date from April 13 to June 15, 1928.

From the Thursday sessions, from April 19 to May 24, several sheets with nude drawings have been preserved. Schlemmer himself reported: "in the absence of good models, the students take matters into their own hands and alternately stand as models themselves. in this way, a great variety of bodies is guaranteed. the nude drawing class was then moved to the stage and auditorium, whereby, in contrast to the sober classroom and uniform, monotonous lighting, stimulation and variety is created by stage sets, equipment, spotlights, and occasionally also music from the gramophone."[5]

Bredendieck's nude drawings from May 17, May 31, June 7, and June 14 are missing. Since Ascension Day was on May 17 and a lecture by Reinhold Niemeyer, a member of the building council, took place at the Bauhaus on June 14, it can be assumed that these dates were canceled. On one of the other two dates, Bredendieck himself may have stood as a model. A lesson plan has been found in the estate of Oskar Schlemmer. The contents of the summer semester are laid out here and planned for the dates

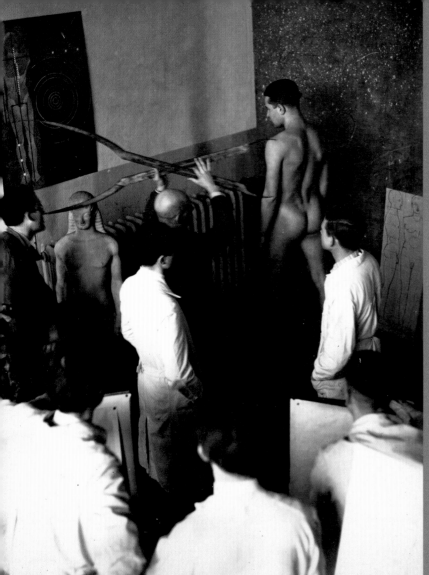

abb. 2 // Oskar Schlemmer während des Unterrichts an der Kunstakademie Breslau, 1929, Fotografie, The J. Paul Getty Museum, Los Angeles **// fig. 2 //** Oskar Schlemmer during lessons at the Academy of Arts in Wrocław, 1929, photograph, The J. Paul Getty Museum, Los Angeles

abb. 3 und 4 // Hin Bredendieck, Aktzeichnungen aus dem Unterricht „der mensch" bei Oskar Schlemmer, 26. April 1928, Seite 1 und 4 **// figs. 3 and 4 //** Hin Bredendieck, Nude drawings from Oskar Schlemmer's course "The Human Being," April 26, 1928, pages 1 and 4

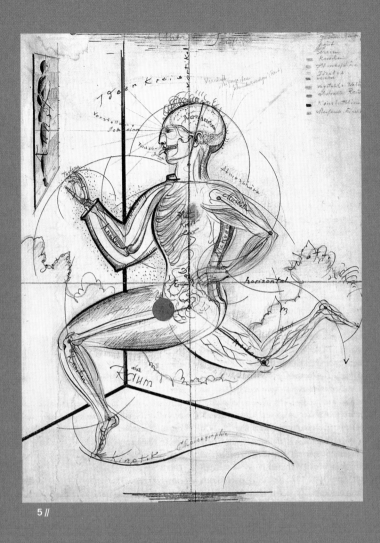

5 //

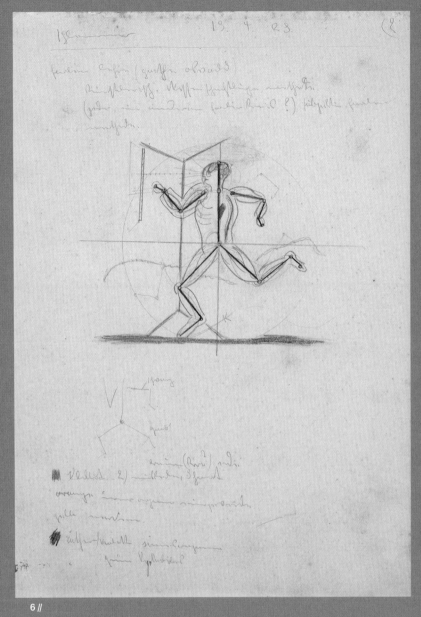

6 //

abb. 5 // Oskar Schlemmer, „Der Mensch im Ideenkreis", 1928, Tusche, Bleistift und Buntstifte auf Papier, auf Karton aufgezogen, 53 x 41 cm, Nachlass Oskar Schlemmer // **fig. 5** // Oskar Schlemmer, "The Human Being in the Circle of Ideas," 1928, ink, pencil, and crayon on paper, mounted on cardboard, 53 x 41 cm, estate of Oskar Schlemmer

abb. 6 // Hin Bredendieck, Mitschrift aus dem Unterricht „der mensch" bei Oskar Schlemmer, 13. April 1928, Seite 2 // **fig. 6** // Hin Bredendieck, Notes from Oskar Schlemmer's course "The Human Being," April 13, 1928, page 2

vorgeplant. Eine letzte Spalte der Übersicht ist mit „Mensch (erl.)" überschrieben und verzeichnet die tatsächlich abgearbeiteten Themen. Hier reichen die Eintragungen nur bis zum 1. Juni.[6]

Hin Bredendiecks Mitschriften belegen und illustrieren die Inhalte des Unterrichts aus der Studentenperspektive: Unter dem Datum des 13. April, für das sich Schlemmer die Stichworte „Gesamtplan, Zeichnung desselben, Entwicklungsgeschichte, Allgemeines, Kosmischer Mensch" notiert hatte, findet sich die Wiedergabe der berühmten Schemazeichnung „Der Mensch im Ideenkreis".[7] Mit Farbstiften in den Grundfarben Gelb, Rot und Blau zeichnet Bredendieck die im

from April 13 to July 13. One last column of the overview is titled "human being (done)" and lists the topics that had actually been dealt with. Here, entries were made only up to June 1.[6]

Hin Bredendieck's notes document and illustrate the contents of the lesson from a student's perspective: Under the date of April 13, for which Schlemmer had noted the keywords "overall plan, drawing of the same, history of development, general, cosmic man," a reproduction of the famous schematic drawing "Man in the Circle of Ideas" can be found.[7] Using colored pencils in the primary colors of yellow, red, and blue, Bredendieck drew the "horizontal" (red) and "vertical" (blue) axes prescribed in the panel painting, depicted the

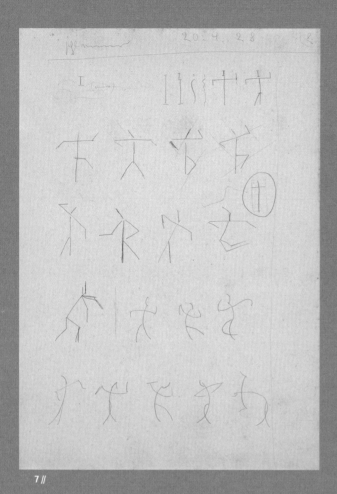

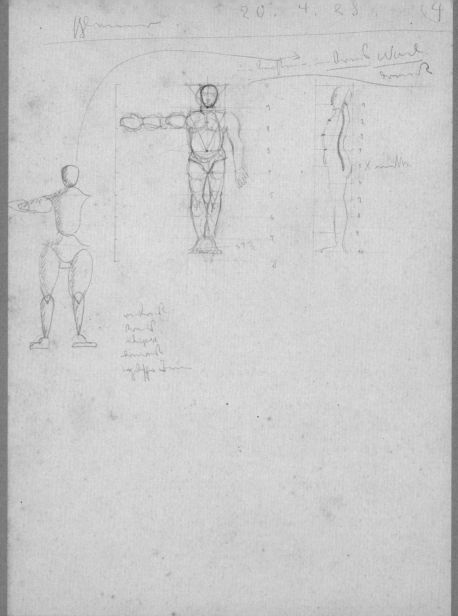

silhouette and essential structures of the man depicted in motion, marked the heart as the center of the circulatory system, plotted the abstract spatial axes, and indicated the non-geometrical borderline to the vegetal. On April 20, for which Schlemmer had noted the theme "the simple forms," Bredendieck drew strongly abstracted linear figures derived from the human nude, as they have been preserved in Schlemmer's notes under the heading "The ability of such straight-lined figures to live and take action (fundamentals for a dance script),"[8] as well as anatomical studies corresponding to the panel painting preprints which Schlemmer had produced for him for his lessons.[9]

On May 18, Bredendieck noted in a shortened form the questions Schlemmer asked, with which he apparently sought to reassure the students that the course contents met their needs. Bredendieck's answers have not survived, but a large question mark and extremely brief notes on topics such as "plasma" suggest his bafflement in the face of Schlemmer's rather esoteric course contents,

abb. 7 und 8 // Hin Bredendieck, Mitschriften aus dem Unterricht „der mensch" bei Oskar Schlemmer, 20. April 1928, Seite 2 und 4 // figs. 7 and 8 // Hin Bredendieck, Notes from Oskar Schlemmer's course "The Human Being," April 20, 1928, pages 2 and 4.

Tafelbild vorgegebenen Achsen „horizontal" (rot) und „vertikal" (blau), gibt die Silhouette und wesentlichen Gliederungen des in Bewegung befindlichen Menschen wieder, markiert das Herz als Zentrum des Blutkreislaufs, zeichnet die abstrakten Raumachsen ein und deutet die nicht-geometrisch verlaufende Grenzlinie zum Vegetabilen an. Am 20. April, für den Schlemmer das Thema „die einfachen Formen" notiert, zeichnet Bredendieck vom menschlichen Akt abgeleitete, stark abstrahierte, lineare Figuren, wie sie sich in Schlemmers Aufzeichnungen unter der Überschrift „Lebens- und Aktionsfähigkeit solcher gradlinigen Figuren (Grundlagen für eine Tanzschrift)" erhalten haben,[8] sowie anatomische Studien, die den Tafelbild-Vordrucken entsprechen, die sich Schlemmer für seinen Unterricht hatte anfertigen lassen.[9]

Unter dem 18. Mai notiert Bredendieck in verkürzter Form die von Schlemmer gestellten Fragen, mit denen er sich offenbar bei den Studierenden rückzuversichern suchte, ob der Lehrinhalt ihren Bedürfnissen entspricht. Bredendiecks Antworten sind nicht überliefert, doch ein großes Fragezeichen und extrem knappe Notizen zu Themen wie „Plasma" lassen seine Ratlosigkeit gegenüber den eher esoterischen Lehrinhalten Schlemmers vermuten, während er zu dem Thema „Skelett" fleißig mitskizzierte.

Wie in Schlemmers Übersicht über die „erledigten" Unterrichtsstunden brechen auch bei Hin Bredendieck die Eintragungen Ende Mai ab: Während Schlemmer für den 1. Juni noch notiert „Skelett, Muskulatur", liegt von Bredendieck aus diesem Monat nur für den 15. Juni eine Mitschrift vor, die unterschiedliche Gelenkformen verzeichnet. Am 22. Juni fiel der Unterricht sicherlich aus, da Schlemmer mit der Bauhausbühne an den Tanzfestspielen des Zweiten Deutschen Tänzerkongresses in Essen teilnahm, der vom 21. bis 26. Juni stattfand.

Bredendiecks datierte Skizzen und Notizen dürften die ausführlichste Mitschrift zu Oskar Schlemmers „der mensch" darstellen. Da Schlemmer selbst seine Vorlesungsunterlagen nur zum geringsten Teil datiert oder nummeriert hat, kann die weitere Auswertung der Mitschriften Bredendiecks einen wichtigen Beitrag zur Rekonstruktion des Unterrichts leisten. Bredendieck selbst nutzte die Grundlagen zur Proportionslehre des menschlichen Körpers noch für seinen Unterricht in Atlanta.

Rainer Stamm

while he diligently produced sketches on the topic of "skeleton."

As in Schlemmer's overview of the "done" lessons, Hin Bredendieck's notes also stop at the end of May: while Schlemmer noted "Skeleton, Musculature" for June 1, Bredendieck only made notes during this month on June 15, listing the various forms of joints. On June 22, the lessons would certainly have been canceled, since Schlemmer participated with the Bauhaus Stage in the Dance Festival at the Second German Dance Congress in Essen, which took place from June 21 to 26.

Bredendieck's dated sketches and notes are probably the most detailed transcript of Oskar Schlemmer's course on "The Human Being." Since Schlemmer himself only dated or numbered a small part of his lecture notes, the further analysis of Bredendieck's notes can make an important contribution to the reconstruction of the lessons. Bredendieck himself later used the fundamentals of the theory of proportion of the human body for his own lessons in Atlanta.

Rainer Stamm

1   Oskar Schlemmer an Otto Meyer-Amden, Brief v. 13. April 1928; zit. nach: Schlemmer 1958, S. 234f.
2   Vgl. Schlemmer 1969, S. 147-149. Hin Bredendiecks Bauhaus-Diplom gibt keinen Hinweis auf eine Teilnahme an Schlemmers Kurs.
3   Vgl. LMO-HB 13.
4   Schlemmer 1969, S. 37.
5   Oskar Schlemmer: unterrichtsgebiete. aktzeichnen, in: *bauhaus. zeitschrift für gestaltung,* 2. Jg., H. 2/3 v. Juli 1928, S. 23.
6   Vgl. Schlemmer 1969, S. 37.
7   Vgl. die Abb. bei Kirchmann 1999, S. 285.
8   Schlemmer 1969, S. 89, 91.
9   Ebd., S. 73.

1   Letter from Oskar Schlemmer to Otto Meyer-Amden dated April 13, 1928, quoted in Schlemmer 1958, 234–35 [translated].
2   See Schlemmer 1969, 147–49. Hin Bredendieck's Bauhaus diploma provides no indication of his having participated in Schlemmer's course.
3   See LMO-HB 13.
4   Schlemmer 1969, 37.
5   Oskar Schlemmer, "unterrichtsgebiete. aktzeichnen," *bauhaus. zeitschrift für gestaltung,* 2, nos. 2–3 (July 1928): 23.
6   See Schlemmer 1969, 37 [translated].
7   See the illustration in Kirchmann 1999, 285.
8   Schlemmer 1969, 89, 91 [translated].
9   Ibid., 73.

Strike

Hin Bredendieck's works from the Preliminary Course in 1927 include exercises in poster design under the guidance of Joost Schmidt. Shown here is his poster design for *Strike*, a film by Sergei Eisenstein. The design can be seen as well in a group of photographs from the Preliminary Course exhibition, alongside works by Franz Ehrlich, who, like Bredendieck, had enrolled at the Bauhaus in the summer semester of 1927.

Photos of the Preliminary Course exhibition—presumably from the end of the summer semester—show poster designs for events in Berlin. The exercises from Joost Schmidt's lessons were clearly created in response to given texts and themes.[1] The designs include posters for the *Cabarett der Namenlosen* at Monbyon, the opening of the Luna Park, the *Wann und Wo* revue in the Kleines Theater, and a performance by Anna Pavlova in the Theater des Westens.

Three drafts of the poster for *Strike* can be seen in various views of the exhibition. After the "tremendous success"[2] that Sergei Eisenstein's film *Battleship Potemkin* had enjoyed in Germany in 1926—the film was shown in twenty-five theaters in Berlin alone in the spring of 1926—Eisenstein's silent film *Strike*, which had actually been produced before, came to German cinemas in the spring of 1927. The handcrafted poster designs by Franz Ehrlich, Hin Bredendieck, and others for the screening at the UfA Palast at 6, 8, and 10 p.m. are thus advertised as "BY EISENSTEIN / THE DIRECTOR OF / POTEMKIN."

Bredendieck's poster design relies entirely on the dominant effect of the film title in crosswise-overlapping capital letters. The finished design can also be seen in photographs of the Preliminary Course exhibition, which have already been published several times. Although the poster design was previously unattributed, Bredendieck has now been identified as its author through the four-color studies preserved in his estate.   Rainer Stamm

---

1   See Ute Brüning, "Unterricht Joost Schmidt. Vorkurs 'Schrift und Reklame,'" Brüning 1995, 193 and notes on 309.
2   Letter from the Prometheus Filmverleih- und Vertriebs GmbH, Berlin, to Sergei Eisenstein dated June 1, 1926, quoted in Akademie der Künste, Berlin, ed., *Eisenstein und Deutschland. Texte, Dokumente, Briefe* (Berlin 1998), 75 [translated].

Streik

Zu Hin Bredendiecks Vorkurs-Arbeiten des ersten Studienjahres 1927 gehören auch die Übungen zur Plakatgestaltung unter Anleitung von Joost Schmidt. Der hier vorgestellte Entwurf für ein Plakat zur Aufführung von Sergei Eisensteins Film „Streik" korrespondiert mit einer Gruppe von Fotografien der Vorkurs-Ausstellung mit Arbeiten von Franz Ehrlich, der sich, ebenso wie Bredendieck, zum Sommersemester 1927 am Bauhaus eingeschrieben hatte.

Die Fotos der Vorkurs-Ausstellung – vermutlich vom Ende dieses Sommersemesters – zeigen Entwürfe zu Plakaten für Berliner Veranstaltungshäuser. Die Übungen aus Joost Schmidts Unterricht entstanden offenbar nach vorgegebenen Texten und Themen.[1] So sind mehrere Plakatentwürfe für das „Cabarett der Namenlosen im Monbyon", die Eröffnung des Luna Parks, die Revue „Wann und Wo" im Kleinen Theater und für einen Auftritt Anna Pawlowas im Theater des Westens zu sehen.

Allein drei Entwürfe für ein Plakat zur Aufführung des Films „Streik" sind auf den verschiedenen Ansichten der Ausstellung der Vorkurs-Arbeiten zu erkennen: Nach dem „ungeheuren Erfolg",[2] den Sergei Eisensteins Film „Panzerkreuzer Potemkin" 1926 in Deutschland hatte – allein in Berlin lief der Film im Frühjahr 1926 in 25 Theatern – kam im Frühjahr 1927 Eisensteins eigentlich zuvor entstandener Stummfilm „Streik" in die deutschen Kinos. Die handgefertigten Plakatentwürfe von Franz Ehrlich, Hin Bredendieck und anderen für die Aufführung des Films im UfA-Palast um 6, 8 und 10 Uhr tragen daher bereits den Werbehinweis: „von Eisenstein / dem Regisseur des / Potemkin".

Bredendiecks Plakatentwurf verlässt sich ganz auf die überwältigende Wirkung des doppelt, kreuzweise übereinandergesetzten Filmtitels in Grotesk-Majuskeln. Der ausgeführte Entwurf, der bislang nicht zugeschrieben werden konnte, ist auch auf den bereits mehrfach publizierten Fotografien der Vorkurs-Ausstellung zu sehen. Doch erst durch die im Nachlass erhaltenen vier Farbstudien dazu kann Bredendieck als dessen Urheber identifiziert werden.   Rainer Stamm

---

1   Vgl. Ute Brüning: Unterricht Joost Schmidt. Vorkurs ‚Schrift und Reklame', in: Brüning 1995, S. 193 sowie die Anmerkungen auf S. 309.
2   Prometheus Filmverleih- und Vertriebs GmbH, Berlin, an Sergei Eisenstein, Brief v. 1. Juni 1926, zit. nach: Eisenstein und Deutschland. Texte, Dokumente, Briefe, hg. v. d. Akademie der Künste, Berlin 1998, S. 75.

abb. 1 // Hin Bredendieck, Plakatentwurf zum Film „Streik" des russischen Filmemachers Sergei Eisenstein, 1927, Gouache und Bleistift auf Transparentpapier **// fig. 1 //** Hin Bredendieck, Poster design for the film *Strike* by the Russian filmmaker Sergei Eisenstein, 1927, gouache and pencil on diaphanous paper

abb. 2 // Typografie-Reklame-Ausstellung aus dem Unterricht bei Joost Schmidt, 1927, Fotografie: Franz Ehrlich (?), Sammlung Freese **// fig. 2 //** Exhibition of typography advertisements from lessons held by Joost Schmidt, 1927, photograph by Franz Ehrlich (?), Freese Collection

abb. 3 // Ausstellung von Vorkurs-Arbeiten mit Bredendiecks Plakatentwurf „Streik" am Pfeiler (links oben), Bauhaus Dessau, 1927, Reproduktion vom Negativ **// fig. 3 //** Exhibition of works from the Preliminary Course with Bredendieck's poster design for *Strike* on the pillar (top left), Bauhaus Dessau, 1927, reproduction from the negative

Bauhaus Dessau

In der Metallwerkstatt

Bauhaus Dessau

In the Metal Workshop

Wie im Gründungsmanifest von 1919 gefordert, sollte die Lehre am Bauhaus als höchstem Ziel dem Bauen dienen und wie beim gotischen Dombau in Werkstätten organisiert sein, die Hand in Hand zusammen arbeiten. Die Werkstattleitung oblag jeweils einem Künstler, dem „Formmeister", und einem „Werkmeister" und war somit dual organisiert. Die Studierenden konnten zwischen Werkstätten für Metall, Keramik, der Tischlerei, der Grafischen Druckerei, der Glasmalerei und der Weberei, später auch der Bühne, der Fotografie, der Druck- und Reklamewerkstatt oder der Wandmalerei wählen. Die weiblichen Studierenden wurden überwiegend in die Webereiklasse gelenkt. Seit 1923 verkündete Walter Gropius die Abkehr von der ursprünglichen Ausrichtung auf das Handwerk und forderte unter der Parole „Kunst und Technik – eine neue Einheit" eine verstärkte Zusammenarbeit mit der Industrie.

Nach der erfolgreichen Absolvierung des ersten Semesters stand für Bredendieck und seine Kommilitonen die Wahl einer Werkstatt an: „Meine Absicht war es, Architektur zu nehmen, aber es fehlten zu dieser Zeit einige Voraussetzungen. Da ich mit Holz vertraut war, überlegte ich mir, die Holzwerkstatt zu nehmen." László Moholy-Nagy ermunterte Bredendieck jedoch, etwas für ihn Neues auszuprobieren: „Warum in die Holzwerkstatt gehen, Holz kennen Sie schon, warum nicht in die Metallwerkstatt?", erinnerte sich Bredendieck an dessen Worte.[1] Moholys Einwand gab ihm schließlich den Impuls, der seinen weiteren Berufsweg entscheidend beeinflusste. „Das ergab Sinn und ich habe es nie bereut", schrieb Bredendieck später.[2]

„die studierenden lernen in kursen des werkstattleiters und unter anleitung eines werkmeisters die metalle, ihre bearbeitung und

As called for in its founding manifesto of 1919, teaching at the Bauhaus was to have "das Bauen" (building) as its ultimate goal; and, as in the construction of Gothic cathedral, it would be organized in workshops that operated closely together. The management of the workshops was to be shared between an artist, the "Master of Form," and a technical specialist, the "Master of Works." Students could choose between workshops for metal, ceramics, joinery, the graphic printshop, stained glass, and weaving; and later also for stagecraft, photography, printing and advertising, and mural painting. Most of the female students were directed to the weaving class. In 1923, Walter Gropius announced the slogan "Art and Technology—a New Unity" and expanded the Bauhaus from its original focus on craftsmanship toward increased cooperation with industry.

After successful completion of the Preliminary Course, Bredendieck and his fellow students had to choose a workshop. "My intention was to take architecture, but I lacked, at the time, some prerequisites," Bredendieck later remembered. "Being familiar with wood, I thought to take the woodshop." However, László Moholy-Nagy encouraged him to try something new, and Bredendieck recalled him saying, "Why go to the woodshop, you already know wood, why not take the metalshop?"[1] This challenge by Moholy-Nagy had a decisive

influence on Bredendieck's future career. "This, made sense to me, and I never regret[ed] it," he later wrote.[2]

The Bauhaus brochure of 1927 describes the goal of the metal workshop: "the students learn about metals, their processing and use in household appliances in courses given by the workshop manager and under the guidance of a master of works. in addition to training in silversmithing, teaching is conducted with particular attention to the special processing methods of the industry. a special field of work is the manufacture of lamps and light carriers following the new experiences in lighting technology."[3]

In the winter semester of that year, Hin Bredendieck joined Robert Lenz and Paul Reindl, with whom he had attended the Preliminary Course, in the metal workshop of the Bauhaus. Fellow students Marianne Brandt, Max Krajewski, and Otto Rittweger were already working there.[4] The following semester, Hermann Gautel, who came from Oldenburg and with whom Bredendieck became close friends and worked together, also joined the workshop.

Lessons with Moholy-Nagy

As his diploma and notes in his estate verify, Bredendieck took lessons in parallel to the workshop, including "geometry and mathematics with the engineer [friedrich] köhn; technical drawing with the architect [carl] fieger; technology with associate professor [wilhelm] müller; artistic design theory with professor klee" and, as a continuation of

2 //

verwendung beim hausgerät kennen. neben der ausbildung in der silberschmiede wird die lehre unter besonderer berücksichtigung der spezial-bearbeitungsmethoden der industrie geleitet. ein besonderes arbeitsgebiet ist die herstellung von lampen und lichtträgern im anschluß an die neuen erfahrungen der beleuchtungstechnik", hieß es im Schulprospekt von 1927 zu den Zielen der Metallwerkstatt.[3] Zum Wintersemester des Jahres trat Hin Bredendieck gemeinsam mit Robert Lenz und Paul Reindl, mit denen er gemeinsam den Vorkurs besucht hatte, in die Metallwerkstatt des Bauhauses ein, in der bereits Marianne Brandt, Max Krajewski und Otto Rittweger tätig waren.[4] Im folgenden Semester trat auch der Oldenburger Bauhäusler Hermann Gautel, mit dem sich Bredendieck eng befreundete und zusammenarbeitete, hinzu.

Unterricht bei Moholy-Nagy

Parallel zum Unterricht in der Werkstatt hatte Bredendieck – wie es sein Abschlusszeugnis und die Mitschriften im Nachlass belegen – Unterricht in „geometrie und mathematik bei herrn dipl.ing. [friedrich] köhn; fachzeichnen bei herrn architekt [carl] fieger; technologie bei herrn studienrat [wilhelm] müller; lehre der künstlerischen gestaltung bei herrn professor klee" sowie als Fortsetzung des Vorkurses von Albers einen Kurs zu „material und raum" bei „professor moholy-nagy."[5]

Rückblickend stellte Bredendieck die Bedeutung der Lehre von Kandinsky und Klee, bei denen er im ersten und zweiten Semester Unterricht genommen hatte, in Frage und kritisierte: „Was war ihr Beitrag zur Ausbildung von Designern? (...) Sie haben der Institution Ansehen verliehen, aber es ist im Nachhinein schwierig, einen spezifischeren Beitrag zu erkennen. Der in ihren Kursen angebotene Inhalt war abstrakt und sie machten keinen Versuch, ihn mit der Gestaltung von Objekten in Verbindung zu bringen. (...) Die Frage wurde oft gestellt, warum Kandinsky und Klee nie in die Werkstätten kamen. Die Studierenden hätten gerne Kommentare zu ihrer Arbeit in den Werkstätten von diesen angesehenen Malern erhalten. Aber während ich an der Schule war, fanden Werkstattbesuche nie statt."[6]

Im Gegensatz zu Kandinsky und Klee war Moholy-Nagy regelmäßig in der Metallwerkstatt präsent, nicht zuletzt da er die Werkstatt seit 1923 als Formmeister leitete. Als Moholy-Nagy schwarzes Stahlblech anliefern ließ, schockierte er mit dem neuen Material einige Studierende, wie Bredendieck erinnert: „Als es ausgeliefert wurde, wurde es in der Halle neben der Tür zur Metallwerkstatt platziert, was zwei vorbeikommende Studenten der Weimarer Zeit dazu veranlasste, zu bemerken: ‚Jetzt ist es soweit: Verwendung von schwarzem Stahl in dieser Schule!' Natürlich war das für einige der älteren Schüler eine Enttäuschung. Sie dachten immer noch in Materialien wie Silber oder versilberten Metallen oder vielleicht Messing und

3 //

Albers's Preliminary Course, a course on "material and space" with "professor moholy-nagy."[5]

Looking back, Bredendieck questioned the value of having as teachers the painters Wassily Kandinsky and Paul Klee, with whom he had taken courses in the first and second semesters:

"What was their contribution to [the] education of designers?... They afforded prestige to the institution, but it is difficult in retrospect to define a more specific contribution. The material offered in their classes was abstract, and they made no attempt to relate it to the designing of objects.... The question was often asked why Kandinsky and Klee never came into the shops. The students would have liked to receive comments regarding their work in the shops from these respected painters. But shop visits never took place while I was at the school."[6]

elektro

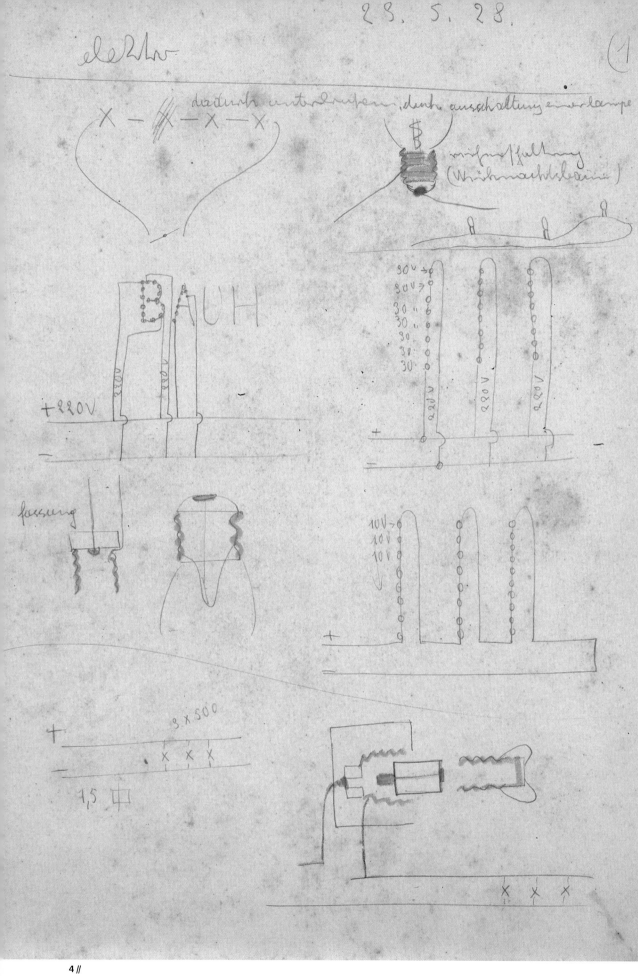

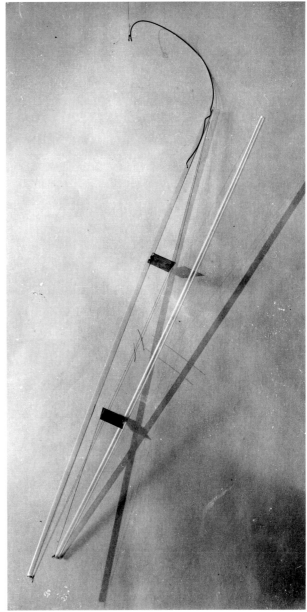

5 //

Kupfer. Schwarzer Stahl lag unter ihren künstlerischen Ansprüchen. Dies mag eine vereinzelte Bemerkung gewesen sein, entspricht aber dem Umdenken weg von handgefertigten Produkten hin zum Industriedesign, das in Dessau stattgefunden hat."[7]

In Moholy-Nagys Vorkurs-Unterricht, dessen Übungen vor allem auf dreidimensionale Gestaltung abzielten, entwarf Bredendieck im zweiten Semester eine vielfach abgebildete, hängende Skulptur. Diese erschien u.a. als Illustration von Moholy-Nagys Bauhausbuch „Von Material zu Architektur".[8]

Die Aufgaben beschäftigten die Studierenden oft auch über den eigentlichen Unterricht hinaus, so beobachtete Bredendieck einen Kommilitonen beim Spiel mit einer Spirale: „heute stehe ich auf dem dach. auf einem balkon steht ein bauhäusler und spielt mit einer antennenspirale. läßt sie nach unten hin federn, hin u. her. sie kommt durcheinander. er schleudert sie in die runde. einfach, er spielt damit. in ihm ist es erhalten geblieben, das ursprüngliche (...) er spielt mit dem material und lernt. nimmt die eigenschaften in sich auf. er macht erforschungen (...) ohne zwang. ganz frei. triebhaft".[9]

Im Unterricht bei Moholy-Nagy gestaltete Bredendieck auch eine „Tasttafel mit grafischer Darstellung", die – wie die hängende Skulptur – nur in Fotografien überliefert ist.[10] Sie zeigt einerseits die verschiedenen, aneinandergereihten Materialien und darüber mehrere Linien, die die erfühlten Eindrücke von kalt zu warm sowie von weich zu hart zu visualisieren suchen. „die einführung zu diesen aufgaben spielte sich gemeinschaftlich ab. während des vortrags über dieses tema [sic] wurden die augen eines studierenden verbunden und er mußte in diesem zustand die ihm zugereichten materialien (stoffe, metalle, brotreste, leder, papier, porzellan, schwamm usw.) nur durch abtasten bestimmen", berichtet Moholy-Nagy in „Von Material zu Architektur" (1929) über die Übung.[11] Von Bredendiecks Kommilitonen Erich Comeriner hat sich ein Notizbuch mit Mitschriften aus diesem Unterricht erhalten: „je mehr erfahrungen man hat, rezeptive erfahrungen, desto unbedingter und vollkommener sind die aktiven wiedergaben eines menschen."[12]

In contrast to Klee and Kandinsky, Moholy-Nagy was regularly present in the metal workshop, not least because he had headed the workshop as Master of Form since 1923. When Moholy-Nagy had black sheet steel delivered, he shocked several students with the new material, as Bredendieck recalls: "When it was delivered, it was placed in the hall next to the door of the metal shop, prompting two passing students of Weimar vintage to remark, 'Now it has come to this: using black steel in this school!' The point, of course, is that for some of the older students this was a letdown. They were still thinking in

6 //

terms of silver or silver-plating, or perhaps brass and copper. Black steel was beneath their artistic consideration. This may have been an isolated remark, but it is in line with the change in thinking, away from handcrafted products and towards industrial design, that occurred in Dessau."[7]

In Moholy-Nagy's Preliminary Course lessons, the exercises of which were primarily aimed at three-dimensional design, Bredendieck designed a hanging sculpture that has frequently been depicted, including as an illustration in Moholy-Nagy's *Von Material zu Architektur* (From Material to Architecture, 1929), which appeared in the Bauhaus Books series.[8]

Even when not in the lessons, students were often preoccupied with the exercises. Bredendieck thus once observed a fellow student playing with a spiral: "today, i'm standing on the roof. a bauhaus student is standing on a balcony and playing with an antenna spiral. lets it spring up and down, back and forth. it gets tangled. he hurls it around. he simply plays with it. in him, primal nature has been preserved ... he plays with the material and learns. absorbs the properties. he conducts research ... without compulsion. completely free. instinctively."[9]

During his lessons with Moholy-Nagy, Bredendieck also designed a "texture board with graphic delineation," which—like the hanging sculpture—has only been preserved in photographs.[10] On one side, various materials are attached, one after the other, and, above them, several lines that visualize the impressions felt, from cold to warm and from soft to hard. Moholy-Nagy wrote about the exercise in *Von Material zu Architektur*: "the introduction to these exercises took place collectively. during the

Bredendieck, der in der Emigration zu einem strengen Lehrer werden sollte, lehnte Moholys *Laissez-faire*-Haltung später ab und gestand der von Moholy auch am New Bauhaus Chicago wiederholten Aufgabenstellung zwar einen befreienden pädagogischen Wert zu, aber kritisierte, dass Arbeitsaufwand und Lerneffekt in keinem, ihm angemessen erscheinenden Verhältnis standen.[13] Im Gegensatz zum Unterricht bei Albers im Semester zuvor betrug die wöchentliche Stundenzahl des Kurses bei Moholy-Nagy nur vier Stunden. Bredendieck erinnerte sich später an sein Bedauern, dass sich beide Kurse kaum aufeinander bezogen: „wenn man im alten bauhaus in den vorcurs eintrat bekam man die version A[lbers]. wenn man dann in das 2. semester eintrat gab es die version m[oholy-nagy]. ohne dass sich A. und M. auch nur (...) die mühe [gemacht hätten] das[s] beide curse zueinander related waren. weil A und M nicht mit einander sprachen. und wenn man dann in den werkstätten eintrat so brach das band völlig ab, so dass man das gefühl hatte man hatte die schule gewechselt. es bestanden nicht die geringsten zusammenhänge zwischen dem vorcurs und der werkstatt. und ich kann mich noch ganz gut [an] die allgemeine enttäuschung erinnern die uns überkam."[14]

1928 erlebte Hin Bredendieck den Weggang von Walter Gropius, der sein Amt zum 1. April 1928 niederlegte, und László Moholy-Nagy. Zum Abschied erhielt der scheidende Direktor die Mappe „9 Jahre Bauhaus, eine Chronik" (Bauhaus-Archiv Berlin, Nachlass Gropius) überreicht.[15] Sie enthielt u.a. eine Fotocollage von Marianne Brandt mit dem Titel „me", die die Mitarbeiter der Metallwerkstatt zeigte,

54

7 //

8 //

darunter die Künstlerin selbst sowie Moholy-Nagy, den Leiter der Werkstatt, Alfred Schäfter, den Werkmeister der Metallwerkstatt sowie Wolfgang Rössger und Otto Rittweger (Abb. S. 48). Während Gerda Marx mit überschlagenen Beinen auf einer Balkonbrüstung sitzend rechts von Moholy-Nagy zu erkennen ist, entdeckt man Hin Bredendieck am oberen Ende der Brüstung, zwischen dem Buchstaben „e" und dem Lampenschirm-Stapel. Für eine zweite, veränderte, heute nicht mehr erhaltene Fassung der Collage verwendete Marianne Brandt ein Doppelportrait von Hin Bredendieck und Gerda Marx, so dass hier beide wesentlich größer zu erkennen sind. Elizabeth Otto vermutet, dass Brandt diese Fassung, die lediglich in einer Fotografie im Nachlass von László Moholy-Nagy nachweisbar

lecture on this topic, one student was blindfolded and, in this state, asked to determine the materials he had been given (fabrics, metals, leftover bread, leather, paper, porcelain, sponge, etc.) by palpation."[11] As Bredendieck's fellow student Erich Comeriner wrote in his notebooks from these lessons: "the more experiences one has, receptive experiences, the more correct and complete the active renderings of an individual are."[12]

Bredendieck, who was to become a strict teacher after emigrating to the United States, later rejected Moholy-Nagy's *laissez-faire* attitude; he admitted that Moholy-Nagy's renewed use of the exercise at the New Bauhaus in Chicago had a liberating educational value, but found the amount of work to be incommensurate with its educational effect.[13] In contrast to the lessons with Albers in the previous semester, Moholy-Nagy's course was only

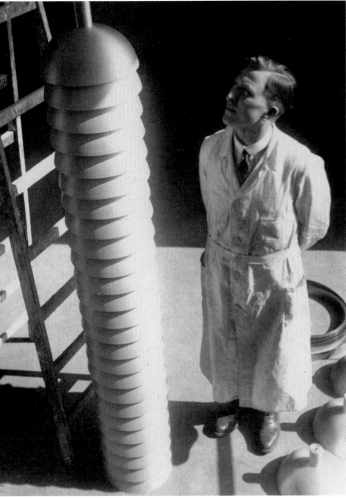

9 //

abb. 9 // Werkmeister Alfred Schäfter mit seriell gefertigten Aluminiumreflektoren (me 85b, 1926), um 1927/28, Fotografie, Bauhaus-Archiv Berlin, Spende Hin Bredendieck // fig. 9 // Master of Works Alfred Schäfter with serially manufactured aluminum reflectors (me 85b, 1926), ca. 1927/28, photograph, Bauhaus Archive Berlin, gift of Hin Bredendieck

four hours per week. Bredendieck later recalled his regret that the two courses were hardly related to each other: "when you entered the Preliminary Course at the old bauhaus, you got the a[lbers] version. when you then entered the second semester, you got the m[oholy-nagy] version. without A and M even … having made any effort to ensure that the two courses were related to each other. because A and M did not speak with each other. and when you entered the workshops, the bond broke completely, so that you had the feeling that you had changed schools. there was not the slightest connection between the Preliminary Course and the workshop. and i can still remember very well the general disappointment that we all felt."[14]

In 1928, Hin Bredendieck witnessed the departure of both Walter Gropius, who resigned on April 1, and László Moholy-Nagy. As a farewell gift, the outgoing director received the portfolio *9 Jahre*

ist, für Moholy-Nagy gestaltete, der das Bauhaus zusammen mit Gropius im April 1928 verließ.

Den Direktorenwechsel und die Übernahme der Schulleitung durch Hannes Meyer sah Bredendieck, der Mitglied der Studentenvertretung war, zunächst skeptisch, da er befürchtete, „es wäre nicht mehr das Bauhaus, das ich im Kopf hatte."[16] Nach persönlichen Gesprächen mit Meyer änderte sich seine Einstellung jedoch und es entwickelte sich eine Art Freundschaft zwischen Hannes Meyer und ihm.[17]

Die Arbeit mit Marianne Brandt und Hermann Gautel für Kandem

Marianne Brandt, die seit dem Sommersemester 1927 die lichttechnischen Versuche der Metallwerkstatt leitete, hatte nach dem Fortgang Moholy-Nagys die kommissarische Leitung der Metallwerkstatt übernommen. Die handwerkliche Leitung lag seit September 1927 bei dem Gold- und Silberschmiedemeister Alfred Schäfter. Besonders die Entwicklung neuer Beleuchtungskörper erlangte ab 1928 große Bedeutung. Im Juli des Jahres wurde die Zusammenarbeit sowohl mit der Leipziger Leuchtenbaufirma Körting & Mathiesen AG (Schutzmarke Kandem), die bereits im Frühling begonnen hatte, als auch mit der Berliner Firma Schwintzer & Gräff in der Bauhaus-Zeitschrift verkündet.[18]

Hatte Bredendieck im zweiten Semester noch eine „handwerkliche ausbildung" in der Metallwerkstatt erhalten, die ihm aufgrund seiner Vorbildung als gelernter Tischler leicht gefallen sein dürfte, nahm er bereits ab seinem dritten Studiensemester an den „produktiv-aufgaben der werkstatt" teil und begann die Entwurfsarbeit für Kandem.[19] Bis 1930 entwickelte er – zumeist in Zusammenarbeit mit Marianne Brandt und Hermann Gautel – diverse Arbeitstisch-, Nachttisch- und (Pendel-)Deckenleuchten. Der Katalog „Bauhausleuchten? Kandemlicht!" (2002) zählt u.a. vier Schreibtischleuchten, zwei Nachttischleuchten, acht Pendelleuchten sowie elf Deckenleuchten als Entwürfe von bzw. unter Mitarbeit von Hin Bredendieck.[20]

Im Nachlassteil von Hin Bredendieck in Oldenburg befindet sich ein bemerkenswertes, selbst erstelltes Werkverzeichnis in Form

10 //

einer tabellarischen Auflistung seiner Arbeitsergebnisse.[21] In der überwiegenden Mehrzahl der Positionen sind es Leuchten unterschiedlicher Bauart mit einer durchlaufenden Nummerierung von 66 bis 213; die Nummern 1 bis 65 fehlen. Die Liste beginnt mit den Leuchtenentwürfen, die Bredendieck mit Marianne Brandt zusammen entwickelt und in die Kandem-Produktion überführt hat. Sie dokumentiert jedoch auch Bredendiecks Möbelentwürfe sowie seine späteren Arbeiten in Berlin, der Schweiz und in Oldenburg. Insgesamt beinhaltet das Werkverzeichnis rund 127 Leuchtenentwürfe: eine eindrucksvolle Bilanz der wenigen Arbeitsjahre bis zu seiner Emigration 1937 in die USA.

Die im Werkverzeichnis geführte Nummerierung der Entwürfe korrespondiert mit den im Nachlass in Berlin, Oldenburg und Atlanta erhaltenen, von Bredendieck angelegten Werkdatenblättern. Im Bauhaus-Archiv Berlin haben sich die zu den Werkverzeichnisnummern 66 („schreibtischleuchte"), 67 („nachttisch-leuchte"), 69 („deckenleuchte") und 70 („haushaltleuchte") erhalten. Zum Teil tragen die maschinenschriftlich bezeichneten Blätter, die Bredendieck hierfür

abb. 10 // Hin Bredendieck in in seinem Atelier, um 1929, Fotografie, Sammlung Freese **//**
fig. 10 // Hin Bredendieck in his studio, ca. 1929, photograph, Freese Collection

Bauhaus, eine Chronik (Nine Years of Bauhaus: A Chronicle; Bauhaus Archive Berlin, Gropius Estate).[15] Among other things, it contained a photo collage by Marianne Brandt titled *me*, which depicts the participants of the metal workshop, including the artist herself, Moholy-Nagy (head of the workshop), and Alfred Schäfter (Master of Works of the metal workshop), as well as Wolfgang Rössger and Otto Rittweger (fig. p. 48). Gerda Marx can be recognized sitting to the right of Moholy-Nagy with her legs crossed on the balustrade of a balcony, and Hin Bredendieck can be seen at the upper end of the balustrade, between the letter "e" and the stack of lampshades. For a second, altered version of the

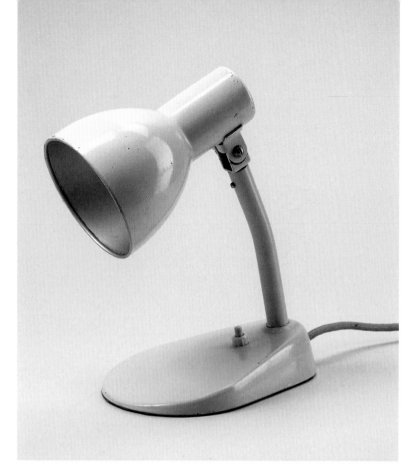

11 //

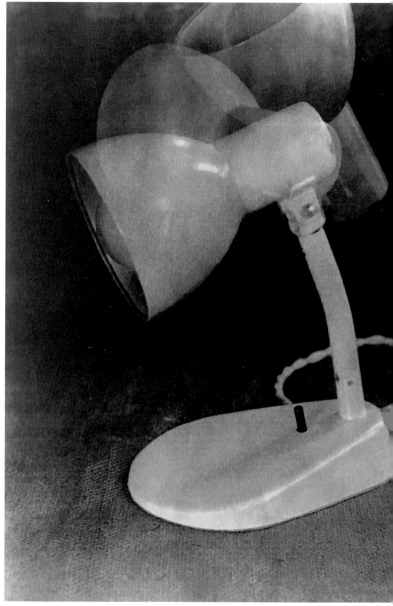

12 //

13 //

14 //

mit den entsprechenden Produktblättern von Kandem beklebte, Hinweise auf konkrete Gestaltungsleistungen: „doppel-kegelleuchten /
glas form gegeben. Metallteile entwurf bauhaus dessau", heißt es
zum Beispiel zur Kandem-Leuchte Nr. 705, die jedoch nicht im Zeugnis aufgeführt wird. Bredendiecks Abschlusszeugnis nennt stattdessen die Kandem-Leuchten Nr. 656, 657, 679, 680, 699, 700, 707, 711,
712, 713 und 714. Während Binroth Bredendieck wesentlich mehr Entwürfe bzw. Entwurfsanteile zurechnet als im Zeugnis notiert sind,
enthält der Band keinen Hinweis auf die im Zeugnis erwähnte Kandem-Leuchte Nr. 699. Der Bredendieck-Nachlass im Bauhaus-Archiv
enthält jedoch ein Kandem-Produktblatt mit einer stilisierten Zeichnung der Kandem-Leuchte Nr. 699, die hier als „Kürbisleuchte" geführt wird. Die zum Teil verwirrenden Zählweisen der Kandem-Leuchten kommentierte Klaus Struve mit dem Hinweis: „Je nachdem,
welcher Katalog, welche Preisliste oder welches Preisblatt zugrunde
gelegt wird, es müssen die geänderten Nummerierungen selbst für
gleichgestaltete Schreibtischleuchten und ihre Varianten bedacht
werden. Allein mit Nummern können Kandem-Leuchten über die Jahre hinweg nicht identifiziert werden."[22] Insofern kann das Werkverzeichnis im Bredendieck-Nachlass neue Hinweise geben, jedoch
sind bis auf wenige Skizzen und Entwürfe keine konkreten Aufzeichnungen zur Zusammenarbeit mit Kandem erhalten.

Die meisten Leuchten wurden in unterschiedlichen Ausführungen und Varianten entwickelt, u.a. mit verschiedenen Lichtverteilun-
gen, variierenden Leuchtstärken, Metall- und Farbvarianten, Glasgrö-
ßen und -beschaffenheiten sowie mit unterschiedlichen Pendellängen.
Einige Leuchten wurden über Monate und Jahre hinweg weiterentwickelt, um sie in teilweise kleinsten technischen Details zu verbessern, sodass die Forschung sie heute in sog. „Generationen" erfasst.
Bei den Tischlampen wurde mit Proportionen, der Größe und Beschaffenheit des Standtellers sowie mit der Weite und Form des
Doms experimentiert, um die Montage zu erleichtern. Auch die

collage, which has not been preserved, Marianne
Brandt used a double portrait of Hin Bredendieck
and Gerda Marx, so that both are depicted much
larger. Elizabeth Otto speculates that Brandt designed this version specifically for Moholy-Nagy, as
it can only be found in a photograph in his estate.

Bredendieck, who was a member of the student
council, was initially skeptical about the change of
directors and the assumption of the school management by Hannes Meyer, because he feared that "it
would no longer [be] the Bauhaus I had in mind."[16]
After personal conversations with Hannes Meyer,
however, his attitude changed, and a friendship of
sorts developed between them.[17]

Collaboration with Marianne Brandt and Hermann Gautel for Kandem

Marianne Brandt, who had been in charge of the light experiments in the metal workshop since the summer semester of 1927, took over the provisional management of the workshop after Moholy-Nagy left. In September 1927, the master goldsmith and silversmith Alfred Schäfter became Master of Works. The development of new lighting fixtures became particularly important from 1928 onwards. In July of that year, a partnership with the Leipzig-based lighting company Körting & Mathiesen AG (trademark Kandem), which had already begun in the spring, was announced in the *bauhaus* magazine, as was a new partnership with the Berlin-based company Schwintzer & Gräff.[18]

While Bredendieck had received "vocational training" in the metal workshop in the second semester—which, due to his previous training as a carpenter, he presumably found quite easy—he took part in the "productive tasks of the workshop" from his third semester onwards and began doing design work for Kandem.[19] Through 1930, mostly in cooperation with Marianne Brandt and Hermann Gautel, he developed various workbench lamps, bedside lamps, and hanging ceiling lamps. The catalog *Bauhausleuchten? Kandemlicht!* (Bauhaus Lamps? Kandem Light!, 2002) lists among others four desk lamps, two bedside lamps, eight pendant lamps, and eleven ceiling lamps as designed by or in collaboration with Hin Bredendieck.[20]

In the partial estate of Hin Bredendieck in Oldenburg there is a self-compiled, tabular catalog of his works.[21] The vast majority of the items are lamps of various designs, numbered consecutively from 66 to 213 (the numbers 1 to 65 are missing). The list begins with the lamp designs which Bredendieck developed together with Marianne Brandt and were manufactured at Kandem. It also documents

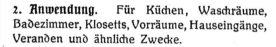

haushaltleuchte, abgedichtet

1. Lichtwirkung. Die aus einem Stück hergestellte Spezialglocke ist in ihrem unteren Teil gut durchsichtig, an den Seiten dagegen opalüberfangen, so daß die Blendung nach der Seite hin vermieden wird, nach unten jedoch für eine intensive Lichtabgabe gesorgt ist. Es ist also eine Leuchte für vorwiegend tiefstrahlendes Licht. Infolge dieser Glocke ist die Beleuchtungsstärke bei der Haushaltleuchte bedeutend größer als bei Glocken, die im ganzen gleichmäßig opalüberfangen sind.

Nr. 657

2. Anwendung. Für Küchen, Waschräume, Badezimmer, Klosetts, Vorräume, Hauseingänge, Veranden und ähnliche Zwecke.

3. Ausführung. Moderne, zweckmäßige Form, ohne Staubablagerungsflächen. Vollständig wasserdicht. Glocke wird mit Hilfe zweier Scharnierschrauben gegen eine Gummidichtung am Aufsatz gepreßt. Aufsatz aus weiß glasiertem Porzellan. Vermeidung des bei ähnlichen Konstruktionen vorhandenen Gewindeglases, das manchmal den Nachteil hat, daß sich die Glocke wegen des oval geratenen Gewindes schlecht einschrauben läßt, und daß dann das Gewinde im Glas oder im Porzellan ausbricht. Fassung mit Kupfergewindekorb.

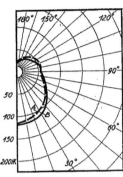

Lichtverteilungskurven
der Haushaltleuchte Nr. 657.
Kurve A: Besteckung mit 25 Watt.
Kurve B: Besteckung mit 100 Watt.
(Kurven entsprechen einem Lichtstrom der nackten Glühlampe von 1000 Lumen, ca. 85 Watt.)

Watt	Nr.	Gewicht ca. kg	Maße in cm		Ausführung
			Länge	Durchmesser	
25—100	**657**	1,4	22,5	22	Porzellan weiß glasiert

Glocke Nr. **447** (oben opalüberfangen, unten heller).
Gewicht ca. 0,70 kg, größter Durchmesser: 220 mm, Hals-Durchmesser 117 mm, Länge 180 mm.

Körting & Mathiesen A.-G., Leipzig-Leutzsch
Postanschrift: Leipzig W 35 / Fernsprecher: Sammelnummer 44441

15 //

abb. 15 // Kandem-Produktblatt zur von Hin Bredendieck entworfenen Haushaltsleuchte Nr. 657, September 1929 // **fig. 15 //** Kandem product sheet for the household lamp No. 657, designed by Hin Bredendieck, September 1929

leuchten- b a u

refektor: die jetzige refektorform ist im wesendlichen
nicht anders als die form der alten kandem-leuchte 573.
wohl hat sich der dom geändert und damit auch verbessert,
aber im wesendlichen was lichtausbeute was lichtverteilung anbelangt ist es das selbe geblieben.
  man wird mit dieser Form zwar noch eine zeitlang aus-
kommen,aber dann wird doch eines tages damit schluss
sein.warum, das können wir nacher noch untersuchen.
die füheren reflektoren waren einfache emäilierte
blechteller,die so angeordnet waren dass der öfnungs-
winkel ca. 200 grad betrug so das dieses frei ausstrahlen konnte. die restlich noch zuverfügung stehenden
I20 grad wurden reflektiert und so nutzbar gemacht.
über vor und nachteil lässt sich nur reden im be zug
auf einen bestimmten verwendungs-zweck. eins steht
fest dass die lichtausbeute sehr gross war. die lichtverteilung, wenn es für einen arbeitsplatz sein soll,
sehr nugünstig, und die blendung sehr gross. daraufhin
ist man nun bei gegangen und hat den flachen blechteller so tief gezogen dass man die glühbirne nicht
mehr sieht und somit die blendung aufhebt.dann hat
man noch die krümmung des reflektors so gewählt,dass
die lichtverteilung möglist günstig war, d.h. so weit
das überhaupt mit den material möglich war.
  wenn wir nun fragen,was ist reflektorbau, so kann
man sagen , die lichtverteilung der glühlampe in eine
bestimmte lichtverteilung verändern. oder speziell für
einen reflektor gesagt, das licht in eine bestimmte
richtung bringen und gleichzeitig das auge gegen schäd-
liche strahlen schützen. man kann auch so sagen, das
von der glühlampe ausgehende licht so formen wie wir
es brauchen.
  da ist einmal ausgangpunkt die glühlampe, deren licht-
kurve festliegt.dann wie wünscht man die beleuchtung.
und dann der bau, mit welchen mittel ist es am einfach-
sten,(d.h. am wirtschaftlichsten) und am besten zuer-
reichen.
  es isthier nicht von beleuchtung im allgemeinen die
rede, sondern speziell mittels glühlampen.d.h. die
glühlampe als vorhandenes hinnehmen.
  bei einen reflektornist zunähst die winkelöffnung
zubestimmen. die öffnung ist für den reflektor sehr
wichtig, aber auch sehr einfach sie festzustellen.
die winkelöffnung ist ,angenommen, I20 grad, d.h.
dieses strahlt frei aus. die restlichen 2/3 von der
glühlampe ausgehende strahlen(zwar nicht ganz 2/3)
müssen reflektiert werden.und da kommt sofortdie
frage auf,wie kann man es mit geringsten verlust und
am günstigsten machen.
  möglichkeiten sind folgende:
I.licht frei ausstrahlen lassen.
2.licht reflektieren
3.licht streuen
4.licht abschirmen

_2

16 //

abb. 16 // Hin Bredendieck, leuchten-bau,
Notizen vom 13. Februar 1930, GTL-HB //
fig. 16 // Hin Bredendieck, the building of
lamps, notes from February 13, 1930, GTL-HB

Anbringung des Lichtschalters in der Nähe des sich während der Be-
nutzung erhitzenden Leuchtmittels wurde hinterfragt und auf neue
Lösungsmöglichkeiten überprüft: „die bauhauswerkstätten sind im
wesentlichen laboratorien, in denen vervielfältigungsreife, für die
heutige zeit typische geräte sorgfältig im modell entwickelt und dau-
ernd verbessert werden", hatte Gropius im Schulprospekt von 1927
postuliert und damit eine Ausrichtung formuliert, die Hannes Meyer
in seinem Direktorat entscheidend verstärkte.[23]

Bredendieck's furniture designs, as well as his later
work in Berlin, Switzerland, and Oldenburg. In total,
the catalog of works contains roughly 127 lamp
designs: an impressive output from the few years
he spent working on these before emigrating to the
United States in 1937.

The numbering of the designs in the catalog of
works corresponds to the worksheets compiled by
Bredendieck, which are now preserved in his partial
estates in Berlin, Oldenburg, and Atlanta. In the
Bauhaus Archive Berlin, worksheets have been
preserved which correspond to the catalog of works
numbers 66 ("desk lamp"), 67 ("bedside lamp"), 69
("ceiling lamp"), and 70 ("household lamp"). Several
of the typewritten worksheets, onto which Bredendieck pasted the corresponding product sheets
from Kandem, bear references to concrete design
achievements: "double cone lamps / preexisting
glass form. metal parts designed by bauhaus
dessau," as is noted, for example, for the Kandem
lamp no. 705, which is not mentioned in the diploma.
Instead, Bredendieck's diploma mentions the
Kandem lamp numbers 656, 657, 679, 680, 699, 700,
707, 711, 712, 713, and 714. While Binroth attributes to
Bredendieck considerably more designs or collaborations on designs than are noted in the diploma, the
volume contains no reference to the Kandem lamp
no. 699. The partial estate of Bredendieck in the
Bauhaus Archive does, however, contain a Kandem
product sheet with a stylized drawing of Kandem
lamp no. 699, which is listed here as "pumpkin lamp."
Klaus Struve commented on the at times confusing
numbering of Kandem lamps by stating: "Depending
on which catalog, price list, or price sheet is used as
a basis, the altered numbering must be taken into
consideration even for desk lamps of the same
design and their variants. Kandem lamps over the

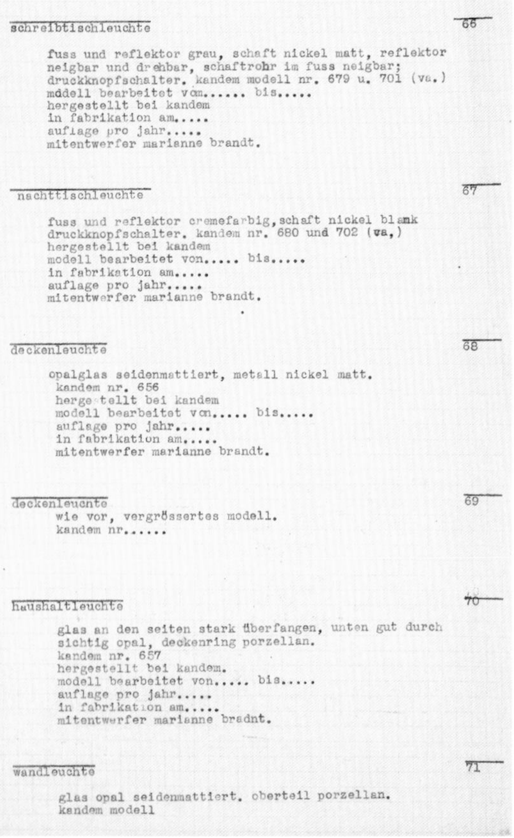

schreibtischleuchte 66

fuss und reflektor grau, schaft nickel matt, reflektor
neigbar und drehbar, schaftrohr im fuss neigbar;
druckknopfschalter. kandem modell nr. 679 u. 701 (va.)
modell bearbeitet von..... bis.....
hergestellt bei kandem
in fabrikation am.....
auflage pro jahr.....
mitentwerfer marianne brandt.

nachttischleuchte 67

fuss und reflektor cremefarbig, schaft nickel blank
druckknopfschalter. kandem nr. 680 und 702 (va.)
modell bearbeitet von..... bis.....
in fabrikation am.....
auflage pro jahr.....
mitentwerfer marianne brandt.

deckenleuchte 68

opalglas seidenmattiert, metall nickel matt.
kandem nr. 656
hergestellt bei kandem
modell bearbeitet von..... bis.....
auflage pro jahr.....
in fabrikation am.....
mitentwerfer marianne brandt.

deckenleuchte 69

wie vor, vergrössertes modell.
kandem nr......

haushaltleuchte 70

glas an den seiten stark überfangen, unten gut durch
sichtig opal, deckenring porzellan.
kandem nr. 657
hergestellt bei kandem.
modell bearbeitet von..... bis.....
auflage pro jahr.....
in fabrikation am.....
mitentwerfer marianne brandt.

wandleuchte 71

glas opal seidenmattiert. oberteil porzellan.
kandem modell

17 //

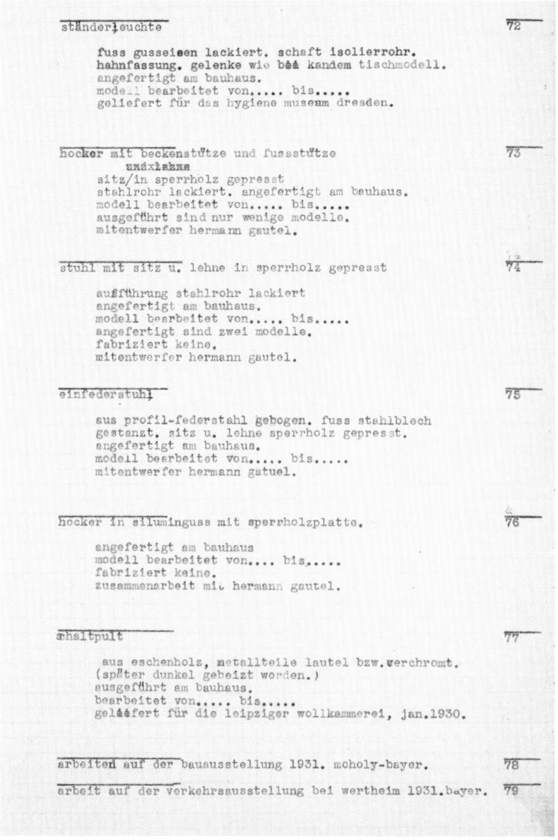

ständerleuchte 72

fuss gusseisen lackiert. schaft isolierrohr.
hahnfassung. gelenke wie bei kandem tischmodell.
angefertigt am bauhaus.
modell bearbeitet von..... bis.....
geliefert für das hygiene museum dresden.

hocker mit beckenstütze und fussstütze undxlehne 73

sitz/in sperrholz gepresst
stahlrohr lackiert. angefertigt am bauhaus.
modell bearbeitet von..... bis.....
ausgeführt sind nur wenige modelle.
mitentwerfer hermann gautel.

stuhl mit sitz u. lehne in sperrholz gepresst 74

ausführung stahlrohr lackiert.
angefertigt am bauhaus.
modell bearbeitet von..... bis.....
angefertigt sind zwei modelle.
fabriziert keine.
mitentwerfer hermann gautel.

einfederstuhl 75

aus profil-federstahl gebogen. fuss stahlblech
gestanzt, sitz u. lehne in sperrholz gepresst.
angefertigt am bauhaus.
modell bearbeitet von..... bis.....
mitentwerfer hermann gatuel.

hocker in siluminguss mit sperrholzplatte. 76

angefertigt am bauhaus
modell bearbeitet von.... bis.....
fabriziert keine.
zusammenarbeit mit hermann gautel.

stehpult 77

aus eschenholz, metallteile lautel bzw.verchromt.
(später dunkel gebeizt worden.)
ausgeführt am bauhaus.
bearbeitet von..... bis.....
geliefert für die leipziger wollkammerei, jan.1930.

arbeiten auf der bauausstellung 1931. moholy-bayer. 78

arbeit auf der verkehrsausstellung bei wertheim 1931.bayer. 79

18 //

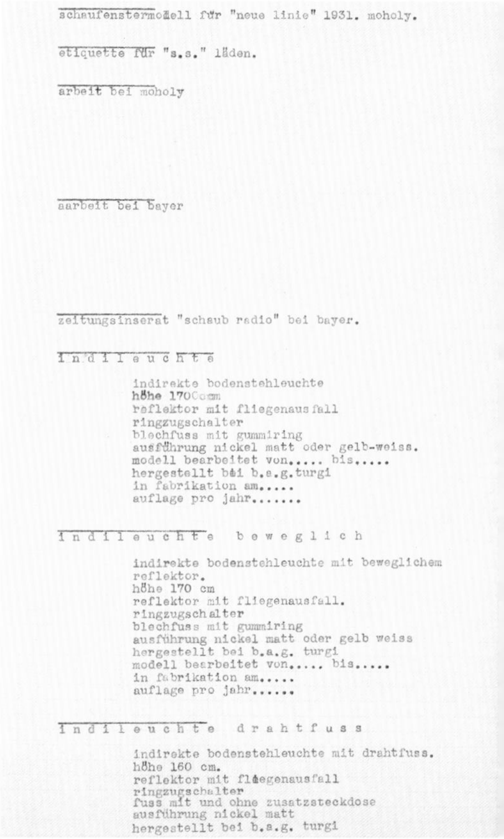

schaufenstermodell für "neue linie" 1931. moholy.

etikette für "s.s." läden.

arbeit bei moholy

aarbeit bei bayer

zeitungsinserat "schaub radio" bei bayer.

indileuchte
indirekte bodenstehleuchte
höhe 170 cmm
reflektor mit fliegenausfall
ringzugschalter
blechfuss mit gummiring
ausführung nickel matt oder gelb-weiss.
modell bearbeitet von..... bis.....
hergestellt bei b.a.g.turgi
in fabrikation am.....
auflage pro jahr.......

indileuchte beweglich
indirekte bodenstehleuchte mit beweglichem
reflektor.
höhe 170 cm.
reflektor mit fliegenausfall.
ringzugschalter
blechfuss mit gummiring
ausführung nickel matt oder gelb weiss
modell bearbeitet von..... bis.....
hergestellt bei b.a.g. turgi
in fabrikation am.....
auflage pro jahr.......

indileuchte drahtfuss
indirekte bodenstehleuchte mit drahtfuss.
höhe 160 cm.
reflektor mit fliegenausfall
ringzugschalter
fuss mit und ohne zusatzsteckdose
ausführung nickel matt
hergestellt bei b.a.g. turgi

19 //

abb. 17–19 // Hin Bredendieck,
maschinenschriftliches Werkverzeichnis,
um 1928/32 // figs. 17–19 // Hin Bredendieck,
typewritten catalogue raisonné, ca. 1928/32

years cannot be identified by numbers alone."[22] In
this respect, the catalog of works in Bredendieck's
estate can provide new information; nevertheless,
apart from a few sketches and drafts, no concrete
records of his collaboration with Kandem have been
preserved.

Most of the lamps were developed in different
versions and variations, including different light
distributions, varying light intensities, metal and
color variations, glass sizes and qualities, and with
different pendant lengths. Some lamps continued
to be developed over months and years to improve
them, at times at the smallest level of technical
detail, so that research today records them in
so-called "generations." In the case of the table
lamps, experiments were carried out with regard

Die Leuchten sollten von größtmöglicher Nutzerfreundlichkeit sein:
„die lichtverteilung, wenn es für einen arbeitsplatz sein soll, [war] sehr
ungünstig, und die blendung sehr gross. daraufhin ist man nun bei gegangen und hat den flachen blechteller so tief gezogen dass man die
glühbirne nicht mehr sieht und somit die blendung aufhebt. dann hat
man noch die krümmung des reflektors so gewählt, dass die lichtverteilung möglichst günstig war (...)" – so Bredendieck in einem auf Februar 1930 datierten Resümee seiner Arbeit für Kandem.[24]

Ab November 1928 wurde Bredendieck bezahlter Mitarbeiter der
Metallwerkstatt des Bauhauses.[25] Eine Abrechnung weist für diese Tätigkeit für den Zeitraum vom 1. April bis 31. Dezember 1929 eine verstärkt von
Hannes Meyer eingeforderte Umsatzprovision in Höhe von 212 RM und
Kandem-Lizenzeinnahmen in Höhe von 674 RM aus, von denen 130 RM
für die anteilige Ateliermiete in Dessau in Abzug gebracht wurden.[26] Im
Oktober 1929 wurde Bredendiecks Status noch einmal verändert: „nachdem beschlossen worden ist, ihnen die bearbeitung der angelegenheit
kandem zu übertragen und sie nicht als mitarbeiter zu führen, erhalten
sie ab november nicht mitarbeiterentschädigung, sondern auf beschluss
des geschäftsausschusses ein honorar in höhe von rm 150,-".[27]

62

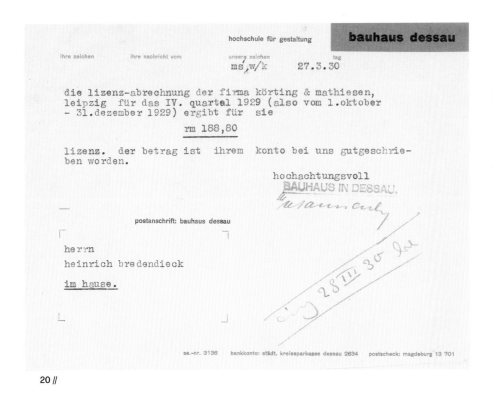

20 //

abb. 20 // Bauhaus Dessau, Kandem-Lizenzabrechnung für Hin Bredendieck vom 27. März 1930 // fig. 20 // Bauhaus Dessau, Kandem license statement for Hin Bredendieck, March 27, 1930

Noch 1929 beauftragte Gropius Marianne Brandt und Hin Bredendieck, für das von ihm in Dessau realisierte Arbeitsamt die „Büros im Langbau (...) mit Kandem-Schreibtischleuchten" auszustatten.[28] Die von Bredendieck mitentwickelten Leuchten waren darüber hinaus in zahlreichen Ausstellungen vertreten, so u.a. im Sommer 1930 auf der Deutschen Werkbund-Ausstellung[29] im Grand Palais in Paris und ab Oktober 1930 in einer Wanderausstellung des Bauhauses in Amerika, die von Boston nach New York, Chicago und Cleveland tourte.[30] In dem zugehörigen Katalog der „International Exhibition of Metalwork and Cotton textiles" (Kat. 218) der American Federation of Arts wird Bredendieck, gemeinsam mit Marianne Brandt zum ersten Mal als „Designer" der Kandem-Schreibtischlampe namentlich erwähnt.

Hin Bredendieck und sein Verhältnis zu Marianne Brandt

Die Zusammenarbeit mit der zehn Jahre älteren Marianne Brandt[31] war nicht immer frei von Konflikten: „nun, nach einer besprechung mit bredendieck", berichtet Brandt im April 1929 vertraulich an Hannes Meyer, „stellt es sich heraus, dass bredendieck und gautel, die in diesem augenblick den möbelmodellbau hauptsächlich in händen haben, auf meine mitarbeit keinen wert mehr legen, im gegenteil, sogar mein ausscheiden begrüssen würden, weil, wenn ich recht verstanden

to proportions, the size and texture of the stand plate, and the width and shape of the dome to facilitate assembly. The placement of the switch near the light source, which heats up during use, was also questioned and examined for possible new solutions: "the bauhaus workshops are essentially laboratories in which production-ready appliances typical of the present day are carefully developed in the form of models and constantly improved," Gropius postulated in the school brochure of 1927, thereby formulating a goal which Hannes Meyer decisively reinforced during his own tenure as director.[23]

The lamps were to be designed to be as user-friendly as possible: "the light distribution, if it was to be for a workplace, [was] very unfavorable, and the glare very great. as a result, we have now gone and pulled the flat sheet metal plate so low that one can no longer see the bulb, thus eliminating the glare. then the curvature of the reflector was chosen so that the light distribution was as favorable as possible," Bredendieck wrote in a summary of his work for Kandem dated February 1930.[24]

In November 1928, Bredendieck became a paid employee of the metal workshop of the Bauhaus.[25] An accounting statement for the period of April 1 to December 31, 1929, shows a sales commission of 212 Reichsmark, increasingly demanded by Hannes Meyer, and Kandem license income of 674 Reichsmark, of which 130 Reichsmark were deducted for the pro rata studio rent in Dessau.[26] In October 1929, Bredendieck's status was changed once again: "after having decided to assign the handling of the matter of kandem to you and to discontinue your status as an employee, from november onwards you will no longer receive employee remuneration but rather, by decision of the business committee, a fee of 150 Reichsmark"[27].

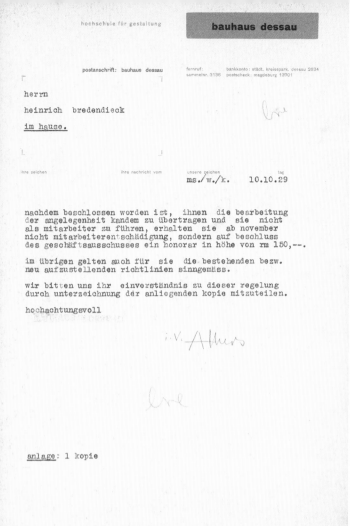

21 //

22 //

abb. 21 // Josef Albers an Heinrich Bredendieck, Brief vom 10. Oktober 1929 // **fig. 21 //** Josef Albers to Heinrich Bredendieck, letter from October 10, 1929

abb. 22 // Hin Bredendieck, Übersichtsblatt zur „ausstellung ME", 17. Februar 1928 // **fig. 22 //** Hin Bredendieck, Overview sheet for the "ME exhibition," February 17, 1928

In 1929, Gropius commissioned Marianne Brandt and Hin Bredendieck to furnish the "offices in the long building ... with Kandem desk lamps" for the employment office he had set up in Dessau.[28] The lamps that Bredendieck co-developed were also represented in numerous exhibitions, including the Deutscher Werkbund exhibition[29] in the Grand Palais in Paris in the summer of 1930 and, from October 1930 onwards, in a Bauhaus exhibition that toured the United States, from Boston to New York, Chicago, and Cleveland.[30] In the accompanying catalog of the *International Exhibition of Metalwork and Cotton Textiles* (cat. 218) of the American Federation of Arts, Bredendieck, together with Marianne Brandt, is mentioned by name for the first time as the "designer" of the Kandem desk lamp.

Working Relationship with Marianne Brandt

Bredendieck's collaborations with Marianne Brandt, who was ten years older than him,[31] was not always free of conflict: "now, after a discussion with

habe, ich an dem handwerklichen modellbau mich nicht beteiligen kann und mag, sondern die ausführung dem arbeiter oder den studierenden überlassen muss. sie nennen das ‚modelle auf dem papier machen' und lehnen es ab. (...) so muss ich schon, und zwar ganz ausdrücklich, auf meinem anrecht, modelle zu machen, bestehen. (...) ich möchte dadurch ausdrücken, dass ich bredendiecks und gautels gute absichten, ihren grossen eifer, die sache ‚bauhaus' weiterzubringen, achte, dadurch, dass ich der leitung jetzt schon meine absicht, wegzugehen, mitteile und so diese bestrebungen unterstütze."[32] Am 4. Juni 1929 kam es zwischen Brandt auf der einen Seite und Gautel und Bredendieck auf der anderen über die Umsatzbeteiligungen zum Eklat, wie sie im Kalender notierte.[33] Der Streit schwelte weiter: „Abends 7 Uhr Auseinandersetzung mit Hin. ‚Wie kommt das Bauhaus dazu Dich zu unterhalten?'"[34] Doch schon wenig später scheinen die Unstimmigkeiten überwunden worden zu sein. Brandt, die unzufrieden

23 //

über den neuen Leitungsstil Hannes Meyers im Juli 1929 ihre Kündigung einreichte, setzte ihre Arbeit zunächst im Architekturbüro von Walter Gropius fort. Dennoch hielt sie nach ihrem Ausscheiden aus dem Bauhaus den Kontakt zu Bredendieck, dessen beruflicher Start in Berlin zunächst nicht gelingen wollte. Als Mitarbeiterin der Gothaer Ruppelwerke unterstützte sie ihn in dieser schweren Zeit vorbehaltlos.

Briefe im Nachlass belegen eine auf wechselseitiger Wertschätzung basierende Freundschaft, die bis zum Tod Marianne Brandts 1983 andauerte. Noch 1978 gratulierte Bredendieck der Freundin zum 85. Geburtstag und erinnerte: „Es muß gerade 50 Jahre her sein, als wir 1928 dein[en] Geburtstag feierten. Es war in dein[em] Atelier, Moholy-Nagy war da und so war Gerda Marx und Zimmermann. Auch habe [ich] noch ein Foto dieser Feier."[35]

abb. 23 // Marianne Brandt (links) und Hin Bredendieck (rechts) bei der Entwurfsarbeit am Zeichentisch in der Metallwerkstatt am Bauhaus Dessau, um 1928, Fotografie: Werner Zimmermann, aus dem Fotoalbum von Gerda Marx, Privatbesitz //
fig. 23 // Marianne Brandt (left) and Hin Bredendieck (right) during design work at the drawing table in the metal workshop at the Bauhaus Dessau, ca. 1928, photograph by Werner Zimmermann, from Gerda Marx's photo album, private collection

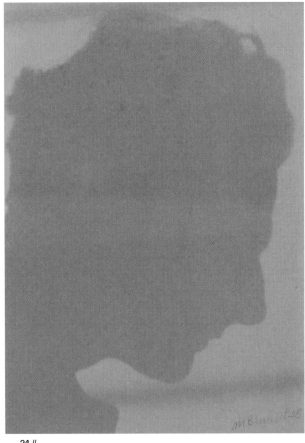

24 //

Bredendieck in der „studierenden-vertretung"

Während andere Kunstgewerbeschulen zumeist durch einen strengen Lehrplan mit wenig oder keinem Platz für eigene Entwicklungen gekennzeichnet waren, legte die Bauhaus-Lehre einen Schwerpunkt auf die „personal initiative" der Studenten. Dennoch setzte sich Bredendieck, der ein Jahr lang in der „studierenden-vertretung" engagiert war, für eine Neustrukturierung des Kurssystems ein. Er vertrat die Auffassung, dass die Organisation der Werkstätten nach Materialien (Metallwerkstatt, Tischlerei, Druckerei, Weberei usw.) sich noch zu sehr an traditionellen Kunstgewerbeschulen orientierte: „der designer muss craftsman und artist in einer person sein, d.h. es muss an den artschulen craft sowohl als art gelehrt werden. das bauhaus lehrt eine craftmanship wie im mittelalter. (...) alle meine discusionen hierüber mit moholy und auch gropius führten lediglich zu einer anerkennung dieser theorien aber nicht zu einer durchführung. sie haben keine vorstellung was craft ist, da sie selber keine erfahrung haben in irgend eine craftsmanship. das klingt sonderbar, wo sie selber die forderung von den artist-craftsman aufgestellt haben."[36]

Bredendieck schlug stattdessen eine neue Kurs- und Werkstättenstruktur vor: „Es sollte nur einen Designkurs geben, und die Studierenden sollten zu allen Werkstätten Zugang haben. Als gewählter studentischer Vertreter habe ich dies in der Fakultätssitzung angesprochen (...)".[37] Sein Bestreben, den Schwerpunkt der Ausbildung vom Material auf das Design zu verschieben, hatte jedoch nur begrenzten Erfolg. Immerhin wurde die Metallwerkstatt im Juli 1929 mit der Tischlerei und der Wandmalerei zu einer Bauwerkstatt, wenig später Ausbauwerkstatt genannt, zusammengefasst. Der neue Fokus lag nun weniger auf der Gestaltung von Leuchten, sondern verstärkt auf der Entwicklung von zeitgemäßen Möbeln. Die Leitung der Werkstatt übernahm der Architekt Alfred Arndt. Durch diese Zusammenlegung konnte Bredendieck nun wieder größeren Nutzen aus seinen Vorkenntnissen als Tischler ziehen.

bredendieck," Brandt reported confidentially to Hannes Meyer in April 1929, "it turns out that bredendieck and gautel, who are now primarily in charge of making furniture models, no longer attach any importance to my collaboration, and would, on the contrary, even welcome my departure, because, if i understood correctly, i cannot and do not like to participate in the manual production of models, but must leave the execution to the worker or the students. they call this 'making models on paper' and reject it.... i must insist, and I do so explicitly, on my right to make models.... I would like to express my respect for bredendieck's and gautel's good intentions, their great eagerness to further the 'bauhaus' cause, by taking this opportunity to inform the management of my intention to leave and, in doing so, support these endeavors."[32]

On June 4, 1929, there was a scandal between Brandt on the one hand and Gautel and Bredendieck on the other about the participation in sales, as she noted in her calendar.[33] The quarrel continued: "At

25 //

Weitere Arbeiten am Bauhaus Dessau

1929 war Bredendieck an dem Entwurf und der Gestaltung einer Schaltpultanlage für die Wollkämmerei in Leipzig beteiligt.[38] Abgesehen vom Hinweis im Zeugnis und der Nennung des Projekts im Werkverzeichnis hat sich offenbar jedoch kein Beleg des Entwurfs hierzu erhalten. Verschiedene weitere Objekte und Möbel, die Hin Bredendieck am Bauhaus Dessau fertigte, sind als Prototypen erhalten, darunter ein schlichter Teeglashalter (1929).[39] Im Nachlass (Atlanta) haben sich sechs handschriftliche Notizseiten und Skizzen zu dieser Gestaltungsaufgabe erhalten, die sämtlich auf August 1929 datiert sind und erneut das laborhafte Experimentieren dokumentieren: „ein teeglashalter ist ebenso wenig ein problem wie eine puderdose. wie ein bleistifthalter. (...) wenn man diese gegenstände so baut wie früher so wie es bisher üblich war. da aber der gebrauchsgegenstand in engster beziehung zu den menschen steht. da der gegenstand uns weder zeit noch freude nehmen soll

abb. 25 // Marianne Brandt auf dem Balkon ihres Studio-Apartments, Bauhaus Dessau, um 1929 // fig. 25 // Marianne Brandt on the balcony of her studio, Bauhaus Dessau, ca. 1929, photograph, Freese Collection

7:00 in the evening, quarrel with Hin. 'Why does the Bauhaus support you?'"[34] A short time later, however, the disagreements seem to have been put aside. Brandt, dissatisfied with Hannes Meyer's new style of leadership, had submitted her resignation in July 1929, but she continued her work in Walter Gropius's architectural office. Nevertheless, after her departure from the Bauhaus, she kept in touch with Bredendieck, whose initially struggled to launch his career in Berlin. As an employee of Ruppelwerke GmbH in Gotha, she supported him unreservedly during this difficult time.

26 //

abb. 26 // Hin Bredendieck, Teeglashalter, 1929,
4,8 × 8,7 × 6,0 cm, Chrom-Nickel-Stahl, Glas, Stiftung
Bauhaus Dessau **// fig. 26 //** Hin Bredendieck, holder
of a tea glass, 1929, 4.8 × 8.7 × 6.0 cm, chrome-nickel
steel, glass, Bauhaus Dessau Foundation
abb. 27 // Hin Bredendieck, Skizzen „teeglashalter",
Bauhaus Dessau, 18. August 1929, GTL-HB **//**
fig. 27 // Hin Bredendieck, Sketches for "tea glass
holder," Bauhaus Dessau, August 18, 1929, GTL-HB

Letters in the estate testify to a friendship based on
mutual esteem that lasted until Marianne Brandt's
death in 1983. As late as 1978, Bredendieck congrat-
ulated his friend on her eighty-fifth birthday and
reminded her: "It must now be fifty years ago that
we celebrated your birthday in 1928. It was in your
studio; Moholy-Nagy was there and so was Gerda Marx and Zimmermann. I also still have a photo
of this party"[35].

Bredendieck on the "Student Council"
While other schools of arts and crafts were generally characterized by a strict curriculum with little or no
room for personal development, the Bauhaus placed
an emphasis on students' personal initiative.

27 //

(...) darum müssen wir ihn bauen 1. richtig (...) 2. wirtschaftlich (...) und
darum muß auch ein teeglashalter systematisch versucht wer-
den."[40] 1929 wurde der Teeglashalter, ein handgetriebenes, aus einem Metallblech gefertigtes Unikat, „vom Bauhaus Dessau zum
Patent angemeldet und im selben Jahr auf der Bauhausausstel-
lung *10 Jahre Bauhaus* in Basel gezeigt."[41] 1976 konnte er aus der
Leipziger Galerie am Sachsenplatz von der Stiftung Bauhaus Dessau erworben werden. Einzige Vorbesitzerin war Marianne Brandt.
Darüber hinaus fertigte Bredendieck in Zusammenarbeit mit

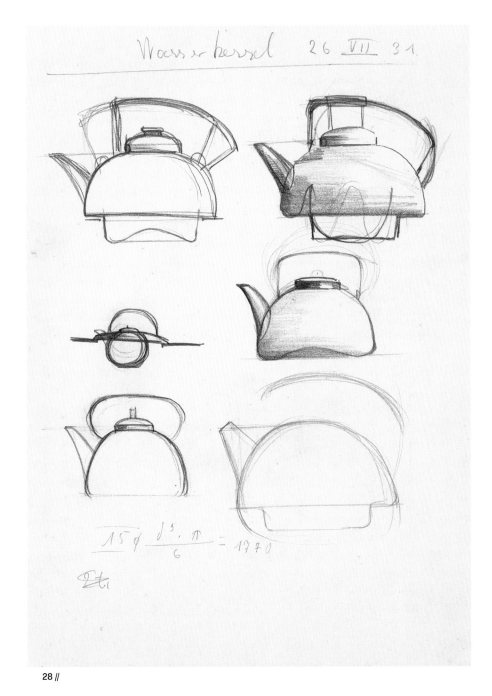

Wasserkessel 26 VII 31.

$$15\phi \frac{d^3 \cdot \pi}{6} = 1770$$

28 //

abb. 28 // Hin Bredendieck, Skizze „Wasserkessel", 26. Juli 1931 // fig. 28 // Hin Bredendieck, Sketch for "kettle," July 26, 1931

Nevertheless, Bredendieck, during his one-year involvement in the "student council," advocated a restructuring of the course system. He believed that organizing the workshops according to materials (metal workshop, joinery, printing shop, weaving mill, etc.) was still too much in the tradition of schools of arts and crafts. When considering this point later, he wrote: "the designer must be a craftsman and an artist in one person, that is to say both craft and art must be taught at the art schools. the bauhaus teaches craftmanship as in the middle ages.... all my discussions about this with moholy and gropius only led to a recognition of these theories but not to their implementation. they have no idea what craft is, because they themselves have no experience in any craftmanship. this sounds strange, since they themselves have stipulated the requirements for the artist-craftsman."[36]

Bredendieck proposed instead a new course and workshop structure: "there should only be one design course, and the students should have access to all shops. As a[n] elected student representative, I brought this up in the Faculty meeting."[37] His efforts to shift the focus of education from material to design had, however, only limited success. Nevertheless, in July 1929, the metal workshop was combined with the joinery and mural painting workshops to form a building workshop, which was later called the finishing workshop. The new focus was now less on the design of lamps and more on the development of contemporary furniture. The workshop was headed by the architect Alfred Arndt. Through this merger, Bredendieck was now able to make greater use of his previous knowledge as a carpenter.

Hermann Gautel „einige neue stuhlmodelle", wie es gleichlautend in den Zeugnissen der beiden heißt. Prototypen waren in der Wanderausstellung „10 Jahre Bauhaus" zu sehen und sind auf Fotografien der Stationen dieser Ausstellung in Basel, Mannheim und Zürich zu erkennen.[42] Für die Ausführung verwendeten Bredendieck und Gautel das vergleichsweise neue Material Sperrholz. Über den Vorteil dieses Werkstoffs hatte Marcel Breuer bereits 1925 notiert: „Die fertige dünne Furnierplatte ist als unzuverlässiges Material bei den Fachleuten unbeliebt, doch hat sie große Entwicklungsmöglichkeiten, meiner

30 //

29 //

31 //

abb. 29 // Katalogheft der Ausstellung des Bauhauses im Gewerbemuseum Basel, Titelfoto: Lux Feininger, 1929 // **fig. 29** // Catalog of the Bauhaus exhibition in the Basel Museum of Arts and Crafts, cover photo by Lux Feininger, 1929

abb. 30 // Ausstellung des Bauhauses 1929 in der Kunsthalle Basel. Rechts im Vordergrund ist der von Bredendieck und Gautel gestaltete Hocker zu erkennen // **fig. 30** // Exhibition of the Bauhaus in 1929 in the Kunsthalle Basel. In the right foreground one can see the stool designed by Bredendieck and Gautel

abb. 31 // Ausstellung des Bauhauses 1930 in der Mannheimer Kunsthalle. Hinter einer der zentralen Stellwände ist der von Bredendieck und Gautel entworfene Arbeitshocker „me 1002" zu erkennen, Fotografie: Kurt Schneyer, Kunsthalle Mannheim // **fig. 31** // The Bauhaus exhibition in 1930 at the Kunsthalle Mannheim. The "me 1002" work chair designed by Bredendieck and Gautel can be seen behind one of the central partition walls. Photograph Kurt Schneyer, Kunsthalle Mannheim

Ansicht nach ist sie das Zukunftsmaterial der Möbelindustrie – durch geschickte Konstruktion ist sie heute schon zu zwingen."[43] Wulf Herzogenrath, der die Geschichte des Bauhauses in fünf Phasen fasst, sieht in dem „arbeitsstuhl me 1002" (1929) von Bredendieck und Gautel die vierte Phase veranschaulicht, welche er als analytische, materialistisch orientierte und auf die industrielle Produktion gerichtete Phase (1928–1930) charakterisiert.[44]

Abschluss in Dessau

Bredendieck erlebte in Dessau seine ‚formative years'. Aus Hinrich wurde Hin. Er knüpfte Freundschaften, die ein Leben lang halten

32 //

33 //

sollten und erhielt einen Zugang zur Gestaltung, den er als umtrie-
biger junger Tischler von Aurich bis Stuttgart nicht hatte finden
können und der ihn, seine Arbeits- und spätere Lehrweise maßgeblich prägen sollte. Diesen Schatz der Erinnerungen, Dokumente,
Briefe, Skizzen, Fotografien und Bücher hütete er über 70 Jahre
und bewahrte ihn trotz seiner Auswanderung und vieler Umzüge
bis zu seinem Tod auf.

Zur freiheitlichen Lebensführung am Bauhaus passt es auch,
dass Bredendieck in Dessau seine erste sexuelle Begegnung erlebte, wie er viele Jahre später erinnerte.[45] Das bunte Bauhaus-Leben
sog er in sich auf. Darüber hinaus belegte er, wie seine Notizen

Further Works at the Bauhaus Dessau

In 1929, Bredendieck was involved in the design and
construction of a control desk for the wool combing
works in Leipzig.[38] Apart from the reference in the
diploma and the mention of the project in the catalog
of works, however, apparently no evidence of the
design has been preserved. Various other objects
and pieces of furniture that he made at the Bauhaus
Dessau have survived as prototypes, including
a simple tea glass holder (1929).[39] Six handwritten
pages of notes and sketches on this design task
have been preserved in the partial estate in Atlanta,
all of which are dated August 1929 and once again
document the laboratory-like experimentation:
"a tea glass holder is no more of a problem than
a powder box. than a pencil holder.... if one con-
structs these objects in the way they were constructed in the past, in the way it was customary up
to now. but since the object of use has a very close
relationship to people. since the object should take
neither time nor joy from us ... that is why we must
construct it 1. correctly ... 2. economically ... and that

34 //

35 //

36 //

is why a tea glass holder must also be approached systematically."[40]

In 1929, the tea glass holder, a hand-made, unique work from one piece of metal, "was registered for a patent by the Bauhaus in Dessau and, in the same year, was presented in the Bauhaus exhibition *10 Jahre Bauhaus* [Ten Years of Bauhaus] in Basel"[41]. In 1976, the Bauhaus Dessau Foundation acquired it from the Galerie on Sachsenplatz in Leipzig. The only previous owner was Marianne Brandt.

In addition, Bredendieck produced "several new chair models" in collaboration with Hermann Gautel, as noted with identical wording in the diplomas of the two men. Prototypes were shown in the traveling exhibition *10 Jahre Bauhaus* and can be recognized in photographs of the venues of this exhibition in

zeigen, etliche Kurse, die im Zeugnis nicht erwähnt sind. Wenig bekannt ist beispielsweise Bredendiecks Beteiligung an der Bauhausbühne: „komme gerade von der bühne herauf. probe. nächsten sonnabend [bauhaus-revue der jungen bauhausbühne am 22.6.1929] soll es fertig sein. übrigens schlemmer ist nach breslau berufen worden. wird sicher gehen. (...) ich halte eine bauhausbühne für wichtiger. im gegensatz zur schlemmer-bühne. ähnlich wie die kapelle. eigentlich noch besser. (...) die bühne soll ausdruck der gesamtheit sein. eben des bauhauses", notierte Bredendendieck im Juni 1929 und bewertete die Bauhausbühne als ein „barometer" des Niveaus der gesamten Schule.[46] Als am 9. November 1929 der Abschied von Oskar Schlemmer gefeiert wurde, trat die Junge Bauhausbühne (kurz „babü 3") unter dem Motto „und ist das zimmer noch so klein" auf. Neben Etel Mittag-Fodor und Werner David Feist war auch Hin Bredendieck beteiligt, wie es in der Ankündigung in *bauhaus. zeitschrift für gestaltung* hieß.[47]

Am 15. April, mit dem Ende des Wintersemesters verabschiedete sich Bredendieck vom Bauhaus und erhielt am 20. Mai 1930 sein Bauhausdiplom (Nr. 11). In dem beiliegenden, von Hannes Meyer unterzeichneten Befähigungszeugnis wurde ihm „eine ausgesprochene

1) mitarbeiter der metall-werkstatt vom
8.11.28 bis zum 15.4.3o.

stungen : die versuchsarbeit bredendieck's zeitigte folgende für
die industrie brauchbaren resultate:

2) k a n d e m l e u c h t e n:
  a) deckenleuchte   656   c) tischleuchte   679
  b) haushaltleuchte 657   d) nachttischleuchte 68o

3) bearbeitung folgender l e u c h t e n:
  a) leuchte 699;   b) doppelkegelleuchten 7oo,714;
      c) kugelleuchten 7o7, 711,712, 713.

4) als spezieller mitarbeiter für kandem folgende bearbeitungen:

  a) porzellanleuchte   d) indirekte leuchte
  b) vorwiegend direkte leuchte e) tischleuchte.
  c) aussenleuchte

5) entwurf schaltpult für die leipziger wollkämmerei.

6) entwurf einiger neuer stuhlmodelle.

igkeiten : h i n n e r k   b r e d e n d i e c k
twickelte als studierender des bauhauses eine ausgesprochene
gnung für neue konstruktionen auf dem gebiet der beleuchtungs-
chnik; eine reihe von neuartigen metall-lampen ist deren resultat.
ine arbeiten zeugen von seiner ausgesprochen spekulativen begabung
d von seinem sinn für die problematik aller gestaltung.
der speziellen bearbeitung von decken-,tisch- und steh-leuchten
r unsere zusammenarbeit mit der industrie leistete bredendieck
rch fleiss, gründlichkeit und gewissenhaftigkeit dem bauhaus beste
enste. als angestellter mitarbeiter der metall-werkstatt hatte er
legenheit, alle zweige der geschäftsführung einer solchen werkstatt
nnen zu lernen. er ist zu schöpferischer arbeit in entwurf und
nstruktion auf dem gebiet der beleuchtungs-industrie gut befähigt,
d darüber hinaus dürfte ihn seine begabung und sein handwerkliches
schick auch in weiteren arbeitsbereichen der metallbranche
.b. metallmöbel, metall-gefässe) zu guten ergebnissen führen.
ine zusammenarbeit mit den studierenden der metallwerkstatt war
uchtbar, anregend und kameradschaftlich.
hrend eines jahres besorgte bredendieck die sogenannte
          "studierenden-vertretung"

sau, den 20.V.1930.

direktion:

hannes meyer.

37 //

Basel, Mannheim, and Zurich.[42] For the construction, Bredendieck and Gautel used plywood, a comparatively new material. Marcel Breuer had already noted the advantages of this material in 1925: "The finished thin veneer panel is unpopular with experts as an unreliable material, but it has great potential for development. In my opinion, it is the material of the future for the furniture industry—through clever design, its use can already be forced today."[43] Wulf Herzogenrath, who summarizes the history of the Bauhaus in five phases, sees the "arbeitsstuhl me 1002" (work chair me 1002, 1929) by Bredendieck and Gautel as illustrating the fourth phase, which he characterizes as the analytical, materialistically oriented phase (1928-30), directed towards industrial production.[44]

Graduation in Dessau

Bredendieck's time in Dessau was formative for his career and professional development. Hinrich became Hin. He made friendships that were to last a lifetime and gained access to a design community that he, as a restless young carpenter from Aurich, had not been able to find elsewhere. This experience was to have a decisive influence on him, his way of working, and his later teaching. For more than seventy years, he safeguarded this treasury of memories, documents, letters, sketches, photographs, and books, preserving it until his death, despite his emigration and many moves.

    It also fits in with the liberal lifestyle at the Bauhaus that Bredendieck had his first sexual encounter in Dessau, as he recalled many years later.[45] He immersed himself in the colorful life at the Bauhaus. In addition, as his notes reveal, he took several courses that are not mentioned in his diploma. Little is known, for example, about Bredendieck's participation in the Bauhaus stage. In notes from that period, he wrote, "have just come up from the stage. rehearsal. it should be ready by next saturday [bauhaus revue of the young bauhaus

eignung für neue konstruktionen auf dem gebiet der beleuchtungs-technik" attestiert: „eine reihe von neuartigen metall-lampen ist deren resultat. seine arbeiten zeugen von seiner ausgesprochen spekulati-ven begabung und von seinem sinn für die problematik aller gestal-tung. in der speziellen bearbeitung von decken-, tisch- und steh-leuch-ten für unsere zusammenarbeit mit der industrie leistete bredendieck durch fleiss, gründlichkeit und gewissenhaftigkeit dem bauhaus bes-te dienste."

stage on June 22, 1929]. by the way, schlemmer has received a call to wrocław. he is sure to go.... i think a bauhaus stage is more important. in contrast to the schlemmer stage. much like the band. actually even better.... the stage should be an expression of the whole. of the bauhaus." Indeed, he viewed the Bauhaus stage as a "barometer" of the standards of the entire school.[46] When Oskar Schlemmer's farewell was celebrated on November 9, 1929, the Young Bauhaus Stage (known as "babü 3") per-formed under the motto "and as small as the room may be." In addition to Etel Mittag-Fodor and Werner David Feist, Bredendieck also participated, accord-ing to the announcement in the *bauhaus* magazine.[47]

On April 15, 1930, at the end of the winter semester, Bredendieck bid farewell to the Bauhaus, and he received his Bauhaus diploma on May 20 (no. 11). In the enclosed certificate of competence, signed by Hannes Meyer, it was attested that he possessed "a pronounced suitability for new con-structions in the field of lighting technology." The certificate continues by highlighting his achieve-ments: "a number of innovative metal lamps have been the result of this. his works bear witness to his highly creative talent and his sense for the problems of all design. in the special development of ceiling, table, and floor lamps for our industry partners, bredendieck rendered exceptional service to the bauhaus with his diligence, thoroughness, and conscientiousness."

1   Bredendieck 1990, S. 6 [übersetzt aus dem Englischen].
2   Ebd.
3   metallwerkstatt, in: bauhaus dessau, Schulprospekt v. 1927, S. 15.
4   Vgl. zur Metallwerkstatt Weber 2005.
5   Bauhaus-Diplom (Nr. 11) von Hinnerk Bredendieck v. 20.5.1930, LMO-HB 10.
6   Bredendieck 2009, S. 10 [übersetzt aus dem Englischen].
7   Ebd., S. 8f.
8   Moholy-Nagy 1929, S. 154, Abb. 139: „schwebende plastik (illusionistisch)". Die Abbildung übernahm Moholy-Nagy auch in: Moholy-Nagy 1938, S. 128, Abb. 136; Bayer, Gropius und Gropius 1938, S. 125.
9   Hin Bredendieck, Notizen v. 28.4.1929, LMO-HB 2.
10   Moholy-Nagy 1929, S. 22, Abb. 2: „tasttafel mit grafischer darstellung".
11   Moholy-Nagy 1929, S. 22.
12   Erich Comeriner, Notizbuch aus dem Unterricht von László Moholy-Nagy, 1927, Getty Research Institute, Los Angeles (850514), zit. nach: Holländer/Wiedemeyer 2019, S. 79.
13   Hin Bredendieck, undat. Typoskript (um 1938), LMO-HB 2.
14   Hin Bredendieck, undat. Typoskript (um 1938), LMO-HB 2. Die Umlaute des offenbar auf einer amerikanischen Schreibmaschine niedergeschriebenen Texts wurden zur besseren Lesbarkeit ergänzt.
15   Vgl. Otto 2005, S. 80-83.
16   Bredendieck 1990, S. 7 [übersetzt aus dem Englischen].
17   Bredendieck begegnete Meyer vermutlich in Berlin und um 1932 in der Schweizer Werkbundsiedlung Neubühl wieder. 1947 versucht Meyer, inzwischen in Mexiko, Kontakt zu ehemaligen Bauhäuslern aufzunehmen. Auf dessen Brief vom 21.11.1947 reagierte Bredendieck indes nicht, wie er in einem Brief v. 10.9.1989 an Arthur Pulos (Bauhaus-Archiv Berlin) bestätigt.
18   Vgl. bauhaus. zeitschrift für gestaltung, 2. Jg. 1928, H. 2/3, S. 33. Die Zusammenarbeit mit Schwintzer & Gräff, die vor allem bereits vorhandene, am Bauhaus entwickelte Leuchten in Produktion und Vertrieb übernahm, wurde nach Unstimmigkeiten über die Ausführung der Entwürfe im Herbst 1930 beendet.
19   Vgl. Binroth 2002.
20   Ebd.
21   LMO-HB 17.
22   Vgl. Binroth 2002, S. 60, Anm. 12.
23   Walter Gropius: grundsätze der bauhaus-produktion, in: bauhaus dessau, Schulprospekt, gestaltet von Herbert Bayer, S. 28f., hier S. 29. Der Text war zuvor erschienen in: Gropius 1925, S. 5-8.

24   Hin Bredendieck, leuchtenbau, Typoskript v. 13.2.1930, GTL-HB.
25   Bauhaus-Diplom (Nr. 11) von Hinnerk Bredendieck v. 20.5.1930, LMO-HB 10.
26   Bauhaus Dessau an Hin Bredendieck, Brief v. 24.9.1930, Bauhaus-Archiv Berlin, Nachlass Hin Bredendieck, Mappe 6.
27   Bauhaus Dessau an Heinrich Bredendieck, Brief v. 10.10.1929, LMO-HB 12.
28   Robin Krause: Das Arbeitsamt von Walter Gropius in Dessau, in: Zeitschrift für Kunstgeschichte, 63. Bd., H. 2 (2000), S. 242-268, hier S. 260.
29   Vgl. Abbildung in: Binroth 2002, S. 180.
30   Ebd., S. 182.
31   Vgl. bauhaus. zeitschrift für gestaltung, 2. Jg. 1928, H. 2/3, S. 25 (unten).
32   Marianne Brandt an Hannes Meyer, Brief v. 25.4.1929, Stiftung Bauhaus Dessau.
33   Marianne Brandt, Kalendernotiz, 4.6.1929, zit. nach: Binroth 2002, S. 171.
34   Marianne Brandt, Kalendernotiz, 26.6.1929, ebd.
35   Hin Bredendieck an Marianne Brandt, Brief v. 26.9.1978, Bauhaus-Archiv Berlin 11773/5, zit. nach: Otto 2005, S. 151, Bredendieck fotografierte auch selbst. So notierte er im Januar 1930, „21 fotos in 4 Wochen" gemacht zu haben, handschriftliche Notiz v. 18.1.1930, LMO-HB 13.
36   Hin Bredendieck, undat. Typoskript (um 1938), LMO-HB 2.
37   Bredendieck 1990, S. 7 [übersetzt aus dem Englischen].
38   Bauhaus-Diplom (Nr. 11) von Hinnerk Bredendieck v. 20.5.1930, LMO-HB 10.
39   Der Teeglashalter ist abgebildet in: zweck+form, Nr. 3, 1979, S. 30, Abb. 9.
40   Hin Bredendieck, teeglashalter bauen, Notizen v. 18.8.1929, GTL-HB.
41   Schöbe, Thöner und Perren 2019, S. 170.
42   Vgl. hierzu das Kapitel „entwurf einiger neuer stuhlmodelle" im vorliegenden Band.
43   Marcel Breuer zit. nach: Droste 1988, S. 120.
44   Vgl. Herzogenrath 2019, S. 25-55.
45   Hin Bredendieck, maschinenschriftliche Aufzeichnungen aus dem Sommer 1969, GTL-HB.
46   Hin Bredendieck, handschriftliche Notizen v. 15.6.1929, LMO-HB 10.
47   Vgl. bauhaus. zeitschrift für gestaltung, 3. Jg. 1929, H. 4, S. 29.

1   Bredendieck 1990, 6.
2   Ibid.
3   "metallwerkstatt," in bauhaus dessau [school brochure], 1927, 15 [translated].
4   For more on the metal workshop, see Weber 2005.
5   Bauhaus diploma (no. 11) of Hinnerk Bredendieck dated May 20, 1930, LMO-HB 10 [translated].
6   Bredendieck 2009, 10.
7   Ibid., 8–9.
8   Moholy-Nagy 1929, 154, fig. 139: "schwebende plastik (illusionistisch)" [floating sculpture (illusionistic). the illustration was also used in Moholy-Nagy 1938, 128, fig. 136; Bayer, Gropius, and Gropius 1938, 125.
9   Hin Bredendieck, notes dated April 28, 1929, LMO-HB 2 [translated].
10   Moholy-Nagy 1929, 22, fig. 2: "tasttafel mit grafischer darstellung" (texture board with graphic delineation).
11   Moholy-Nagy 1929, 22 [translated].
12   Erich Comeriner, notebook from the course with László Moholy-Nagy, 1927, Getty Research Institute, Los Angeles (850514), quoted in Holländer/Wiedemeyer 2019, 79 [translated].
13   Hin Bredendieck, undated typescript (ca. 1938), LMO-HB 2.
14   Ibid. [translated].
15   See Otto 2005, 80–83 [translated].
16   Bredendieck 1990, 7.
17   Bredendieck presumably met Meyer again in Berlin, as well as in the Swiss Werkbund Neubühl housing estate around 1932. In 1947, Meyer, now in Mexico, attempted to make contact with former Bauhaus members. However, Bredendieck did not react to his letter dated November 21, 1947, as he confirmed in a letter to Arthur Pulos dated September 10, 1989 (Bauhaus Archive Berlin).
18   See bauhaus. zeitschrift für gestaltung, 2, nos. 2–3 (1928): 33. The cooperation with Schwintzer & Gräff, which took over especially the production and distribution of existing lamps developed at the Bauhaus, was terminated in the autumn of 1930 after disagreements about the execution of the designs.
19   See Binroth 2002 [translated].
20   Ibid.
21   LMO-HB 17.
22   See Binroth 2002, 60, note 12 [translated].
23   Walter Gropius, "grundsätze der bauhaus-produktion," bauhaus dessau [school brochure, designed by Herbert Bayer], 28–29, here 29. The text was previously published in Gropius 1925, 5–8 [translated].
24   Hin Bredendieck, "leuchtenbau," typescript dated February 13, 1930, GTL-HB [translated].
25   Bauhaus diploma (no. 11) of

Hinnerk Bredendieck dated May 20, 1930, LMO-HB 10.
26   Letter from the Bauhaus in Dessau to Hin Bredendieck dated September 24, 1930, Bauhaus Archive Berlin, Estate of Hin Bredendieck, folder no. 6.
27   Letter from the Bauhaus in Dessau to Heinrich Bredendieck dated October 10, 1929, LMO-HB 12 [translated].
28   Robin Krause, "Das Arbeitsamt von Walter Gropius in Dessau," Zeitschrift für Kunstgeschichte, 63, no. 2, (2000): 242–68, here 260 [translated].
29   See the illustration in Binroth 2002, 180.
30   See Binroth 2002, 182.
31   See bauhaus. zeitschrift für gestaltung, 2, nos. 2–3 (1928): 25 (below).
32   Letter from Marianne Brandt to Hannes Meyer dated April 25, 1929, Bauhaus Dessau Foundation [translated].
33   Marianne Brandt, calendar note, June 4, 1929, quoted in Binroth 2002, 171.
34   Marianne Brandt, calendar note, June 26, 1929, ibid. [translated].
35   Letter from Hin Bredendieck to Marianne Brandt dated September 26, 1978, Bauhaus Archive Berlin 11773/5, quoted in Otto 2005, 151 [translated]. Bredendieck also shot his own photographs. He thus noted in January 1930 that he had shot "twenty-one photos in four weeks," handwritten note dated January 18, 1930, LMO-HB 13 [translated].
36   Hin Bredendieck, undated typescript (ca. 1938), LMO-HB 2 [translated].
37   Bredendieck 1990, 7.
38   Bauhaus diploma (no. 11) of Hinnerk Bredendieck dated May 20, 1930, LMO-HB 10.
39   The tea glass holder is illustrated in zweck+form, no. 3 (1979): 30, fig. 9.
40   Hin Bredendieck, "teeglashalter bauen," notes dated August 18, 1929, GTL-HB [translated].
41   Schöbe, Thöner und Perren 2019, 170 [translated].
42   See the chapter "The Design of Various New Chairs" in this volume.
43   Marcel Breuer, quoted in Droste 1988, 120 [translated].
44   See Herzogenrath 2019, 25–55.
45   Hin Bredendieck, typewritten notes from the summer of 1969, GTL-HB.
46   Hin Bredendieck, handwritten notes dated June 15, 1929, LMO-HB 13 [translated].
47   See bauhaus. zeitschrift für gestaltung, 3, no. 4 (1929): 29.

"me"—Product Datasheets from the Bauhaus Metal Workshop

Among the fascinating trouvailles in the estate of Hin Bredendieck are the data sheets, filled out by hand, which were apparently intended for indexing products from the Bauhaus metal workshop. The system must have been initiated in 1927—on the basis of the manufacturer's data noted here—and discarded shortly thereafter, perhaps in the same year, or in 1928 with the change of directors from Walter Gropius to Hannes Meyer. In 1929, Bredendieck used the backs of the A4 cards as drawing board for his studies.

With their clear, unornamented, and rational typographical division by bars and rubrics, as well as the consistent use of lowercase letters and given the presumed dating of the index cards, these must certainly have been created in the Bauhaus printing workshop, and their typographical design can be attributed to Herbert Bayer.[1] Although the state of preservation is undoubtedly fragmentary and practically coincidental (due to Bredendieck's use of the reverse sides), the data recorded on the forms offer an important supplement to our understanding of the Bauhaus metal workshop, and should be further investigated.

The twenty-two index cards in the partial estate in Oldenburg list works designed by Marianne Brandt, Walter Gropius's architectural office, Max Krajewski, Gyula Pap, Hans Przyrembel, Otto Rittweger, Wolfgang Rössger, and Helmut Schulze; they include the serial numbers *me 7, 11-13, 36, 53, 66, 68, 70, 73, 85, 97, 98, 100a-102, 108, 115, 116, 123, 124*, and—according to the dating of the objects on the index cards—works from 1924 to 1927.

„me"– Produkt-datenblätter der Metallwerkstatt am Bauhaus

Zu den faszinierenden Trouvaillen im Nachlass Hin Bredendiecks gehören die typografisch gesetzten und handschriftlich ausgefüllten Datenblätter, die offenbar ein systematisches Verzeichnis der Produkte der Metallwerkstatt des Bauhauses vorbereiten sollten. Das System muss - aufgrund der hier notierten Herstellerangaben - 1927 begonnen und kurz danach, vielleicht noch im selben Jahr oder 1928, mit dem Direktorenwechsel von Walter Gropius zu Hannes Meyer, wieder verworfen worden sein: Hin Bredendieck nutzte die Rückseiten der Karton-Karteikarten im Din A 4-Format 1929 als Zeichenkarton für seine Studien.

Hinsichtlich der klaren, ornamentlosen und rationalen typografischen Aufteilung durch Stege und Rubrizierungen, der konsequenten Kleinschreibung und der vermuteten Datierung der Karteikarten sind diese sicherlich in der Bauhaus-Druckerei gesetzt worden und ihre typografische Gestaltung Herbert Bayer zuzuschreiben.[1] Wenngleich der Überlieferungsstand zweifellos fragmentarisch und aufgrund der Nutzung der Rückseiten nahezu zufällig ist, bilden die auf den Vordrucken verzeichneten Angaben eine wichtige und weiter zu untersuchende Ergänzung des bisherigen Kenntnisstandes über die Arbeiten der Metallwerkstatt am Bauhaus.

Die 22 Karteikarten im Oldenburger Teilnachlass verzeichnen Arbeiten, die von Marianne Brandt, dem Baubüro Gropius, Max Krajewski, Gyula Pap, Hans Przyrembel, Otto Rittweger, Wolfgang Rössger und Helmut Schulze entworfen worden sind; sie umfassen die laufenden Nummern *me 7, 11-13, 36, 53, 66, 68, 70, 73, 85, 97, 98, 100a-102, 108, 115, 116, 123, 124* und - laut auf den Karteikarten vorgenommenen Datierungen der Objekte - Arbeiten der Jahre 1924 bis 1927.

Neben der Bezeichnung der Entwürfe, Materialangaben und Nennungen der Entwerfer, Lizenzberechtigten und Ausführenden werden für die in Serien produzierten Entwürfe die Herstellernamen und Verkaufspreise genannt. Von besonderem Interesse sind in

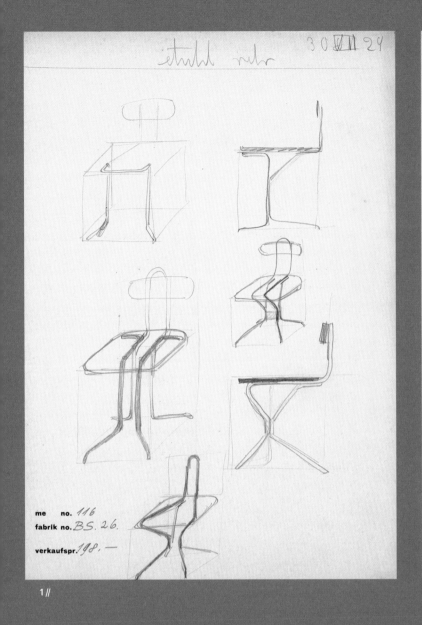

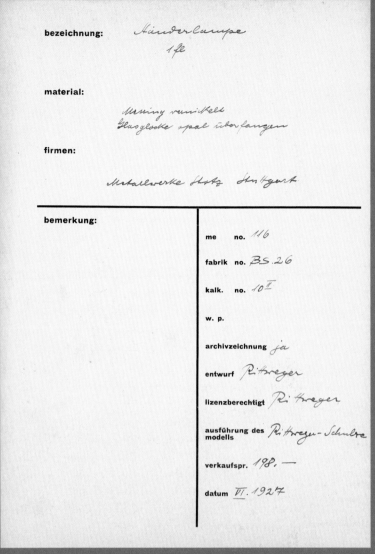

1 //

2 //

abb. 1 // Hin Bredendieck, „stuhl rohr", Bleistiftskizzen auf einem
Produktblatt der Metallwerkstatt, 30. Juli 1929 (Rückseite von **abb. 2**) //
fig. 1 // Hin Bredendieck, "chair tube," pencil sketches on a product
sheet from the metal workshop, July 30, 1929 (back of **fig. 2**)

abb. 2 // Produktblatt der Metallwerkstatt: Otto Rittweger,
„Ständerlampe", BS 26 / me 116, Juni 1927 (Vorderseite von **abb. 1**) //
fig. 2 // Product sheet from the metal workshop: Otto Rittweger,
"floor lamp," BS 26 / me 116, June 1927 (front of **fig. 1**)

diesem Zusammenhang die Entwürfe, die von den „metallwerken vorm. paul stotz a.-g., stuttgart," ausgeführt worden sind. Die Zusammenarbeit des Bauhauses mit dieser Firma war im Oktober 1927 in der *bauhaus*-Zeitschrift angezeigt worden.[2] Der hier angekündigte Katalog galt bislang jedoch als unauffindbar, sodass davon ausgegangen wurde, dass im Rahmen dieser „ersten direkten Kooperation" des Bauhauses mit einem Industriebetrieb,[3] kaum mehr als drei Leuchten nach Etwürfen Marianne Brandts produziert worden

In addition to the description of the designs, material specifications, and the naming of the designers, licensees, and executors, the manufacturer's names and sales prices are also given for those designs produced in series. Of particular interest in this context are the designs manufactured by the "metallwerken vorm. paul stotz a.-g., stuttgart." The cooperation between the Bauhaus and this company was announced in the *bauhaus* magazine in October 1927.[2] The catalog announced here was hitherto considered untraceable, and it was assumed that hardly more than three lamps had been produced according to Marianne Brandt's designs[3] within the framework of this "first direct cooperation" between the Bauhaus and an industrial company.[4] Ultimately, the cooperation with the Stotz company was discontinued in the spring of 1928 in favor of cooperation agreements with the

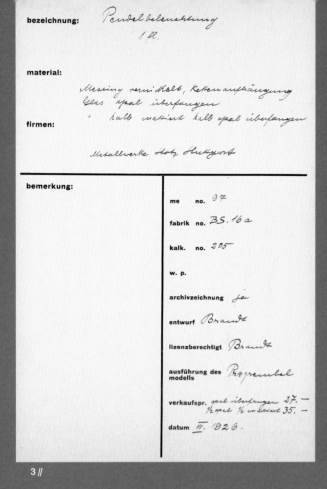

3 //

4 //

bezeichnung: Pendelbeleuchtung 1 fl.

material: Messing vernickelt, Kettenaufhängung, Glas opal überfangen, " halb mattiert halb opal überfangen

firmen: Metallwerke Stotz Stuttgart

bemerkung:
me no. 97
fabrik no. BS.16a
kalk. no. 205
w. p.
archivzeichnung ja
entwurf Brandt
lizenzberechtigt Brandt
ausführung des modells Przyrembel
verkaufspr. opal überfangen 27.— ½ opal ½ mattiert 35.—
datum IV. 1926

bezeichnung: Wand u. Deckenbeleuchtung 6 fl.

material: Messing vernickelt, 6 Soffittenfassungen, Soffitten mattiert

firmen: Metallwerke Stotz Stuttgart

bemerkung:
me no. 115
fabrik no. BS 25
kalk. no. 5 II
w. p.
archivzeichnung ja
entwurf Przyrembel
lizenzberechtigt Przyrembel
ausführung des modells Stotz Stuttgart
verkaufspr. 148.—
datum VI. 1927

apparently more efficient manufacturers "schwintzer & gräff, fabrik für beleuchtungskörper" and "körting & matthiesen a.g. (kandem)."[5]

However, the documents in Bredendieck's estate reveal a far more extensive cooperation between the Bauhaus metal workshop and its first industrial manufacturing partner. In addition to the previously known order number *B S 7* (possibly for "bauhaus stotz") for Marianne Brandt's wall-arm lamp *me 71,* the product data sheets in Bredendieck's estate list eight other works distributed by Stotz—in most cases with the corresponding sales prices:

Gyula Pap (design) Max Krajewski (execution)	Floor lamp, 160 cm high	me 36	B S 3
Marianne Brandt	Ceiling lamp with aluminum reflector	me 85	B S 13
Marianne Brandt (design) Hans Przyrembel (execution)	Pendant lamp	me 97	B S 16a
Hans Przyrembel	Wall and ceiling lamps	me 115	B S 25
Otto Rittweger	Floor[6]	me 116	B S 26
Marianne Brandt	Ceiling lamp (4 bulbs)	me 123	B S 32
Marianne Brandt	Ceiling lamp (4 bulbs)	me 124	B S 33
Marianne Brandt	Ceiling lamp (1 bulb)	-	B S 35

seien.[4] Schließlich war die Kooperation mit der Firma Stotz schon im Frühjahr 1928 zugunsten der Kooperationsverträge mit den offenbar leistungsfähigeren Herstellern „schwintzer & gräff, fabrik für beleuchtungskörper" und der „körting & matthiesen a.g. (kandem)" abgelöst worden.[5]

Die Dokumente aus dem Nachlass Bredendiecks offenbaren jedoch eine weit umfangreichere Zusammenarbeit der Metallwerkstatt des Bauhauses mit seinem ersten industriellen Fertigungspartner. Neben der bislang bekannten Bestellnummer *B S 7* (evtl. für „bauhaus stotz") für Marianne Brandts Wandarmlampe *me 71* nennen die Produktdatenblätter aus dem Nachlass Bredendiecks acht weitere Arbeiten, die von der Firma Stotz vertrieben wurden – zumeist mit den entsprechenden Verkaufspreisen:

BS 34 mit 2 Aufhänggn.
für 3 matte und 1 verspiegelte Soff.-Lpe. 28 cm
Mssg. vernick. *RM* 172.—
Verlängerg. mit je 1 Aufhängg. *RM* 154.—

BS 25
für 6 Soff.-Lpn. 31 cm
Mssg. vernick.
RM 148.—

BS 31
Wand- und Deck-Lpe.
für 31 cm Soff.-Lpe.
Aluminium
RM 33.—

BS 30
Wandlampe mit Reflektor
für 31 cm Soff.-Lpe.
Mssg. vernickelt
RM 44.—

BS 29
Wandlampe mit Reflektor
für 31 cm Soff.-Lpe.
Mssg. vernickelt
RM 42.—

BS 7
Mssg. vernickelt
Schirm Aluminium
verstellbar, Ausschalter
Schild Holz weiß
RM 52.—

M. ca. 1/6

Bauhaus Dessau
Ausführung :
Auer - Stotz - Beleuchtungskörper

5 //

Gyula Pap (Entwurf) Max Krajewski (Ausführung)	Ständerlampe, 160 cm hoch	me 36	B S 3
Marianne Brandt	Deckenleuchte mit Aluminiumreflektor	me 85	B S 13
Marianne Brandt (Entwurf) Hans Przyrembel (Ausführung)	Pendelbeleuchtung	me 97	B S 16a
Hans Przyrembel	Wand- und Deckenbeleuchtung	me 115	B S 25
Otto Rittweger	Ständerlampe[6]	me 116	B S 26
Marianne Brandt	Deckenbeleuchtung (4flammig)	me 123	B S 32
Marianne Brandt	Deckenbeleuchtung (4flammig)	me 124	B S 33
Marianne Brandt	Deckenbeleuchtung (1flammig)	-	B S 35

In dem in Atlanta verwahrten Nachlassteil finden sich sechs Katalogtafelseiten, die offensichtlich den in der *bauhaus*-Zeitschrift angekündigten Katalog darstellen. Danach sind von der Firmenkooperation „Auer-Stotz-Beleuchtungskörper" insgesamt 30 Leuchtenentwürfe der Metallwerkstatt des Bauhauses Dessau ausgeführt und angeboten

In Bredendieck's partial estate in Atlanta, there are six pages of plates that are obviously from the catalog announced in the *bauhaus* magazine. According to the documents, the cooperation partner "Auer-Stotz-Beleuchtungskörper" manufactured and distributed a total of thirty lamp designs from the metal workshop of the Bauhaus in Dessau. The advertisement for "Auer-Stotz Beleuchtungskörper" in the September 1927 special issue of the

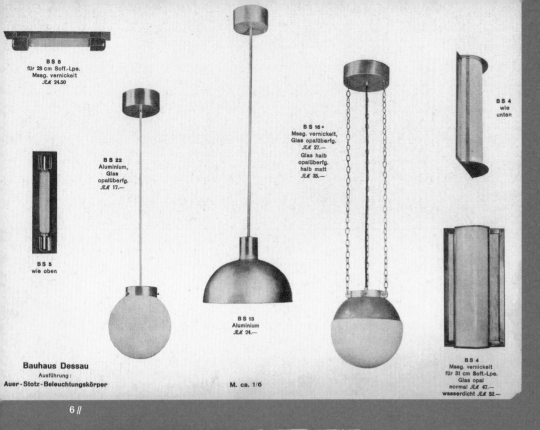

BS 5
für 28 cm Soff.-Lpe.
Mssg. vernickelt
ℛℳ 24.50

BS 22
Aluminium,
Glas
opalüberfg.
ℛℳ 17.—

BS 5
wie oben

BS 16ª
Mssg. vernickelt,
Glas opalüberfg.
ℛℳ 27.—
Glas halb
opalüberfg.
halb matt
ℛℳ 35.—

BS 4
wie
unten

BS 13
Aluminium
ℛℳ 24.—

BS 4
Mssg. vernickelt
für 31 cm Soff.-Lpe.
Glas opal
normal ℛℳ 47.—
wasserdicht ℛℳ 52.—

Bauhaus Dessau
Ausführung:
Auer - Stotz - Beleuchtungskörper

M. ca. 1/6

6 //

M. ca. 1/6

BS 38
Aluminium
Refl. drehbar
ℛℳ 28.—

Bauhaus Dessau
Ausführung:
Auer - Stotz - Beleuchtungskö

BS 3
Mssg. vernickelt
Glas matt
ℛℳ 144.—

M. ca. 1/8

BS 1
Kristallglas
opalüberfg. Schirm
ℛℳ 50.—

BS 2
Kristallglas, opalüberfg. Sche
ℛℳ 58.—

8 //

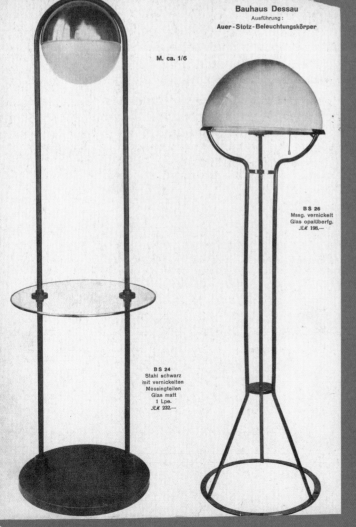

Bauhaus Dessau
Ausführung:
Auer - Stotz - Beleuchtungskörper

M. ca. 1/5

BS 26
Mssg. vernickelt
Glas opalüberfg.
ℛℳ 198.—

BS 24
Stahl schwarz
mit vernickelten
Messingteilen
Glas matt
1 Lpe.
ℛℳ 232.—

7 //

abb. 6 // Bauhaus Dessau, Verkaufsprospekt von Produkten der Metallwerkstatt, Auer-Stotz-Beleuchtungskörper (Ausführung), 1927/28, GTL-HB (Vorderseite von **abb. 5**) **// fig. 6 //** Bauhaus Dessau, Sales prospectus of metal workshop products, Auer-Stotz lighting fixture (workmanship), 1927/28, GTL-HB (front of **fig. 5**)

abb. 7 // Bauhaus Dessau, Verkaufsprospekt von Produkten der Metallwerkstatt, Auer-Stotz-Beleuchtungskörper (Ausführung), 1927/28, GTL-HB (Vorderseite von **abb. 8**) **// fig. 7 //** Bauhaus Dessau, Sales prospectus of metal workshop products, Auer-Stotz lighting fixture (workmanship), 1927/28, GTL-HB (front of **fig. 8**)

abb. 8 // Bauhaus Dessau, Verkaufsprospekt von Produkten der Metallwerkstatt, Auer-Stotz-Beleuchtungskörper (Ausführung), 1927/28, GTL-HB (Rückseite von **abb. 7**) **// fig. 8 //** Bauhaus Dessau, Sales prospectus of metal workshop products, Auer-Stotz lighting fixture (workmanship), 1927/28, GTL-HB (back of **fig. 7**)

worden. Zu diesem Engagement passt auch die Anzeige, die im September 1927 im Sonderheft der Zeitschrift *Die Form* zur Werkbund-Ausstellung „Die Wohnung" die „Auer-Stotz Beleuchtungskörper" bewarb.[7]

Unklar bleibt sowohl, woran diese Zusammenarbeit so früh scheiterte als auch, warum die internen Datenblätter der Metallwerkstatt offenbar bereits 1928/29 verworfen und als Zeichenkarton genutzt worden sind: Unwahrscheinlich ist es, dass es sich um ‚Ausschuss', etwa aufgrund von Verschreibungen handelt, da sich auf keiner der Karteikarten Streichungen oder Korrekturen befinden und zum Beispiel hier Marianne Brandt zugeordneten Entwürfe *me 11* (Aschenbecher mit kreisförmiger Öffnung), *me 73* (Serviettenringe), *me 97* (Pendelbeleuchtung, 1flammig), *me 123* und *me 124* (Deckenbeleuchtung, 4flammig) auch in Marianne Brandts Bauhaus-Diplom als ihre Entwürfe aufgeführt sind.

Wahrscheinlicher ist es, dass der Versuch einer Verzeichnung der Entwürfe der Metallwerkstatt des Bauhauses auf Basis dieser Karteikarten nach kurzer Zeit wieder verworfen wurde – vermutlich auch, da sich die Produktion in Dessau ab 1928 vorrangig auf Metallmöbel konzentrierte, deren Zählung mit der Nummer *me 1001* für den von Marianne Brandt entworfenen Stahlrohrhocker 1929 neu begann.   Rainer Stamm

1   Vgl. auch die Abbildung eines auf 1927 datierten blanco-Exemplars in: Fleischmann 1984, S. 127.
2   *bauhaus. zeitschrift für gestaltung*, 1. Jg., H. 4 v. Oktober 1927, S. 5.
3   Weber 2005, S. 29.
4   Ebd., Kat. Nr. 88, 94 und 98.
5   Vgl. *bauhaus. zeitschrift für gestaltung*, 2. Jg., H. 2-3 v. Juli 1928, S. 33.
6   Diese Lampe ist identisch mit dem Modell in Weber 2005, Kat. Nr. 12.
7   *Die Form. Monatsschrift für gestaltende Arbeit*, 2. Jg., H. 9 v. September 1927, unpag. Anzeigenseite vor S. 257. Bezeichnenderweise findet sich ein Einzelexemplar dieses Heftes auch in Bredendiecks Teilnachlass in Atlanta.

magazine *Die Form*, published in conjunction with the Werkbund exhibition *Die Wohnung*, also matches up with this involvement.[7]

It remains unclear why this partnership failed so early, as well as why the internal data sheets from the metal workshop were discarded as early as 1928/29 and used as drawing board. It is unlikely that these were "rejects," for example due to orthographic errors, since none of the index cards contain deletions or corrections, and important examples of Marianne Brandt's designs—"me 11" (ashtray with circular opening), "me 73" (napkin rings), "me 97" (ceiling lamp, single bulb), and "me 123" and "me 124" (ceiling lamp, 4 bulbs)—also listed as her designs on her Bauhaus diploma.

It is more likely that the attempt to index the designs of the Bauhaus metal workshop on the basis of these index cards was quickly discontinued—presumably in part because, from 1928 onwards, production in Dessau concentrated primarily on metal furniture, the indexing of which began anew in 1929 with *me 1001* for the tubular steel stool designed by Marianne Brandt.   Rainer Stamm

1   See also the illustration of a blank example, dated 1927, in Fleischmann 1984, 127.
2   *bauhaus. zeitschrift für gestaltung*, 1, no. 4 (October 1927): 5.
3   Weber 2005, 29 [translated].
4   Ibid., cat. nos. 88, 94, and 98.
5   See *bauhaus. zeitschrift für gestaltung*, 2, nos. 2–3 (July 1928): 33.
6   This lamp is identical to the model illustrated in Weber 2005, cat. no. 12.
7   *Die Form. Monatsschrift für gestaltende Arbeit*, 2, no. 9 (September 1927): unpaginated [advertising page before page 257]. Tellingly, a copy of this issue can also be found in Bredendieck's partial estate in Atlanta.

HOCKER

mit Holzsitz

Gesamtbreite	ca. 450 mm
Gesamttiefe	ca. 390 mm
Höhe	ca. 450 mm

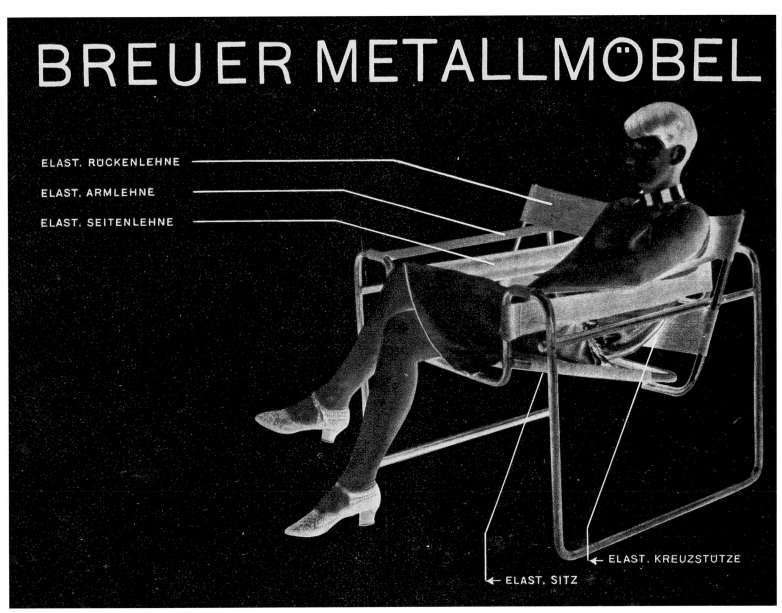

ELAST. RÜCKENLEHNE

ELAST. ARMLEHNE

ELAST. SEITENLEHNE

BREUER METALLMÖBEL

ELAST. KREUZSTÜTZE

ELAST. SITZ

2 //

1 // „Breuer Metallmöbel", Faltblatt der Firma Standardmöbel,
1927, Gestaltung: Herbert Bayer, Fotografie: Erich
Consemüller **// 1 //** "Breuer Metal Furniture," leaflet from the
Standardmöbel company, 1927, design by Herbert Bayer,
photograph by Erich Consemüller

2 // Produktblatt der Firma Standardmöbel für Marcel Breuers
Hocker „B 9", 1927 **// 2 //** Product sheet from the Standardmöbel
company for Marcel Breuer's "B 9" stool, 1927

"The Design of Various New Chairs"

Parallel to and after his work for Kandem, Hin Bredendieck devoted himself to the "design of various new chairs" in the metal workshop of the Bauhaus, working from June 1929 onwards with Hermann Gautel—as noted on Gautel's Bauhaus certificate and Hin Bredendieck's Bauhaus diploma.

A large number of sketches and drafts relating to this work are preserved in Bredendieck's estate.[1] These designs ultimately resulted in the "work chair me 1002" and the "single-spring chair me 1004," as well as two other chair and stool prototypes.[2] While no examples of most of the documented designs seem to have survived, one design of the "me 1002," the much-publicized work chair "for household and workshop," is preserved in the collection of Bredendieck's fellow student Iwao Yamawaki, and is documented in photographs by Yamawaki and Etel Mittag-Fodor.

The motivation for focusing on this design task is presumably rooted in the popular demand for contemporary work chairs that had developed since the spring of 1929. From May 25 to June 8, 1929, the exhibition *Arbeitssitz und Arbeitstisch* (Work Chair and Work Table) was presented at the newly opened Deutschen Arbeitsschutz-Museum (German Industrial Safety Museum) in Berlin. The exhibition, which subsequently toured Germany and received substantial news coverage, emphasized the importance of an appropriate and professional design for work chairs and stools, especially for industrial workplaces, with regard to ergonomics and health promotion as well as with a view to work safety.

The architect Ludwig Hilberseimer discussed the exhibition in the magazines *Die Form* (Form) and *Sozialistische Monatshefte* (Socialist Monthly) and underscored the subject's importance: "One sees typical versions of work chairs of a normal height in

„entwurf einiger neuer stuhlmodelle"

Neben und nach den Arbeiten für Kandem widmete sich Hin Bredendieck in der Metallwerkstatt des Bauhauses spätestens ab Juni 1929 gemeinsam mit Hermann Gautel dem „entwurf einiger neuer stuhlmodelle" – wie es gleichlautend im Bauhaus-Zeugnis Gautels und im Bauhaus-Diplom Hin Bredendiecks heißt.

Aus der Arbeit an dieser Aufgabe hat sich im Nachlass Bredendiecks eine große Anzahl von Skizzen und Entwürfen erhalten.[1] Aus diesen gingen schließlich die Realisierung des „arbeitsstuhl me 1002" sowie des „einfeder-stuhl me 1004" und Modelle für zwei weitere Stuhl- und Hockerprototypen[2] hervor. Während von den meisten der dokumentierten Entwürfe heute keine Exemplare erhalten zu sein scheinen, ist der vielfach propagierte Arbeitsstuhl „für haushalt und werkstatt" „me 1002" in einem Exemplar aus der Sammlung des Kommilitonen Iwao Yamawaki sowie in Fotografien von Yamawaki und Etel Mittag-Fodor überliefert.

Die Anregung zu der Beschäftigung mit der speziellen Gestaltungsaufgabe ging vermutlich von der außerordentlichen Publizität aus, die der Bedarf zeitgemäßer Arbeitsstühle seit Frühjahr 1929 erlangt hatte: Im 1927 eröffneten Deutschen Arbeitsschutz-Museum in Berlin-Charlottenburg wurde vom 25. Mai bis 8. Juni 1929 die Ausstellung „Arbeitssitz und Arbeitstisch" gezeigt. Die Ausstellung, die im Anschluss an die Berliner Erstpräsentation als Wanderausstellung durch Deutschland tourte und von einer umfangreichen Berichterstattung begleitet wurde, wies – sowohl in Hinblick auf Ergonomie und Gesundheitsförderung wie auch mit Blick auf die Anforderungen der Arbeitssicherheit – mit Nachdruck auf die Bedeutung einer angemessenen und professionellen Gestaltung von Arbeitsstühlen und -hockern, vor allem für die Industrie hin.

Der Architekt Ludwig Hilberseimer besprach die Ausstellung sowohl in der Zeitschrift *Die Form* als auch in den *Sozialistischen Monatsheften* und unterstrich die Aktualität des Themas: „Man sieht typische Ausführungen von Arbeitssitzen normaler Höhe in Verbindung mit Arbeitstischen; Sitze nicht normaler Höhe mit Fußstützen, Sitze mit festem oder beweglichem Rücken und Armlehnen, Drehsitze für Arbeiten, die ein Wenden nach der Seite verlangen, Rollsitze für Arbeiten, bei denen der Arbeitsplatz gewechselt wird." Ernüchtert

1 //

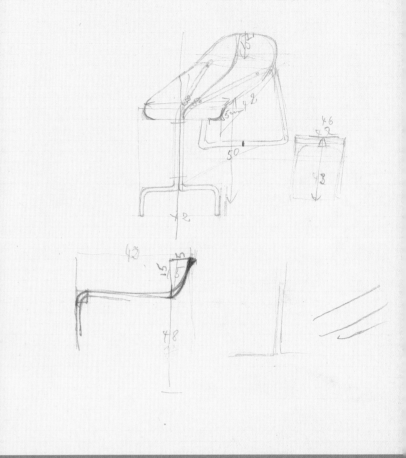

2 //

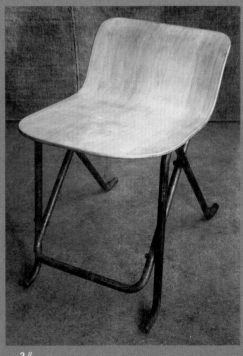

3 //

abb. 1 // Hin Bredendieck und Hermann Gautel, Arbeitshocker „me 1002", 1929, Stahlrohr verchromt und Sperrholz, Bauhaus-Archiv Berlin, Spende Iwao Yamawaki // **fig. 1** // Hin Bredendieck and Hermann Gautel, "me 1002" work chair, 1929, chromed tubular steel and plywood, Bauhaus Archive Berlin, gift of Iwao Yamawaki

abb. 2 // Hin Bredendieck, Entwurf für Arbeitshocker „me 1002", 4. Juni 1929 // **fig. 2** // Hin Bredendieck, Design for "me 1002" work chair, June 4, 1929

abb. 3 // Hin Bredendieck, Klapphocker, um 1929, Fotografie: Etel Mittag-Fodor (zugeschrieben), Bauhaus-Archiv Berlin, Spende Hin Bredendieck // **fig. 3** // Hin Bredendieck, folding stool, ca. 1929, photograph by Etel Mittag-Fodor (attributed), Bauhaus Archive Berlin, gift of Hin Bredendieck

einfeder-stuhl

aus profil-federstahl gebogen.
fuss stahlblech gestanzt.
sitz u. lehne sperrholz gepresst.
nr. 75

4 //

stuhl   sitz u. lehne in sperrholz
               gepresst.
               ausführung: stahlrohr lackiert. nr. 74

5 //

hocker in siluminguss
mit sperrholzplatte   nr. 76

6 //

combination with work tables, chairs of abnormal heights with footrests, chairs with fixed or movable backs and armrests, swivel chairs for work that requires turning to the side, chairs with wheels for work in which the workplace changes." Disillusioned, he also noted: "Unfortunately, with only a few exceptions, the results presented in the exhibition are still purely theoretical. A generalized use would be extremely desirable. In the interest of German production and the economic utilization of labor, any means that increases production without burdening the worker should be applied."[3]

It can be assumed that Hilberseimer, after his appointment to the Bauhaus in Dessau by Hannes Meyer in the spring of 1929, also discussed the topic with his students and the employees of the metal and finishing workshops, and that the comments of the new instructor were discussed at the Bauhaus. Significantly, Bredendieck's estate contains a copy of the special issue of the Reichsarbeitsblatt titled *Arbeitsschutz* (Occupational Safety) with reports on the *Arbeitssitz und Arbeitstisch* exhibition, as well as

musste er jedoch feststellen: „Leider sind die in der Ausstellung gezeigten Ergebnisse bis auf wenige Ausnahmen noch rein theoretisch. Eine allgemeine Anwendung wäre außerordentlich wünschenswert. Im Interesse der deutschen Produktion und der ökonomischen Verwendung der Arbeitskraft sollte jedes Mittel, das produktionssteigernd wirkt, ohne den Arbeitenden zu belasten, Verwendung finden."[3]

Es ist anzunehmen, dass Hilberseimer nach seiner Berufung ans Bauhaus Dessau durch Hannes Meyer im Frühjahr 1929 auch mit seinen Studenten und den Mitarbeitern der Metall- bzw. Ausbauwerkstatt über das Thema gesprochen hat und die Stellungnahmen der neuen Lehrkraft dazu am Bauhaus diskutiert wurden. Im Nachlass Bredendiecks findet sich bezeichnenderweise ein Exemplar des Sonderheftes „Arbeitsschutz" des Reichsarbeitsblatts mit

8//

Berichten über die „Arbeitssitz und Arbeitstisch"-Ausstellung sowie zahlreichen Abbildungen guter und schlechter Beispiele von Arbeitsstühlen und -hockern und ihrer Nutzung in industriellen Fertigungsbetrieben.[4] Die Aufgabe zur Gestaltung eines zeitgemäßen und den notwendigen Erfordernissen entsprechenden Arbeitsstuhls entsprach sowohl den Postulaten Ludwig Hilberseimers wie denen Hannes Meyers, der im Januar 1929 in *bauhaus. zeitschrift für gestaltung* gefordert hatte: „als gestalter ist unsere tätigkeit gesellschaftsbedingt, und den kreis unserer aufgaben schlägt die gesellschaft."[5]

Der Arbeitshocker „me 1002" – mit seiner extrem niedrigen Rückenlehne, der abgerundeten Sitzplatte aus gebogenem Sperrholz und der verchromten Stahlrohr-Fußstütze – erfüllt etliche Anforderungen, die im Rahmen der Berliner Ausstellung und der dazu erschienenen Publikation explizit formuliert worden waren: „Für die Werkstatt wird aus einer Reihe von Gründen, zum Beispiel Sicherheit gegen Bruchgefahr, möglichste Vermeidung leicht brennbarer Materialien im Betriebe usw., verlangt, daß wenigstens das Unterteil des Arbeitsstuhles aus Stahl besteht. (...) Die Rückenstütze ist so schmal

numerous illustrations of good and bad examples of work chairs and stools and their use in industrial production plants.[4]

The task of designing a contemporary work chair that met the necessary specifications corresponded to both the postulates of Ludwig Hilberseimer and those of Hannes Meyer; in the January 1929 issue of *bauhaus. zeitschrift für gestaltung* (bauhaus: magazine for design), Meyer laid out his views: "as designers, our activity is socially determined, and the sphere of our tasks has an impact on society."[5]

The work stool "me 1002"—with its extremely low backrest, curved plywood seat plate, and

sitzen — liegen.

hocker

hocker mit stütze

stuhl

sessel

sessel mit kopfst.
liegesessel.
ruhe stuhl

hängend

liegenbrett

stehen
sitzen — unterteilweise unter-
stützen des körper-
teilweise aktiv

liegen — allseitige unterstützung
des körpers. passiv

1.   2.   3.   4.   5.   6.

7.   8.   9.

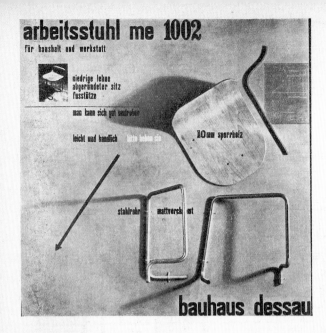

nízké opěradlo, zaoblené sedlo, trnož pro nohy -
lze se snadno obrátit - židle je lehká a snadno
přenosná - opěradlo 10 mm překližka, ocelové
roury chromovány niklově

pracovní židle pro kuchyni a dílnu

141

10 //

abb. 9 // Hin Bredendieck, Skizzen „sitzen - liegen",
25. Juni 1929 **// fig. 9 //** Hin Bredendieck, Sketches
for "sit - lie," June 25, 1929

abb. 10 // Werbeanzeige für den von Hin Bredendieck
und Hermann Gautel entwickelten „arbeitsstuhl me
1002" im Bauhaus-Themenheft der tschechischen
Kunstzeitschrift *ReD*, 1930 **// fig. 10 //** Advertisement
for the "me 1002 work chair," developed by Hin
Bredendieck and Hermann Gautel, in the Bauhaus
issue of the Czech art magazine *ReD*, 1930

als irgend möglich gehalten, damit in jedem Falle eine Behinderung der Arme vermieden wird."[6]

Der – im Vergleich zu allen Abbildungen zuvor existierender Arbeitsstuhlmodelle – vollkommen neuartige Arbeitshocker von Bredendieck und Gautel avancierte somit bald zu einem Prototyp des Industriedesigns der Bauhaus-Werkstätten, der in den von Hannes Meyer organisierten Wanderausstellungen des Bauhauses von Basel über Mannheim bis Moskau beworben wurde.[7] Im Bauhaus-Sonderheft der tschechischen Avantgarde-Zeitschrift ReD wurden der Hocker und die zugehörige, von Hannes Meyer konzipierte „Demonstrationstafel" ganzseitig vorgestellt.[8]

Im Gegensatz zu dem Arbeitshocker „me 1002" ist die Ausführung des Einfeder-Stuhls „me 1004" bislang nur durch den Bildbeleg aus Bredendiecks eigener Werkdokumentation überliefert.[9] Auch wenn dieser weit weniger elegant ausgefallen ist, trägt er bereits den damals neuen Erkenntnissen Rechnung, „daß ein federnder Sitz

chrome-plated tubular steel footrest—meets a number of the requirements that were explicitly formulated in the Berlin exhibition and accompanying publication: "For a number of reasons, such as safety against the risk of breakage and, where possible, the avoidance of easily combustible materials in the workshop, etc., the workshop demands that at least the lower part of the work stool be made of steel.... The backrest should be kept as low as possible to avoid obstructing the arms."[6]

The work stool by Bredendieck and Gautel, which departed significantly from existing models of work chairs, soon became a prototype of the Bauhaus industrial design that was being promulgated through exhibitions organized by Hannes Meyer—exhibitions that traveled from Basel via Mannheim all the way to Moscow.[7] The stool and corresponding "demonstration panel" designed by Hannes Meyer were given a full page in the special Bauhaus issue of the Czech avant-garde magazine *ReD*.[8]

In contrast to the work stool "me 1002," the model of the single-spring chair "me 1004" has so far only been preserved in an image from Bredendieck's documentation of his own work.[9] Although this chair is far less elegant, it already takes into account "that a sprung seat and a sprung backrest are the best way to counteract fatigue."[10] From 1930 onwards, it was mainly Hermann Gautel who continued to develop sprung office chairs; Gautel was an employee of the office-furniture manufacturer Albert Stoll, who patented the so-called Federdreh (sprung swivel) in 1926 as the first office chair equipped with a rotating column suspension.

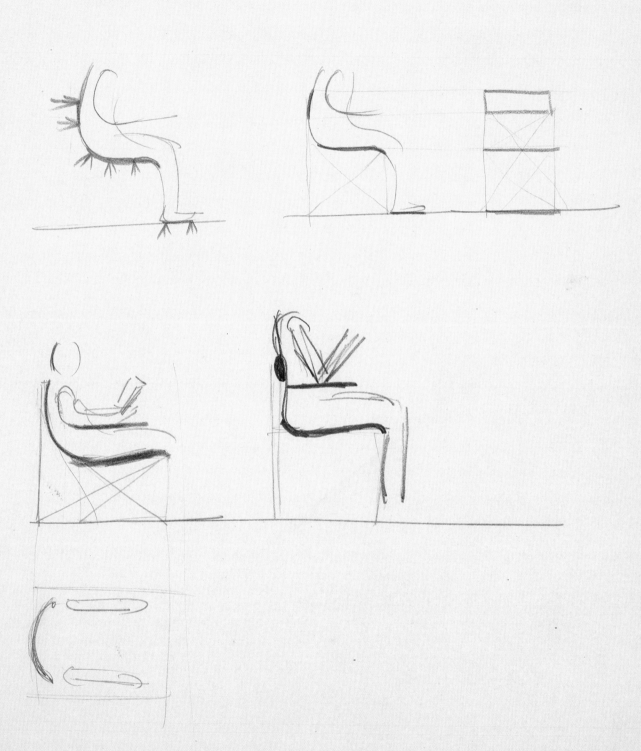

12//

abb. 11 // Hin Bredendieck, Skizzen „stuhl",
26. August 1930 // fig. 11 // Hin Bredendieck,
Sketches for "chair," August 26, 1930

abb. 12 // Hin Bredendieck, Skizzen „stuhl",
27. August 1930 // fig. 12 // Hin Bredendieck,
Sketches for "chair," August 27, 1930

abb. 13 // Hin Bredendieck, Konstruktionsstudien
„federstuhl", 27. April 1929 // fig. 13 // Hin Bredendieck, Construction studies for "spring chair,"
April 27, 1929

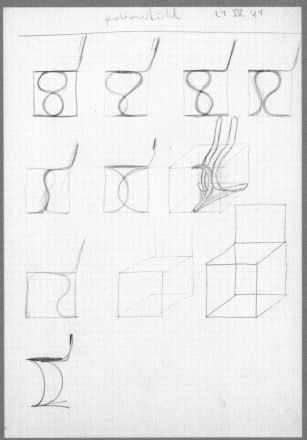

13//

und eine federnde Rückenlehne den Ermüdungserscheinungen am besten entgegenwirken".[10] Ab 1930 setzte vor allem Hermann Gautel, als Mitarbeiter des Büromöbel-Herstellers Albert Stoll, der sich 1926 den sogenannten „Federdreh" als ersten mit einer drehbaren Säulenfederung ausgestatteten Bürostuhl hatte patentieren lassen, seine Beschäftigung mit der Entwicklung und Propagierung gefederter Bürostühle fort.

Hin Bredendiecks zahllose Skizzen und Zeichnungen zu den Themen Sitzen, Stuhl und Hocker im Nachlass zeigen, dass es sich

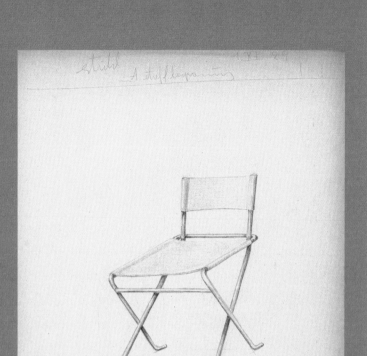

14 //

15 //

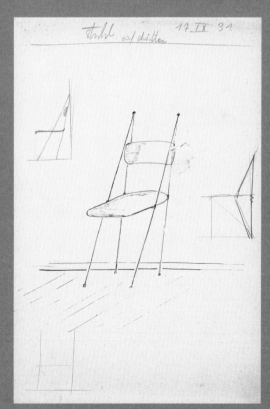

16 //

abb. 14 // Hin Bredendieck, Skizze „stuhl mit stoff-bespannung", 1. November 1929 // fig. 14 // Hin Bredendieck, Sketch for "chair with fabric cover," November 1, 1929

abb. 15 // Hin Bredendieck, Skizzen für Stahlrohrstühle, 6. März 1930 // fig. 15 // Hin Bredendieck, Sketches for tubular steel chairs, March 6, 1930

abb. 16 // Hin Bredendieck, Skizze „stuhl auf drähten", 17. September 1931 // fig. 16 // Hin Bredendieck, Sketch for "chair on wires," September 17, 1931

abb. 17 // Hin Bredendieck, Skizzen „stuhl", 5. September 1930 // fig. 17 // Hin Bredendieck, Sketches for "chair," September 5. 1930

stuhl   b. 5.9.30

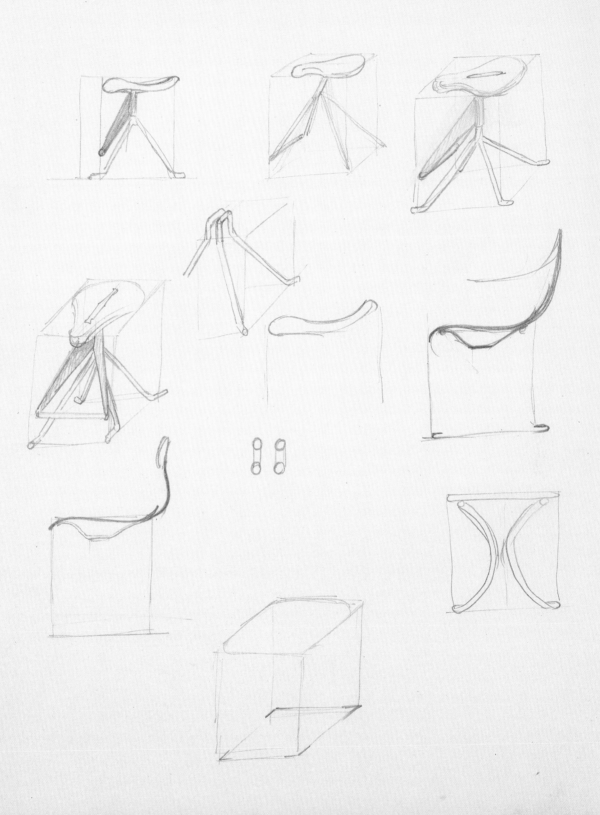

einfeder stuhl

18 //

19 //

hierbei – neben dem Thema Licht – um eine Gestaltungsaufgabe handelte, die ihn Zeit seines Lebens beschäftigte: Datierte Entwürfe für Stühle und Hocker reichen von 1929 über Bredendiecks Berliner Aufenthalt 1930/31 bis in seine Zeit in den USA, wo er – gemeinsam mit Nathan Lerner – den „Popular Home Chair" konzipierte und die Gestaltungsaufgabe auch in seinem Unterricht am Institute of Design der Georgia Tech wiederkehrend thematisierte.

1931 resümierte Bredendieck in Berlin seine Maximen für die Gestaltungsaufgabe „stuhl allg[emein]":
„die form der sitz- und lehnflächen wird bestimmt

    1. durch die art der arbeit

    2. den grad der bequemlichkeit

    3. die hygienischen anforderungen.

    4. Wie lange ohne unterbrechung darauf zu sitzen ist.
maximal 2 stunden."[11]

Rainer Stamm

Hin Bredendieck's countless sketches and drawings on the theme of seating, chairs, and stools in his estate demonstrate that, for him, this was—in addition to the theme of light—a design task that preoccupied him throughout his life. Designs for chairs and stools range from 1929 and Bredendieck's stay in Berlin in 1930/31 to his time in the United States, where—together with Nathan Lerner—he conceived of the "Popular Home Chair." He also frequently gave students exercises in chair design while teaching at the Institute of Design at Georgia Tech.

In 1931, Bredendieck summed up the design task of "stuhl allg[emein]" (chair, in general) in Berlin: "the shape of the seat and backrest are determined

    1. by the nature of the work

    2. the degree of comfort

    3. the hygienic requirements

    4. how long one is to sit on it without
    interruption. 2 hours maximum."[11]

Rainer Stamm

1   Vgl. LMO-HB 14.
2   Dokumentiert sind im Ganzen vier, jeweils gemeinsam mit Hermann Gautel entstandene Entwürfe: Werknummer 73: „hocker mit beckenstütze und fussstütze (...) ausgeführt sind nur wenige modelle" (=me 1002); Werknummer 74: „stuhl mit sitz u. lehne in sperrholz gepresst (...) angefertigt sind zwei modelle. fabriziert keine" (vgl. die Abbildung Bauhaus-Archiv Berlin, Inv. 3338/4); Werknummer 75: „einfederstuhl (...) angefertigt am bauhaus" (=me 1004, vgl. die Abbildung Bauhaus-Archiv Berlin, Inv. 3338/1); Werknummer 76: „hocker in siluminguss mit sperrholzplatte (...) angefertigt am bauhaus (...) fabriziert keine" (vgl. die Abbildung Bauhaus-Archiv Berlin, Inv. 3338/3); LMO-HB 17.
3   Ludwig Hilberseimer: Arbeitssitz und Arbeitstisch, in: *Die Form. Zeitschrift für gestaltende Arbeit*, 4. Jg. 1929, H. 13 v. 1.7.1929, S. 362; vgl. auch ders., Arbeitssitz und Arbeitstisch, in: *Sozialistische Monatshefte*, 35. Jg., Bd. 2, H. v. 26.9.1929, S. 870.
4   Arbeitsschutz, Unfallverhütung, Gewerbehygiene. Sonderausgabe des Reichsarbeitsblattes, 1929, H. 6.
5   Hannes Meyer: bauhaus und gesellschaft, in: *bauhaus. zeitschrift für gestaltung*, 3. Jg., H. 1 v. Januar 1929, S. 2.
6   Der Arbeitssitz. Sonderveröffentlichung des Reichsarbeitsblattes, Berlin 1929, S. 42f.
7   Vgl. Weber 2005, S. 33; zu erkennen ist der Arbeitshocker „me 1002" auch auf einer Fotografie der Bauhaus-Wanderausstellung in Mannheim, vgl. Droste 1998, S. 182.
8   Vgl. *ReD. Internationale, illustrierte Monatsschrift für moderne Gestaltung*, 3. Jg. 1930, H. 5, S. 141.
9   Bauhaus-Archiv Berlin, Inv. 3338/1-2; vgl. Weber 2005, S. 185.
10   Der Arbeitssitz. Sonderveröffentlichung des Reichsarbeitsblattes, Berlin 1929, S. 61, GTL-HB.
11   Hin Bredendieck: stuhl allg., 20.9.1931 (hier gekürzt wiedergegeben), LMO-HB 14.

1   See LMO-HB 14.
2   In total, four designs are documented, each in collaboration with Hermann Gautel: work number 73: "stool with pelvic rest and footrest ... only a few models have been completed" ("me 1002"); work number 74: "chair, seat, and backrest in plywood, pressed, model: tubular steel painted ... two models have been made. None have been fabricated" (see the picture Bauhaus Archive Berlin, inv. 3338/4); work number 75: "one feather chair ... made at the bauhaus" ("me 1004," see the picture Bauhaus Archive Berlin, inv. 3338/1); work number 76: "stool in cast Silumin with plywood plate ... made at the bauhaus ... none fabricated" (see the picture Bauhaus Archive Berlin, inv. 3338/3); LMO-HB 17.
3   Ludwig Hilberseimer, "Arbeitssitz und Arbeitstisch," *Die Form. Zeitschrift für gestaltende Arbeit*, 4, no. 13, (July 1, 1929): 362 [translated]; see also Ludwig Hilberseimer, "Arbeitssitz und Arbeitstisch," *Sozialistische Monatshefte*, 35, no. 2 (September 26, 1929): 870.
4   *Reichsarbeitsblatt*, special issue: "Arbeitsschutz, Unfallverhütung, Gewerbehygiene," no. 6 (1929).
5   Hannes Meyer, "bauhaus und gesellschaft," *bauhaus. zeitschrift für gestaltung*, 3, no. 1 (January 1929): 2 [translated].
6   *Der Arbeitssitz* [special publication of the *Reichsarbeitsblatt*] (Berlin 1929), 42–43 [translated].
7   See Weber 2005, 33; the work stool "me 1002" can also be seen in a photograph of the traveling Bauhaus exhibition in Mannheim; see Droste 1998, 182.
8   *ReD. Internationale, illustrierte Monatsschrift für moderne Gestaltung*, 3, no. 5 (1930): 141.
9   Bauhaus Archive Berlin, inv. nos. 3338/1-2; cf. Weber 2005, 185.
10   *Der Arbeitssitz* [special publication of the *Reichsarbeitsblatt*] (Berlin 1929; GTL-HB): 61 [translated].
11   Hin Bredendieck, "stuhl allg.," September 20, 1931 [abridged and translated], LMO-HB 14.

Photography at the Bauhaus

"Bauhaus photography," in the sense of a fixed style, did not exist. But there was an intention to document the results of the workshops—a task mainly assumed by Erich Consemüller, who also photographed some of Bredendieck's Preliminary Course works, and Lucia Moholy—as well as a desire to make photography the medium of a new visual design.

Fascinating examples of both of these projects have been preserved in the Bredendieck estate. In 1976, he donated a first group of photos to the Bauhaus Archive, including extensive photographic documentation of Preliminary Course works,[1] photographs of works from the metal workshop,[2] and a group of photographs from classes and everyday life at the Bauhaus,[3] such as three photographs by Werner Zimmermann titled *Klamauk in der Metallwerkstatt* (Slapstick in the Metal Workshop). The partial estates in Atlanta and Oldenburg contain further photographs, both documentary and experimental, from Bredendieck's Bauhaus period.

Photographs of the Bauhaus buildings in Dessau, attributable to Lucia Moholy and which Bredendieck apparently used as illustrative material when teaching in Atlanta, can be classified as documentation of the achievements of the Bauhaus.

In contrast, the keepsake photographs from the metal workshop, most of which cannot be attributed, are situated somewhere between documentation and Neues Sehen (New Vision). The individuals depicted cannot be completely and unequivocally identified. One original print preserved in Atlanta depicts Otto Rittweger or Hans Przyrembel at the workbench in the Dessau workshop building, and is inscribed "aufnahme: brandt / Werkstatt me / IX 28" (photo: brandt / workshop me / IX 28) on the reverse. Another print is inscribed by Bredendieck with "renne [*sic*] mensch" on the reverse, an inscription apparently

Fotografie am Bauhaus

Die ,Bauhausfotografie' im Sinne eines verbindlichen Stils gab es nicht. Stattdessen gab es am Bauhaus auf der einen Seite den Wunsch, Arbeiten und Ergebnisse der Werkstätten zu dokumentieren – diese Aufgabe übernahmen vor allem Erich Consemüller, der auch einige der Vorkurs-Arbeiten von Bredendieck fotografiert hat, und Lucia Moholy – und andererseits den Wunsch, das fotografische Verfahren zum Medium einer neuen visuellen Gestaltung zu machen.

Für beide Kategorien haben sich faszinierende Beispiele im Nachlass Hin Bredendiecks erhalten. Ein erstes Konvolut hatte er bereits 1976 dem Bauhaus-Archiv gespendet. Dieses umfasst eine umfangreiche fotografische Dokumentation von Vorkurs-Arbeiten,[1] Produktfotografien von Arbeiten der Metallwerkstatt[2] sowie eine Gruppe von Aufnahmen vom Unterricht und Leben am Bauhaus,[3] darunter drei „Klamauk in der Metallwerkstatt" betitelte Aufnahmen von Werner Zimmermann. In den Teilnachlässen in Atlanta und Oldenburg finden sich weitere, sowohl dokumentarische als auch experimentelle Fotografien aus Bredendiecks Bauhaus-Zeit.

Eher der Dokumentation der Leistungen des Bauhauses zuzurechnen sind die Aufnahmen der Dessauer Bauhausbauten, die Bredendieck offensichtlich als Abbildungsmaterial für seine Lehre in Atlanta nutzte und die Lucia Moholy zugeschrieben werden können.

Zwischen Dokumentation und Neuem Sehen anzusiedeln sind hingegen die Erinnerungsfotografien aus der Metallwerkstatt, von denen die meisten weder einem fotografischen Urheber zuzuschreiben sind, noch sind die auf den Fotografien erkennbaren Personen vollständig und zweifelsfrei identifizierbar: Ein in Atlanta erhaltener Originalabzug zeigt Otto Rittweger oder Hans Przyrembel an der Werkbank im Dessauer Werkstattgebäude und ist rückseitig beschriftet „aufnahme: brandt / Werkstatt me / IX 28". Ein anderer Abzug ist von Bredendieck rückseitig mit „renne [sic] mensch" beschriftet, wobei sich die Bezeichnung offenbar auf den Abgebildeten bezieht, bei dem es sich um seinen Kommilitonen René Mensch (1908-1980) handeln dürfte.

Ebenfalls zum Oldenburger Teilnachlass zählt ein kleinformatiger Abzug des „Viererportraits" von Bauhausstudenten, auf dem zumindest Hermann Gautel eindeutig zu identifizieren ist. Die zunächst

1 //

2 //

3 //

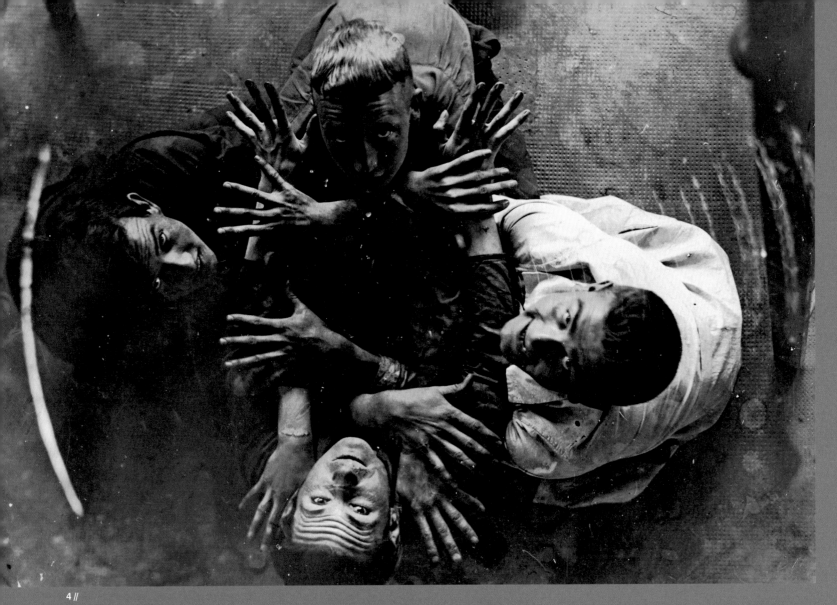

4 //

5 //

abb. 4 // Erich Krause (?), Vier Bauhäusler [Hermann
Gautel, Robert Lenz, Hin Bredendieck (?) und Lony
Neumann (?)], um 1928, Vintage Fotografie //
fig. 4 // Erich Krause (?), Four Bauhaus students
[Hermann Gautel, Robert Lenz, Hin Bredendieck (?),
and Lony Neumann (?)], ca. 1928, period photograph

abb. 5 // Unbekannter Fotograf, Portrait René
Mensch, ca. 1928/29, Vintage Fotografie //
fig. 5 // Unknown photographer, Portrait of
René Mensch, ca. 1928/29, period photograph

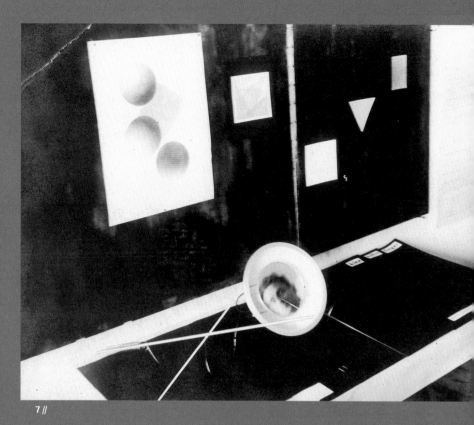

abb. 6 // Unbekannter Fotograf, Vorkurs Josef Albers (am Tisch sitzend), mit Oskar Schlemmer im Gegenlicht vor dem Fenster und Max Bill am linken Bildrand, Dessau, 1927, Vintage Fotografie **// fig. 6 //** Unknown photographer, Preliminary Course held by Josef Albers (sitting at the table), with Oskar Schlemmer backlit in front of the window and Max Bill on the left edge of the picture, Dessau, 1927, period photograph

abb. 7 // Hin Bredendieck, Präsentation der Vorkurs-Arbeiten mit Selbstportrait in dem von Marianne Brandt und Werner Zimmermann entworfenen Rasierspiegel, Bauhaus Dessau, 1927, Vintage Fotografie **// fig. 7 //** Hin Bredendieck, Presentation of the Preliminary Course works, with self-portrait in a shaving mirror designed by Marianne Brandt and Werner Zimmermann, Bauhaus Dessau, 1927, period photograph

naheliegend scheinende Identifikation des gegenüberliegenden Portraits mit Hin Bredendieck wurde inzwischen verworfen. Bei den beiden anderen Personen handelt es sich vermutlich um Robert Lenz, mit dem Bredendieck bis in die Nachkriegszeit im Kontakt blieb, und wiederum René Mensch oder Lony Neumann. Das ikonische Foto, von dem mindestens fünf zeitgenössische Abzüge bekannt sind, erfüllt programmatisch Moholy-Nagys „Aufforderung zur Umwertung des Sehens": „Dieses Bild ist drehbar. Es ergibt immer neue Sichten."[4]

referring to the person depicted, possibly his fellow student René Mensch (1908–1980).

The partial estate in Oldenburg also includes a small-format print portraying four Bauhaus students, of whom Hermann Gautel can be clearly identified. The initial identification of the person opposite him as Hin Bredendieck has since been rejected. The other two are presumably Robert Lenz, with whom Bredendieck remained in contact through the post-war period, and René Mensch or Lony Neumann. This iconic photograph, of which at least five contemporary prints are known, programmatically fulfils Moholy-Nagy's "invitation to reevaluate our way of seeing": "This picture can be rotated, resulting in ever-new views."[4]

Among the most impressive Bauhaus photographs from the partial estate in Oldenburg are two small-format, uninscribed, and thus far unattributed vintage prints, which relate to Bredendieck's participation in the Preliminary Course, and can thus be dated to 1927/28. One depicts a view into the Preliminary Course workshop; identifiable are Max Bill (far left), Josef Albers (sitting at the table), and Oskar Schlemmer (in front of the windows, depicted

8 //

9 //

abb. 8 // Unbekannter Fotograf, Gruppe von Studierenden, Hin Bredendieck
mit Hut im Hintergrund, vermutlich Dessau, 1927, Vintage Fotografie //
fig. 8 // Unknown photographer, Group of students, Hin Bredendieck with
hat in the background, probably Dessau, 1927, period photograph

abb. 9 // Unbekannter Fotograf, Gruppe von Studierenden, Hin Bredendieck
im Hintergrund vor dem Fenster, vermutlich Dessau, 1927/28, Vintage
Fotografie // fig. 9 // Unknown photographer, Group of students, Hin
Bredendieck in the background in front of the window, probably Dessau,
1927/28, period photograph

against the light). The negative of this photograph is preserved in the estate of Bredendieck's fellow student Bill.[5] In terms of subject and format, it is undoubtedly one of a series of small-format contact prints that depict Albers with students of the Preliminary Course and which were included in the Bauhaus Archive in 1976 as a "Donation from Hin Bredendieck."[6]

The second, which is the most sophisticated of Bredendieck's Bauhaus photos, is a portrait of him reflected in the "Bauhaus Shaving and Toilet Mirror,"[7] designed by Marianne Brandt and Werner

Zu den eindrucksvollsten Bauhausfotografien aus dem Nachlassteil in Oldenburg zählen ferner zwei kleinformatige, unbezeichnete und bislang nicht zuschreibbare Vintage prints, die Bredendiecks Teilnahme am Vorkurs zuzuordnen und somit auf 1927/28 zu datieren sind: Das eine zeigt einen Blick in die Vorkurswerkstatt; zu identifizieren sind Max Bill (am linken Bildrand), Josef Albers (am Tisch sitzend) und Oskar Schlemmer (vor den Fenstern, im Gegenlicht). Im Nachlass von Bredendiecks Kommilitonen Bill hat sich das Negativ dieser Aufnahme erhalten.[5] In Hinblick auf Thema und Format gehört sie zweifellos zu einer Reihe weiterer kleinformatiger Kontaktabzüge, die Josef Albers mit Studenten des Vorkurses zeigen und die bereits 1976 als „Spende Hin Bredendieck" ins Bauhaus-Archiv gelangten.[6]

Die andere, raffinierteste Aufnahme aus Bredendiecks Konvolut an Bauhausfotografien zeigt dessen Portrait im Spiegel des von Marianne Brandt und Werner Zimmermann entworfenen und von der Firma Schwintzer & Gräff produzierten „Bauhaus-Rasier- und Toilettenspiegels"[7] in Kombination offenbar mit der „Schwebenden Plastik", die Bredendieck im zweiten Semester präsentiert hat. Vermutlich handelt es sich somit um ein Selbstportrait des Künstlers.

10 //

11 //

abb. 10 // Unbekannter Fotograf, Gruppenaufnahme mit Hin Bredendieck, dessen Kopf hervorlugt, vermutlich Dessau, 1927/28, Vintage Fotografie // fig. 10 // Unknown photographer, Group photograph with Hin Bredendieck, his head peeking out, presumably Dessau, 1927/28, period photograph

abb. 11 // Unbekannter Fotograf, Gruppe von Studierenden mit Hin Bredendieck (hintere Reihe, rechte Ecke), Takehiko Mizutani (?), Otti Berger (vordere Reihe, zweite Frau von links), weiteren Bauhäuslern sowie evtl. russischen Gaststudenten, Dessau, 1927/28, Vintage Fotografie //. fig. 11 // Unknown photographer, Group of students with Hin Bredendieck (back row, right corner), Takehiko Mizutani (?), Otti Berger (front row, second woman from left), other Bauhaus students, as well as probably Russian guest students, Dessau, 1927/28, period photograph

Weitere im Nachlass enthaltene Fotografien, die Bredendieck im Kreis von Freunden und Kommilitonen zeigen, lassen sich bislang weder vollständig entschlüsseln noch datieren. Darüber hinaus haben sich Repronegative von vielen der 1976 dem Bauhaus-Archiv überlassenen Originalabzüge im Nachlass erhalten. Rainer Stamm

Zimmermann and manufactured by Schwintzer & Gräff, evidently in combination with the "schwebende Plastik" (floating sculpture) that Bredendieck presented in the second semester. It is thus presumably a self-portrait.

Further photographs in the estate depicting Bredendieck in the company of friends and fellow students cannot yet be completely deciphered or dated. In addition, repro-negatives of many of the original prints donated to the Bauhaus Archive in 1976 are preserved in the estate. Rainer Stamm

1   Bauhaus-Archiv Berlin, Inv. 3336/1-10; vgl. auch Köpnick/Stamm 2019, S. 152f.
2   Bauhaus-Archiv Berlin, Inv. 3338/1-8; vgl. auch Weber 2005, S. 167, Kat. 99 und 101; Köpnick/Stamm 2019, S. 95 rechts.
3   Bauhaus-Archiv Berlin, Inv. 3337/1-14; vgl. Fiedler 1990, S. 131 u. 310; Stiftung Bauhaus Dessau 2017, Kat. 35.
4   Moholy-Nagy 1927, S. 59.
5   Vgl. Bill 2008, S. 19.
6   Bauhaus-Archiv Berlin, Inv. 3337/1-4.
7   Vgl. die Anzeige in bauhaus. zeitschrift für gestaltung, 3. Jg., H. 1 v. Januar 1929, S. 31.

1   Bauhaus Archive Berlin, inv. nos. 3336/1-10; see also Köpnick/Stamm 2019, 152–53.
2   Bauhaus Archive Berlin, inv. nos. 3338/1-8; see also Weber 2005, 167, cats. 99, 101; Köpnick/Stamm 2019, 95 (right).
3   Bauhaus Archive Berlin, inv. nos. 3337/1-14; see Fiedler 1990, 131, 310; Stiftung Bauhaus Dessau 2017, cat. 35.
4   Moholy-Nagy 1927, 59 [translated].
5   Bill 2008, 19.
6   Bauhaus Archive Berlin, inv. nos. 3337/1-4.
7   See the advertisement in bauhaus. zeitschrift für gestaltung, 3, no. 1 (January 1929): 31.

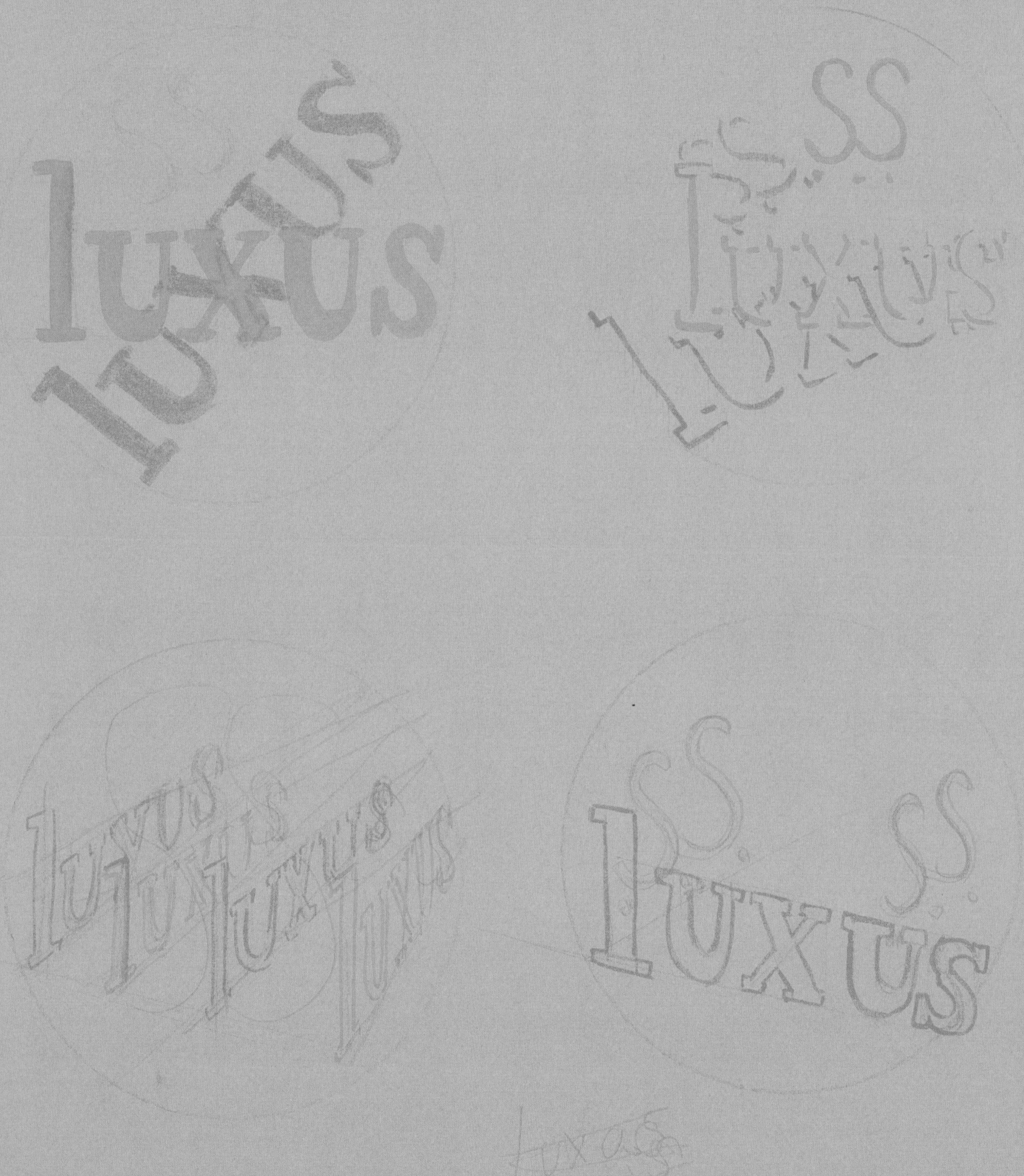
luxus

Zwischen Wirtschaftskrise und Werbeatelier

Bredendieck in Berlin

Nach Abschluss seiner Bauhauszeit im Mai 1930 zog Hin Bredendieck nach Berlin. Da er auf dem Höhepunkt der Weltwirtschaftskrise hier zunächst keine Anstellung fand, hatte er als ehemaliger Mitarbeiter der Metallwerkstatt des Bauhauses zeitweilig Anspruch auf Arbeitslosengeld. „hoffentlich ist deine lage nicht all zu schwierig?", fragte Marianne Brandt, die seit Ende 1929 die Entwurfsabteilung der Metallwarenfabrik Ruppelwerke GmbH in Gotha leitete, im Juli 1930 besorgt bei Bredendieck an: „hast du etwas zu tun u. zu verdienen gefunden? (...) wenns garnicht anders geht, versuche mich in bescheidenen grenzen anzupumpen. wenn ich eben noch in der lage bin, kriegst du was, u. falls ich nicht kann nimmst du mir's bitte nicht übel."[1] Im Nachlass von Hin Bredendieck finden sich handschriftliche und maschinenschriftliche Aufzeichnungen, die die Ratlosigkeit und Selbstzweifel dieser Monate in Gedankenprotokollen widerspiegeln:

„berlin 15.7.30

mein lieber magen du mußt es mir nicht übel nehmen, wenn ich dich jetzt so schlecht behandele. (...) ich kann doch nicht dafür. ich konnte dich auch nicht vorher darauf vorbereiten, denn es kam doch so ziemlich plötzlich. du mußt nicht knurren. ich bin doch auch ganz ruhig. komm sollst ein glas wasser haben. so nun mußt aber auch schön zufrieden sein. (...)"[2]

Berlin, 16.8.1930

„der mann der da heute sitzt sieht sehr böse aus, er drückt einen stempel darauf. Einen roten gibt es heute, farbe und form wechselt immer, aber es freut einen doch wenn man sieht dass sie auch da die

Between Economic Crisis and Advertising Studio

Bredendieck in Berlin

After completing his studies at the Dessau Bauhaus in May 1930, Hin Bredendieck moved to Berlin. With the world economic crisis at its height, he was initially unable to find employment, but as a former employee of the Bauhaus metal workshop he was temporarily entitled to unemployment benefits. Marianne Brandt, who had been head of the design department at the Ruppelwerke metal goods factory in Gotha since the end of 1929, asked Bredendieck in July 1930: "hopefully your situation isn't too difficult? did you find anything to do and earn some money? ... if there's no alternative, you can ask me—within reasonable limits—if you can borrow some money. if i'm still able to, i'll give you something; and if i can't, please don't hold it against me."[1] The estate of Hin Bredendieck contains handwritten and typewritten records that reflect the helplessness and self-doubt of these months:

1 //

Berlin, July 15, 1930
"my dear stomach, you mustn't hold it against me
when i now treat you so badly.... i can't help it. i
couldn't prepare you for it beforehand either, because it happened rather suddenly. you mustn't
growl. i'm also quite calm. come, i'll give you a glass
of water. so, now you must also be satisfied."[2]
Berlin, August 16, 1930
"the man sitting there today looks very angry; he
puts a stamp on it. it's a red one today; the color
and shape are constantly changing, but it's always
a pleasure when you see that they love the color
red here as well. my card still looks clean and

rote farbe lieben. meine karte sieht noch klar und übersichtlich aus,
sie ist noch im bauhausstil, erst eineinhalb seiten heruntergestem-
pelt, aber der vor mir war, der hatte schon beide seiten voll (...) ich will
nun erstmal versuchen dass ich meine sachen von dessau hier her
bekomme und dann werde ich schon sehen wie ich, wie sagt man
doch, wie ich dazwischen komme. ich habe eine riesige lust zu arbeiten. (...) wir haben heute den 16.8.30. ein tag ist vorüber, unwichtig es
festzustellen. wochen sind so vergangen und jetzt fange ich an die
monate zuzählen. verträumte monate die ganze menschen aufzu-
fressen imstande sind."[3]
Berlin, Sommer 1930
„(...) sehen sie es ist so, dass das morgendliche aufwachen, dass das
erstliche überlegen jeden morgen nur heis[s]t: wie bringe ich den tag
um. und des abends schüttelt man den kopf über das gewesene, man
schlägt in seinem alter nach – 26 jahre und so die zeit verplempern.
jeden morgen nur auf den abend warten hat man wirklich nichts anderes zutun. weist [sic] man nicht was man zutun hat, was will man

unter den menschen. und noch immer glaube ich [ich] hätte was zu tun, noch immer glaube ich, einer arbeit würdig zu sein, einer arbeit, die ich dort im bh begann. (...)"[4]

Auch im Oktober 1930 ging Bredendieck noch „stempeln",[5] wie er Marianne Brandt mitteilte: „nur um den stempel in meine karte zubekommen, fahr [ich] ganz bis zum alexanderplatz, das zweimal die woche und dann einmal geld holen."[6] Mit der Freundin aus gemeinsamen Bauhaus-Zeiten tauschte er sich auch über die Entwicklungen in Dessau nach der Absetzung von Hannes Meyer und der Berufung von Ludwig Mies van der Rohe aus: „du weisst marianne, das[s] ich hinter sein[em] programm stehe und es befürworte. wie er als direktor wirkte, ist eine andere frage (...). es ist möglich, das[s] mies es so weiter machen wird, aber er wird es nicht so offen zeigen wie hannes. man kann das auch hannes vorwerfen: warum mußte er das so offen zeigen, denn schließlich kann der heutige staat das nicht dulden."[7] In Berlin hatte Bredendieck im August 1930 einen Vortrag Hannes Meyers über „unsere arbeit am bauhaus" bei der kommunistischen „assoziation revolutionärer bildender künstler" besucht, der „guten beifall"[8] fand.

Die jüngsten Entwicklungen in Dessau nach der Übernahme des Direktorats durch Ludwig Mies van der Rohe, der im April 1930 durch Vermittlung von Gropius berufen worden war und im Herbst des Jahres seinen Dienst antrat, kommentierte Bredendieck kritisch: „was jetzt dort ist, ist bestenfalls eine unterkunft für ‚geistig müde'. welch eine armseligkeit kann aus einer so schön gewollten sache werden. (...) albers und kandinski sind die (ich darf so sagen) helden des tages. sie haben jetzt ihre ruhe. wir stören sie nicht mehr (...)."[9] Aus einem neuen Schulprospekt hatte er erfahren, dass am Bauhaus nun „auch ‚lichttechnik'" studiert werden konnte und kommentierte: „eine unverantwortlichkeit ist das. nun gleich, man kann glück wünschen."[10] Nach Gotha berichtete er an Marianne Brandt: „der vorkurs ist in der alten form aufgehoben, wie weiss ich noch nicht genau. die älteren mädchen aus der weberei sind alle fort. otti [berger] geht wahrscheinlich nach hannover, aber noch nicht bestimmt. margret dambeck ist in prag, macht mode. otti hat ihr das besorgt durch ihren bruder. die andern suchen glaube ich noch. (...) [max] krajewski geht auch nach russland, vielleicht nächsten monat."[11]

uncluttered. it's still in the bauhaus style: only stamped down one and a half pages. but the one in front of me, his was already full on both sides ... i now want to try to get my things from dessau brought over here, and then i will see how i—as they say—how i get back into the thick of things. i have a strong desire to work.... today it's august 16, 1930. another day is gone; irrelevant observation. weeks have passed, and now i start to count the months. dreamy months, which all the people are capable of devouring."[3]
Berlin, Summer 1930
"you see, it's like this, waking up in the morning, and the first thing you think every morning is just: how do i kill the day. and in the evening, you shake your head about what was, you rebound at your age—twenty-six years old and you waste your time this way. every morning just waiting for the evening, you really don't have anything else to do. don't you know what you have to do; why do you want to be among the people? and yet still i believe i have something to contribute; i still believe i'm worthy of a job, a job i started there at the bh."[4]

In October 1930, Bredendieck still went to "get stamped,"[5] as he told Marianne Brandt: "just to get the stamp on my card, i ride all the way to alexanderplatz twice a week and then once to get my money."[6] With Brandt, a friend from their time together at the Bauhaus, he also wrote about developments in Dessau after the dismissal of Hannes Meyer and the appointment of Ludwig Mies van der Rohe: "you know, marianne, that i stand behind his program and support it. what he achieved as director is another issue.... it's possible that mies will continue along the same lines, but he will not show it as openly as hannes. you can also reproach hannes for that: why did he have to show it so openly; because, after all, today's government can't tolerate it."[7] In August 1930, Bredendieck had attended a lecture in Berlin by Hannes Meyer on "our work at the bauhaus" at the communist "association of revolutionary visual artists," which met with "good approval."[8]

In April 1930, Gropius appointed Mies van der Rohe the new Director of the Bauhaus, and Bredendieck was critical of these developments in Dessau: "what is there now is at best an

abb. 2 // Ausstellung des deutschen Baugewerks-
bundes auf der Deutschen Bauausstellung, Berlin,
1931 // **fig. 2** // Presentation of the German Building
Industry Association at the German Building
Exhibition, Berlin, 1931

accommodation for the 'mentally tired.' what paltri-
ness can become of such a beautifully intended
thing.... albers and kandinski are (i might say) the
heroes of the day. they have their peace now. we
don't disturb them anymore."[9] From a new school
brochure, he had learned that "lighting technology"
could now also be studied at the Bauhaus and
commented: "it's irresponsible. now you can wish
them luck."[10] He reported to Marianne Brandt in
Gotha: "the Preliminary Course in its old form has
been suspended, how i do not yet know exactly. the
older girls from the weaving workshop have all gone.
otti [berger] is probably going to hannover, but it's
not yet certain. margret dambeck is in prague,
making fashion. otti mediated this for her through
her brother. i believe the others are still looking....
[max] krajewski is also going to russia, maybe next
month."[11]

Margarete Mengel, the former head secretary
at the Bauhaus in Dessau, who was in a relationship
with Hannes Meyer for a while and traveled with him
to the Soviet Union in 1931, also met Bredendieck
again in Berlin. She tried, with the support of Bauhaus member Peer Bücking, to find Bredendieck
a job in Prague, albeit without success.[12]

Auch Margarete Mengel, die ehemalige Chefsekretärin des Bauhaus
Dessau, die zeitweise mit Hannes Meyer liiert war und mit diesem
1931 in die Sowjetunion ging, traf Bredendieck in Berlin wieder. Sie
versuchte, ihm mit der Unterstützung des Bauhäuslers Peer Bücking,
wenn auch ohne Erfolg, eine Anstellung in Prag zu vermitteln.[12] Bredendieck, der in der Nähe des belebten Kurfürstendamms in der
Rankestraße wohnte, berichtete Brandt auch über die Gemeinschaft
von Bauhäuslern, der er sich angeschlossen hatte: „wir sind hier [in]
berlin einen ganzen [sic] trupp bauhäusler und treffen uns oft bei
zuntz in den kaffeestuben hier in der tauen[t]zienstrasse. oft sind wir
acht oder zehn mann dort. die meisten haben ja ihre arbeit wieder
gefunden."[13]

Während Bredendiecks späterer Arbeitskollege Max Gebhard
der „assoziation revolutionärer bildender künstler" beigetreten war,
ist für Bredendieck, der politisch interessiert war und sich zeitweise
in kommunistischen Kreisen (Meyer, Mengel, Bücking) bewegte, keine politische Aktivität bzw. Parteizugehörigkeit bekannt.[14] In einem
undatierten, mehrseitigen Briefentwurf, der vermutlich an die Familie in Aurich versandt werden sollte, schreibt er allerdings: „ich hatte
den kommunistmus [sic] als richtig erkannt."[15] Politische Verfolgung
– vor allem auch durch seine Zugehörigkeit zum Bauhaus – erlebte
Bredendieck nicht.

Nach Monaten der Ungewissheit fand Bredendieck schließlich
eine Anstellung: Ab Ende 1930 war er in László Moholy-Nagys

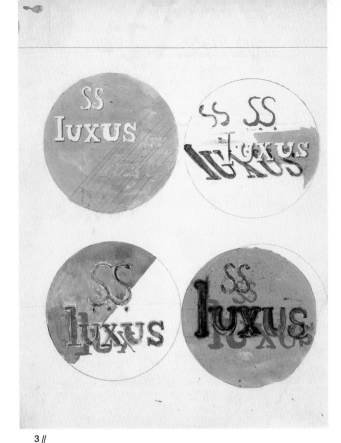

3 //

4 //

Berliner Atelier für Typografie und Ausstellungsgestaltung tätig. Dieser war 1928 von Dessau nach Berlin zurückgekehrt, wo er ein Atelier in der Spichernstraße unterhielt und neben Werbegrafik moderne Bühnenbilder – so für die Kroll-Oper 1928/29 – realisierte. Einen lebhaften Eindruck von der Arbeit im Berliner Atelier von Moholy-Nagy liefern die Aufzeichnungen von Sibyl Moholy-Nagy: „Moholys Studio von 1931 sah wie die Reliefkarte einer neuen Landschaft aus. Es gab fast keine Möbel, die Fußbodenfläche wurde als Arbeitsplatz benötigt."[16] Auch die Erinnerungen des Bauhäuslers Max Gebhard, der im Herbst 1928 nach Berlin gezogen und Moholy vor allem während dessen Arbeiten für die Kroll-Oper unterstützt hatte, geben ein anschauliches Bild.[17] Im Atelier von Moholy-Nagy lernte Bredendieck auch seine spätere Ehefrau, die Amerikanerin Virginia Weisshaus kennen.

„Doing commercial designs and Exhibition, etc.", erinnerte Bredendieck sich an die Arbeiten, die er für Moholy – und später auch für Herbert Bayer – ausführte.[18] Ungewöhnlich war diese Anstellung nicht: „Von Moholy übernahmen mindestens acht [u.a. Erich Comeriner, Hin Bredendieck, die Brüder Hans Ferdinand und Hein Neuner, Gyula Pap und Hajo Rose], in Bayers Werbeagentur Studio Dorland mindestens fünf ehemalige Bauhäusler Aufträge, von deren Beschaffenheit wir wenig wissen", fasst Ute Brüning zusammen.[19] Bredendiecks dort entstandene Arbeiten zu bestimmen, ist nicht einfach. Einige Hinweise liefert das maschinenschriftliche Werkverzeichnis im

Bredendieck, who lived on Rankestrasse near the bustling Kurfürstendamm, also told Brandt about the community of Bauhaus members which he had joined: "here [in] Berlin, we are a whole troop of bauhäusler [Bauhaus members] and often meet at the zuntz coffeehouse on tauen[t]zienstrasse. we are often eight or ten people there. most of them have found work again."[13]

Whereas Bredendieck's later colleague Max Gebhard had joined the "association of revolutionary visual artists," there is no evidence that Bredendieck was politically active or had any party affiliation, though he was interested in politics and occasionally moved in communist circles (Meyer, Mengel, Bücking).[14] Nevertheless, in an undated, multi-page draft letter,

5 //

abb. 5 // Hin Bredendieck, Zeitungsinserat „Schaub Radio", entworfen im Werbeatelier Dorland, um 1931/32 **// fig. 5 //** Hin Bredendieck, Newspaper advertisement for "Schaub Radio," designed at the Dorland advertising agency, ca. 1931/32

which was presumably to be sent to his family in Aurich, he wrote: "i saw communistism [sic] as the right path."[15] Bredendieck did not experience political persecution—especially not in connection with his affiliation to the Bauhaus.

After months of uncertainty, Bredendieck finally found employment: from the end of 1930 onwards, he worked in László Moholy-Nagy's studio for typography and exhibition design in Berlin. Moholy-Nagy had returned from Dessau to Berlin in 1928, where he maintained a studio on Spichernstrasse and, in addition to advertising graphics, worked on stage designs, such as for the Kroll Opera House in 1928/29. Notes by Sibyl Moholy-Nagy provide a vivid impression of the work in his Berlin studio: "In 1931, Moholy's studio looked like the relief map of a new landscape. There was almost no furniture; the floor space was needed as a workplace."[16] Reminiscences

Nachlass, worin die Berliner Arbeiten unter den Nummern 78 bis 84 eingetragen sind. Demnach wirkte Bredendieck 1931 an der von László Moholy-Nagy und Herbert Bayer gestalteten Präsentation des „Deutschen Baugewerksbunds" auf der Deutschen Bauausstellung in Berlin mit, die vom Mai bis August 1931 gezeigt wurde.[20] Neben Bredendieck waren weitere Bauhaus-Absolventen an der Ausstellungsgestaltung beteiligt, darunter Erich Krantz, Xanti Schawinsky, Heinz Loew, Heinz Clasing und Moses Bahelfer.[21] Was jedoch Bredendiecks Anteil war, konnte bislang nicht rekonstruiert werden.

In seinem Verzeichnis notierte Bredendieck ferner den Entwurf einer „etiquette für ‚s.s.' läden" (Nr. 81). Für die „SS Kettenläden", ein von der Schroeder-Spezial GmbH geführtes Kaufhaus für Herrenkonfektion mit festen Preisen, hatte László Moholy-Nagy 1930 die typografische und Werbegestaltung übernommen.[22]

Der Werkverzeichniseintrag „schaufenstermodell für ‚neue linie' 1931. moholy" (Nr. 80) bleibt rätselhaft. Vermutlich unterstützte Bredendieck Moholy bei dessen Arbeit für das Lifestyle-Magazin die neue linie, für das der ehemalige Bauhausmeister Herbert Bayer als maßgeblicher Gestalter tätig war.[23]

Um die Jahreswende 1931/32 wechselte Bredendieck zur Werbeagentur Dorland in Berlin, für die er bis etwa Juni 1932 – also bis zum Umzug von ihm und seiner Lebensgefährtin Virginia in die

7 //

6 //

Schweiz – tätig war. Die künstlerische Leitung der Berliner Nieder-
lassung der Agentur hatte Herbert Bayer inne. Zu den „mehr oder
weniger enge[n] Mitarbeiter[n]" des Studios Dorland zählt Patrick
Rössler die Bauhäusler Kurt Kranz, Hans Ferdinand und Hein Neuner, Max Gebhard, Carl Schlemmer, Albrecht Heubner, Xanti Schawinsky, Hin Bredendieck sowie Heinz Loew, Joost Schmidt und Werner Graeff.[24] Kurt Kranz beschrieb die Arbeit für Bayer rückblickend:

of Bauhaus member Max Gebhard, who moved to
Berlin in the fall of 1928 and supported Moholy-Nagy,
particularly during his work for the Kroll Opera House,
also provide a vivid picture.[17] It was in Moholy-Nagy's
studio that Bredendieck met his future wife, the
American Virginia Weisshaus.

"Doing commercial designs and exhibitions,
etc.," was how Bredendieck later described the
work he did for Moholy-Nagy and subsequently for
Herbert Bayer.[18] Given Bredendieck's affiliation with
the Bauhaus, his employment there was not unusual.
According to Ute Brüning, "From Moholy, at least
eight [including Erich Comeriner, Hin Bredendieck,
the brothers Hans Ferdinand and Hein Neuner,
Gyula Pap, and Hajo Rose], and in Bayer's advertising
agency Studio Dorland at least five former Bauhaus
members took on orders, the nature of which we
know little."[19] It is not easy to determine which orders
Bredendieck took on there. The typewritten catalog
of works in the estate, in which the Berlin works are
listed under serial numbers 78–84, provides some

8 //

clues. According to this catalog, in 1931 Bredendieck
participated in the presentation of the "Deutscher
Baugewerksbund" (Association of the German
Building Industry) designed by László Moholy-Nagy
and Herbert Bayer for the Deutsche Bauausstellung
(German Building Exhibition) in Berlin, which was
held from May to August 1931.[20] In addition to Bredendieck, other Bauhaus graduates also participated in the exhibition design, including Erich Krantz,
Xanti Schawinsky, Heinz Loew, Heinz Clasing, and
Moses Bahelfer.[21] However, it has not yet been
possible to reconstruct what precisely Bredendieck's contribution was.

    In his catalog of works, Bredendieck also noted
the design of an "etiquette für 's.s.' shops" (label for

9 //

„Das Studio Dorland war eine Oase in der kommerzbestimmten
Berliner Werbelandschaft. (...) Die grafische Arbeit des Studios Dorland wirkte im Sinne des Bauhauses bildend."[25] In seinem Werkverzeichnis notierte Bredendieck in diesem Zusammenhang, die Mitarbeit „auf der verkehrsausstellung bei wertheim 1931, bayer" (Nr. 79).
Ein Beleg für Bredendiecks Arbeit für Dorland ist das „zeitungsinserat ‚schaub radio' bei bayer" (Nr. 84), dessen Nennung in seinem
Werkverzeichnis mit der erhaltenen, gedruckten Werbeanzeige
korrespondiert.

10 //

's.s.' shops; no. 81). In 1930, László Moholy-Nagy took over the typographic and advertising design for the "SS Kettenläden", a menswear chain store with fixed prices managed by Schroeder-Spezial GmbH.[22] The catalog entry "schaufenstermodell für 'neue linie' 1931. Moholy" (window display model for 'new line' 1931. Moholy; no. 80) remains a mystery. Bredendieck presumably supported Moholy-Nagy in his work for the lifestyle magazine *die neue linie* (the new line), for which the former Bauhaus master Herbert Bayer was the principal designer.[23]

Around the turn of the year 1931/32, Bredendieck moved to the advertising agency Dorland in Berlin, for which he worked until about June 1932, when he and his partner Virginia moved to Switzerland. Herbert Bayer was the artistic director of the agency's office in Berlin. The historian Patrick Rössler has noted that among the "more or less close employees" of the Dorland studio were the Bauhaus members Kurt Kranz, Hans Ferdinand, and Hein Neuner; Max Gebhard, Carl Schlemmer, Albrecht Heubner, Xanti Schawinsky, and Hin Bredendieck; as well as Heinz Loew, Joost Schmidt, and Werner Graeff.[24] Kurt Kranz later described the work for Bayer: "Studio Dorland was an oasis in the commercial advertising landscape of Berlin.... The graphic work of Studio Dorland was formative in the sense of the Bauhaus."[25] In this context, Bredendieck noted in his catalog of works his collaboration "auf der verkehrsausstellung bei wertheim 1931, bayer" (at the transport exhibition at wertheim 1931, bayer;

Entwurfsskizzen aus der Berliner Zeit im Nachlass Bredendiecks (vor allem in Atlanta) belegen auch die Fortsetzung der in Dessau begonnenen Gestaltung von Stühlen – insbesondere des Einfeder-Stuhls. Für seine Möbelentwürfe sah Bredendieck moderne Materialien (wie Stahlrohr und gepresstes Sperrholz) vor, wie schriftliche Materialangaben verdeutlichen. Die Ideen gelangten jedoch offenbar nicht über das Entwurfsstadium hinaus.

Noch in Berlin offerierte Moholy-Nagy Bredendieck die Möglichkeit, in die Schweiz zu gehen, wo der Designer und Publizist Sigfried Giedion bei einem Bauprojekt Schwierigkeiten mit der Beschaffung geeigneter Beleuchtungskörper hatte und daher auf der Suche nach einem begabten Gestalter war. „bredendik [sic] ist ja selbst praktiker, der, wenn er etwas gedrängt wird und so seine wünsche für eine absolute exaktheit mit der schnelligkeit einer möglichen herstellung

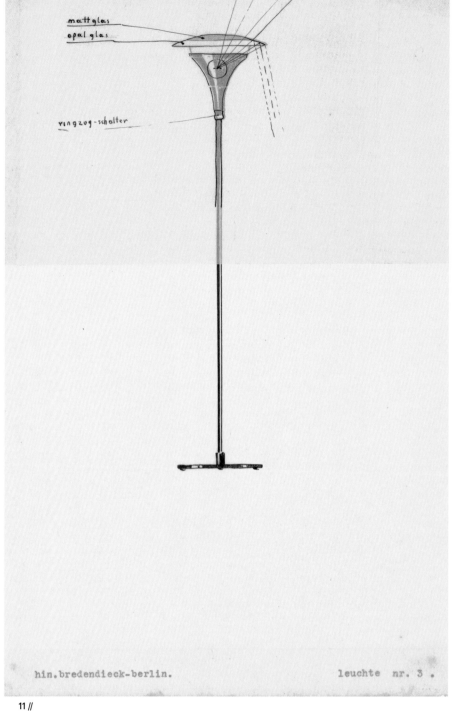

no. 79). One piece of evidence for Bredendieck's
work for Dorland is the "zeitungsinserat 'schaub
radio' bei bayer" (newspaper advertisement "schaub
radio" at bayer; no. 84), the mention of which in his
catalog of works corresponds with the preserved
printed advertisement.

Sketches from the Berlin period in the Bredendieck estate (above all in Atlanta) also document the
continuation of chair designs begun in Dessau—in
particular the single-spring chair. For his furniture
designs, Bredendieck used modern materials (such
as tubular steel and pressed plywood), as written
material specifications verify. Nevertheless, the
ideas apparently did not get beyond the design
stage.

Moholy-Nagy offered Bredendieck the opportunity to move from Berlin to Switzerland, where the
designer and publicist Sigfried Giedion had difficulties procuring suitable lighting fixtures for a construction project and was looking for a talented
designer. "bredendik [*sic*] is himself a practical man
who, when pushed and sees his own striving for
absolute precision as compatible with the speed of
a possible production, can achieve brilliant results,"
Moholy-Nagy wrote to Giedion in October 1931. "he is
currently working in my studio, but can be released
from his duties here at a moment's notice should his
presence in switzerland be considered necessary."[26]
Moholy-Nagy added to the letter an anxious handwritten statement about the changing political
situation in Berlin: "the atmosphere here is stupid.
you get ground daily with increasingly finer mills."
While still in Berlin, Bredendieck began developing
ideas, sketches, and drafts for his new tasks in
Switzerland.

11 //

vereinbar hält, zu glänzenden resultaten gelangen kann", antwortete
Moholy im Oktober 1931 Giedion: „er ist im augenblick in meinem atelier tätig, aber ist jeden augenblick frei, wenn evtl. seine reise nach
der schweiz für notwendig erachtet würde."[26] Handschriftlich ergänzte Moholy noch einen sorgenvollen Satz über die sich verändernde Lage in Berlin: „hier ist eine blöde stimmung. man wird täglich
mit immer feineren mühlen gemahlen." Noch in Berlin begann Bredendieck mit der Entwicklung von Ideen, Skizzen und Entwürfen für
seine neuen Aufgaben in der Schweiz.

1   Marianne Brandt an Hin Bredendieck, Brief v. 10.7.1930, zit. nach: Binroth 2002, S. 180f.
2   Hin Bredendieck, Aufzeichnungen v. 15.7.1930, LMO-HB 13.
3   Hin Bredendieck, Aufzeichnungen v. 16.8.1930, LMO-HB 13.
4   Hin Bredendieck, Aufzeichnungen, undat. [Sommer 1930], LMO-HB 13.
5   Hin Bredendieck an Marianne Brandt, Brief v. 24.10.1930, Sammlung Freese.
6   Hin Bredendieck an Marianne Brandt, Brief v. 23.8.1930, Sammlung Freese.
7   Ebd.
8   Ebd.
9   Hin Bredendieck an Marianne Brandt, Brief v. 24.10.1930, Sammlung Freese.
10   Ebd.
11   Ebd.
12   Vgl. ebd.
13   Ebd.
14   In Bredendiecks Oldenburger Nachlass ist ein Clipping zum Thema Politik erhalten. Hierin sind Wahlprogramme verschiedener Parteien und Zeitungsausschnitte der Jahre um 1931 erhalten. Zum Teil tragen sie handschriftliche Bemerkungen, LMO-HB 3.
15   Hin Bredendieck an einen unbekannten Empfänger, undat. Briefentwurf [ca. 1930], LMO-HB 13.
16   Moholy-Nagy 1972, S. 63.
17   Erinnerungen des Bauhäuslers Max Gebhard an Moholy-Nagy, in: Lusk 1980, S. 181f.
18   Bredendieck 1990, S. 7.

19   Ute Brüning: Praxis nach dem Bauhaus, in: Brüning 1995, S. 269. Es ist denkbar, dass diese Bauhäusler – wie oben von Bredendieck beschrieben – zu dem Kreis derjenigen gehörten, die sich regelmäßig im Café Zuntz trafen. Spätestens in Moholys Berliner Atelier traf Hin Bredendieck erstmals auch auf den ungarischen Maler György Kepes, der wie Moholy-Nagy zum späteren Lehrkörper des New Bauhaus Chicago gehören sollte.
20   Im maschinenschriftlichen Werkverzeichnis führt Bredendieck diesen Auftrag als Nr. 78, LMO-HB.
21   Vgl. Brüning 1995; vgl. auch Rössler 2019, S. 173-196.
22   Vgl. weitere Beispiele der SS Werbung, in: H.K. Frenzel: Wo will die Reklame hin?, in: *Gebrauchsgraphik. International Advertising Art*, 8. Jg., H. 5 v. Mai 1931, S. 32-35; vgl. für Arbeiten von Moholy-Nagy für „SS Kettenläden" auch: www.moholy-nagy.org/art-database-gallerygallery, zuletzt abgerufen am 12.12.2019.
23   Vgl. Rössler 2007.
24   Rössler 2013, S. 45.
25   Kurt Kranz: Pädagogik am Bauhaus und danach, in: Neumann 1998, S. 339-355, hier S. 349.
26   László Moholy-Nagy an c.w. und s.g. [Carola Giedion-Welcker und Sigfried Giedion], Brief v. 12.10.1931, gta Archiv / ETH Zürich (Nachlass Sigfried Giedion).

1   Letter from Marianne Brandt to Hin Bredendieck dated July 10, 1930, quoted in Binroth 2002, 180-1 [translated].
2   Hin Bredendieck, notes dated July 15, 1930, in LMO-HB 13 [translated].
3   Hin Bredendieck, notes dated August 16, 1930, in LMO-HB 13 [translated].
4   Hin Bredendieck, notes, undated [summer 1930], in LMO-HB 13 [translated].
5   Letter from Hin Bredendieck to Marianne Brandt dated October 24, 1930, Freese Collection [translated].
6   Letter from Hin Bredendieck to Marianne Brandt dated August 23, 1930, Freese Collection [translated].
7   Ibid. [translated].
8   Ibid. [translated].
9   Letter from Hin Bredendieck to Marianne Brandt dated October 24, 1930, Freese Collection [translated].
10   Ibid. [translated].
11   Ibid. [translated].
12   See ibid.
13   Ibid. [translated].
14   A file on the subject of politics can be found in the partial estate of Bredendieck in Oldenburg. It contains election programs of various parties and newspaper clippings from the years around 1931. Some of them carry handwritten remarks; LMO-HB 3.
15   Draft letter from Hin Bredendieck to an unknown recipient, undated [ca. 1930], LMO-HB 13 [translated].
16   Moholy-Nagy 1972, 63 [translated].
17   Reminiscences of Bauhaus member Max Gebhard of his time with Moholy-Nagy, in Lusk 1980, 181–82.
18   Bredendieck 1990, 7.
19   Ute Brüning, "Praxis nach dem Bauhaus," in Brüning 1995, 269 [translated]. It is conceivable that these Bauhaus members—as described above by Bredendieck—belonged to the circle of those who met regularly at the Zuntz coffeehouse. In Moholy-Nagy's Berlin studio, Bredendieck met the Hungarian painter György Kepes for the first time; Kepes, like Moholy-Nagy, later joined the teaching staff of the New Bauhaus Chicago.
20   In Bredendieck's typewritten catalog of works, he lists this order as no. 78, LMO-HB.
21   See Brüning 1995; cf. Rössler 2019, 173–96.
22   See further examples of SS advertisment: H.K. Frenzel, "Where is Advertising going?", *Gebrauchsgraphik. International Advertising Art*, 8, no. 5 (May 1931): 32–35; for Moholy-Nagy's advertisement works for "SS Kettenläden" see www.moholy-nagy.org/art-database-gallery [last accessed on December 12, 2019].
23   See Rössler 2007.
24   Rössler 2013, 45.
25   Kurt Kranz, "Pädagogik am Bauhaus und danach," in Neumann 1998, 339–55, here 349.
26   Letter from László Moholy-Nagy to c.w. and s.g. [Carola Giedion-Welcker and Sigfried Giedion] dated October 12, 1931, gta Archive / ETH Zürich (Estate of Sigfried Giedion) [translated].

On the Trail of a Forgotten Artist: Virginia Tooker— Virginia Weisshaus— Virginia Bredendieck

The first wife of Hin Bredendieck, the writer and illustrator Virginia Bredendieck (1904–1988), has remained virtually unknown among researchers. Nevertheless, her artistic works and diverse personal network reveal a talented and self-confident woman.

California

Virginia Tooker was born on January 7, 1904, in Spokane, Washington. Since her father, the physicist Robert Tooker, was employed by the US military, the family was obliged to move frequently. A curriculum vitae compiled by Virginia in the 1950s provides information about the different places she lived, especially as regards her artistic education. After attending Oakland University High School in California, she first attended Mills College, also in Oakland, before transferring to the Chicago Academy of Art (1923–25). After two years in Chicago, she enrolled at the University of California at Berkeley (1925–27). Her first literary and artistic works from the late 1920s have been preserved. In 1928, a play directed by Virginia was announced in the *Oakland Tribune*.[1] That same year, she designed a map of the city and the campus of UC Berkeley, which was published by Thomas Brothers.[2] The artist achieved local fame with this design, which illustrates the architectural transformation of the university campus between the end of the nineteenth century and the late 1920s: "Virginia Tooker is also an artist of note, one of her best known works being a cartoon map of Berkeley and the University campus, which she made about

Auf den Spuren einer vergessenen Künstlerin: Virginia Tooker – Virginia Weisshaus – Virginia Bredendieck

In der Forschung ist die erste Frau von Hin Bredendieck, die Schriftstellerin und Illustratorin Virginia Bredendieck (1904–1988), bisher nahezu unbekannt geblieben. Gleichwohl lassen ihre künstlerischen Arbeiten und ihr vielfältiges Netzwerk eine talentierte und selbstbewusste Frau erkennen.

Kalifornien

Virginia Tooker wurde am 7. Januar 1904 in Spokane (Washington, USA) geboren. Da ihr Vater, der Physiker Robert Tooker, beim US-Militär beschäftigt war, wechselte die Familie häufig den Wohnort. Ein von Virginia in den 1950er-Jahren verfasster Lebenslauf gibt Hinweise auf die verschiedenen Stationen und ihre künstlerische Ausbildung: Nach dem Besuch der Oakland University High School (Kalifornien, USA) wechselte sie zunächst an das Mills College (Kalifornien, USA) und 1923 an die Chicago Academy of Art (1923–1925). Nach zwei Jahren in Chicago immatrikulierte sie sich an der University of California (1925–1927). Aus den späten 1920er-Jahren sind die ersten schriftstellerischen und vor allem künstlerischen Arbeiten erhalten. So wurde 1928 in der *Oakland Tribune* ein Theaterstück unter der Regie von Virginia Tooker angekündigt.[1] Im selben Jahr entwarf sie eine Karte von Stadt und Campus der Universität von Berkeley, die im Verlag Thomas Brothers erschien.[2] Die Künstlerin erlangte mit ihrer Gestaltung, die die architektonische Veränderung des Universitätsgeländes zwischen dem Ende des 19. Jahrhunderts und dem Ende der 1920er-Jahre zeigt, lokale Berühmtheit: „Virginia Tooker, is also an artist of note, one of her best known works being a cartoon map of Berkeley and the University campus, which she made about a year ago", hieß es im Februar 1929 in der *Berkeley Daily Gazette*.[3]

Ab 1929 hielt sich Virginia Tooker dauerhaft im kalifornischen Carmel-by-the-Sea auf. In dem Ort der künstlerischen Bohème lebte ihre Familie ab etwa 1921 und Virginia war während ihrer Studienzeit

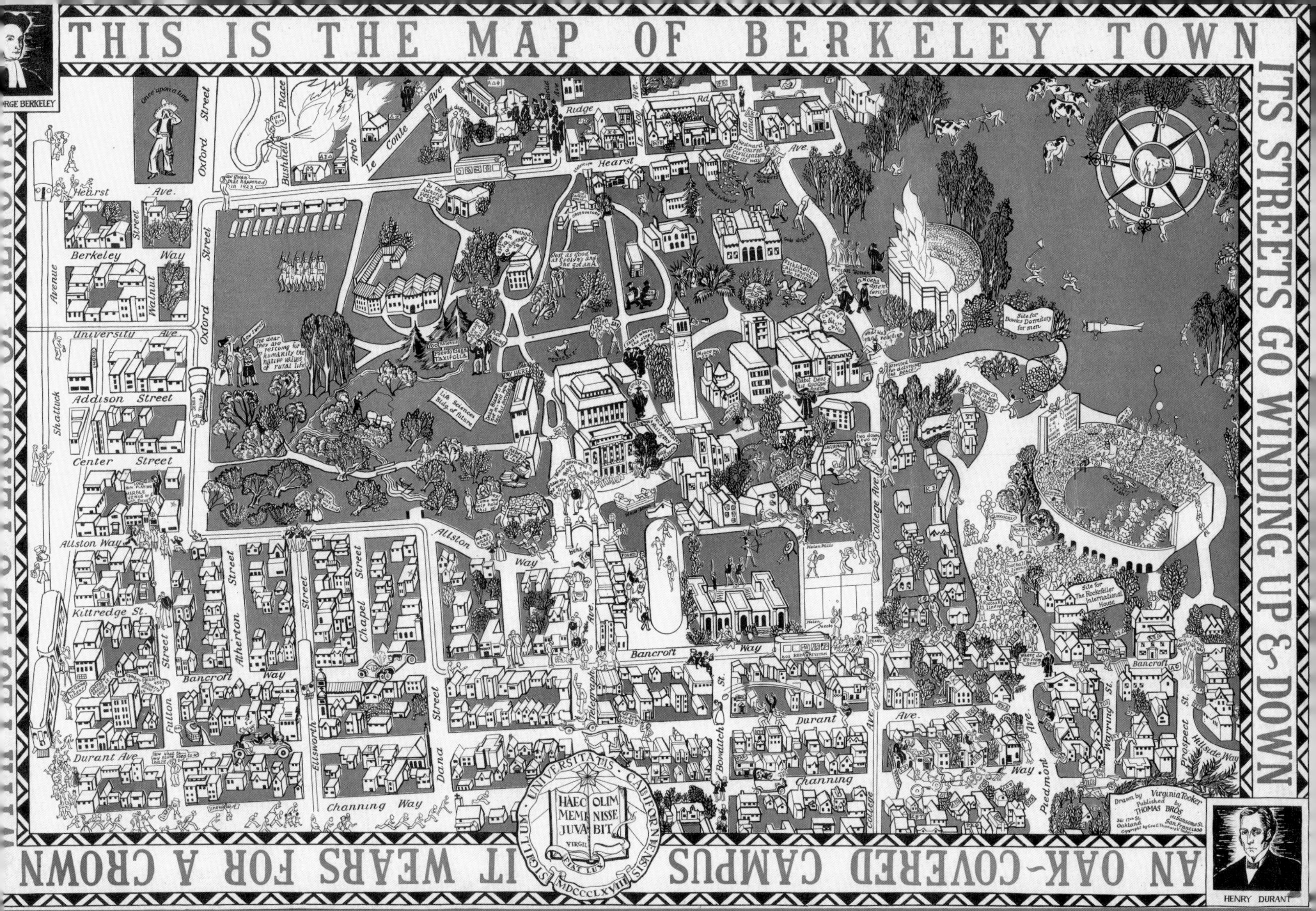

1 //

abb. 1 // Virginia Tooker, Karte der Stadt und der Universität Berkeley, 1928, 60,5 x 92,5 cm © Courtesy of Daniel Crouch Rare Books, www.crouchrarebooks.com **// fig. 1 //** Virginia Tooker, *This Is the Map of Berkeley Town: Its Streets Go Winding Up & Down, an Oak-Covered Campus It Wears for a Crown, with People & Places of Renown*, 1928, 60.5 x 92.5 cm © courtesy of Daniel Crouch Rare Books, www.crouchrarebooks.com

regelmäßig dort gewesen und hatte Kunstkurse, insbesondere für Kinder, gegeben und als Gestalterin Linolschnitte für den *Carmel Pine Cone* angefertigt.[4] In Carmel bewegte sie sich im Kreis der Komponistin und Kunstvermittlerin Pauline Gibling Schindler[5] und der Galeristin und Blue Four-Gründerin Galka Scheyer. Schindler, die die junge Künstlerin protegierte, verhalf ihr als Herausgeberin der Wochenzeitung *The Carmelite* zu Gestaltungsaufträgen.[6] Schindler hatte die Herausgeberschaft der Zeitung im Mai 1928, also wenige

a year ago," the *Berkeley Daily Gazette* wrote in February 1929.[3]

From 1929 onwards, Virginia Tooker resided permanently in Carmel-by-the-Sea, California. Her family had lived in the town, known for its artistic community, since about 1921; Virginia visited there regularly during her studies, gave art courses—especially for children—and, as a designer, made linocuts for the *Carmel Pine Cone* newspaper.[4] In Carmel, she was part of the circle around the composer and arts promoter Pauline Gibling Schindler[5] and the gallerist and "Blue Four" founder Galka Scheyer. Schindler promoted the young artist and, in her role as editor of the weekly newspaper *The Carmelite*, helped her to obtain commissions as a designer.[6] Schindler had taken over the editorship of the newspaper from Stephen A. Reynolds in May 1928, a few months after the first issue, and gave the layout a modernist relaunch—already visible in the first issue she

Carmel Library

VOL. XV.
NO. 20.
Carmel Pine Cone
MAY 17,
1929

FLOWER SHOW A SUCCESS   SCHOOL BONDS CARRY

IMRE WEISSHAUS—Linoleum Block by Virginia Tooker

THE
CARMELITE

CARMEL·BY·THE·SEA
CALIFORNIA
WEDNESDAY
VOLUME   II
FIVE   CENTS

JANUARY 20, 1929   NUMBER 6

SUPERB SINGING

RUSSIAN
QUARTET

Four voices, last Friday evening at the Theatre of the Golden Bough, made music of a perfection not often heard,—four Russians, bringing folk-song and the songs of sentiment which belong somewhere back in the time before the Revolution when the grand and chivalrous manner properly accompanied declarations of love.

It was a program which may not have reached quite the greatest heights of musical composition; yet it did reach superlative heights of artistry in singing. The Kedroff quartet sings almost flawlessly; they gave their audience the great delight of experiencing the unalloyed, the perfect, thing.

Magnificent was the resonant tonal depth of the bass note upon whose organ point the program began, the old bardic song "Ilia Murometz." This resonance, and the fine simplicity with which the other voices added themselves, pervaded the evening. The program had a folk-song feeling all through; it was free of sophistication. Children could enjoy it. It was in a sense removed from the field of "art," belonging more nearly in the world of nature, the world of simple people who really feel what they say and sing.

The Russian people are the very opposite of sophisticated. Of them we can say this either critically, or with praise. This critic offers the fact with delight. The child-spirit of the singers of the Kedroff Quartet gave their singing, finished and technically excellent as it was, a water-clear freshness such as comes from forest springs. Their humor, their love-making, their religious feeling, have this. Are there anywhere in our musical literature humorous songs which touch laughter as directly and simply as do those of Russia?

The masterpiece of the program was of course the folk-song "The Bells of Novgorod." In this the superb workmanship and beauty of the four voices singing reached its height. Resonance, depth, fulness, humor, and high quality.

linoleum cut by
Virginia Tooker

DESERT HILL

Like a lean runner racing to the sea
The long hill stretches underneath the sun;
Hard-muscled hill, grown strong resisting
        storm and pitiless heat,
All the young green that came forth with
        the rains of spring
Withered and scorched; all softness worn
        away
By battling winds and long-continued
        drought.
But undefeated there beneath the blazing
        sky
The clear-limbed runner laughs defiance
        clear,
Flinging back into the face of the sun
His own wild brightness, in a million
        golden flowers
Heavy with pungent honey for wild bees.
                    —Louise Olivereau.

supervised in July 1928–which helped the paper achieve a significance far beyond Carmel. In Virginia Tooker, Schindler discovered a talented artist who, as a "staff artist"—as she is listed in the colophon—was well suited to this relaunch. The linocut *Russian Quartet* (*The Carmelite*, cover, January 20, 1929), which Virginia Tooker inscribed with her initials in the printing block, illustrates a concert review with impressive clarity and reduction of forms. In 1930, Schindler published an article on contemporary woodcuts and linocuts in *The Handicrafter*, which she also illustrated with works by Virginia, and enthused about a portrait of singer Vasia Anikeef: "In a few strong lines, Virginia Tooker carves from a piece of linoleum the forms and shadows which characterize the face of a singer. On a poster or an announcement, these vivid contrasts will sing out strongly."[7]

In Carmel, Virginia Tooker met her first husband, the Hungarian composer Imre Weisshaus (1905-1987; after his emigration from Germany in 1933, he

—————
abb. 2 // Virginia Tooker, Portrait Imre Weisshaus, Linolschnitt, in: *Carmel Pine Cone* vom 17. Mai 1929 **// fig. 2 //** Virginia Tooker, Portrait of Imre Weisshaus, linocut, *Carmel Pine Cone* (May 17, 1929)
abb. 3 // Virginia Tooker, „Russisches Quartett", Linolschnitt, in: *The Carmelite* vom 20. Januar 1929 **// fig. 3 //** Virginia Tooker, "Russian Quartet," linocut, *The Carmelite* (January 20, 1929)
—————

Monate nach der Erstausgabe, von Stephen A. Reynolds übernommen und das Layout einem modernistischen Relaunch unterzogen, der bereits in der ersten von ihr betreuten Ausgabe vom Juli 1928 sichtbar wurde und dem Blatt zu einer weit über das Lokale hinausgehenden Bedeutung verhalf. In Virginia Tooker entdeckte sie eine talentierte Künstlerin, die diesem Relaunch als „staff artist" - wie sie im Impressum geführt wird - kongenial entsprach. Der Linoleumschnitt „Russian Quartet" (*The Carmelite*, Cover, 20.1.1929), den Virginia Tooker

4 //

mit ihren Initialen im Schnitt bezeichnete, illustriert mit beeindruckender Klarheit und Reduktion der Formen einen Konzertbericht. In der Zeitschrift *The Handicrafter* veröffentlichte Schindler 1930 einen Beitrag zum zeitgenössischen Holz- und Linolschnitt, den sie ebenfalls mit Werken Virginias illustrierte und notierte zu einem Portrait des Sängers Vasia Anikeef begeistert: „In a few strong lines, Virginia Tooker carves from a piece of linoleum the forms and shadows which characterize the face of a singer. Upon a poster or an announcement, these vivid contrasts will sing out strongly".[7]

In Carmel lernte Virginia Tooker ihren ersten Ehemann kennen, den ungarischen Komponisten Imre Weisshaus (1905–1987; ab seiner Emigration 1933 aus Deutschland nannte er sich Paul Arma), der auf Konzertreise im kalifornischen Carmel gastierte und hier im Frühjahr 1929 für mehrere Monate Station machte. In seiner Autobiografie erinnert er sich an das Kennenlernen in Carmel:

„Eines Morgens schickt eine der Zeitungen Carmels - *Carmel Pine Cone* - eine Journalistin zu mir, um ein Interview zu führen. Virginia Tooker ist sehr charmant und bekundet ihr Interesse an Musik und Künsten im Allgemeinen. Das Interview wird veröffentlicht und die Zeitung bittet mich darum, sie ein zweites Mal zu empfangen, um mich von ihr portraitieren zu lassen. Es überrascht mich, dass sie auch zeichnet. Sie fertigt mehrere Entwürfe an. Nicht nur auf beruflicher Ebene finde ich zunehmend Gefallen an ihr. Ich treffe sie wieder. Das in der Zeitung veröffentlichte Portrait im Linolschnitt zeugt von einer gewissen Kunstfertigkeit. Wir treffen uns immer öfter und ich schließe diese junge Frau ins Herz, wenngleich sich ihre Lebenseinstellung grundlegend von der meinen unterscheidet. Ohne jeglichen Ehrgeiz, trotz verschiedener Talente, führt sie ein Leben ohne ersichtlichen Sinn (...) in diesem Carmel, in dem alles einfach erscheint."[8]

Virginia, die bei der musikbegeisterten Hazel Watrous zur Untermiete wohnte, fertigte insgesamt vier Portraits von Imre Weisshaus, die in der Wochenzeitung *The Carmelite* erschienen.[9] Einer der

called himself Paul Arma), who made a guest appearance on a concert tour in Carmel and stayed there for several months in the spring of 1929. In his autobiography, he remembers becoming acquainted with Virginia in Carmel:

"One morning, one of Carmel's newspapers—the *Carmel Pine Cone*—sent a journalist to me for an interview. Virginia Tooker was very charming and expressed her interest in music and the arts in general. The interview was published, and the newspaper asked me to receive her a second time to have her portray me. It surprised me that she also drew. She made several sketches. It was not only on a professional level that I increasingly enjoyed her company. I met her again. The portrait in linocut published in the newspaper testified to a certain artistry. We met more and more often, and I took this young woman into my heart, even though her attitude to life was fundamentally different from mine. Without any ambition, despite various talents, she led a life without obvious meaning ... in this Carmel in which everything seems easy."[8]

Virginia, who lived as a subtenant with the music-loving Hazel Watrous, made a total of four portraits of Weisshaus, which were published in the weekly newspaper *The Carmelite*.[9] One linocut is particularly expressive (*The Carmelite*, cover, August 28, 1929; here fig. 4, p. 117): the right half of the pianist's face mysteriously emerges from a pitch-black background in a few light passages as if from a shadow. The portrait was used several times—among others in a brochure designed by Farkas Molnár to promote Weisshaus's concerts.[10]

By the summer of 1929, the couple had decided to live together.[11] Weisshaus went on another American tour. Portraits by Virginia in the Weisshaus estate indicate that she at least occasionally accompanied him on the tour. In May 1930, they met in New York to travel to Europe with the *République*.[12] While in New York City to deal with bureaucratic formalities before their journey, they spent a night in Harlem, "where I had already experienced great moments, and Virginia was enthusiastic about the music she heard there," as Weisshaus later recalled.[13]

In Europe: Paris—Budapest—Berlin

Virginia Tooker and Imre Weisshaus first traveled to Paris. Here she met Hungarian artist friends of her husband, such as André Kertész and Etienne Beöthy.[14] Virginia had been somewhat surprised by the seething power of the French metropolis and was amazed, Weisshaus remembers, that people never seemed to go home. In addition, there was the language barrier she faced in Paris. Dependent on her fiancé, she felt largely excluded from conversations, as she herself reported: "It was a funny business for me, not being able to speak a word to anybody and watching groups of people talking excitedly without knowing what it was all about. Imre translates all the time, of course, but that's not the same as taking part in a discussion."[15]

Imre and Virginia spent a few days north of Paris in Saint-Rémy-lès-Chevreuse to recover from the hectic city life. In the countryside, while Imre finished

Linolschnitte ist von besonderer Ausdruckskraft (*The Carmelite*, Cover, 28.8.1929, hier Abb. 4, S. 117): Aus einem pechschwarzen Hintergrund tritt geheimnisvoll die rechte Gesichtshälfte des Pianisten in wenigen lichten Passagen wie aus einem Schatten hervor. Das Portrait wurde mehrfach – u.a. in einem von Farkas Molnár gestalteten Prospekt zur Bewerbung der Konzerte von Weisshaus – verwendet.[10]

Bereits im Sommer 1929 entschied das Paar zusammenleben zu wollen.[11] Imre Weisshaus ging noch ein weiteres Mal auf Tournee durch die USA. Portraitaufnahmen von Virginia im Nachlass von Weisshaus weisen daraufhin, dass sie ihn auf der Tour zumindest zeitweise begleitet hat. Im Mai 1930 treffen sie sich in New York, um vor dort mit der „République" nach Europa überzusetzen.[12] An einem ihrer letzten Tage vor der Abreise, die von den bürokratischen Formalitäten bestimmt sind, verbringen sie eine Nacht in Harlem, „wo ich bereits großartige Momente erlebt habe und Virginia von der Musik, die sie dort hört, begeistert ist", erinnert sich Imre Weisshaus.[13]

In Europa: Paris – Budapest – Berlin

Virginia Tooker und Imre Weisshaus reisen zunächst nach Paris. Hier lernt sie ungarische Künstlerfreunde ihres Mannes kennen wie André Kertész und Etienne Beöthy.[14] Von der brodelnden Kraft der französischen Metropole war Virginia einigermaßen überrascht worden und wunderte sich, wie Imre Weisshaus erinnert, dass die Menschen nie nach Hause zu gehen schienen. Dazu kam die Sprachbarriere, der sie sich in Paris gegenüber sah. Auf ihren Ehemann angewiesen, fühlte sie sich von Unterhaltungen weitgehend ausgeschlossen, wie sie berichtete: „Es war für mich ganz lustig, nicht in der Lage zu sein, nur ein Wort zu jemanden sagen zu können und Gruppen von Menschen aufgeregt erzählen zu sehen, ohne zu wissen, um was es überhaupt geht. Imre hat die ganze Zeit übersetzt, natürlich, aber das ist nicht das gleiche, wie selbst an einer Diskussion teilzunehmen."[15]

Zur Erholung vom hektischen Stadtleben verbrachten Imre und Virginia einige Tage im nördlich von Paris gelegenen Saint-Rémy-lès-Chevreuse. Während Imre hier auf dem Land eine seiner in Carmel begonnenen Kompositionen beendete und sich von der

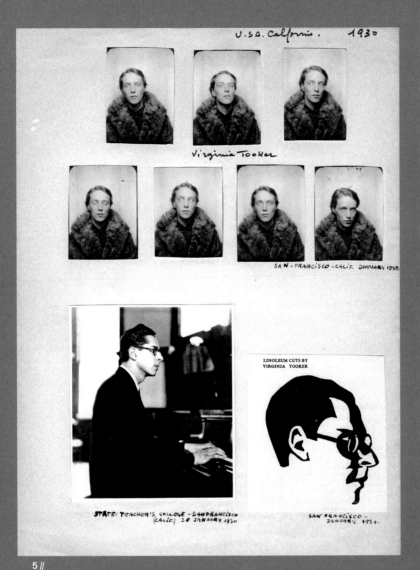

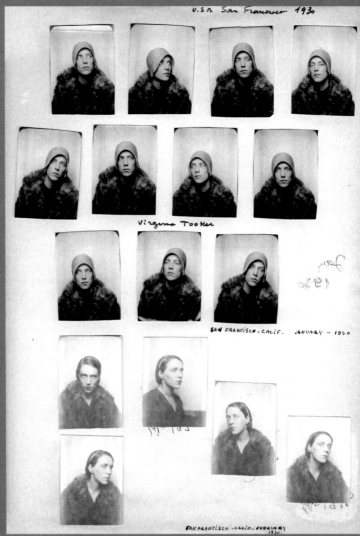

---

abb. 5 // Portraitserie von Virginia Tooker und Imre Weisshaus, USA, Januar 1930, Fotografien und Linolschnitt, Sammlung Robin Arma **// fig. 5 //** Portrait series of Virginia Tooker and Imre Weisshaus, USA, January 1930, photographs and linocut, collection of Robin Arma.
abb. 6 // Portraitserie von Virginia Tooker, USA, Januar 1930, Fotografien, Sammlung Robin Arma **// fig. 6 //** Portraits series of Virginia Tooker, USA, January 1930, photographs, collection of Robin Arma

---

langen Konzerttournee erholte, hatte der Paris-Besuch bei Virginia neue künstlerische Kräfte freigesetzt.[16] Nach einem weiteren, kurzen Stopp in Paris begaben sie sich auf die Weiterreise nach Budapest.

The Carmelite, das inzwischen von der Journalistin Ella Winter herausgegeben wurde, berichtete in der Ausgabe vom 16. Oktober 1930 über die ehemalige Mitarbeiterin: „Sie lebt jetzt mit ihrem Ehemann in Budapest, studiert Kunst und lernt ungarisch zu sprechen."[17]

one of his compositions begun in Carmel and recovered from the long concert tour, the visit to Paris had released new creative forces in Virginia.[16] After another short stop in Paris, they continued their journey to Budapest.

The Carmelite, now published by the journalist Ella Winter, reported on the former employee in the October 16, 1930, issue: "She is now living in Budapest with her husband, studying art, and learning to speak Hungarian."[17] In Budapest, Virginia was active in the artistic circles of her husband and met the Hungarian painter Béla Kádár, among others.[18]

Imre and Virginia were married in Budapest on August 14, 1930.[19] Imre Weisshaus had wanted to prepare his mother for the encounter with Virginia, but her enthusiasm—similar to that of Virginia's mother—was initially more than restrained: "I wrote my mother that I would come with my girlfriend, whereupon she told me in a short, outraged letter

Berlin 1931

PHOTOS:
EVA BESNYÖ
BERLIN
III
1931

Virginia

7 //

abb. 7 // Portraitaufnahmen von Virginia Weisshaus, Berlin, März 1931, Fotografien: Eva Besnyö, Sammlung Robin Arma // fig. 7 // Portraits of Virginia Weisshaus, Berlin, March 1931, photographs by Eva Besnyö, collection of Robin Arma

that she refused to receive my 'lover' in her house. While such a reaction from our old Central European country was hardly surprising, I was indeed very surprised when, in response to my request to be introduced to Virginia's mother in California, I received the answer 'never would a foreigner cross the threshold of her home!'"[20] After meeting in Budapest, the attitude of Imre's mother changed, and she received Virginia with great warmth, as he remembered it.[21]

Studies at the Bauhaus in Dessau

In the fall of 1930, Virginia and Imre Weisshaus arrived in Berlin.[22] Here, they moved into a furnished room in the Halensee neighborhood of Charlottenburg. During this time, Imre composed a string quartet dedicated to Virginia (op. 15), which, however, has not survived.[23]

A number of photographs in the Weisshaus estate depict Virginia in Berlin in March 1931. They were taken by the Hungarian photographer Eva Besnyö, who had also moved to Berlin in late 1930. In the spring of 1931, however, Virginia became seriously ill, which quickly depleted the couple's savings and kept Imre from composing and practicing. Their mutual friend Ruth Crawford describes the scene: "Virginia has been sick in bed for six weeks; Imre didn't want anyone to be told till she was better, so I haven't mentioned it. She will probably still be strictly in bed several more weeks; though she is much improved. A nurse has come to see her a half-hour each day ... usually he is dear, and a wonderful nurse, though at times he can be extremely cruel in words."[24]

Through the mediation of her husband, who had already given his first concert at the Bauhaus in Dessau in 1928[25] and cultivated contacts with the

In Budapest bewegte sich Virginia im künstlerischen Umfeld ihres Mannes und lernte u.a. den Maler Béla Kádár kennen.[18]

In Budapest hatten Imre und Virginia am 14. August 1930 geheiratet.[19] Weisshaus hatte seine Mutter auf die Begegnung mit Virginia vorbereiten wollen, aber die Begeisterung – war ähnlich wie bei Virginias Mutter – zunächst mehr als verhalten: „Ich habe meiner Mutter geschrieben, dass ich mit meiner Freundin kommen würde, woraufhin sie mir in einem kurzen, empörten Brief mitteilte, dass sie es ablehne meine ‚Geliebte' in ihrem Haus zu empfangen. Während mich eine solche Reaktion aus unserem alten mitteleuropäischen

Land nicht weiter überraschte, so war ich doch sehr erstaunt, als ich auf meine Anfrage, Virginias Mutter in Kalifornien vorgestellt zu werden, die Antwort erhielt ,niemals würde ein Fremder die Schwelle ihres Hauses überschreiten'!!"[20] Nach dem persönlichen Kennenlernen in Budapest sollte sich die Haltung der Mutter ändern und sie empfing Virginia mit großer Herzlichkeit, wie Imre erinnert.[21]

Studium am Bauhaus Dessau

Im Herbst 1930 trafen Virginia und Imre Weisshaus in Berlin ein.[22] Hier bezogen sie im Charlottenburger Stadtteil Halensee ein möbliertes Zimmer. Imre komponierte in dieser Zeit ein Virginia gewidmetes Streichquartett (op. 15), das offenbar nicht überliefert ist.[23]

Eine Reihe von Fotografien aus dem Nachlass von Imre Weisshaus zeigen Virginia im März 1931 in Berlin. Aufgenommen wurden diese von der ungarischen Fotografin Eva Besnyö, die ebenfalls Ende 1930 nach Berlin übersiedelt war. Das Frühjahr 1931 war jedoch vor allem von einer schweren Erkrankung Virginias bestimmt, die die Ersparnisse des Paares schnell dezimierte und Imre vom Komponieren und Üben abhielt: „Virginia lag sechs Wochen lang krank im Bett; Imre wollte nicht, dass irgendjemand davon erfährt, bis es ihr besser geht, deshalb habe ich nichts gesagt. Sie wird wahrscheinlich noch ein paar weitere Wochen strikte Bettruhe halten müssen; obwohl es ihr schon viel besser geht. Eine Krankenschwester kommt jeden Tag für eine halbe Stunde, um nach ihr zu sehen (...) normalerweise ist er sehr liebenswert und ein wunderbarer Krankenpfleger, aber manchmal kann er mit seinen Worten sehr verletzend sein", berichtete die gemeinsame Freundin Ruth Crawford ihrem Mann.[24]

Durch Vermittlung ihres Mannes, der bereits 1928 erstmals am Bauhaus Dessau[25] konzertiert hatte und Kontakte zu den Bauhaus-Meistern pflegte, gelang Virginias Bewerbung am Bauhaus Dessau, wo sie sich im Sommersemester 1931 mit der Matrikelnummer 511 zum Vorkurs anmeldete.[26] Imre hoffte, dass das Studium am Bauhaus seine Frau inspirieren würde: „Ich denke, dass sie dort die Möglichkeit finden wird, zeitgenössische Kunst zu studieren und ihr Talent zum Zeichnen oder vielleicht auch ihre Begabung für Fotografie und Bildhauerei weiterzuentwickeln."[27] Gleichwohl musste er feststellen, dass sie beide mit unterschiedlichem Arbeitsethos ausgestattet waren: „Ich zwinge sie zur Arbeit und schließlich gelingt es ihr, das ganze Spektrum an Schatten, an Schwarz- und Weißnuancen in ihren Linolschnitten umzusetzen. Ich kann manchmal ein richtiger

Bauhaus masters, Virginia succeeded in applying to the Bauhaus in Dessau, where she registered for the Preliminary Course in the summer semester of 1931 with matriculation number 511.[26] Imre hoped that studying at the Bauhaus would inspire his wife: "I think she will find the opportunity there to study contemporary art and develop her gift for drawing, or perhaps her talent for photography and sculpture."[27] He discovered, however, that her work ethic was not the same as his: "I force her to work, and finally she succeeds in translating the whole spectrum of shadows, black and white nuances, into her linocuts. I can be a real tyrant sometimes and fight against her inertia and indifference because I love her. I want her to succeed. In my opinion, it is not enough to have talent. You have to know how to use it and develop it further, you have to transform your talents into a creative force. But Virginia does not agree with me on that!"[28]

Shortly after the beginning of the semester at the Bauhaus, Ruth Crawford visited Virginia in Dessau and—overwhelmed by the architecture and the ambience—wrote about what she saw: "I felt released, freed. And the impression I had from the students (we ate with them) was one of health, a freedom in their relations with each other, and yet an almost complete lack of 'artyness' [sic]. Virginia is very much pleased with her work there (has been there only two weeks), though she is not at all well still and there are big financial troubles."[29] In August 1931, the Carmel Pine Cone published a euphoric letter from Virginia in which she vividly describes her impressions of the Bauhaus in Dessau: "It is the grandest institution I could ever have imagined. It has the widest horizon and yet so fundamental and practical. And it is such whooping fun. Imagine working from 8 to 12 at something so fascinating that you would wake up in the morning with a pop and rush to school and forget to look at the clock until noon; and then in swimming suit play volley ball

Allemagne Dessau 1931

PHOTO: HILDE HUBBUCH — DESSAU—VI—1931.

8 //

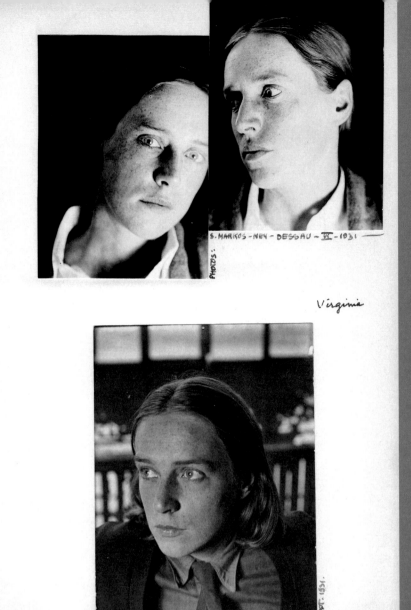

S. MARKOS-NEY — DESSAU — VI — 1931 —

Virginia

9 //

abb. 8 // Hilde Hubbuch, Portraitfotografie von Virginia Weisshaus, Dessau, Juni 1931, Sammlung Robin Arma // fig. 8 // Hilde Hubbuch, Portrait photography of Virginia Weisshaus, Dessau, June 1931, collection of Robin Arma

abb. 9 // Suzanne Markos-Ney, Portraitfotografien von Virginia Weisshaus, Dessau, Juni 1931, Sammlung Robin Arma // fig. 9 // Suzanne Markos-Ney, Portrait photographs of Virginia Weisshaus, Dessau, June 1931, collection of Robin Arma

in the sun till 1 o'clock and then shower and eat and work again until 6 o'clock."[30]

Virginia had contact with the students and guest students in Walter Peterhans's photo class, as evidenced by an expressive portrait series which Hilde Hubbuch, the wife of the painter Karl Hubbuch, and Suzanne Markos-Ney (later Suzanne Leppien) shot in June 1931.[31] Virginia's only previously known artistic work created at the Bauhaus is also a small-format, experimental photograph.

Tyrann sein und kämpfe gegen ihre Trägheit und ihre Gleichgültigkeit an, weil ich sie liebe. Ich will, dass sie Erfolg hat. Meiner Meinung nach reicht es nicht aus, Talent zu haben. Man muss es zu nutzen und weiterzuentwickeln wissen, man muss seine Begabungen in eine schöpferische Kraft verwandeln. Doch darin stimmt Virginia nicht mit mir überein!"[28]

Kurz nach Semesterbeginn besuchte Ruth Crawford Virginia in Dessau und berichtet - überwältig von Architektur und Ambiente: „Ich fühlte mich erleichtert, befreit. Und den Eindruck, den ich von den Studierenden hatte (wir aßen mit ihnen), war der der Gesundheit, der Freiheit in ihren Beziehungen zueinander und dennoch eines fast vollständigen Mangels an ‚Künstlichkeit'. Virginia ist sehr

PHOTO: VIRGINIA WEISSHAUS — DESSAU — 1931   Virginia

abb. 10 // Vintage-Fotografie von Virginia Weisshaus und Portraitaufnahme Virginias von Hilde Hubbuch, Dessau,1931, Sammlung Robin Arma // fig. 10 // period print by Virginia Weisshaus and portrait of Virginia by Hilde Hubbuch, Dessau, 1931, collection of Robin Arma

10 //

As was standard, with the completion of the first semester, there was a presentation of objects developed in the Preliminary Course. These works by Virginia are neither preserved nor documented in photographs, but Imre Weisshaus describes Virginia's lack of commitment as due to her being "more interested in various romantic adventures than in her studies and projects at the Bauhaus. This attitude deeply troubles our relationship and our bond deteriorates."

Dismayed, he reports: "Without any remorse, Virginia confesses to me that she has prepared nothing. I am deeply disappointed and angry. Especially since I know that she has great talent, which her professors also confirm. She simply lacks ambition, interest, curiosity, and willpower. After a serious, bitter argument, she is faced with the decision: either she continues her studies at the Bauhaus, or she gives up on the spot. There is no middle ground anymore. Without much enthusiasm, she agrees to continue. She thus has to participate in the exhibition. And in the most positive and dignified way possible. Three days and three nights remain. We get to work. I develop one idea after the other, create sketches and models. For her part, she is indifferent in helping me ... with little good will to physically realize my designs.... At the opening of the exhibition, each student presents his or her works to the council of teachers and professors. I must say that they remain visibly satisfied while standing in front of 'Virginia's booth.' She receives congratulations for 'her' serious and interesting work, which she accepts without any scruples. Her fellow students, who know her well, are not at all surprised. But the situation fills me with great sadness and deep despair about such a lack of self-esteem and dignity."[32]

Weisshaus's account is thus diametrically opposed to Virginia's report in the *Carmel Pine Cone*.

zufrieden mit ihrer Arbeit (sie ist erst zwei Wochen dort), obwohl es ihr noch nicht wieder richtig gut geht und es große finanzielle Probleme gibt (...)."[29] Der *Carmel Pine Cone* veröffentlichte im August 1931 einen euphorischen Bericht Virginias, in dem sie ihre Eindrücke vom Bauhaus beschreibt: „Es ist die großartigste Institution, die ich mir jemals hätte vorstellen können. Es hat den weitesten Horizont und ist doch so grundlegend und praktisch. Und es macht so viel Spaß. Stellen Sie sich vor, Sie arbeiten von 8 bis 12 Uhr an etwas so Faszinierendem, dass Sie morgens mit einem Sprung aufwachen und zur Schule eilen und vergessen, bis mittags auf die Uhr zu schauen; und dann im Badeanzug bis 1 Uhr Volleyball in der Sonne spielen und dann duschen und essen und wieder arbeiten bis 6 Uhr."[30]

Perhaps the description is also somewhat tainted by his disappointment at the failure of their relationship.

Weisshaus had been able to arrange several performances for himself at the Bauhaus in Dessau, for example in February 1931, as Julia Feininger reported to Galka Scheyer in Los Angeles.[33] At the beginning of the semester, he regularly visited his wife at the Bauhaus and, at the invitation of director Ludwig Mies van der Rohe, gave three performances in December 1931, which were intended to give students an insight into contemporary music.[34] In December, his collaboration with the Bauhaus ended abruptly. Already in January 1931, Ruth Crawford had described the relationship between the couple as difficult: "Virginia and Imre are really a dear funny serious pair, very much loving each other, but taking every point in life so seriously that half of life is spent in discussing or in arguing. Their life sometimes makes me think of the darkened room they live in, the heavy curtains always drawn."[35] The quarrels with Virginia had intensified—as described by him in connection with the Preliminary Course exhibition—and they decided to separate at the end of 1931.[36] Virginia later processed this into autobiographically tinged short stories.

After the relationship ended, Weisshaus returned to Berlin, and presumably Virginia did as well. This is supported by the fact that, according to her matriculation book, she was still enrolled for two more semesters—in Walter Peterhans's photo class—but Folke F. Dietzsch notes the status "leave of absence" for these two semesters.[37]

A letter from August 1931 verifies that she regularly visited Berlin during that summer: Virginia corresponded from Berlin with the American-Austrian architect Richard Neutra. She already knew him and his wife Dione from their time in California, where the architect had written as a guest author for *The Carmelite*. Mies van der Rohe had convinced Neutra to present a guest lecture on modern architecture at the Bauhaus in Dessau, which obviously impressed his students, as Virginia kindly reported to him:

"I knew from Dione that you had lectured at the Bauhaus and so I asked at once some of the older

Berührungspunkte hatte Virginia insbesondere zu den Studierenden bzw. Hospitantinnen der Fotoklasse von Walter Peterhans, wie eine ausdrucksstarke Portraitserie belegt, die Hilde Hubbuch, die Frau des Malers Karl Hubbuch, und Suzanne Markos-Ney (ab 1941 Suzanne Leppien) im Juni 1931 anfertigten.[31] Auch die einzige bislang bekannte, am Bauhaus entstandene künstlerische Arbeit Virginias ist eine kleinformatige, experimentelle Fotografie.

Mit dem Abschluss des ersten Semesters stand – wie üblich – eine Präsentation der im Vorkurs entstandenen Objekte an. Diese Arbeiten von Virginia sind weder erhalten noch fotografisch dokumentiert, doch beschreibt Imre Weisshaus Virginias mangelndes Engagement, „denn Virginia ist stärker an verschiedenen romantischen Abenteuern interessiert als an ihrem Studium und ihren Projekten am Bauhaus. Diese Einstellung erschüttert unsere Beziehung zutiefst und unser Verhältnis verschlechtert sich zunehmend."

Entsetzt berichtet er: „Ohne jegliches schlechte Gewissen gesteht Virginia mir, dass sie nichts vorbereitet hat. Ich bin zutiefst enttäuscht und wütend. Vor allem zumal ich weiß, dass sie großes Talent besitzt, was mir ihre Professoren ebenfalls bestätigen. Ihr fehlt es schlichtweg an Ehrgeiz, Interesse, Neugier und Willenskraft. Nach einer harten, erbitterten Auseinandersetzung steht sie vor der Entscheidung: entweder sie setzt ihr Studium am Bauhaus fort oder sie bricht es auf der Stelle ab. Es gibt keinen Mittelweg mehr. Ohne große Begeisterung akzeptiert sie weiterzumachen. Sie muss also an der Ausstellung teilnehmen. Und das vor allem auf möglichst positive und würdige Weise. Es bleiben drei Tage und drei Nächte. Wir machen uns an die Arbeit. Ich entwickle eine Idee nach der anderen, entwerfe Skizzen und Modelle. Sie ist ihrerseits gleichgültig dazu bereit, mir dabei zu helfen ... mit wenig gutem Willen meine Entwürfe materiell umzusetzen. (...) Zur Eröffnung der Ausstellung präsentiert jeder Student seine Werke vor dem Kollegium von Lehrern und Professoren. Ich muss sagen, dass diese sichtlich zufrieden vor ,Virginias Stand' verweilen. Sie erhält für ,ihre' seriöse und interessante Arbeit Glückwünsche, die sie ohne jegliche Skrupel entgegennimmt. Ihre Kommilitonen, die sie gut kennen, überrascht das nicht im Geringsten. Mich hingegen erfüllt die Situation mit großer Trauer und tiefer Verzweiflung über einen solchen Mangel an Selbstwertgefühl und Würde."[32] Imre Weisshaus' Schilderung steht damit Virginias im *Carmel Pine Cone* erschienenem Bericht diametral gegenüber. Vielleicht ist die Beschreibung auch zum Teil von Weisshaus' Enttäuschung über das Scheitern der Beziehung geprägt.

Imre Weisshaus hatte für sich selbst einige Auftritte am Bauhaus Dessau arrangieren können, so bereits im Februar 1931, wie Julia Feininger Galka Scheyer in Los Angeles berichtet.[33] Mit Semesterbeginn besuchte er seine Frau regelmäßig am Bauhaus und auf Einladung des Direktors Ludwig Mies van der Rohe absolvierte er im Dezember 1931 drei Auftritte, die den Studierenden einen Einblick in die zeitgenössische Musik vermitteln sollten.[34]

Im Dezember endete die Verbindung mit dem Bauhaus abrupt. Bereits im Januar 1931 hatte Ruth Crawford das schwierige Verhältnis der Eheleute beschrieben: „Virginia und Imre sind wirklich ein liebes, lustiges, ernstes Paar, das sich sehr liebt, aber jeden Punkt im Leben so ernst nimmt, dass die Hälfte des Lebens damit verbracht wird, zu diskutieren oder zu streiten. Ihr Leben lässt mich manchmal an den dunklen Raum denken, in dem sie leben, die schweren Vorhänge, die immer zugezogen sind."[35] Die Streitereien hatten sich – wie anlässlich der Vorkurs-Ausstellung von ihm beschrieben – intensiviert und beide Ehepartner entschlossen sich Ende des Jahres 1931 zur Trennung.[36] Diese verarbeitete Virginia später in autobiografisch gefärbten Short stories.

Mit dem Ende der Beziehung kehrte vermutlich nicht nur Imre Weisshaus nach Berlin zurück, sondern auch Virginia. Dafür spricht, dass sie laut Immatrikulationsbuch zwar noch für zwei weitere Semester – in der Fotoklasse von Walter Peterhans – eingeschrieben war, Folke F. Dietzsch für diese beiden Semester jedoch den Status „beurlaubt" angibt.[37]

Dass sie auch während des Sommers 1931 regelmäßig in Berlin war, belegt ein Brief vom August 1931: Virginia korrespondiert aus Berlin mit dem amerikanisch-österreichischen Architekten Richard Neutra. Ihn und seine Frau Dione kannte sie bereits aus der Zeit in Kalifornien, wo der Architekt als Gastautor für *The Carmelite* geschrieben hatte. Neutra hatte 1930 am Bauhaus Dessau eine

Bauhäuslers [Bauhaus members] what they had thought about it. I was surprised at the cautious replies (I asked three), the way they look[ed at] each other and said: 'Well, well, oh yes, of course, very valuable, but—'... I asked a young fellow named [Albert] Buske, and he explained that the three I had asked first belonged to the faction that you had eliminated when you divided the class to work in the Russian project, and that they had ever since [had] a grudge about it. But he was tremendously enthusiastic about you and said that your working tempo was marvelous, that many of the students you worked with hated to be forced to go at such a working pace as you made them do. ... But gosh, Richard, I hope you aren't going to turn into a talker and let it take time away from your valuable doings."[38]

With Hin Bredendieck in Switzerland

Virginia met Hin Bredendieck, as he recalls, in László Moholy-Nagy's studio in Berlin, where Hin worked from the end of 1930 to the end of 1931.[39] Virginia was presumably there as a guest, since works by her for Moholy-Nagy's office are not documented, and it is not clear when exactly they met that year. Common Bauhaus acquaintances or Hungarian friends could also have resulted in points of contact. The next certain point in her biography is the divorce from Weisshaus in the fall of 1932 and her joint move with Bredendieck from Berlin to Switzerland in November 1932.[40] In April 1933, presumably at the time of the Basel Mustermesse (an industry trade fair), for which Bredendeick was working, Virginia met Weisshaus in Basel—probably by chance—for the last time: "We met twice in two days, talked about banal things and asked no questions about our respective plans. She left Basel on the same evening as I did. This encounter will remain forever a mystery."[41]

Hin and Virginia lived in Turgi until the beginning of September 1933, then in Zurich. The documents preserved in the Zurich City Archives indicate that Virginia lived for a short time with the Bahaus member and Swiss national Hans Fischli at Nidelbadstrasse 94.[42] In October 1933, she moved to Bredendieck's apartment at Westbühlstrasse 20, within the Werkbund Neubühl housing estate.

11 //

abb. 11 // Virginia Weisshaus am Tisch sitzend, im Hintergrund indi-Deckenstrahler, Schweiz, 1933, Fotografie: Hin Bredendieck (?), Privatbesitz // fig. 11 // Virginia Weisshaus sitting at a table, "indi" ceiling light in the background, Switzerland, 1933, photograph by Hin Bredendieck (?), private collection

A photograph belonging to the family depicts Virginia on a roof of this estate: a young woman with a short modern haircut, looking confidently into the camera. In another photograph taken in Switzerland, Virginia looks up from a desk; next to her is one of Hin's "indi" lights.

While Hin Bredendieck was working on new lights in Switzerland, Virginia tried to pursue her career as a writer—as she had declared her profession to the Swiss authorities—and began corresponding again under her maiden name Virginia Tooker. Under the nom de plume "Virginia Trent," she managed to publish a short story in the magazine *Modern Youth: The Voice of the Younger Generation* (ca. March/April 1933), edited by Viola Ilma, with which she aroused the interest of Clifton Fadiman.[43] He was in search of talent for the publishing house Simon and Schuster in New York and contacted "Miss Trent" to explore the possibility of a full-length novel.[44] With astonishing persistence, Fadiman asked Virginia for several years about the progress of her book project, even when she was already living in Oldenburg.

The New York-based publishing house Charles Scribner's Sons also expressed interest in Virginia's publications, the autobiographically influenced descriptions of which had obviously made an impression on associate editor K. S. Crichton. However, he found the short story presented to him as inappropriate for their audience, as it

Gastvorlesung zur modernen Architektur gehalten, zu der ihn Mies van der Rohe eingeladen hatte und seine Studenten offensichtlich beeindrucken können, wie Virginia ihm freundschaftlich mitteilt:

„Ich wusste von Dione, dass Sie am Bauhaus Vorlesungen gehalten haben und so fragte ich einige der älteren Bauhäusler, was sie darüber gedacht hatten. Ich war überrascht über die vorsichtigen Antworten (ich fragte drei), die sich so gegenseitig ansahen und sagten: ‚Nun, ja, naja, natürlich sehr wertvoll, aber ...'. (...) Ich fragte einen jungen Burschen namens [Albert] Buske und er erklärte, dass die drei, die ich zuerst gefragt hatte, zu der Fraktion gehörten, die Sie aussortiert hatten, als Sie die Klasse aufteilten, um am Russland-Projekt zu arbeiten, und dass sie seitdem einen Groll darüber hatten. Aber er war überaus begeistert von Ihnen und sagte, dass Ihr Arbeitstempo hervorragend sei und dass viele der Studenten, mit denen Sie zusammengearbeitet haben, es hassten, gezwungen zu sein, so schnell zu arbeiten, wie Sie es von ihnen verlangt hatten. (...) Aber meine Güte, Richard, ich hoffe, Du wirst nicht zu einem Redner und lässt dir Zeit stehlen, an deinen wirklich wichtigen Dingen zu arbeiten."[38]

Mit Hin Bredendieck in die Schweiz

Virginia lernte Hin Bredendieck, wie dieser erinnert, im Berliner Atelier von László Moholy-Nagy kennen, wo er von Ende 1930 bis Ende 1931 arbeitete.[39] Vermutlich war Virginia hier zu Gast gewesen, denn

Arbeiten von ihr für Moholys-Nagys Büro sind nicht belegt und auch muss offenbleiben, wann genau sie sich in diesem Jahr begegneten. Gemeinsame Bauhaus-Bekannte oder ungarische Freunde könnten ebenfalls Berührungspunkte ergeben haben. Der nächste gesicherte Punkt ihrer Biografie ist die Scheidung von Imre Weisshaus im Herbst 1932 und die gemeinsame Übersiedlung mit Bredendieck von Berlin in die Schweiz im November 1932.[40] Im April 1933, vermutlich zur Zeit der Basler Mustermesse, für die Bredendieck tätig war, traf Virginia in Basel – wohl zufällig – ein letztes Mal Imre Weisshaus: „Wir treffen uns zwei Mal in zwei Tagen, sprechen über banale Dinge und stellen keine Fragen zu unseren jeweiligen Plänen. Sie verlässt Basel am selben Abend wie ich. Diese Begegnung wird für immer ein Rätsel bleiben."[41]

Hin und Virginia lebten bis Anfang September 1933 in Turgi, danach in Zürich. Die im Stadtarchiv Zürich erhaltenen Unterlagen weisen darauf hin, dass Virginia für kurze Zeit bei dem Schweizer Bauhäusler Hans Fischli (Nidelbadstr. 94) wohnte.[42] Im Oktober 1933 übersiedelte sie in Bredendiecks Wohnung in der Westbühlstrasse 20, innerhalb der Werkbund-Siedlung Neubühl. Eine Fotografie aus Familienbesitz zeigt Virginia auf dem Dach der Siedlung: Eine junge Frau mit modernem Kurzhaarschnitt, die selbstbewusst in die Kamera blickt. Auf einer weiteren in der Schweiz entstandenen Aufnahme schaut Virginia von einem Schreibtisch auf, neben ihr ist eine der von Hin entworfenen indi-Leuchten zu sehen.

Während Hin Bredendieck in der Schweiz an neuen Leuchten arbeitete, versuchte Virginia ihre Karriere als Schriftstellerin - wie sie es bei den Schweizer Behörden als Beruf angegeben hatte - fortzusetzen und korrespondierte wieder unter ihrem Mädchennamen Virginia Tooker. Unter dem Pseudonym „Virginia Trent" gelang es ihr, eine Kurzgeschichte in der von Viola Ilma herausgegebenen Zeitschrift *Modern Youth. The voice of the younger generation* (ca. März/April 1933) zu veröffentlichen, womit sie das Interesse von Clifton Fadiman geweckt hatte.[43] Dieser war für das Verlagshaus Simon and Schuster Inc. (New York) auf der Suche nach Talenten und kontaktierte „Miss Trent", um die Möglichkeiten einer „full-length novel"

includes a description of an abortion. He wrote to Ella Winter in February 1933:

"Dear Ella: Your Friend has a grand personality; I'm really in love with her myself. And all this quality shows up in the stories. The themes themselves are against them because they are so plainly the truth in the matter and nice delicate readers of our type don't like that. We've hinted at abortions—in fact done more than that—but always in fiction which was fiction. Just where the distinction lies here I can't explain, but you may feel it. It is quite a point in editing a magazine. The abortion sketch itself is absolutely fine. The story of the girl in love with the foreigner and living with him is also good.... But she has humor and a delicate and true touch and I should think she could write plenty of good fiction."[45]

Although Crichton was unable to print a story by Virginia, given the circumstances he describes, he closes the letter with praise: "She has genuine

talent." In May 1933, he also corresponded directly with Virginia and advised her: "What makes your work so interesting is your own personality showing through, and you mustn't lose that."[46]

Despite positive feedback, Virginia ultimately received a letter of rejection from Scribner's for submissions that included "The Sick Man from Exotica." The editorial staff judged her topics as too "morbid," which, "to be very American, does not attract us."[47]

While Bredendieck relocated to Oldenburg after two intermediate stops in Stuttgart and his East Frisian hometown of Aurich, Virginia declared Berlin as her new destination when she left Switzerland.[48] The separation apparently lasted only a short time, however, because there is evidence that Virginia was in Oldenburg by the end of 1934.[49] On February 10, 1935, Virginia and Hin Bredendieck married in Aurich. Their first daughter, Dina, was born in November of that year.

Emigration and a Fresh Start in the United States

In Oldenburg, Virginia continued to submit her writing for publication, while Hin, as an independent

zu eruieren.[44] Mit erstaunlicher Beharrlichkeit erkundigte sich Fadiman über mehrere Jahre bei Virginia nach dem Fortschritt ihres Buchprojekts, selbst als sie bereits in Oldenburg lebte.

Auch das New Yorker Verlagshaus Charles Scribner's Son bekundete Interesse an Virginias Veröffentlichungen, die durch ihre autobiografisch beeinflussten Schilderungen Eindruck auf den Associate Editor K.S. Crichton gemacht hatten. Die ihm vorliegende Kurzgeschichte hielt er indes nicht für das Publikum zumutbar, da Virginia darin auch die Erfahrung einer Abtreibung schilderte. An Ella Winter schrieb er im Februar 1933:

„Liebe Ella, deine Freundin hat eine großartige Persönlichkeit; ich habe mich wirklich in sie verliebt. Und alle Qualitäten sind in den Geschichten zu erkennen. Die Themen selbst sind das Gegenteil, denn sie sind inhaltlich die pure Wahrheit und nette, zartbesaitete Leser

14 //

unserer Art mögen das nicht. Wir haben auch Abtreibungen thematisiert – tatsächlich mehr als das getan –, aber immer in erfundenen Geschichten, die Fiktion waren. Wo genau hier der Unterschied liegt, kann ich nicht erklären, aber vielleicht spüren Sie es. Es ist ein wichtiger Aspekt bei der Herausgabe eines Magazins. Die Abtreibungs-Episode selbst ist absolut in Ordnung. Die Geschichte des Mädchens, das sich in den Ausländer verliebt und mit ihm zusammenlebt, ist auch gut. (...) Aber sie hat Humor und etwas Zartes und wahrlich Berührendes und ich meine, dass sie viele gute Romane schreiben könnte."[45]

Auch wenn sich Crichton unter den von ihm geschilderten Umständen nicht durchringen konnte, eine Erzählung von Virginia zu drucken, schließt er den Brief mit Anerkennung: „Sie hat echtes Talent." Im Mai 1933 korrespondierte er auch direkt mit Virginia und riet ihr: „Was Ihr Werk wirklich interessant macht, ist Ihre Persönlichkeit, die hier durchscheint, und das dürfen Sie nicht verlieren."[46]

Trotz positiver Resonanz erhielt Virginia schließlich vom Verlag Charles Scribner's Son eine Absage für ihre Einsendungen wie „The sick Man From Exotica". Ihre Themen beurteilte die Redaktion als zu „morbid" und das, „to be very American, does not attract us."[47]

Während Hin Bredendieck nach zwei Zwischenstopps in Stuttgart und seiner ostfriesischen Heimat Aurich nach Oldenburg übersiedelte, gab Virginia bei ihrer Abmeldung aus der Schweiz „Berlin" als neue Destination an.[48] Die Trennung währte offenbar nur kurze Zeit, denn bereits Ende 1934 ist Virginia in Oldenburg nachweisbar.[49] Am 10. Februar 1935 heirateten Virginia und Hin Bredendieck in Aurich. Im November des Jahres kommt ihre erste gemeinsame Tochter Dina zur Welt.

Emigration und Neuanfang in den Vereinigten Staaten von Amerika

In Oldenburg arbeitete Virginia bis zur Emigration an dem Versuch der Veröffentlichung ihrer Texte, während Hin als selbständiger Entwerfer und Mitarbeiter seines ehemaligen Bauhaus-Kollegen Hermann

designer and employee of his former Bauhaus colleague Hermann Gautel, secured their livelihood. Against the background of the political changes in Germany and the economic situation, Hin and Virginia made plans to emigrate to the United States. They took their first organizational steps as early as 1936. The couple welcomed Walter Gropius's invitation to Bredendieck to teach at the New Bauhaus in Chicago. In the fall of 1937, they emigrated with their daughter to Chicago, where Virginia had attended the Chicago Academy of Art in the 1920s.

How important Virginia was for her husband during this first year in America is made clear by a thank-you letter addressed to her from school director László Moholy-Nagy: "Now that the first year of the Bauhaus has ended I wish to express our thanks for your great help in interpreting for Bredendieck for the students. Fortunately, Bredendieck's knowledge of English developed excellently, so we feel that it would be unjust to keep you away from your own problems with the school work here."[50]

Although the start of the New Bauhaus Chicago was promising, its fate soon changed: in August 1938, the continuation of the school was endangered, and by autumn its closure was already a fact. With Dione Neutra, who was once again living with Richard in the United States, Virginia now exchanged views on the future prospects of the school and her husband. She contacted the couple in late August 1938, writing:

"Dear Richard and Dione,

As for us you know we made the big leap over to this side, and apparently none too soon to judge by the new development of the european situation. And the leap landed us onto the midst of a most violent activity and a most absorbing one. Hin had charge of the Basic Workshop, the backbone of the Bauhaus work, has been the most occupied of the three basic teachers, Moholy, the drawing teacher [György] Kepes, and himself. The year has been extraordinarily successful, and was going on into the build-up of the specialized workshops, Hin's the Industrial design workshop, under [Jean] Helion the painting, Herbert Bayer advertising, [Xanti] Schawinski stage and exhibition. This year['s] exhibition brought [an] immense amount of interest and praise, there was a waiting list of students for the new semester. Everything was growing in the most exciting fashion. Bayer from Berlin and Helion from Paris were on the way to take over their new work. And then what do you think happened. The Association of Arts and Industries which was supporting the school declared itself out of funds.... the school would not be able to reopen in the fall. Probably is their expression."

In the last paragraph, Virginia asked about job opportunities for her husband and emphasized his versatile skills: he is a "first class craftsman, draughtsman, and man of unerschöpfliche [unlimited] ideas. His great interest is however teaching, and he has a program built up for his industrial design workshop which is really einzigartig [unique] ... we are ... so sure as it is that [the] Bauhaus cannot

Gautel den Lebensunterhalt sicherte. Vor dem Hintergrund der politischen Veränderungen in Deutschland und der wirtschaftlichen Lage fassten Hin und Virginia den Plan, in die Vereinigten Staaten zu emigrieren. Erste organisatorische Schritte dazu unternahmen sie bereits 1936. Willkommen war dem Paar die Aufforderung von Walter Gropius an Hin Bredendieck, am New Bauhaus Chicago zu lehren. Gemeinsam mit ihrer Tochter emigrieren sie im Herbst 1937 nach Chicago, wo Virginia in den 1920er-Jahren die Chicago Academy of Art besucht hatte.

Wie wichtig Virginia in diesem ersten Jahr in Amerika für ihren Mann war, unterstreicht ein späteres Dankesschreiben des Schulleiters László Moholy-Nagy an sie: „Nun, da das erste Jahr des Bauhauses geendet ist, möchte ich Ihnen meinen Dank aussprechen für die große Hilfe beim Übersetzen von Bredendiecks Unterricht für die Studenten. Glücklicherweise haben sich Bredendiecks Englischkenntnisse so exzellent entwickelt, dass wir glauben, dass es ungerecht wäre, Sie von Ihren eigenen Unterrichtsarbeiten hier weiter abzuhalten."[50]

Obwohl der Start des New Bauhaus Chicago vielversprechend war, wandte sich das Schicksal bald: Im August 1938 war die Fortführung der Schule gefährdet, im Herbst die Schließung bereits Fakt. Mit Dione Neutra, die mit ihrem Mann wieder in den USA lebte, tauschte sich Virginia über die Zukunftsaussichten der Schule und ihres Mannes aus:

„Dear Richard and Dione", kontaktiert sie das Paar Ende August 1938: "As for us you know we made the big leap over to this side, and apparently none too soon to judge by the new development of the european situation. And the leap landed us onto the midst of a most violent activity and a most absorbing one. Hin had charge of the Basic Workshop, the backbone of the Bauhaus work, has been the most occupied of the three basic teachers, Moholy, the drawing teacher [György] Kepes, and himself. The year has been extraordinarily successful, and was going on into the build-up of the specialized workshops, Hin's the Industrial design workshop, under [Jean] Helion the painting, Herbert Bayer advertising, [Xanti] Schawinski stage and exhibition. This year['s] exhibition brought [an] immense amount of interest and praise, there was a waiting list of students for the new semester. Everything was growing in the most exciting fashion. Bayer from Berlin and Helion from Paris were on the way to take over their new work. And then what do you think happend. The Assocation of Arts and Industries which was supporting the school declared itself out of funds. (...) the school would not be able to reopen in the fall. Probably is their expression." Im letzten Absatz erkundigt sich Virginia nach Arbeitsmöglichkeiten für ihren Mann und betont seine vielseitigen Fähigkeiten: Er sei ein

„first class craftsman, draughtsman, and man of unerschöpfliche ideas. His great interest is however teaching, and he has a program built up for his industrial design workshop which is really einzigartig (...) we are (...) so sure as it is that [the] Bauhaus cannot really be downed but the idea will carry on in whatever form (...)".[51]

Virginias Engagement für ihren Mann blieb jedoch erfolglos. Dione Neutra antwortete mitfühlend und sorgte sich selbst um die Verwandten in Wien: „We were glad to get your letter and happy to know that you are back in our free and wonderful country. We were just now very depressed about our relatives in Vienna, who write pityful letters. We already have sent three affidavits, but need two more, all want to come, all will be, at least at the start dependent upon us."[52] Arbeitsmöglichkeiten konnte Dione Neutra nicht offerieren, zumal Chicago und Kalifornien für kurzfristige Aufträge oder eine Kooperation mit Richard Neutra zu weit voneinander entfernt waren. Eine weitere Anfrage von Virginia, die sie Ende Oktober mit der Gewissheit der Arbeitslosigkeit Hins sandte, beantwortet Dione höflich, doch mit einer Absage.[53] Sie glaube außerdem, dass Hin auf dem vielfältigen Arbeitsmarkt von Chicago schon etwas finden werde, womit sie schließlich recht behalten sollte.

Kaum drei Monate später, im Januar 1939, bringt Virginia die zweite gemeinsame Tochter zur Welt. Vielleicht sind es die Kinder, die Bredendieck inspirieren, Spielzeug zu entwerfen, das er bei einem Chicagoer Spielzeughersteller platzieren kann und das um 1940 wesentlich zum Einkommen der Familie beitragen wird.

Virginias berufliche Situation als selbständige Künstlerin entwickelte sich nur langsam fort, wie eine ihrer Töchter erinnert. 1946 trennten sich Virginia und Hin Bredendieck, blieben aber – nicht zuletzt wegen der gemeinsamen Kinder – in freundschaftlichem Kontakt miteinander verbunden. In ihrem später verfassten Lebenslauf notierte Virginia Bredendieck freiberufliche Tätigkeiten als Illustratorin u.a. für das Verlagshaus Scott Foresman (Chicago) und absolvierte, um ihre beruflichen Chancen zu verbessern, ab 1956 einen Master of Fine Arts an der Universität Chicago, von der ihr im Herbst 1960 das Diplom verliehen wurde.

really be downed but the idea will carry on in whatever form."[51]

Alas, Virginia's commitment to her husband remained unsuccessful. Dione Neutra responded compassionately and was concerned about her relatives in Vienna: "We were glad to get your letter and happy to know that you are back in our free and wonderful country. We were just now very depressed about our relatives in Vienna, who write pityful [sic] letters. We already have sent three affidavits, but need two more, all want to come, all will be, at least at the start, dependent upon us."[52] Dione Neutra could not offer any job opportunities, especially as Chicago and California were too far apart for short-term orders or collaborations with Richard Neutra. A further request from Virginia, which she sent in late October, emphasizing the certainty of Hin's unemployment, was answered by Dione politely but negatively.[53] She added that she believed Hin would find something on Chicago's diverse labor market, which ultimately proved to be correct.

Barely three months later, in January 1939, Virginia gave birth to their second daughter. Perhaps it was the children who inspired Bredendieck to design children's toys, which he could place with a Chicago toy manufacturer and which would make a significant contribution to the family's income beginning in 1940.

Virginia's professional situation as an independent artist, however, developed only slowly, as one of her daughters recalls. In 1946, Virginia and Hin Bredendieck separated, but they remained in friendly contact, not least because of their children. In her later CV, Virginia Bredendieck noted freelance activities as an illustrator for the publishing house Scott Foresman (Chicago), among others; and, in 1956, in order to improve her professional chances, she enrolled in a Master of Fine Arts program at the University of Chicago, from which she was awarded her diploma in the autumn of 1960.

1 See *Oakland Tribune*, January 20, 1928. Virginia's mother Gertrude Fulton Tooker was also active as a writer and, in addition to several poems, published the play *Everychild: A Play in Three Acts* (Indianapolis: Bobbs-Merrill Co., 1914); see her obituary in *Carmel Pine Cone*, June 25, 1948.

2 Virginia Tooker, *This Is the Map of Berkeley Town: Its Streets Go Winding Up & Down, an Oak-Covered Campus It Wears for a Crown, with People & Places of Renown*, 60.5 x 92.5 cm (Oakland and San Francisco: Thomas Brothers, 1928), courtesy of Daniel Crouch Rare Books (www.crouchrarebooks.com); see https://www.crouchrarebooks.com/maps/view/pictorial-map-of-the-university-of-berkeley [last accessed on November 10, 2019].

3 Marian Hernandez, "Tooker Exhibits in Oakland," *Berkeley Daily Gazette*, February 21, 1929.

4 *Carmel Pine Cone*, in which Virginia Tooker also placed ads for artistic works, reported regularly on her visits to Carmel. Linocuts bearing Virginia Tooker's name were published in the *Carmel Pine Cone* on July 6, 1928 (*Lips That Touch Liquor Shall Never Touch Mine*); May 17, 1929 (*Imre Weisshaus*); August 2, 1929 (*Lawrence Strauss*); August 9, 1929 (*Henry Cowell*); August 16, 1929 (*Lawrence Strauss*); August 23, 1929 (*Richard Buhlig*); and September 6, 1929 (*Imre Weisshaus*); see https://archive.org [last accessed on November 8, 2019]. Further works cannot be identified with certainty.

5 See Crosse 2010.

6 The progressive weekly newspaper *The Carmelite* emerged in early 1928 from the weekly newspaper *Carmel Pine Cone*, founded in 1915. I am grateful to John Crosse for the references to Virginia Tooker and her contacts to *The Carmelite*.

7 Pauline Schindler, "A newly flourishing handcraft," *The Handicrafter* (May/June 1930), 25ff.

8 Arma 2016, 78–79 [translated].

9 See ibid., 185, note 55.

10 "Imre Weisshaus Komponist–Pianist Budapest," typography by Farkas Molnár, photo by André Kertész, Paris (Budapest: Buchdruckerei Krausz J. & Co., undated [1928]), 8th ed., brochure, six pages with illustrations. I thank Hans Rudolf Gabathuler (photobibliothek.ch) for this reference.

11 See Arma 2016, 77.

12 See ibid., 91. Various letters of recommendation (from, among others, Ella Winter, private collection) regarding Virginia Tooker's talent as an artist and writer were sent, but commissions beyond the *Carmel Pine Cone* and *The Carmelite* apparently failed to materialize. This suggests that Virginia saw no economic reason to remain in the United States. Perhaps being with Imre Weisshaus also offered her the opportunity to jump into "Old Europe," a cultural connection that was certainly present in Carmel through her dealings with other Europeans.

13 Arma 2016, 91 [translated].

14 See ibid.

15 Virginia Weisshaus, "A Budapest Letter from Virginia Tooker," *The Carmelite* (October 16, 1930).

16 See Arma 2016, 92.

17 *The Carmelite* (October 16, 1930).

18 See Arma 2016, 94.

19 See ibid.

20 Arma 2016, 91 [translated].

21 See ibid.

22 See ibid., 96; Warren 2014, 8.

23 See Arma 2016, 97.

24 Letter from Ruth Crawford to Charles Seeger dated February 8/11, 1931, quoted in ibid., 231–32.

25 See Arma 2016, 64, 182, note 40.

1 Vgl. *Oakland Tribune* v. 20.1.1928. Bereits Virginias Mutter Gertrude Fulton Tooker war als Schriftstellerin aktiv und hatte neben einigen Gedichten das Schauspiel „Everychild. A Play in Three Acts" (Indianapolis: Bobbs-Merrill Co., 1914) publiziert; vgl. auch den Nachruf auf sie, in: *Carmel Pine Cone* v. 25.6.1948.

2 Virginia Tooker: „*This Is the Map of Berkeley Town: Its Streets Go Winding Up & Down, an Oak-Covered Campus It Wears for a Crown, with People & Places of Renown*", 60,5 x 92,5 cm, hg. v. Thomas Brothers, Oakland und San Francisco 1928, Courtesy of Daniel Crouch Rare Books, www.crouchrarebooks.com.

3 Marian Tooker Hernandez Exhibits in Oakland, *Berkeley Daily Gazette* v. 21.2.1929.

4 Der *Carmel Pine Cone*, in dem Virginia Tooker auch Anzeigen für künstlerische Arbeiten schaltete, berichtete regelmäßig über ihre Besuche in Carmel. Monogrammierte Linolschnitte von Virginia Tooker erschienen am 6.7.1928 (Lips That Touch Liquor Shall Never Touch Mine), 17.5.1929 (Imre Weisshaus), 2.8.1929 (Lawrence Strauss), 9.8.1929 (Henry Cowell), 16.8.1929 (Lawrence Strauss), 23.8.1929 (Richard Buhlig) und 6.9.1929 (Imre Weisshaus) im *Carmel Pine Cone* (online verfügbar unter www.archive.org). Weitere Werke sind nicht mit Sicherheit zu identifizieren.

5 Vgl. Crosse 2010.

6 Die progressive Wochenzeitung *The Carmelite* war Anfang 1928 aus der bereits 1915 gegründeten Wochenzeitung *Carmel Pine Cone* hervorgegangen. Für die Hinweise zu Virginia Tooker und ihrem Kontakt zu *The Carmelite* danke ich John Crosse.

7 Pauline Schindler: A newly flourishing handcraft, in: *The Handicrafter*, Mai/Juni 1930, S. 25ff.

8 Arma 2016, S. 78f. [übersetzt aus dem Französischen].

9 Vgl. ebd., S. 185, Anm. 55.

10 Imre Weisshaus Komponist - Pianist Budapest, Typografie: Farkas Molnár, Foto: André Kertész Paris. Budapest: Buchdruckerei Krausz J. & Co. [1928]. – Faltblatt, 6 S. mit Abb. Ich danke Hans Rudolf Gabathuler (Photobibliothek.ch) für den Hinweis.

11 Vgl. Arma 2016, S. 77.

12 Vgl. ebd., S. 91. Verschiedene Empfehlungsschreiben (u.a. von Ella Winter, Nachlass Virginia Tooker, Privatbesitz) zu Virginia Tookers Begabung als Künstlerin und Schriftstellerin wurden versandt, die über die Mitarbeit beim *Carmel Pine Cone* und *The Carmelite* hinausgingen, stellten sich offenbar nicht ein. Dies legt nahe, dass Virginia in wirtschaftlicher Hinsicht keinen Grund sah, in den USA zu bleiben. Vielleicht bot sich mit Imre Weisshaus auch die Möglichkeit zum Sprung ins ‚alte Europa', das ihr durch den Umgang mit Europäern in Carmel sicher präsent war.

13 Arma 2016, S. 91 [übersetzt aus dem Französischen].

14 Ebd.

15 Virginia Weisshaus: A Budapest Letter from Virginia Tooker, in: *The Carmelite* v. 16. Oktober 1930 [übersetzt aus dem Englischen].

16 Vgl. Arma 2016, S. 92.

17 *The Carmelite* v. 16. Oktober 1930 [übersetzt aus dem Englischen].

18 Arma 2016, S. 94.

19 Ebd.

20 Ebd., S. 91 [übersetzt aus dem Französischen].

21 Ebd.

22 Ebd., S. 96; Warren 2014, S. 8.

23 Vgl. Arma 2016, S. 97.

24 Ruth Crawford an Charles Seeger, Brief v. 8./11.2.1931, zit. nach: ebd., S. 231f. [übersetzt aus dem Englischen].

25 Vgl. Arma 2016, S. 64 und S. 182, Anm. 40.

26 Vgl. Wingler 1962, S. 536. Mit der größeren Gruppe von amerikanischen Studierenden (Michael van Beuren, Julius Henry Buchman, Lawrence Haase, Martha Havemeyer, Elsa Hill-Hempl und Charles W. Ross), die sich im Wintersemester 1931/32 am Bauhaus Dessau immatrikulierten, hatte Virginia indes nichts zu tun, vgl. Kentgens-Craig 2001, S. 93.

27 Arma 2016, S. 79 [übersetzt aus dem Französischen].
28 Ebd.
29 Ruth Crawford an Charles Seeger, Brief v. 20.4.1931, zit. nach: ebd., S. 233 [übersetzt aus dem Englischen].
30 Virginia Weisshaus, in: *Carmel Pine Cone* v. 14.8.1931 [übersetzt aus dem Englischen].
31 Vgl. zu Hilde Hubbuch: Rössler/Otto 2019, S. 180-183.
32 Arma 2016, S. 103f. [übersetzt aus dem Französischen].
33 Vgl. Schebera 1985, S. 1010; vgl. Julia Feininger aus Dessau an Galka Scheyer in Hollywood, Brief v. 13.2.1931: „inzwischen war weisshaus von drüben bei uns (...)", zit. nach: Wünsche 2006, S. 205.
34 Arma 2016, S. 194f.
35 Ruth Crawford an Charles Seeger, Brief v. 18.1.1931, zit. nach: Arma 2016, S. 230f. [übersetzt aus dem Englischen].
36 Im Frühjahr 1932 beschlossen sie die Scheidung, die im Herbst wirksam wurde, vgl. Arma 2016, S. 114 und S. 190, Anm. 76.
37 Dietzsch 1991, S. 133; vgl. Schebera 1985, S. 1015, Anm. 6.
38 Virginia Weisshaus an Richard Neutra, Brief v. 10.8.1931, Dione Neutra Papers, zit. nach: Neutra 1986, S. 189f. [übersetzt aus dem Englischen]; vgl. Hines 1994, S. 96; Warren 2014.
39 Hin Bredendieck berichtet in verschiedenen Aufzeichnungen, dass Virginia mit dem Bauhaus dieselbe Schule wie er besucht habe, sie sich jedoch erst im Atelier von László Moholy-Nagy in Berlin kennengelernt hatten.
40 Im Nachlass von Bredendieck finden sich in einer Berliner Mappe auch Zeichnungen von Herzen, ein Händchen haltendes Paar u.ä., sie sind nicht näher beschriftet, aber fügen sich in die Chronologie des Kennenlernens in Berlin.
41 Arma 2016, S. 129 [übersetzt aus dem Französischen].
42 Stadtarchiv Zürich. V.E.c.100. Einwohner- und Fremdenkontrolle. Meldekarten (genau: Jahre 1934-1964, Bereich Weissenbach, S.-Weitzd., Kartennummer 526). Ich danke Angelika Ruider für die freundliche Auskunft.
43 Ein bibliografischer Nachweis liegt bisher nicht vor; es existieren jedoch Briefe von interessierten Verlegern, die aufgrund des Artikels auf die Autorin aufmerksam geworden waren.
44 Clifton Fadiman an Virginia Trent c/o Ella Winter, Brief v. 28.4.1933, Privatbesitz.
45 K.S. Crichton an Ella Winter, Brief v. 25.2.1933, Privatbesitz [übersetzt aus dem Englischen].
46 K.S. Crichton an Virginia Tooker, Brief v. 12.5.1933, Privatbesitz [übersetzt aus dem Englischen].
47 Scribner's Magazine an Virginia Tooker, Brief v. 30.8.1934, Privatbesitz.
48 Stadtarchiv Zürich. V.E.c.100. Einwohner- und Fremdenkontrolle. Meldekarten (genau: Jahre 1934-1964, Bereich Weissenbach, S.-Weitzd., Kartennummer 526).
49 Sowohl aus ihrer eigenen von Oldenburg aus versandten Korrespondenz als auch aus dem Einwohnermeldeamtseintrag von Hin Bredendieck kann geschlossen werden, dass Virginia Ende 1934 bereits in Oldenburg war.
50 László Moholy-Nagy an Virginia Bredendieck, Brief v. 27.6.1938, LMO-HB 12 [übersetzt aus dem Englischen].
51 Virginia Bredendieck an Richard und Dione Neutra, Brief v. 30.8.1938, LMO-HB 12.
52 Dione Neutra an Virginia Bredendieck, Brief v. 8.9.1938, LMO-HB 12.
53 Vgl. Virginia Bredendieck an Richard und Dione Neutra, Brief v. 25.10.1938, LMO-HB 12; Dione Neutra an Virginia Bredendieck, Brief v. 3.11.1938, LMO-HB 12.

26 See Wingler 1962, 536. Virginia had nothing to do, however, with a larger group of American students (Michael van Beuren, Julius Henry Buchman, Lawrence Haase, Martha Havemeyer, Elsa Hill-Hempl, and Charles W. Ross) who had enrolled at the Bauhaus Dessau in the winter semester of 1931/32; see Kentgens-Craig 2001, 93.
27 Arma 2016, 79 [translated].
28 Ibid. [translated].
29 Letter from Ruth Crawford to Charles Seeger dated April 20, 1931; quoted in Arma 2016, 233.
30 Virginia Weisshaus, *Carmel Pine Cone* (August 14, 1931).
31 See "Hilde Hubbuch," Rössler/Otto 2019, 180–83.
32 Arma 2016, 103–04 [translated].
33 See Schebera 1985, 1010; letter from Julia Feininger in Dessau to Galka Scheyer in Hollywood dated February 13, 1931: „in the meantime, weisshaus had joined us from abroad"; quoted in Wünsche 2006, 205 [translated].
34 See Arma 2016, 194–95.
35 Letter from Ruth Crawford to Charles Seeger dated January 18, 1931; quoted in: Arma 2016, 230-31.
36 In the spring of 1932, they agreed on divorce, which became effective in the autumn; see Arma 2016, 114, 190, note 76.
37 Dietzsch 1991, 133 [translated]; see Schebera 1985, 1015, note 6.
38 Letter from Virginia Weisshaus to Richard Neutra dated August 10, 1931, Dione Neutra Papers; quoted in Neutra 1986, 189–90; cf. Hines 1994, 96; Warren 2014.
39 Hin Bredendieck refers in various notes to the fact that Virginia attended the same school as he did, namely the Bauhaus, but that they first met in László Moholy-Nagy's studio in Berlin.
40 In the estate of Hin Bredendieck, a Berlin folder also contains drawings of hearts, a couple holding hands, etc.; there are no further inscriptions, but they fit well into the chronology of their making each other's acquaintance in Berlin.
41 Arma 2016, 129 [translated].
42 Zurich City Archives. V.E.c.100. Residents and Alien Registration Office. Registration cards (specifically for the years 1934–64, District of Weissenbach, S.-Weitzd., card no. 526). I am grateful to Angelika Ruider for kindly providing this information.
43 No bibliographical evidence for the publication has thus far been found; there are, however, letters from interested publishers who became aware of the author as a result of the article.
44 Letter from Clifton Fadiman to Virginia Trent c/o Ella Winter dated April 28, 1933, private collection.
45 Letter from K. S. Crichton to Ella Winter dated February 25, 1933, private collection.
46 Ibid.
47 Letter from *Scribner's* magazine to Virginia Tooker dated August 30, 1934, private collection.
48 Zurich City Archives (see note 42).
49 From her own correspondence sent from Oldenburg, as well as from Hin Bredendieck's registration at the registry office, it can be concluded that Virginia had already arrived in Oldenburg at the end of 1934.
50 Letter from László Moholy-Nagy to Virginia Bredendieck dated June 27, 1938, LMO-HB 12.
51 Letter from Virginia Bredendieck to Richard and Dione Neutra dated August 30, 1938, LMO-HB 12.
52 Letter from Dione Neutra to Virginia Bredendieck dated September 8, 1938, LMO-HB 12.
53 See letter from Virginia Bredendieck to Richard and Dione Neutra dated October 25, 1938, LMO-HB 12; letter from Dione Neutra to Virginia Bredendieck dated November 3, 1938, LMO-HB 12.

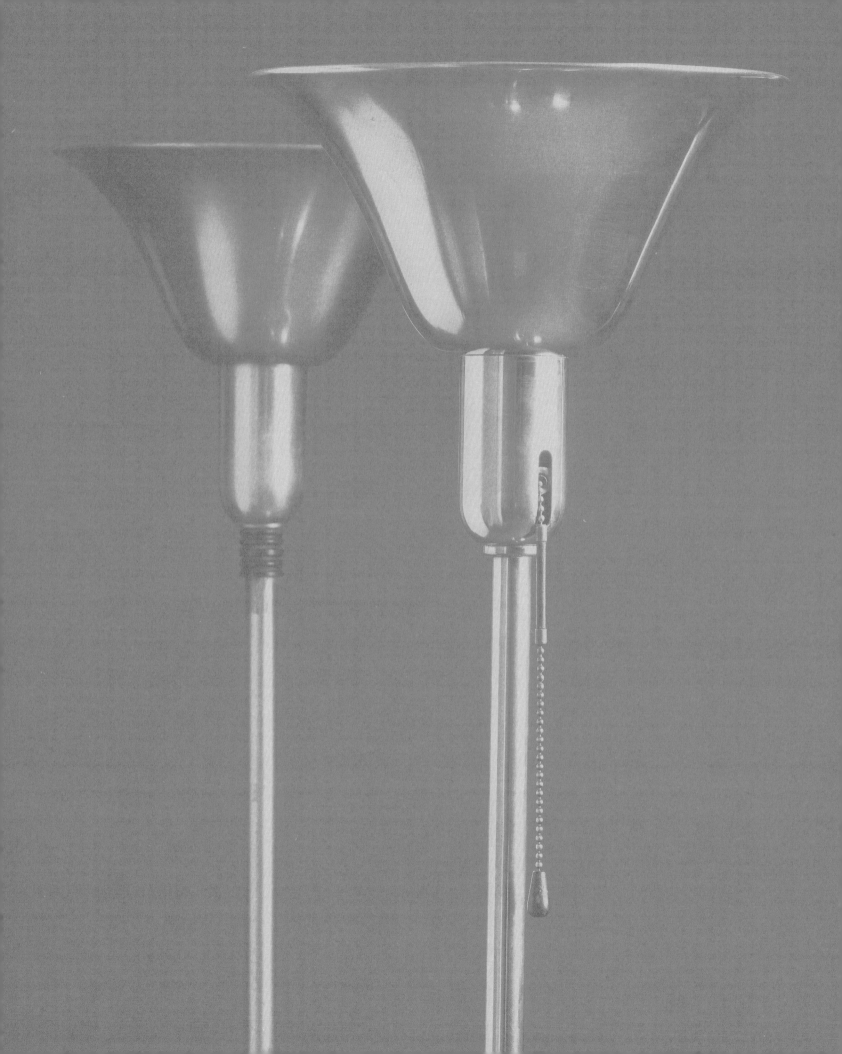

Schweizer Jahre 1932–1934

The Swiss Years 1932–1934

„Eines Tages, immer noch in Berlin, fragte mich Moholy, ob ich in die Schweiz gehen wolle, um dort Beleuchtungskörper zu entwerfen. Er erzählte mir, Sigfried Giedion, ein enger Freund einer Reihe moderner Architekten in Zürich, hätte Probleme, die passende Beleuchtung für ihre modernen Gebäude zu finden. Ob ich bereit wäre zu kommen. Sie hatten bereits Kontakt mit der Leuchten-Manufaktur B.A.G. in Turgi. Ich akzeptierte und arbeitete dort für ungefähr zwei Jahre und entwarf eine Reihe Beleuchtungskörper für Wohn- und Gewerbezwecke."

Hin Bredendieck, ca. 1990

"One day, still in Berlin, Moholy asked me whether I would like to go to Switzerland, designing lighting fixtures. He told me, Sigfried Giedion, a close friend of a number of modern architects in Zurich having trouble get the appropriate lighting fixture for their modern buildings. Would I be willing to come. They already had contact with the Lighting Manufacturing Company B.A.G. in Turgi. I accepted and worked there for about two years, designing a series of lighting fixtures for home and commercial places."

Hin Bredendieck, ca. 1990

Die traditionsreiche Bronzewarenfabrik AG (B.A.G.) in Turgi im Kanton Aargau hatte ihre Produktion seit 1928 von traditionellen Stilleuchten auf moderne Beleuchtungskörper erweitert, wie sie zuvor nur „aus dem Ausland importiert"[1] werden konnten. Dafür hatte das Unternehmen seine lichttechnische Abteilung ausgebaut und im Mai 1931 ein lichttechnisches Labor eröffnet.[2] Sigfried Giedion, glühender Verfechter der Moderne und Generalsekretär des 1928 in La Sarraz gegründeten Internationalen Kongresses für neues Bauen (CIAM) war für den stilistischen ‚change management'-Prozess als künstlerischer Beirat verpflichtet worden und engagierte Bredendieck als Entwerfer. Bis Bredendieck, der Giedion vielleicht schon bei dessen Vortrag im Februar 1928 am Dessauer Bauhaus kennengelernt hatte, und seine Lebensgefährtin Virginia Weisshaus in die Schweiz übersiedeln sollten, vergingen jedoch noch einige Monate. In dieser Zeit entstanden die ersten Entwürfe und Ideenskizzen für innovative Leuchten, über die sich Bredendieck und Giedion vorab per Brief austauschten.

Ursprünglich war geplant, Bredendieck lediglich für drei Monate als „Gastzeichner"[3] zu engagieren, doch größere Verzögerungen im Herstellungsprozess führten dazu, dass der Bauhaus-Absolvent schließlich von Juli 1932 bis Juni 1933 als künstlerischer Entwerfer

In 1928, the traditional bronzeware factory B.A.G. in Turgi, in the Swiss canton of Aargau, began to expand its production from traditional lamps to modern lighting fixtures, which previously could only be "imported from abroad."[1] To this end, the company expanded its lighting technology department and, in May 1931, set up a lighting laboratory.[2] Sigfried Giedion, a fervent advocate of modernism and Secretary General of the International Congress of Modern Architecture (CIAM), founded in La Sarraz in 1928, was engaged as artistic advisor for the stylistic change management process and hired Bredendieck as a designer. It would, however, be several months before Bredendieck—who had perhaps already met Giedion during the latter's lecture at the Dessau Bauhaus in February

1 //

2 //

1928—and his partner Virginia Weisshaus would resettle in Switzerland. It was during this time that the first drafts and sketches of ideas for innovative lamps were produced, which Bredendieck and Giedion exchanged in advance by letter.

Originally, Bredendieck was only to be engaged as a "guest draftsman"[3] for three months, but major delays in the production process ultimately led to the Bauhaus graduate working for B.A.G. Turgi as an artistic designer of household, work, and office lamps from July 1932 to June 1933. His collaboration with Giedion led in particular to the development of the so-called "indi" lamps, which made an impression with their indirect and thus innovative light, and within a short period of time became prime examples of modern Swiss standardized furniture production.[4]

The "indi" floor lamp (1932, fig. p. 141), developed by Bredendieck in close cooperation with Giedion, was manufactured in various versions: with a swivel-mounted reflector, the floor lamp with a ring-pull switch or chain-pull band, with a light slit, with a rubber spacer ring that made the metal foot appear as though it were floating, and in different types of metal.[5] The innovations developed by Bredendieck include, in particular, the Galalith ring-pull switch, which in practice proved not to be particularly durable, the rubber ring, the fixing of the reflector on a swiveling ball joint, and the light slit (according to the brochure for household furnishings, this detail was protected by law).[6]

In his catalog of works, Bredendieck not only meticulously noted the lamps designed for B.A.G.

von Wohn-, Arbeits- und Geschäftsraumleuchten für die B.A.G. Turgi tätig war. Aus der Zusammenarbeit mit Giedion entstanden vor allem die sogenannten *indi*-Leuchten, die durch ihr indirektes und dadurch innovatives Licht überzeugten und innerhalb kurzer Zeit zu Musterbeispielen der modernen Schweizer Typenmöbelproduktion avancierten.[4]

Die in enger Zusammenarbeit von Bredendieck mit Giedion entwickelte indi-Bodenstehlampe (1932, Abb. S. 141) wurde in unterschiedlichen Varianten hergestellt: mit schwenkbarem Reflektor, die Stehlampe mit Ringzugschalter oder Kettenzugband, mit Lichtschlitz, mit einem Gummistandring, der den Metallfuß wie schwebend erscheinen ließ, und in unterschiedlichen Metallsorten.[5] – Vor allem der Ringzugschalter aus Galalith, der sich in der Praxis jedoch als nicht besonders haltbar erwies, der Gummiring, die Fixierung des Reflektors an einem schwenkbaren Kugelgelenk und der Lichtschlitz (laut Wohnbedarf-Prospekt war dieses Detail gesetzlich geschützt) zählen zu den von Bredendieck entwickelten Innovationen.[6]

In seinem Werkverzeichnis hat Bredendieck die für die B.A.G. Turgi entworfenen Leuchten nicht nur akribisch notiert, sondern in eine ebenfalls erhaltene „übersicht der versuchsarbeit", eine Art Labortagebuch, für jedes Modell den Verlauf und Stand der Entwicklung notiert. Darin dokumentiert er etwa auch Gestaltungsideen, die, wie im Fall eines indi-Deckenstrahlers mit Drahtfuß, „keinen anklang beim publikum" fanden.

4 //

3 //

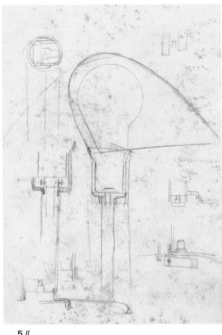

5 //

Turgi, but also noted the progress and status of each model in an "overview of the experimental work," a kind of laboratory journal, which has also been preserved. In this journal, he also documented design ideas which, as in the case of an "indi" ceiling light with a wire base, "did not appeal to the public."

In addition, the index and those photographs that have been preserved, some of which were presumably taken by Hans Finsler, provide information that, at B.A.G. Turgi, Bredendieck not only designed and developed lamps in the "indi" series, but also Megaphos lamps. These works are listed separately in the typewritten catalog of works (nos. 137–41). Megaphos AG in Turgi had "secured rights to the use of the generally five-part glass body lamps from the company M&Z in Karlsruhe (later based in Stuttgart, where it still is today). This is the successful lighting system still marketed in Germany under the brand name Sistrah."[7] Bredendieck added

Ferner geben das Verzeichnis sowie erhaltene Fotografien, die zum Teil vermutlich von Hans Finsler angefertigt wurden, Auskunft darüber, dass Bredendieck bei der B.A.G. Turgi nicht nur Leuchten der indi-Serie, sondern auch Megaphos-Leuchten gestaltet und weiterentwickelt hat. Diese Arbeiten sind im maschinenschriftlichen Werkverzeichnis (Nr. 137-141) separat aufgeführt. Die Megaphos AG Turgi hatte „sich Rechte an der Verwendung der in der Regel fünfteiligen Glaskörper-Leuchten der Firma M & Z in Karlsruhe (später und bis heute in Stuttgart ansässig) gesichert. Hierbei handelt es sich um das erfolgreiche Leuchtensystem, das in Deutschland bis heute unter dem Markennamen Sistrah (...) vertrieben wird."[7] Die auf Karton

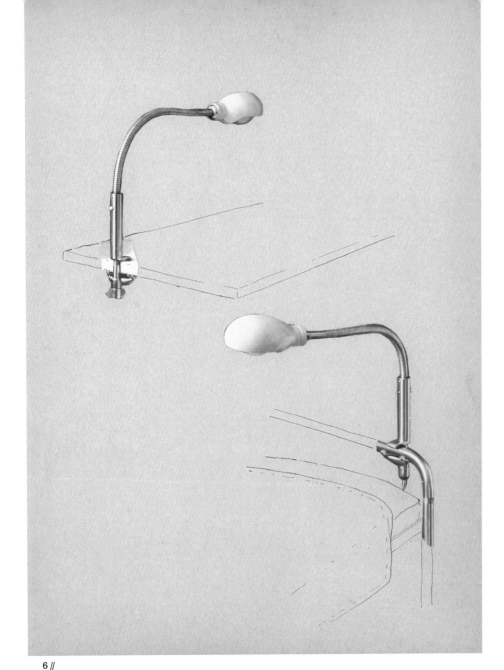

6 //

7 //

typewritten information to the work photographs pasted onto cardboard referring to his contribution to the respective design, as well as the sequential numbering of the catalog of works. For the Megaphos ceiling lamp with the catalog no. 138, for example: "glass form given. metal parts designed."

In its letter of recommendation, B.A.G. certified: "Mr. Bredendieck's principal task was to design new models of lighting fixtures in a modern style. He accomplished this task to our complete satisfaction. Thanks to his designs, our catalog has been enriched with a whole series of interesting, original, and practical models."[8] Although this assessment reflects the esteem and recognition of the employer,

aufgeklebten Werkfotografien sind von Bredendieck maschinenschriftlich mit Informationen über seinen Gestaltungsanteil sowie der fortlaufenden Nummerierung des Werkverzeichnisses versehen. Für die Megaphos-Deckenleuchte mit der Werkverzeichnis-Nummer 138 heißt es hierzu beispielsweise: „glas form gegeben. metall teile entworfen". In seinem Abschlusszeugnis bescheinigte ihm die B.A.G.: „Die Hauptaufgabe von Herrn Bredendieck bestand darin, neue Modelle von Beleuchtungskörpern in modernem Stil zu entwerfen. Er entledigte sich seiner Aufgabe zu unserer vollsten Zufriedenheit. Dank seiner Entwürfe konnte unser Katalog mit einer ganzen

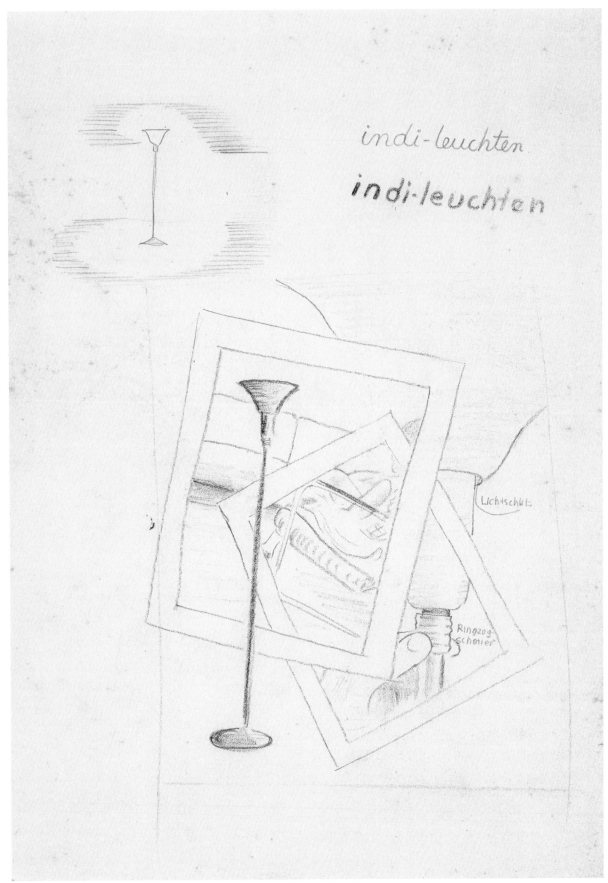

indi-leuchten

indi-leuchten

Lichtschut

Ringzug-
Schalter

abb. 9 // Hin Bredendieck, Entwurf
für eine Werbeanzeige für die indi-
Leuchte, um 1932 // fig. 9 // Hin
Bredendieck, Advertisement design
for the "indi" light, ca. 1932

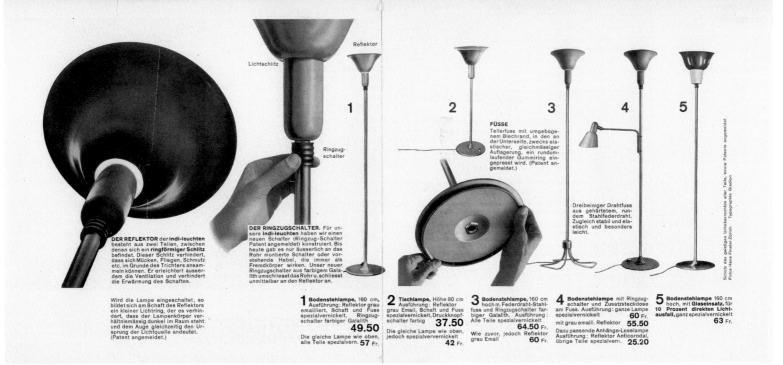

10 //

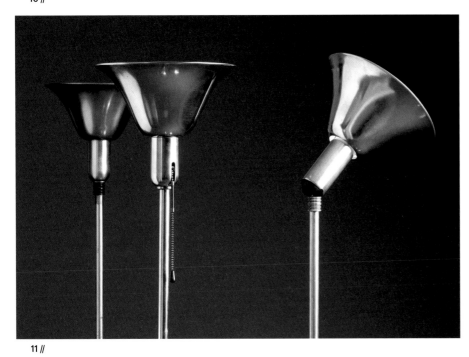

11 //

12 //

13 //

Reihe interessanter, origineller und praktischer Modelle bereichert werden."[8] Auch wenn aus diesem Zeugnis die Wertschätzung und Anerkennung der Auftraggeber spricht, gestaltete sich die Arbeitsrealität in den Werkstätten eher schwierig: Während Giedion nur zu Stippvisiten nach Turgi fuhr, seinen Hauptwohnsitz aber in Zürich behielt, traf der vom Temperament eher zurückhaltende, doch mit Entscheidungskompetenzen ausgestattete Bredendieck im Arbeitsalltag auf zähen Widerstand bei der eingesessenen Belegschaft, wenn es um die Ausführung von neuen Modellen ging. Giedion hatte diese „Animositäten"[9] zwar erwartet und zu verhindern gesucht, doch im

abb. 10 // Prospekt „wohnbedarf", um 1932, Fotografien: Hans Finsler, gta Archiv / ETH Zürich, Sigfried Giedion // **fig. 10 //** Brochure for „wohnbedarf", ca. 1932, photographs by Hans Finsler, gta Archive / ETH Zurich, Sigfried Giedion

abb. 11 // Drei Varianten des um 1932 entworfenen indi-Deckenstrahlers von Hin Bredendieck und Sigfried Giedion, Galerie Ulrich Fiedler // **fig. 11 //** Three variants of the 1932 "indi" ceiling light by Hin Bredendieck and Sigfried Giedion, Gallery Ulrich Fiedler

abb. 12 // Hin Bredendieck und Sigfried Giedion, Standfuß des indi-Deckenstrahlers mit Gummiring, um 1932, Fotografie: Hans Finsler, gta Archiv / ETH Zürich, Sigfried Giedion // **fig. 12 //** Hin Bredendieck and Sigfried Giedion, base of the "indi" ceiling light with rubber ring, ca. 1932, photograph by Hans Finsler, gta Archive / ETH Zurich, Sigfried Giedion

abb. 13 // Hin Bredendieck und Sigfried Giedion, indi-Deckenstrahler, um 1932, Fotografie: Hans Finsler, Kulturstiftung Sachsen-Anhalt, Kunstmuseum Moritzburg Halle (Saale) // **fig. 13 //** Hin Bredendieck and Sigfried Giedion, "indi" ceiling lights, ca. 1932, photograph by Hans Finsler, Kulturstiftung Sachsen-Anhalt, Moritzburg Art Museum Halle (Saale)

3. silberspiegel und schwerfuss. ein silberspiegel einzubauen hälte

ich immer fur sehr gut. wenn es der verkaufpreis erlaubt. ~~da der~~

lichtverlust vom ~~bxxkxnxmxtxllxxxxnxxtkxm~~ nickel matt zu

gegenuber glassilberspiegel nur um ..... procent grosser ist,

halt ich es bei entsprechende formung des reflektors nicht

fur so ausschlaggebend. betr. schwerfuss. der eigentliche~~x~~ sinn~~x~~

einer stehlampe gegenuber festangeschlossenen pendel oder wandlampe

ist seine beweglichkeit, die ~~sinex~~ das allgemein angestrebte ~~bxfxxixx~~
bei diesen leuchten

bewegliches wohnen ermoglicht. ich gehe davon aus dass ~~Xie~~ nicht
das

schwerer sein sollte als eine frau sie tragen kann. dies bestimmt

das g ewi cht; was dann an stnadsicherheit ~~dann dennoch~~ fehl~~en~~

sollte, muss als ausladung hinzugegeben werden. ~~ich fur meine arbeit~~

~~muss an den grundsatz festhalten~~   ich halte es heute mehr

denn je fur notwendig mit den geringsten materialaufwand auszu-

kommen dass heisst die grenze zu finden wo das maximum an
sicheres funktionieren
~~xixhxrhxit~~ gewährleistst wird durch ein minimum an materialaufwand.
sehr schwer konstruiert,
bei i~~r~~em standerleuchten ist der fuss ~~hxxdxrxfxssxxinxubxrgrosse~~

dagegen aber ist das rohr zu leicht im fuss gefasst,ein entsprenchende
~~xixhxrhxit,~~

an~~p~~rall würde der fuss widerstehen aber d~~as~~ schaftrohr wurde
unten angeschnit
evtl biegen wenn nicht ga r ~~brxxhen~~durch die ~~six~~geschnittenen
einkerbung
gewinde hervorgerufene ~~vxrixtxxxx~~ ~~der oberschicht~~, brechen

~~c~~daraus ergibt sich dass der standsicherheit nicht nur ein problem

des fusses ist ~~undxdxsxxzxinexxzxgrossexxixhxrhxitxzinxfxss~~

es ist im gegenstandsbau so dass uberkonstruktionen in einen teil
sehr oft
ziehen ~~immer~~ uberkonstruktionen anderere teile nach sich.

lfd. nr.	gegenstand	zeichnung u. nr.	ausgeführt modell vorh.	ausgeführt modell vorh.	auftrag vorh.	nur gezeichnet	Warum?	nicht, oder noch nicht ausgeführt warum?	näher beschrieben
1	indi.- leuchten boden-blechform	102193		/	/		Beim Einbau d... geschützt...		
2	boden - draht	102194	/	/	/				
3	boden - aussich	102652		/	/				
4	boden- glas	102196	/	/					
5	boden - beweglich	102199	/	/					
6	boden 200 W	102654	/	/					
7	boden 300 W	103452	/	/					
8	boden + stukform	102195	/	/					
9	anhänge lampe	103789	/	/					
10	hilfsl. auf film		/							
11	indi.-Tisch fest	102188	/	/					
12	tisch beweglich	102650	/	/					
13	tisch ausrichtbar	102651	/	/					
14	tisch glanzmatt	102653				/	Was die erste art betr. de Stehlampe bei...		
15	indi.- reflektor Wand		/	/					
16	indi.-reflektor pendel		/	/					
17	indi.-Wand schrägstrahler	105083	/	/					
18	indi.-pendel 50 + dichtblich	104337	/	/					
19	ersatz-pendel	103646	/	/					
20	indi.-pendel 50 + schläge		/				schrägstrahler		/	
21	indi. deckenleucht	104998	/	/					
22	Wand arm ausschlag.	102200	/	/					
23	nacht wandleuchte flexiblen rohr	103955	/	/					
24	licht ausschaub f. tisch u. bodlicht + nachtlich	103336	/	/					
25	stand helm.matt	102148	/	/					

---

abb. 14 // Hin Bredendieck über indirektes Licht, um 1932, Typoskript, GTL-HB **//**
fig. 14 // Hin Bredendieck on indirect light, ca. 1932, typescript, GTL-HB

abb. 15 // Hin Bredendieck, „übersicht der versuchsarbeit", Turgi, 1932 **// fig. 15 //** Hin Bredendieck, Overview of experimental work, Turgi, 1932

---

the working reality in the workshops in Turgi was rather difficult. While Giedion only traveled to Turgi for short visits and maintained his primary residence in Zurich, when it came to the execution of new models, Bredendieck, who was rather reserved in temperament but equipped with decision-making authority, met with tenacious resistance from the established staff in everyday working life. Giedion had expected and tried to prevent these "animosities,"[9] but in October 1932—when the financial means

Oktober 1932 - als die finanziellen Mittel für das Modernisierungsprogramm auszugehen drohten - zog er eine ernüchternde, gleichwohl mahnende Bilanz: „Wenn Herr Bredendieck weggeht, so ist unsere bisherige Arbeit nahezu nutzlos gewesen, denn sie begegnete von Seiten der bisherigen Zeichner und Entwerfer nicht nur Missverständnis, sondern geradezu Feindschaft."[10]

Da die neuen Beleuchtungskörper durch Produktionsverzögerungen nicht rechtzeitig zur Serienreife gelangt waren, präsentierten Giedion und Bredendieck in der Ausstellung „Das Licht in Heim, Büro und Werkstatt", die im Oktober/November 1932, während der Zürcher Lichtwoche, im Kunstgewerbemuseum der Stadt Zürich gezeigt wurde, lediglich Prototypen.[11] Auch vier Wochen „nach Eröffnung der Ausstellung, gibt es noch kein einziges Modell im Handel", beschrieb Giedion die Situation in einem Arbeitsbericht an die B.A.G. Turgi und bedauerte, dass „der Erfolg der Lichtwoche völlig verpufft ist."[12]

Max Bill hatte für die Ausstellung die Außenbeleuchtung und Ausstellungsbeschriftung entworfen. Hans Finsler, der wie Bredendieck,

```
m e g a p h o s   p e n d e l
                    glas form gegeben.
                    metallteile entworfen.
                    grösse 20, 30, 40, 50, u. 50g.ø
                                        nr. 137
```

17 //

abb. 17 // Hin Bredendieck, Zeugnis der
B.A.G. Turgi vom 14. August 1934 //
fig. 17 // Hin Bredendieck, Certificate from
B.A.G. Turgi, dated from August 14, 1934

for the modernization program threatened to run
out—he drew a sobering, yet admonishing, balance:
"Should Mr. Bredendieck leave, our previous work will
have been almost useless, because it has not only
met with misunderstanding but also with hostility on
the part of the previous draftsmen and designers."[10]

Since the new lighting fixtures were not ready
for serial manufacture due to production delays,
Giedion and Bredendieck presented only prototypes
in the exhibition *Das Licht in Heim, Büro und Werkstatt* (The Light at Home, in the Office, and in the
Workshop), which was shown in the Museum of Arts
and Crafts in Zurich in October/November 1932, in
conjunction with the Zurich Light Week.[11] And four

1932 in die Schweiz gekommen war und hier zum wichtigsten Vertreter der Fotografie des Neuen Sehens wurde, fotografierte die Er-
zeugnisse aus der Zusammenarbeit von Bredendieck und Giedion
für die Drucksachen und Werbeanzeigen der B.A.G. Turgi und der
Wohnbedarf AG, Zürich, die 1931 für den Vertrieb moderner Wohn-
ausstattung von den Schweizer Werkbundarchitekten gegründet
worden war. Eine der emblematischsten Aufnahmen aus Finslers
Schweizer Jahren, das nahezu abstrakte Bild der Licht-Aureole, mit
dem er „das Licht selbst zum Thema machte", entstand, indem Finsler „direkt in den erleuchteten Kelch der ‚indi'-Stehleuchte hinein fotografierte".[13] In dem „Ausstellungs- und Verkaufsraum der ‚Wohnbedarf'-A.G." in der Zürcher Talstraße wurden die vielfältigen Varianten
der von Bredendieck konzipierten indi-Leuchten präsentiert, zudem
entwickelte Bredendieck für den Showroom ein indirektes Beleuch-
tungssystem mit verstellbaren Spiegelreflektoren.[14]

Die 1909 gegründete Bronzewarenfabrik Turgi hatte sich durch
die innovativen Gestaltungskonzepte von Giedion und Bredendieck
einem modernistischen Relaunch unterzogen. Aus dem traditionellen Unternehmen war innerhalb weniger Jahre ein Hauptanbieter
moderner Beleuchtungskörper geworden und somit eines der wichtigsten Unternehmen moderner Einrichtungsgegenstände der
Schweiz, wie sie von der Wohnbedarf AG vertrieben wurden. Während Bredendieck im Wesentlichen für die beleuchtungstechnischen
Innovationen verantwortlich war, schufen Hans Finsler, Max Bill, Sigfried Giedion selbst und schließlich Anton Stankowski als Fotogra-
fen und Grafiker das den modernistischen Leuchten entsprechende
kongeniale grafische Erscheinungsbild, das die innovativen Produkte der Firma verbreitete.[15] Während der 1929 in die Schweiz übersiedelte Absolvent der Folkwang-Schule Anton Stankowski ab 1931 für
die Geschäftsausstattung und die Gestaltung des neuen Lampenka-
taloges der B.A.G. Turgi verantwortlich zeichnete, gestaltete der ehemalige Bauhäusler Herbert Bayer, der von 1925 bis 1928 die Werkstatt

144

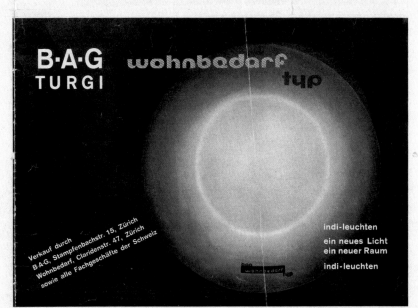

für Druck und Reklame des Bauhauses geleitet hatte, den ikonischen Möbelkatalog der Wohnbedarf AG mit Griffregister und austauschbaren Einlegeblättern.[16] Neben Herbert Bayer und Hin Bredendieck arbeiteten auch Otti Berger und Marianne Brandt „mehr oder weniger eng aus der Ferne mit der Wobag [Wohnbedarf AG] zusammen".[17] Diese Kollaboration veranschaulicht das Netzwerk der Bauhaus-Angehörigen sowie Bredendiecks Vernetzung mit den ehemaligen Kommilitonen, auch über sein Ausscheiden aus dem Bauhaus hinaus.

Im Nachlass von Hin Bredendieck sind etliche von ihm gestaltete Werbeentwürfe für die B.A.G. Turgi, für die Wohnbedarf AG sowie für die von ihr vertriebenen modularen „Inkombi"-Möbel erhalten. Doch lediglich von dem vierseitigen Prospekt (Abb. S. 149) zu den von der B.A.G. unter der Bezeichnung „Megaphos" in Lizenz vertriebenen – und von Bredendieck gestalterisch überarbeiteten – Sistrah-Leuchten, konnten bisher gedruckte Exemplare nachgewiesen werden. Dieser ist im Stile Bayers, Bills und der ‚Neuen Typografie'[18] schlicht gestaltet und mit „bre entwurf" signiert. Das Werkverzeichnis gibt Hinweise auf weitere Drucksachen, die jedoch bislang nicht nachgewiesen werden konnten, wie ein „prospektblatt für den ausziehbaren wandarm" unter der laufenden Nummer 150.[19] Darüber hinaus gestaltete Bredendieck – laut diesem Verzeichnis – einen „vorführraum

abb. 18 // Prospekt „wohnbedarf", Fotografien: Hans Finsler, um 1932, gta Archiv / ETH Zürich, Sigfried Giedion **// fig. 18 //** Brochure for "wohnbedarf", photographs by Hans Finsler, ca. 1932, gta Archive / ETH Zurich, Sigfried Giedion

weeks "after the opening of the exhibition, there is not as of yet a single model on the market," as Giedion described the situation in a work report to B.A.G. Turgi, regretting that "the success of the Light Week has completely fizzled out."[12]

Max Bill had designed the outdoor lighting and exhibition signage for the exhibition. Hans Finsler–who, like Bredendieck, had come to Switzerland in 1932 and became here the most important representative of the photography of the Neues Sehen (New Vision) movement–photographed the products Bredendieck and Giedion had collaborated on. The photos were used for the printed matter and advertisements of B.A.G. Turgi and Wohnbedarf AG Zurich, which had been founded in 1931 by the Swiss

19 //

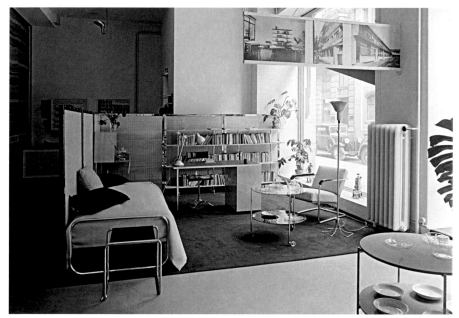

20 //

Werkbund Architects for the marketing and distribution of modern living accessories. One of the most emblematic photographs from Finsler's Swiss years—the almost abstract image of the light aureole, with which he "made light itself the subject"— was created by Finsler "photographing directly into the illuminated bell of the 'indi' floor lamp".[13] In the "exhibition and sales room of 'Wohnbedarf' A.G." on Talstrasse in Zurich, the diverse variants of the "indi" lamps designed by Bredendieck were presented, and he also developed an indirect lighting system with adjustable mirror reflectors for the showroom.[14]

The bronze goods factory in Turgi, founded in 1909, had undergone a modernist relaunch with the innovative design concepts of Giedion and Bredendieck. Within a few years, the traditional company had become a major supplier of modern lighting fixtures and thus one of the most important companies in Switzerland for modern furnishings, marketed and distributed by Wohnbedarf AG. While Bredendieck was essentially responsible for the lighting innovations, Hans Finsler, Max Bill, and Sigfried Giedion himself, along with Anton Stankowski as a photographer and graphic artist, created the pleasing graphic appearance, which suited the modernist lamps and served to promote the innovative products of the company.[15] While Anton Stankowski, a graduate of the Folkwang School who had moved to Switzerland in 1929, was responsible for the corporate image and the design of the new lamp catalog of B.A.G. Turgi from 1931 onwards, the former Bauhaus member Herbert Bayer, who had headed the Bauhaus workshop for printing and advertising from 1925 to 1928, designed the iconic furniture catalog

musterlager der b.a.g. in zürich" sowie den „messestand für b.a.g." auf der „muba" (Mustermesse Basel), die vom 25. März bis 4. April 1933 stattfand und mit über 90.000 Besuchern einen Besucherrekord verzeichnete.[20] Während der Eintrag „projekt ‚hotel de fribourg'" (Nr. 154) bislang rätselhaft bleibt, beziehen sich die Positionen „fotoaufnahmeleuchte", „pendelzugreflektor", eine „leselampe" in zwei verschiedenen Ausführungen sowie eine „gangleuchte" (Nr. 100-103 sowie 132) offenbar auf Bredendiecks Mitarbeit an der 1933 neueingerichteten Kunstgewerbeschule Zürich.[21]

21 //

22 //

abb. 22 // Wohnbedarf-Laden in der Talstraße
in Zürich, ca. 1933, Fotografie mit farbigen
Ergänzungen von Hin Bredendieck //
fig. 22 // Wohnbedarf shop in Zurich, ca.
1933, photograph with colored additions
by Hin Bredendieck

Obwohl die von Bredendieck und Giedion entwickelten indi-Leuchten bei der B.A.G. teilweise bis 1967 lieferbar waren, kehrte das Unternehmen - aufgrund der immer wieder durchklingenden widerstreitenden ästhetischen Überzeugungen seiner Mitarbeiter und wohl auch seiner Kundschaft, aber auch im Rahmen der ‚Geistigen Landesverteidigung' - in seiner Produktion ab Mitte der 1930er-Jahre vorwiegend zu einem gemäßigten Heimatstil zurück.[22]

Rückblickend berichtet Bredendieck 1935 Walter Gropius über seine Tätigkeit für das Unternehmen: „es gelang somit eine ganze reihe modelle (...) zur ausführung zu bringen. für diese arbeiten wurde eine besondere versuchsabteilung eingerichtet, bestehend aus dr. giedion der organisator, bredendieck als entwerfer, sowie ein metallarbeiter zur ausführung der versuchsmodelle. die effektiven unkosten dieser arbeit betrugen somit pro monat ca. 1500.- schw.fr. die arbeit wurde nach 11 monaten unterbrochen mit der begr[ü]ndung dass die finanzielle belastung für den betrieb zu gross sei, da unabhängig von dieser arbeit noch ein weitere[s] entwurfsbüro (bestehend aus ca 10 man [sic]) für das ununterbrochene entwerfen von kitschmodellen gehalten werden musste."[23]

for Wohnbedarf AG, which featured a tab index and interchangeable inserts.[16] In addition to Herbert Bayer and Hin Bredendieck, Otti Berger and Marianne Brandt also worked "more or less closely with Wobag [Wohnbedarf AG] from afar."[17] This collaboration illustrates the network of Bauhaus members and Bredendieck's own networking with former fellow students, even after his departure from the Bauhaus.

In the Bredendieck estate, several advertising designs created by him for B.A.G. Turgi, Wohnbedarf AG, and the modular "Inkombi" furniture distributed

abb. 23 // Hin
Bredendieck, Entwurf
für eine Werbeanzeige
für die B.A.G. Turgi, um
1932 // fig. 23 // Hin
Bredendieck, Draft
advertisement for B.A.G.
Turgi, ca. 1932

24 //

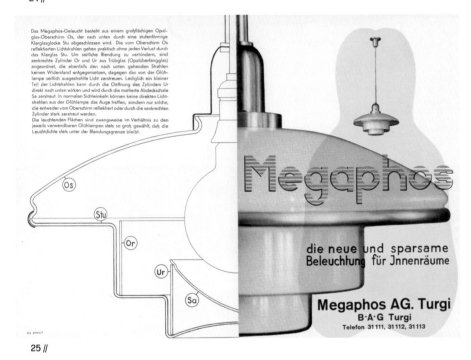

Das Megaphos-Geleucht besteht aus einem großflächigen Opal-glas-Oberschirm Os, der nach unten durch eine stufenförmige Klarglasglocke Stu abgeschlossen wird. Die vom Oberschirm Os reflektierten Lichtstrahlen gehen praktisch ohne jeden Verlust durch das Klarglas Stu. Um seitliche Blendung zu verhindern, sind senkrechte Zylinder Or und Ur aus Trübglas (Opalüberfangglas) angeordnet, die ebenfalls den nach unten gehenden Strahlen keinen Widerstand entgegensetzen, dagegen das von der Glüh-lampe seitlich ausgestrahlte Licht zerstreuen. Lediglich ein kleiner Teil der Lichtstrahlen kann durch die Oeffnung des Zylinders Ur direkt nach unten wirken und wird durch die mattierte Abdeckschale Sa zerstreut. In normalen Sichtwinkeln können keine direkten Licht-strahlen aus der Glühlampe das Auge treffen, sondern nur solche, die entweder vom Oberschirm reflektiert oder durch die senkrechten Zylinder stark zerstreut werden.

Die leuchtenden Flächen sind zwangsweise im Verhältnis zu den jeweils verwendbaren Glühlampen stets so groß gewählt, daß die Leuchtdichte stets unter der Blendungsgrenze bleibt.

Megaphos

die neue und sparsame Beleuchtung für Jnnenräume

Megaphos AG. Turgi
B·A·G Turgi
Telefon 31 111, 31 112, 31 113

25 //

abb. 24 // Hin Bredendieck, Entwurf für eine Werbeanzeige für einen Schrank der Wohnbedarf AG, um 1932 **// fig. 24 //** Hin Bredendieck, Draft advertisement for a cabinet, Wohnbedarf AG, ca. 1932

abb. 25 // Hin Bredendieck (Gestaltung), Megaphos-Katalog, um 1932, GTL-HB **// fig. 25 //** Hin Bredendieck (design), Megaphos brochure, ca. 1932, GTL-HB

by them have been preserved. As of now, the four-page brochure for the Sistrah lamps sold under license by B.A.G. under the name "Megaphos"—and redesigned by Bredendieck—is the only printed copy that could be verified. This brochure has a simple design in the style of Bayer, Bill, and the "New Typography"[18] and is signed with "bre entwurf" (bre[dendieck] draft). The catalog of works contains references to other printed matter which, however, have not yet been documented, such as a "prospekt-blatt für den ausziehbaren wandarm" (leaflet for the pull-out wall arm) under serial no. 150.[19] In addition, Bredendieck also designed—according to this catalog of works—a "vorführraum musterlager der b.a.g. in zürich" (show room sample stock for b.a.g. in zurich), and the "messestand für b.a.g." (trade fair stand for b.a.g.) at the "muba" (Mustermesse Basel), which took place from March 25 to April 4, 1933, and boasted a new attendance record with over 90,000 visitors.[20] While the position "projekt 'hotel de fribourg'" (no. 154) remains a mystery, the entries "fotoaufnahmeleuchte" (photo lamp), "pendelzugre-flektor" (pendulum pull switch reflector), a "lese-lampe" (reading lamp) in two different versions, as well as a "gangleuchte" (corridor lamp)—nos. 100–103 and 132—apparently refer to Bredendieck's collabo-ration at the School of Arts and Crafts in Zurich, which was newly established in 1933.[21]

Although the "indi" lights developed by Breden-dieck and Giedion were available from B.A.G. until 1967, the company returned to a moderate regional-traditional style in its production from the mid-1930s

Umbau des Corso-Theaters in Zürich

Im Anschluss an die Tätigkeit für die B.A.G. Turgi empfahl Giedion Bredendieck für die Mitarbeit am Umbau des Corso-Theaters in Zü-rich: „mit Rücksicht auf sein[e] speziellen Kenntnis[se] der Theater-beleuchtung aus der Zeit seiner Ausbildung im Bauhaus Dessau und am dortigen Theater,[24] habe ich Herrn Hinrich Bredendieck den Her-ren Séquin und Knell als Beleuchtungsspezialist für die Corso-Um-baute[n] empfohlen. Ich halte seine Mitarbeit in den schwierigen Be-leuchtungsfragen dieses Baues für unerlässlich."[25] Hin Bredendieck und seine Lebensgefährtin Virginia zogen für diese Tätigkeit im Sep-tember 1933 von Turgi nach Zürich, wo sie in der Werkbundsiedlung Neubühl wohnten, der wichtigsten Mustersiedlung des Neuen Bauens

26 //

abb. 26 // Die Siedlung Neubühl nach der
Fertigstellung, 1932, Fotografie: Walter Mittelholzer,
gta Archiv / ETH Zürich, Haefeli Moser Steiger //
fig. 26 // The Neubühl settlement after completion,
1932, photograph by Walter Mittelholzer, gta
Archive / ETH Zurich, Haefeli Moser Steiger

onwards, partly due to the persistent antagonism, based on aesthetic convictions, of its employees and presumably also of its customers; but it can also be seen within the context of an "intellectual national defense."[22]

In a 1935 report to Walter Gropius, Bredendieck looked back on his work for the company: "it was thus possible to bring a whole series of models ... to execution. for these works, a special experimental department was set up, consisting of dr. giedion as organizer, bredendieck as designer, and a metal worker to execute the experimental models. the actual expenses for this work amounted to roughly 1,500 Swiss francs per month. the work was interrupted after eleven months on the grounds that the

in der Schweiz, in der auch Finsler und Giedion lebten.[26] Einen Hinweis darauf, warum Bredendieck im Dezember 1933 innerhalb der Siedlung von einer Wohnung in der Westbühlstraße in die Ostbühlstraße wechselte,[27] liefert ein Brief an Giedion. Hierin beschreibt Bredendieck nicht nur seine Arbeiten für die Wohnbedarf AG, die er nach Beendigung der Arbeit für die B.A.G. noch fortsetzte, sondern auch seine kritischen Lebensumstände: „die genossenschaft neubühl will 2 von den leerstehenden zimmern meiner wohnung an ein ehepaar vermieten.“[28] Die Aussicht, seine Wohnung mit anderen Mietern teilen zu müssen, missfiel Bredendieck, weil er die Räume „nicht nur zum wohnen, sondern auch zum ausprobieren“ nutzte. Da ihm die Genossenschaft mit Kündigung drohte und er für die Corso-Arbeiten nur eine geringe Bezahlung erhielt, bat er Giedion um Unterstützung. Seine Situation war – ähnlich wie zuvor in Berlin – prekär, da Bredendieck nach seiner Arbeit für die B.A.G. Turgi nicht nahtlos eine neue Anstellung gefunden hatte, so dass „ich zu fuss ins büro gehe und lebe von sachen die ich anschreiben kann“.[29]

Vom September/Oktober 1933 bis 28. Februar 1934 arbeitete Hin Bredendieck für das Architekturbüro von Ernst F. Burckhardt, der gemeinsam mit Karl Knell mit dem Umbau des Corso-Theaters beauftragt worden war.[30] „Er hat die sämtlichen Beleuchtungskörper für die verschiedenen Innenräume (Theatersaal, Vestibül, Dancing, Bar und Restaurant) entworfen und im Detail durchgeführt“, bescheinigt ihm Burckhardt in seinem Abschlusszeugnis.[31] Entwürfe einzelner Beleuchtungskörper, die in den Aufnahmen von der Neueinrichtung des Theaters gut zu erkennen sind, haben sich vor allem im heute in Atlanta bewahrten Teil des Nachlasses Bredendiecks erhalten, so etwa der für die „Ständerleuchte Dancing“, den indirektes Licht spendenden Leuchtentyp für das Restaurant, die „Seitenbeleuchtung im Theatersaal“ oder die Wandbeleuchtung für das Foyer. Max Ernst schuf für die Corso-Bar auf Anregung Giedions im Sommer 1934 das großformatige Wandbild „Blütenblätter und Garten der Nymphe Akelei“ (heute Kunsthaus Zürich), das durch die von Bredendieck entworfenen modernen Lichtkörper illuminiert wurde.[32]

Die aufwendigen und äußerst variantenreichen von Bredendieck konzipierten und realisierten Beleuchtungskörper, die von der Zürcher Firma Licht & Metall AG ausgeführt wurden, werden in der *Schweizerischen Bauzeitung,* die anlässlich der Eröffnung des Corso-Theaters erschien, nicht erwähnt.[33] Lediglich die Bühnenbeleuchtungstechnik wurde in dem Bericht hymnisch besprochen. Zu Recht erinnert Bredendieck in der von Walter Gropius 1935 initiierten Rundfrage an die Bauhäusler sowohl an seinen „entwurf der beleuchtungsanlagen für das corso-theater, zürich“, als auch an den Entwurf der damit zusammenhängenden „beleuchtungsserie (restaurant, & theaterbeleuchtung) für licht & metall a.g. zürich“.[34] Auch für die Neon-Schriftzüge an

financial burden for the company was too great, since, independent of this work, another design department (consisting of roughly ten employees) had to be maintained for the uninterrupted design of kitsch models.“[23]

Renovation of the Corso Theater in Zurich

Following his engagement at B.A.G. Turgi, Giedion recommended Bredendieck for collaboration on the renovation of the Corso Theater in Zurich: "in view of his special knowledge of theater lighting from his training at the Bauhaus in Dessau and at the theater there,[24] I have recommended Mr. Hinrich Bredendieck to Mr. Séquin and Mr. Knell as a lighting specialist for the Corso renovation. I consider his cooperation in the difficult lighting issues of this building to be indispensable.“[25]

In September 1933, Hin Bredendieck and his partner Virginia moved from Turgi to Zurich for this employment opportunity. In Zurich, they lived in the Werkbund Neubühl settlement, the most important model housing estate of Neues Bauen (New Building) in Switzerland, where Finsler and Giedion also lived.[26] A letter to Giedion provides an indication of why Bredendieck moved within the settlement from an apartment on Westbühlstrasse to Ostbühlstrasse in December 1933.[27] In this letter, Bredendieck describes not only his work for Wohnbedarf AG, which he continued after finishing his work for B.A.G., but also the difficult nature of his living conditions: "the neubühl cooperative wants to rent two of the empty rooms in my apartment to a married couple.“[28] Bredendieck did not like the prospect of having to share his apartment with other tenants because he "not only used the rooms to live, but also for testing purposes." Since the cooperative threatened him with dismissal, and he received low pay for his work

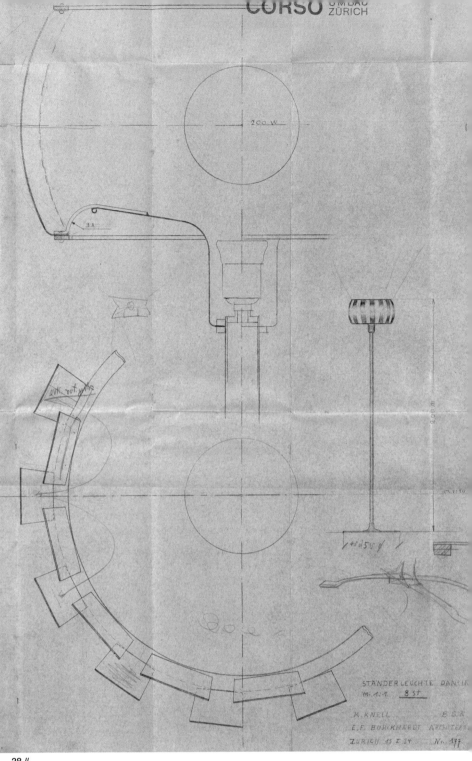

27 //

with Corso, Bredendieck asked Giedion for support. His situation was precarious—similar to Berlin before—because after his work for B.A.G. Turgi, he had not immediately found a new job, so that "I walk to the office and live off things I can buy on credit."[29]

From September/October 1933 to February 28, 1934, Bredendieck worked for the architectural office of Ernst F. Burckhardt, who had been commissioned to renovate the theater together with Karl Knell.[30] "He designed all the lighting fixtures for the various interior spaces (theater hall, vestibule, dance room, bar, and restaurant) and carried these out in detail," Burckhardt certified in his letter of recommendation.[31] Designs of individual lighting fixtures, which can be clearly seen in the photographs of the refurbishment of the theater, have been preserved, above all in the partial estate of Bredendieck in Atlanta, such as the design for the "dance room column lamp," the indirect lighting fixtures for the restaurant, the "side lighting in the theater hall," and the wall lighting for the foyer. At Giedion's suggestion, Max Ernst created the large-format mural *Petals in the Garden of the Nymph Ancolie* (now in the collection of the Kunsthaus Zurich) for the Corso Bar in the summer of 1934, which was illuminated by the modern lighting fixtures designed by Bredendieck.[32]

The elaborate and extremely varied lighting fixtures designed and realized by Bredendieck and manufactured by the Zurich-based company Licht & Metall AG are not mentioned in the issue of the

28 //

abb. 27 // Der Tanzraum im renovierten Corso-Theater mit Leuchten von Bredendieck, Möbeln von Alvar Aalto und dem Wandbild von Max Ernst, 1934 // **fig. 27** // The dancing room in the renovated Corso Theater with lights by Bredendieck, furniture by Alvar Aalto, and a mural painting by Max Ernst, 1934

abb. 28 // Hin Bredendieck, Technische Zeichnung der Ständerleuchte „Dancing", 1934, GTL-HB // **fig. 28** // Hin Bredendieck, Technical drawing of "Dancing" floor lamp, 1934, GTL-HB

abb. 29 // Hin Bredendieck, Entwurfszeichnungen von Leuchten, ca. 1934 // **fig. 29** // Hin Bredendieck, Design drawings for lights, ca. 1934

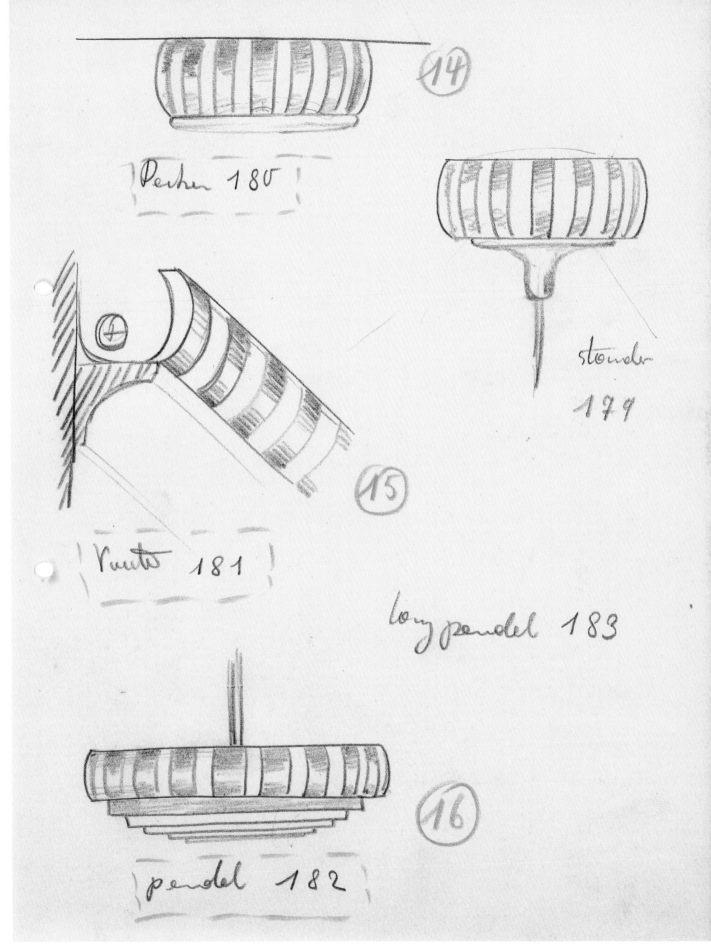

Perhen 180

stander 179

14

15

Vuuto 181

long pendel 183

pendel 182

16

30 //

31 //

32 //

abb. 30 und 31 // Hin Bredendieck, Schriftentwürfe
für das Corso-Theater Zürich, um 1933 //
figs. 30 and 31 // Hin Bredendieck, Typefaces
for the Corso Theater in Zurich, ca. 1933

abb. 32 // Corso-Theater Zürich mit der
Leuchtschrift von Max Bill, um 1934,
Fotografie, GTL-HB // fig. 32 // Corso Theater
in Zurich with the neon sign created by Max
Bill, ca. 1934, photograph, GTL-HB

der Theaterfassade haben sich im Nachlass Bredendiecks zahlreiche Entwürfe erhalten. Doch schließlich gelangte der ikonisch gewordene „corso"-Schriftzug nach dem Entwurf seines Bauhaus-Kommilitonen Max Bill zur Ausführung.[35]

Nach knapp zweijährigem Aufenthalt in der Schweiz wurde Bredendiecks Arbeitserlaubnis von der Schweizer Regierung, die damit auf entsprechende Sanktionen der Hitler-Regierung reagierte, nicht mehr verlängert. Im Frühjahr 1934 – und somit noch vor Eröffnung des Corso-Theaters am 1. August des Jahres – zogen er und Virginia zurück nach Deutschland. Nach einem kurzen Arbeitsaufenthalt in Stuttgart, wo er für die „Elektrotechnische Spezialfabrik"[36] von Emil Niethammer tätig war, kehrte Hin Bredendieck für kurze Zeit nach Ostfriesland zurück und siedelte sich Ende 1934 in Oldenburg an.[37]

Schweizerische Bauzeitung published on the occasion of the Corso Theater's opening.[33] Only the stage-lighting system was highly praised in the report. In the 1935 survey initiated by Walter Gropius and addressed to the Bauhaus membership, Bredendieck rightly cites both his "design of the lighting systems for the corso theater, zurich" and the design of the associated "lighting series (restaurant & theater lighting) for licht & metall a.g. zurich."[34] Bredendieck's estate also contains numerous designs for neon lettering on the theater façade. For the iconic "corso" lettering, however, it was a design by his Bauhaus colleague Max Bill which was produced in the end.[35]

After almost two years in Switzerland, Bredendieck's work permit was denied an extension by the Swiss government, which was reacting to corresponding sanctions by the Hitler government. In the spring of 1934—and thus before the opening of the Corso Theater on August 1—he and Virginia moved back to Germany. After a short stay in Stuttgart, where he worked for Emil Niethammer's "Elektrotechnische Spezialfabrik"[36] (specialized electrotechnical factory) at Rosenbergstrasse 16–18, Hin Bredendieck returned to East Frisia for a short time and subsequently settled in Oldenburg at the end of 1934.[37]

1   Sigfried Giedion, letter of recommendation for Bredendieck dated October 20, 1933; copy, LMO-HB 10 [translated].
2   Baldinger/Steigmeier 2002, 192.
3   Letter from Sigfried Giedion to Director [René] Comte dated June 3, 1932; gta Archive / ETH Zurich (Estate of Sigfried Giedion) [translated].
4   See Mehlau-Wiebking, Rüegg and Tropeano 1989, here esp. 200–203.
5   According to Mehlau-Wiebking, Rüegg and Tropeano 1989, 72, the "indi" lamp was offered "in six variants, including a 'Volksmodell' [people's model]—in this most inexpensive version of the floor lamp, both ring pull switches and ring-shaped slits were omitted, and a simple cast iron plate was used instead of the patented plate base with rubber ring. 800 'Indi Lights' in different variations were sold from 1931 to 1967 (information from B.A.G.)" [translated].
6   Letter from Sigfried Giedion to Director [René] Comte dated June 3, 1932; gta Archive / ETH Zurich (Estate of Sigfried Giedion); letter from Sigfried Giedion to Hin Bredendieck dated July 14, 1932, ibid.
7   Struve 2019, 164, note 8 [translated].
8   B.A.G. Turgi, R[ené] Comte, and Hitz, letter of recommendation for Bredendieck dated August 14, 1934; LMO-HB 10 [translated].
9   Letter from Sigfried Giedion to Director [René] Comte dated July 8, 1932; gta Archive / ETH Zurich (Estate of Sigfried Giedion) [translated].
10   Letter from Sigfried Giedion to the lawyer Wladimir Rosenbaum-Ducommun dated October 28, 1932; gta Archive / ETH Zurich (Estate of Sigfried Giedion) [translated].
11   Rudolf Graber, "Vom Entwurf zum serienreifen Möbelstück," Das Werk. Architektur und Kunst, 19, no. 11 (1932), 335–37, here 337.
12   Sigfried Giedion, "Exposé über Versuche und Erfahrungen im Betrieb der B.A.G. Turgi Juli–Oktober 1932," typescript dated November 1, 1932; gta Archive / ETH Zurich (Estate of Sigfried Giedion) [translated].
13   Rüegg 2006, 136 [translated].
14   Rudolf Graber, "Ausstellungs- und Verkaufsraum der 'Wohnbedarf'-A.G. Zürich," Schweizerische Bauzeitung, nos. 101/102 (April 22, 1933): 191. The almost excessive placement of he "indi" lamp in the salesroom of Wohnbedarf AG on Talstrasse in Zurich can be clearly seen in the photographs in Giedion 1987 (115–17); see also Mehlau-Wiebking/Rüegg/Tropeano 1989, 112–13.
15   See Arthur Rüegg, "Propaganda für den Wohnbedarf," Oechslin/Harbusch 2010, 224–25; "Geschäftsgraphik der Bronzewarenfabrik A.-G. Turgi," Das Werk. Architektur und Kunst, 20, no. 2 (1933): 54; Bill 1999, 128; Stankowski 1996, 49–52.
16   See Rössler 2013, 228, catalogue raisonné no. F-02. One copy of the catalog is preserved in the estate of Hin Bredendieck, along with one copy of Bayer's catalog brochure "section allemande" (Rössler 2013, D-07b; both in Atlanta).
17   Friederike Mehlau-Wiebking, "Aufstieg und Zerfall einer Idee," Mehlau-Wiebking, Rüegg and Tropeano 1989, 76–108, here 79 [translated]. For more on the transfer of ideas between the Bauhaus and Switzerland, as well as on the key protagonists, see the anthology Grämiger/Heinze-Greenberg/Schmitt 2019.
18   For more on the Neue Typografie (New Typography), see Meer 2015.
19   In a letter from Sigfried Giedion to René Comte, it becomes clear that Bredendieck was included in the discussions about advertising—above all in reference to the Basel Mustermesse: "I have requested that Bredendieck be present as well, so that he can take over the prompt communication with Bill." Letter from Sigfried Giedion to René Comte dated November 26, 1932; gta Archive / ETH Zurich (Estate of Sigfried Giedion) [translated].
20   See "Rekordbesuch der Schweizer Mustermesse 1933 in Basel," Das Werk. Architektur und Kunst, 20, no. 5 (1933): XLII.
21   See Gewerbeschule und Kunstgewerbemuseum der Stadt Zürich, Festschrift zur Eröffnung des Neubaues im Frühjahr 1933 (1933); P[eter] M[eyer], "Gewerbeschule und

1   Sigfried Giedion, Zeugnis für Hinrich Bredendieck v. 20.10.1933, Abschrift, LMO-HB 10.
2   Baldinger/Steigmeier 2002, S. 192.
3   Sigfried Giedion an Direktor [René] Comte, Brief v. 3.6.1932, gta Archiv / ETH Zürich (Nachlass Sigfried Giedion).
4   Vgl. Mehlau-Wiebking, Rüegg und Tropeano 1989, hier insbesondere S. 200–203.
5   Laut Mehlau-Wiebking, Rüegg und Tropeano 1989, S. 72, wurde die indi-Leuchte „in sechs Varianten angeboten, darunter als Volksmodell – in dieser billigsten Ausführung der Bodenstehlampe fielen sowohl Ringzugschalter wie ringförmiger Schlitz weg und anstelle des patentierten Tellerfusses mit Gummiring wurde ein einfacher Gusseisenteller verwendet. Die ‚Indi-Leuchte' wurde in den verschiedenen Varianten von 1931 bis 1967 in 800 Exemplaren verkauft (Angabe der Firma B.A.G.)."
6   Sigfried Giedion an Direktor [René] Comte, Brief v. 3.6.1932, gta Archiv / ETH Zürich (Nachlass Sigfried Giedion); Sigfried Giedion an Hin Bredendieck, Brief v. 14.7.1932, ebd.
7   Struve 2019, S. 164, Anm. 8.
8   B.A.G. Turgi, R[ené] Comte und Hitz, Zeugnis für Hin Bredendieck, ausgestellt am 14.8.1934, LMO-HB 10.
9   Sigfried Giedion an Direktor [René] Comte, Brief v. 8.7.1932, gta Archiv / ETH Zürich (Nachlass Sigfried Giedion).
10   Sigfried Giedion an Rechtsanwalt Wladimir Rosenbaum-Ducommun, Brief v. 28.10.1932, gta Archiv / ETH Zürich (Nachlass Sigfried Giedion).
11   Rudolf Graber: Vom Entwurf zum serienreifen Möbelstück, in: Das Werk. Architektur und Kunst, 19.1932, H. 11, S. 335–337, hier S. 337.
12   Sigfried Giedion, Exposé über Versuche und Erfahrungen im Betrieb der B.A.G. Turgi Juli-Oktober 1932, Typoskript v. 1.11.1932, gta Archiv / ETH Zürich (Nachlass Sigfried Giedion).
13   Rüegg 2006, S. 136.
14   Rudolf Graber: Ausstellungs- und Verkaufsraum der ‚Wohnbedarf'-A.G. Zürich, in: Schweizerische Bauzeitung 101/102.1933 v. 22.4.1933, S. 191. Die nahezu exzessive Platzierung der indi-Leuchte im Verkaufsraum der Wohnbedarf AG in der Zürcher Talstraße ist auf den Fotografien in der Publikation Giedion 1987 (S. 115-117) gut zu erkennen; vgl. auch Mehlau-Wiebking, Rüegg und Tropeano 1989, S. 112f.
15   Vgl. Arthur Rüegg: Propaganda für den Wohnbedarf, in: Oechslin/Harbusch 2010, S. 224f.; „Geschäftsgraphik der Bronzewarenfabrik A.-G. Turgi", in: Das Werk. Architektur und Kunst, 20.1933, H. 2, S. 54; Bill 1999, S. 128; Stankowski 1996, S. 49–52.
16   Vgl. Rössler 2013, S. 228, Werkverzeichnisnummer F-02. Ein Exemplar des Katalogs hat sich im Nachlass von Hin Bredendieck erhalten; ebenso ein Exemplar von Bayers Katalogheft „section allemande" (Rössler 2013, D-07b), beide Standort Atlanta.
17   Friederike Mehlau-Wiebking: Aufstieg und Zerfall einer Idee, in: Mehlau-Wiebking, Rüegg und Tropeano 1989, S. 76–108, hier S. 79. Zum Ideentransfer zwischen dem Bauhaus und der Schweiz sowie den zentralen Akteuren vgl. den Sammelband: Grämiger, Heinze-Greenberg und Schmitt 2019.
18   Vgl. zur Neuen Typografie Meer 2015.
19   In einem Schreiben von Sigfried Giedion an René Comte wird deutlich, dass Bredendieck in die Überlegungen zur Reklame – hier vor allem mit Bezug auf die Mustermesse Basel – einbezogen wurde: „Ich habe gebeten, dass auch Bredendieck anwesend sei, damit er die rasche Verständigung mit Bill übernehme", Sigfried Giedion an René Comte, Brief v. 26.11.1932, gta Archiv / ETH Zürich (Nachlass Sigfried Giedion).
20   Vgl. Rekordbesuch der Schweizer Mustermesse 1933 in Basel, in: Das Werk. Architektur und Kunst, 20.1933, H. 5, S. XLII.
21   Vgl. Gewerbeschule und Kunstgewerbemuseum der Stadt Zürich: Festschrift zur Eröffnung des Neubaues im Frühjahr 1933, Zürich 1933; P[eter] M[eyer]: Gewerbeschule und Kunstgewerbemuseum der Stadt Zürich, in: Das Werk. Architektur und Kunst, 20.1933, H. 5, S. XXXIV.
22   Vgl. Baldinger/Steigmeier 2002.

23 Walter Gropius: Rundfrage an die Bauhäusler, 1935, ausgefüllt von Hin Bredendieck im Sommer 1935, Bauhaus-Archiv Berlin, GS 16/Mappe 129.

24 Erwähnungen oder Hinweise auf die von Giedion genannte Tätigkeit Bredendiecks für das Dessauer Theater liegen bislang nicht vor.

25 Sigfried Giedion, Bestätigung Hinrich Bredendieck v. 20.10.1933, LMO-HB 10; zur Geschichte des Umbaus vgl. insbesondere W[erner] J[egher]: Der Umbau des Corso-Theaters in Zürich, in: *Schweizerische Bauzeitung*, Bd. 104, Nr. 8 v. 25.8.1934, S. 79–81 sowie passim (das Heft dieser Zeitschrift erschien als Sonderdruck auch als Monografie unter dem Titel des einleitenden Aufsatzes); Bignens 1985. Bruno Séquin war Inhaber des Corso-Gebäudes, Karl Knell am Umbau maßgeblich beteiligter Architekt.

26 Vgl. Marbach/Rüegg 1990.

27 Zuzug am 7.9.1933 von Turgi, Kanton Aargau; bis 10.12.1933 Westbühlstraße 20, 8038 Zürich; vom 11.12.1933 bis 15.3.1934 Ostbühlstraße 68, 8038 Zürich; Wegzug am 15.3.1934 nach Deutschland (Ort nicht bekannt); Bevölkerungsamt Zürich, E-Mail an die Verfasserin v. 19.7.2017. Die Adressangaben von Virginia Weisshaus sind nur zum Teil mit Bredendiecks identisch.

28 Hin Bredendieck an Sigfried Giedion, Brief v. 11.9.1933, gta Archiv / ETH Zürich (Nachlass Sigfried Giedion).

29 Ebd.

30 Das von Ernst Burckhardt ausgestellte Zeugnis nennt als Beschäftigungsbeginn den 1. Oktober. In einem Brief an Sigfried Giedion v. 11.9.1933 berichtet Bredendieck jedoch, dass er bereits für Knell tätig sei; vgl. gta Archiv / ETH Zürich (Nachlass Sigfried Giedion).

31 Ernst Burckhardt, Zeugnis Hin Bredendieck, undatiert [1934], LMO-HB 10.

32 Carola Giedion-Welcker: Max Ernsts Wandbild von 1934 für die Corso-Bar in Zürich, in: *Das Werk. Architektur und Kunst*, 53.1966, H. 1, S. 32f.

33 „Die Theater-Beleuchtungsanlagen", in: *Schweizerische Bauzeitung* (wie Anm. 25), S. 87–89.

34 Gropius: Rundfrage 1935 (wie Anm. 23).

35 Vgl. Buchsteiner/Letze 2005, S. 260–263.

36 Vgl. Hin Bredendieck an Reichspatentamt Berlin, Brief v. 24.9.1935, GTL-HB. In diesem Brief überträgt Bredendieck der Firma von Emil Niethammer eine laufende Patentanmeldung (für eine Leuchte) sowie den Gebrauchsmusterschutz (Nr. 1. 318. 191 Klasse 4b); siehe hierzu auch den Eintrag beim Deutschen Patentamt: DE1318191.

37 Vgl. Zuzugsvermerk im Melderegister Aurich für Hin Bredendieck, v. 13.4.1934, Niedersächsisches Landesarchiv, Standort Aurich, Dep. 34 C Nr. 1154.

Kunstgewerbemuseum der Stadt Zürich," *Das Werk. Architektur und Kunst*, 20, no. 5 (1933): XXXIV.

22 See Baldinger/Steigmeier 2002 [translated].

23 Walter Gropius, survey addressed to the Bauhaus members, 1935 answered by Hin Bredendieck in the summer of 1935, Bauhaus-Archive Berlin, GS 16/portfolio 129 [translated].

24 There have thus far been no mentions or references to Bredendieck's activities for the theater in Dessau, as mentioned by Giedion.

25 Sigfried Giedion, endorsement of Hinrich Bredendieck dated October 20, 1933; LMO-HB 10 [translated]. For more on the history of the renovation work, see especially W[erner] J[egher], "Der Umbau des Corso-Theaters in Zürich," *Schweizerische Bauzeitung*, 104, no. 8 (August 25, 1934): 79–81 and passim (this issue of the journal was published as a special edition monograph under the title of the introductory essay); Bignens 1985. Bruno Séquin was the owner of the Corso building, and Karl Knell was the principal architect of the renovation work.

26 See Marbach/Rüegg 1990.

27 After leaving Turgi, he moved in to the Neubühl settlement in Zurich on September 7, 1933; through December 10, 1933: Westbühlstrasse 20, 8038 Zurich; from December 11, 1933, through March 15, 1934: Ostbühlstrasse 68, 8038 Zurich; on March 15, 1934, he left Zurich and moved to Germany (where precisely is unknown); Residents' Office, Zurich, email to the author dated July 19, 2017. The address details of Virginia Weisshaus are only partially identical with those of Bredendieck.

28 Letter from Hin Bredendieck to Sigfried Giedion dated September 11, 1933; gta Archive / ETH Zurich (Estate of Sigfried Giedion) [translated].

29 Ibid. [translated].

30 The letter of recommendation issued by Ernst Burckhardt mentions October 1 as the starting date for employment. However, in a letter to Sigfried Giedion dated September 11, 1933, Bredendieck reports that he was already working for Knell; see gta Archive / ETH Zurich (Estate of Sigfried Giedion).

31 Ernst Burckhardt, letter of recommendation for Hin Bredendieck, undated [1934], LMO-HB 10 [translated].

32 Carola Giedion-Welcker, "Max Ernsts Wandbild von 1934 für die Corso-Bar in Zürich," *Das Werk. Architektur und Kunst*, 53, no. 1 (1966): 32–33.

33 "Die Theater-Beleuchtungsanlagen," *Schweizerische Bauzeitung* (see note 25): 87-89.

34 Gropius survey 1935 (see note 23).

35 See Buchsteiner/Letze 2005, 260–63.

36 See letter from Hin Bredendieck to the Reich Patent Office, Berlin, dated September 24, 1935; GTL-HB. In this letter, Bredendieck transfers ownership of a patent application (for a lamp) and the utility model protection (no. 1. 318. 191 class 4b) to Emil Niethammer's company.

37 See the registration of the new address for Hin Bredendieck in the Aurich register of residents dated April 13, 1934; Lower Saxony State Archives, Subdivision Aurich, Dept. 34 C, no. 1154.

für die Wohnung...

Oldenburger Jahre 1934–1937

Das 1923 eröffnete Landesmuseum Oldenburg pflegte eine intensive Beziehung zum Bauhaus: Sein Gründungsdirektor Walter Müller-Wulckow (1886–1964) stand schon seit 1918 mit Walter Gropius im Austausch und hatte am 26. April 1919 – zu dieser Zeit noch als Kunstkritiker in Frankfurt am Main tätig – den ersten Zeitungsartikel über das neueröffnete Staatliche Bauhaus Weimar in der *Frankfurter Zeitung* veröffentlicht.[1] Als Müller-Wulckow nach Oldenburg berufen wurde, gelangte damit eine neue treibende Kraft für den Aufbruch in die Moderne in die ehemalige Residenzstadt. Der Aufbau einer Modernen Galerie, u.a. mit Werken von Erich Heckel, Ernst Ludwig Kirchner, Paula Modersohn-Becker, Emil Nolde und Karl Schmidt-Rottluff, gehörte ebenso zu seinem Programm, wie der Erwerb von Arbeitsproben und Möbeln des Bauhauses.[2] Früh war Müller-Wulckow von der epochemachenden Kraft der Weimarer bzw. Dessauer Gestaltungshochschule überzeugt und erwarb – sowohl für seine private Sammlung als auch für die Sammlung und Ausstattung des Landesmuseums – Werke von Marianne Brandt, Josef Hartwig, Otto Lindig, Lydia Driesch-Foucar, Marguerite Friedlaender, Margaretha Reichardt, Wilhelm Wagenfeld, Marcel Breuer und Ludwig Mies van der Rohe.[3] Darüber hinaus regte Müller-Wulckow mehrere junge Menschen, wie Tony Simon-Wolfskehl und Amy Bernoully, die Tochter des Frankfurter Architekten Ludwig Bernoully, zum Besuch der Gestaltungshochschule an. Auch in Oldenburg entdeckte der Museumsdirektor zwei junge Talente: Karl Schwoon (1908–1976)[4] und Hermann Gautel (1905–1945),[5] die sich mit seiner Empfehlung zum Wintersemester 1927/28 am Bauhaus Dessau immatrikulierten. Nach dem Vorkurs trennten sich deren Wege jedoch und Hermann Gautel traf in der Metallwerkstatt auf Hin Bredendieck.

for the home ...

The Oldenburg Years, 1934–1937

The Oldenburg State Museum, which opened in 1923, maintained an intensive relationship with the Bauhaus: its founding director, Walter Müller-Wulckow (1886–1964), had been in correspondence with Walter Gropius since 1918 and published the first newspaper article about the newly opened Bauhaus in Weimar in the *Frankfurter Zeitung* on April 26, 1919—at that time, he was still working as an art critic in Frankfurt am Main.[1] When Müller-Wulckow was appointed to the museum in Oldenburg, a new driving force for the advent of modernism arrived in the former royal seat. The establishment of a Modern Gallery, including works by Erich Heckel, Ernst Ludwig Kirchner, Paula Modersohn-Becker, Emil Nolde, and Karl Schmidt-Rottluff, was just as much a part of his program as the acquisition of work samples and furniture from the Bauhaus.[2] Müller-Wulckow had been convinced early on of the epoch-making power of the Bauhaus school in Weimar and later in Dessau, and he acquired works by Marianne Brandt, Josef Hartwig, Otto Lindig, Lydia Driesch-Foucar, Marguerite Friedlaender, Margaretha Reichardt, Wilhelm Wagenfeld, Marcel Breuer, and Ludwig Mies van der Rohe— both for his private collection and for the collection and furnishings of the State Museum.[3] In addition, Müller-Wulckow encouraged several young people, such as Tony Simon-Wolfskehl and Amy Bernoully,

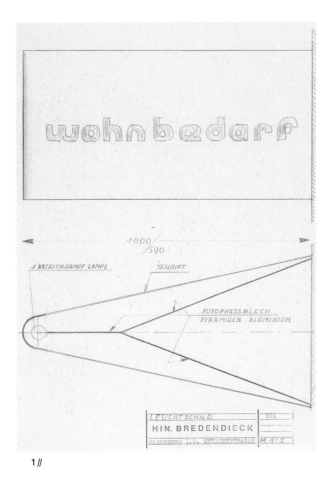

1 //

2 //

abb. 1 // Hin Bredendieck, Entwurf für ein Leuchtschild
„wohnbedarf", Oldenburg, 1934 **// fig. 1 //** Hin Bredendieck,
"home furnishings," design for a neon sign, Oldenburg, 1934

abb. 2 // Schaufenster von Hermann Gautels Einrichtungsgeschäft „für die Wohnung ..." in Oldenburg, um 1935 **//
fig. 2 //** Display window of Hermann Gautel's interior
design shop "for the home ..." in Oldenburg, ca. 1935

the daughter of the Frankfurt-based architect
Ludwig Bernoully, to become students of the Bau-
haus. Furthermore, he discovered two young talents
in Oldenburg: Karl Schwoon (1908–1976)[4] and
Hermann Gautel (1905–1945),[5] both of whom, on
his recommendation, enrolled at the Bauhaus in
Dessau for the winter semester 1927/28. After the
Preliminary Course, however, they parted ways,
and it was in the Bauhaus metal workshop that
Hermann Gautel met Hin Bredendieck.

Together with the Vereinigung für junge Kunst
(Association for Young Art), which was founded in
1922 and unconditionally propagated modernism,
Müller-Wulckow had advocated modern art and
design until the National Socialists seized power.[6]
While the old Oldenburg Kunstverein, which had
been founded as early as the mid-nineteenth
century, was "brought into line" and the Vereinigung
für junge Kunst dissolved in May 1933, the State
Museum's exhibition program adapted to the new
conditions. While several museum colleagues who

Gemeinsam mit der 1922 gegründeten Vereinigung für junge Kunst,
einem engagierten, die Moderne vorbehaltlos propagierenden
Kunstverein, setzte Müller-Wulckow sich bis zur Machtergreifung
der Nationalsozialisten für die Moderne ein.[6] Während der alte Oldenburger Kunstverein, der bereits Mitte des 19. Jahrhunderts gegründet worden war, im ‚Dritten Reich' gleichgeschaltet wurde und
die Vereinigung für junge Kunst sich im Mai 1933 auflöste, passte

sich das Ausstellungsprogramm des Landesmuseums den neuen Bedingungen an. Obwohl etliche Museumskollegen, die die Moderne propagiert hatten, ihrer Ämter enthoben wurden, verblieb Walter Müller-Wulckow im Amt. Den Höhepunkt der nationalsozialistischen Verfemung der Moderne erlebte das Landesmuseum im August 1937 mit der Aktion „Entartete Kunst", bei der 103 Werke der über mehr als ein Jahrzehnt aufgebauten Sammlung der Moderne beschlagnahmt wurden.

Die Kunstpolitik der Region wurde durch den Landesleiter der Reichskammer der bildenden Künste im Gau Weser-Ems kontrolliert. Dieses Amt hatte ab 1935 der aus Oldenburg stammende Hans Martin Fricke inne. Fricke, der bereits 1932 der NSDAP beigetreten war, hatte 1922 bis 1925 selbst am Bauhaus Weimar studiert und hier, befreundet mit Marcel Breuer, eine Tischlerlehre absolviert. 1925 war Fricke nach Oldenburg zurückgekehrt und hatte hier sein Diplom als Architekt erworben.

Als Bredendieck Mitte September 1934 von Aurich nach Oldenburg kam,[7] hatte er ein Zeugnis von Walter Gropius im Gepäck, in dem dieser ihn in technischer wie künstlerischer Hinsicht als für „beleuchtungskörper-fabrikanten (...) unentbehrlich und unersetzbar" empfahl.[8] In Oldenburg arbeitete Bredendieck, dessen Lebensgefährtin Virginia nur wenig später nachgezogen war, sowohl selbständig als auch mit Hermann Gautel, seinem ehemaligen Kommilitonen aus der Metallwerkstatt des Bauhauses.[9] Gautel war nach beruflichen Stationen in Süddeutschland und einer kurzen Lagerhaft Ende 1933 in seine Heimatstadt zurückgekehrt. In der Oldenburger Innenstadt hatte er – nur kurze Zeit vor Bredendiecks Ankunft – das Einrichtungsgeschäft „für die Wohnung ..." mit angeschlossener Tischlerei eröffnet. Ein Entwurf für ein Ladenschild könnte zwar andeuten, dass zeitweise auch der Geschäftsname „Wohnbedarf" für das Oldenburger Innenausstattungsgeschäft erwogen worden war, doch erscheint es wahrscheinlicher, dass dieser Entwurf für Zürich angefertigt worden war, da Bredendieck auch aus Norddeutschland noch

3 //

had been proponents of modernism were removed from office, Walter Müller-Wulckow remained. In August 1937 came the nationwide campaign against "degenerate art," representing the climax of the National Socialist purging of modernism; this resulted in the confiscation of 103 works from the museum's modern art collection, compiled over more than a decade.

The art policy of the region was controlled by the director of the government's Bureau of Fine Arts in the regional district of Weser-Ems, an office held from 1935 onwards by Hans Martin Fricke from Oldenburg. Fricke, who had already joined the Nazi Party in 1932, had himself studied at the Weimar Bauhaus from 1922 to 1925 and, as a friend of Marcel Breuer, completed a carpentry apprenticeship there. Fricke had returned to Oldenburg in 1925, where he earned his diploma as an architect.

When Bredendieck came to Oldenburg from Aurich in mid-September 1934 (his partner Virginia was to join him shortly after),[7] he brought along with him a letter of recommendation from Walter Gropius. Gropius commended him as being both technically and artistically "indispensable and

abb. 4 // Hin Bredendieck, Entwurf für einen
Kleiderschrank, Oldenburg, Dezember 1934 //
fig. 4 // Hin Bredendieck, Design for a wardrobe,
Oldenburg, December 1934

abb. 5 // Hin Bredendieck (und Hermann Gautel?),
Küchenschrank, Oldenburg, 1934/35, GTL-HB //
fig. 5 // Hin Bredendieck (and Hermann Gautel?),
Kitchen cupboard, Oldenburg, 1934/35, GTL-HB

irreplaceable for manufacturers of lighting fixtures."[8]
In Oldenburg, Bredendieck worked both independently and with Hermann Gautel, a fellow student
from the Bauhaus metal workshop.[9] Gautel had
returned to his hometown at the end of 1933 after
a career in southern Germany and a brief "camp
detention." Shortly before Bredendieck's arrival,
he had opened the interior design shop *für die
Wohnung ...* (for the home ...) in Oldenburg's inner city,
together with an affiliated carpenter's workshop.
Although a design for a shop sign could suggest that
the shop name Wohnbedarf (home furnishings) had
also been considered for a while, it seems more
likely that this design was intended for Zurich, since

mit Giedion über die Wohnbedarf AG und weiterführende Projekte
korrespondierte. Die Nachwirkung von Bredendiecks Schweizer Aufenthalt wird auch dadurch deutlich, dass sich in Gautels Nachlass
Prospekte der B.A.G. Turgi und der Wohnbedarf AG erhalten haben.
Gautel, der zunächst eine Ausbildung in der väterlichen Polsterei absolvierte und 1931 sein Bauhaus-Zeugnis erhalten hatte, brachte Erfahrungen aus der Mitarbeit bei dem auf die Produktion von modernen Stahlrohrstühlen spezialisierten Hersteller Albert Stoll mit nach
Oldenburg. Bredendieck brachte in die Zusammenarbeit fundierte

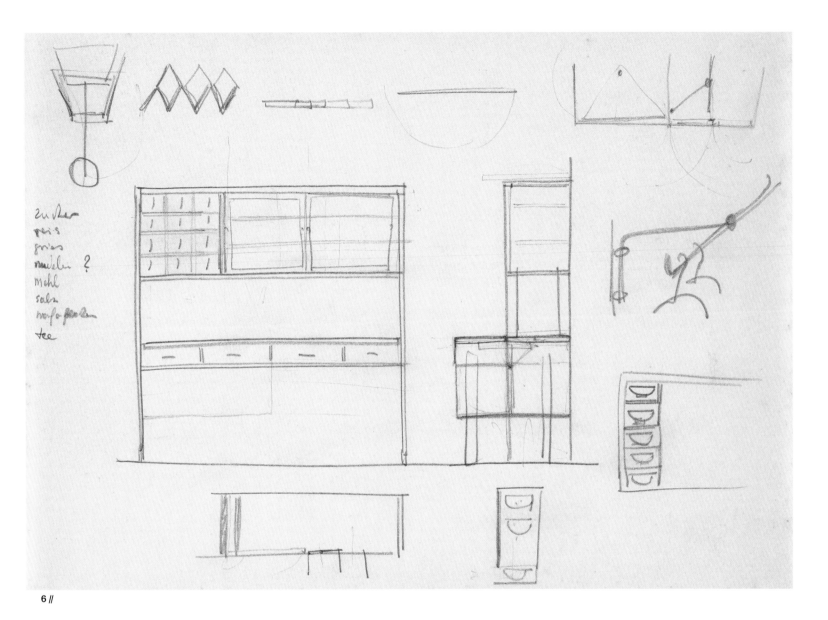

6 //

Kenntnisse des Tischlerhandwerks sowie seine Arbeitserfahrung
aus der Metallwerkstatt des Bauhauses und umfassende Entwurfs-
und Fertigungskenntnisse aus den Jahren in der Schweiz ein.

Wie stark Gautel von den Produktkenntnissen Bredendiecks profi-
tierte, zeigen markante Möbelentwürfe: So ähnelt ein in Oldenburg
ausgeführtes, in der Rückenlehne verstellbares Schlaf-Sofa auf ver-
blüffende Weise dem 1931 von Max Ernst Haefeli entworfenen Bettso-
fa „Wohnbedarf-Modell 61", das von der Wohnbedarf AG vertrieben

Bredendieck still corresponded with Giedion about
Wohnbedarf AG and further projects from his new
home in northern Germany. The after-effect of
Bredendieck's stay in Switzerland is also evident
from the fact that brochures of the companies B.A.G.
Turgi and Wohnbedarf AG are preserved in Gautel's
estate. Gautel, who initially trained in his father's
upholstery workshop and received his Bauhaus
certificate in 1931, had experience working for Albert
Stoll, a manufacturer specializing in the production
of modern tubular steel chairs. Bredendieck contributed to the cooperation. In addition to his own
abilities as a carpenter, Bredendieck also brought
experience from the Bauhaus metal workshop and
comprehensive design and manufacturing knowledge from his years in Switzerland.

163

7 //

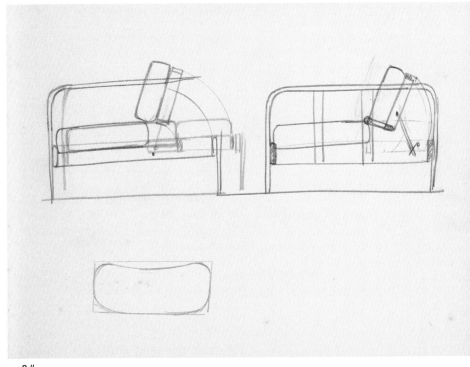

8 //

The extent to which Gautel benefited from Bredendieck's product knowledge is demonstrated by a number of striking furniture designs: for example, a sofa bed with an adjustable backrest produced in Oldenburg astonishingly resembles the "Wohnbedarf-Modell 61" sofa bed designed by Max Ernst Haefeli in 1931 and distributed by Wohnbedarf AG.[10] Individual pieces of the Möbel für das Ehestandsdarlehen (furniture for the marriage loan) produced in Oldenburg, which were conceived as inexpensive furnishings for young couples, are also reminiscent of the Volksschränke (people's cupboards) manufactured in Switzerland, developed as inexpensive variants from the "Inkombi" furniture series.[11] The shelves and chests of drawers standing on tubular steel legs from Hermann Gautel's product portfolio are clearly influenced by the (tableware) cupboards of the "Inkombi" series, which had been manufactured a few years earlier and placed on similar tubular steel legs, and which had received their product name from László Moholy-Nagy and their logo from Max Bill.[12] Although concrete source models can only be found for a few individual design elements, a migration of ideas between Switzerland and Germany is clearly evident here. The product range of the Oldenburg furniture store—which was unrivalled in the city—consisted of a mixture of pieces made locally in the carpenter's workshop, products of regional manufacturers (for example, from the Hohenhagen hand-weaving mill), and furniture from renowned manufacturers (such as Thonet and Albert Stoll). Photographs in the estates

abb. 7 // Hin Bredendieck, Entwurf für ein Klappsofa, ca. 1933/1934 // fig. 7 // Hin Bredendieck, design for a folding sofa, ca. 1933/1934
abb. 8 // Hin Bredendieck und Hermann Gautel, Couch, um 1934/35 // fig. 8 // Hin Bredendieck and Hermann Gautel, Couch, ca. 1934/35

wurde.[10] Auch einzelne Stücke der in Oldenburg hergestellten „Möbel für das Ehestandsdarlehen", die als preiswerte Einrichtungsgegenstände für junge Paare gedacht waren, erinnern an die in der Schweiz hergestellten „Volksschränke", die als günstige Varianten aus der Reihe der „Inkombi-Möbel" hervorgegangen waren.[11] Die auf Stahlrohrfüßen stehenden Regale und Kommoden aus dem Produktportfolio von Hermann Gautel lassen den Einfluss der wenige Jahre zuvor ausgeführten, auf ähnliche Stahlrohrbeine gesetzten (Geschirr-) Schränke der „Inkombi"-Reihe erkennen, die ihren Produktnamen von László Moholy-Nagy und ihr Logo von Max Bill erhalten hatten.[12] Auch wenn sich nur für einzelne Gestaltungselemente konkrete Vorbilder nachweisen lassen, zeigt sich eine Migration der Ideen zwischen der Schweiz und Deutschland. Das Produktprogramm des Oldenburger Einrichtungsgeschäfts - das in der Stadt einigermaßen konkurrenzlos war - bestand aus einer Mischung aus vor Ort in der Tischlerei gefertigten Stücken, den Produkten regionaler Hersteller (z.B. aus der Handweberei Hohenhagen in Bremen) sowie Möbeln renommierter

164

abb. 9 // Hin Bredendieck, Entwurf
für eine Pendelleuchte, Oldenburg,
Oktober 1934 // fig. 9 // Hin Bredendieck, Design for a pendant lamp,
Oldenburg, October 1934

PENDEL-LEUCHTE
HIN. BREDENDIECK
OLDENBURG I.O.GERICHTSTR.23
205
M.ca.1:5
25.10.34.

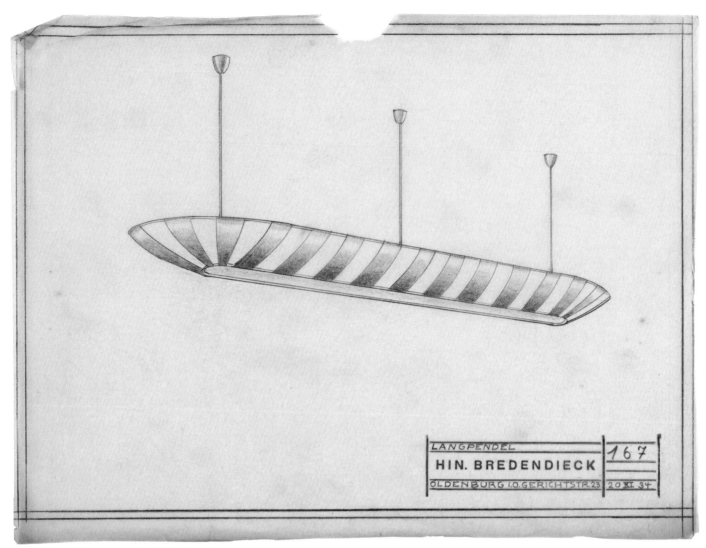

10 //

abb. 10 // Hin Bredendieck, Entwurf für Langpendel-Leuchte, Oldenburg, November 1934 // **fig. 10** // Hin Bredendieck, Design for long-pendulum lamp, Oldenburg, November 1934

of Hermann Gautel and Hin Bredendieck document fully furnished apartments of open-minded customers in Oldenburg and illustrate the regional appropriation of modern residential design in the Oldenburg province.

Drawings and sketches in Bredendieck's estate also document lively design activity during these years, as illustrated by numerous designs for wardrobes and linen cupboards, seating furniture, and above all the further development of lamp systems from the Swiss years. In family terms, the Oldenburg years marked a decisive turning point, as the vagabond designer and his partner became a family: on February 10, 1935, Hin Bredendieck and Virginia married in Aurich. Their first daughter was born in November 1935.[13] Hermann Gautel, who had married Kunigunde "Gundel" Mürb (1910–1988) at the

Hersteller (wie von Thonet und Albert Stoll). Fotografien in den Nachlässen von Hermann Gautel und Hin Bredendieck dokumentieren Wohnungseinrichtungen aufgeschlossener Oldenburger Kunden und zeigen die Aneignung von modernem Wohndesign in der Oldenburger Provinz.

Zeichnungen und Skizzen im Nachlass Bredendiecks belegen auch für diese Jahre eine rege Entwurfstätigkeit, wie zahlreiche Entwürfe für Kleider- und Wäscheschränke, Sitzmöbel und vor allem die Weiterentwicklung von Lampensystemen aus den Schweizer Jahren

11 //

verdeutlichen. Auch privat bedeuteten die Oldenburger Jahre eine entscheidende Wende, denn aus dem vagabundierenden Gestalter und seiner Lebensgefährtin wurde eine Familie: Am 10. Februar 1935 heirateten Hin Bredendieck und Virginia in Aurich. Im November 1935 kam ihre erste gemeinsame Tochter zur Welt.[13] Auch Hermann Gautel, der Ende 1933 Kunigunde „Gundel" Mürb (1910–1988) geheiratet hatte, war 1934 erstmals Vater geworden. Die familiären Veränderungen (und ein zusätzlicher Raumbedarf) bieten vielleicht die Erklärung für die mehrfach wechselnden Meldeadressen Bredendiecks in Oldenburg, der zwischenzeitlich zur Untermiete bei Hermann Gautel in der Lindenalle 49 gewohnt hatte.

Gemeinsam mit Gautel wurde Bredendieck 1937 vom Landesmuseum Oldenburg mit der Einrichtung der „Schütte-Lanz-Ehrenhalle" im Oldenburger Schloss beauftragt. Der dem Oldenburger Luftschiffpionier Johann Schütte und dem Industriellen Karl Lanz,

abb. 11 // Raumansicht „Schütte-Lanz-Ehrenhalle", 1937, Bromsilberpostkarte nach einer Fotografie von Theodor Gremmler // fig. 11 // "Schütte-Lanz Hall of Honor," 1937, silver bromide postcard after a photograph by Theodor Gremmler

end of 1933, had also become a father for the first time in 1934. Changes to Bredendieck's family situation (and additional space requirements) perhaps provide an explanation for the frequent change of his registered address in Oldenburg, including living with Hermann Gautel as a subtenant at Lindenallee 49.

Together with Gautel, Bredendieck was commissioned by the Oldenburg State Museum in 1937 to furnish the "Schütte-Lanz Hall of Honor" in Oldenburg Castle. The exhibition space dedicated to the

Oldenburg airship pioneer Johann Schütte and the industrialist Karl Lanz, who had introduced the streamlined shape into airship construction, featured a monumental mural depicting the story of the rise and fall of Icarus by the Oldenburg-based painter Adolf Niesmann. "The display cases and cabinets were designed by Gautel and manufactured in his workshop by a carpenter and craftsman employed by him," Müller-Wulckow recalled decades later, and remarked appreciatively: "This commission made unusual demands, since these display cases were to be constructed for the first time from aluminum profiles and the cabinets were also to be produced with these in combination with plywood."[14] Bredendieck designed and built, among other things, a light box in February 1937.[15] The cooperation is documented not only by corresponding accounts preserved in the archives of the State Museum, but also by letters from Walter Müller-Wulckow, who informed Schütte about the progress of the work. Whereas the museum director was not always satisfied with Gautel's work, he was all the more enthusiastic about his colleague, whom he described as an "excellent technical worker."[16] The fact that Müller-Wulckow could only have meant Bredendieck with this praise becomes clear in his letter of October 2, 1937, in which he wrote with regret, "And now the excellent technician who built the cabinet is no longer there; America has taken him."[17]

Hermann Gautel remained in Oldenburg and was drafted for military service in 1940. As of January 1945, he was regarded as missing. In 1959, his widow moved to Karlsruhe with their children. The friendly bond to Hin Bredendieck remained intact for decades, as letters and photos of the adolescent Gautel children and grandchildren in the estate of Bredendieck document.

die die Stromlinienform in den Luftschiffbau eingeführt hatten, gewidmete Ausstellungsraum wurde von dem Oldenburger Maler Adolf Niesmann mit einem monumentalen Wandbild ausgestattet, das die Geschichte vom Aufstieg und Fall des Ikarus erzählt. „Die Vitrinen und Schränke sind von Gautel entworfen und in seiner Werkstatt von einem Tischler und Kunsthandwerker, der bei ihm angestellt war, hergestellt worden", erinnerte sich Müller-Wulckow Jahrzehnte später und bemerkt anerkennend: „Dieser Auftrag stellte ungewöhnliche Anforderungen, da diese Vitrinen erstmals aus Alluminiumprofilen [sic!] konstruiert und die Schränke ebenso in Verbindung mit Sperrholz hergestellt werden sollten."[14] Hin Bredendieck entwarf und konstruierte im Februar 1937 u.a. einen Leuchtkasten.[15] Die Zusammenarbeit ist nicht nur durch entsprechende, im Archiv des Landesmuseums erhaltene Abrechnungen belegt, sondern auch durch Briefe Walter Müller-Wulckows, der Johann Schütte über den Verlauf der Arbeiten unterrichtete. Während der Museumsdirektor mit den Arbeiten von Gautel nicht immer zufrieden war, begeisterte ihn dessen Kollege, den er als „vorzüglichen technischen Arbeiter" bezeichnete, umso mehr.[16] Dass Müller-Wulckow mit diesem Lob nur Bredendieck gemeint haben kann, wird an seinem Schreiben vom 2. Oktober 1937 deutlich, in dem er bedauerte: „Und nun ist der vorzügliche Techniker, der den Schrank gebaut hat, nicht mehr da, den hat sich Amerika geholt."[17]

Hermann Gautel blieb in Oldenburg und wurde 1940 zum Kriegsdienst eingezogen. Seit Januar 1945 gilt er als vermisst. Seine Witwe siedelte 1959 mit den gemeinsamen Kindern nach Karlsruhe über. Die freundschaftliche Verbundenheit zu Hin Bredendieck blieb über Jahrzehnte hinweg erhalten, wie Briefe und Fotos der heranwachsenden Gautel-Kinder und -Enkel im Nachlass Bredendiecks belegen.

1 Walter Müller-Wulckow: Das Bauhaus in Weimar, in: *Frankfurter Zeitung*, Nr. 311 v. 26.4.1919.
2 Vgl. Stamm 2011.
3 Vgl. Köpnick/Stamm 2019.
4 Vgl. zu Karl Schwoon Köpnick 2019a; zur Galerie Schwoon Köpnick 2018a.
5 Vgl. Köpnick 2019b.
6 Vgl. Köpnick 2018b.
7 Vgl. Meldekarte Hinrich Bredendieck, Stadtarchiv Oldenburg, G Nr. 641, Nr. 3857.
8 Walter Gropius, Zeugnis Hin Bredendieck, v. 23.7.1934, LMO-HB 10.
9 Es bleibt unklar, wann die Zusammenarbeit von Bredendieck und Gautel begann. In einem Fragebogen, den Bredendieck 1935 von Gropius erhielt, antwortet er: „seit einem jahr versuche ich jetzt meine entwürfe selbständig unterzubringen was trotz aber allen positiven äusserungen von firmen im in- und auslande bisher nicht gelungen ist." Walter Gropius: Rundfrage an die Bauhäusler, 1935, ausgefüllt von Hin Bredendieck im Sommer 1935, Bauhaus-Archiv Berlin, GS 16/Mappe 129.
10 Mehlau-Wiebking, Rüegg und Tropeano 1989, S. 186.
11 Ebd., S. 70f.
12 Ebd.
13 Hin Bredendieck korrespondierte in der ersten Jahreshälfte 1937 über die Anmeldung eines Kinderspielzeugs (Schiebebild) zum Patent, vgl. Hinrich Bredendieck an Reichspatentamt Berlin, Brief v. 10.5.1937, LMO-HB 26. Das Patentamt

stellte die Anmeldung „in Aussicht", vgl. Reichspatentamt Berlin an Hinrich Bredendieck, Brief v. 3.6.1937, LMO-HB 26.
14 Walter Müller-Wulckow, Schreiben v. 12.11.1963, Landesmuseum für Kunst und Kulturgeschichte Oldenburg, Nachlass Walter Müller-Wulckow [im Folgenden: LMO-MW] 160.
15 Vgl. Abrechnung der Ausgestaltung der Schütte-Lanz-Ehrenhalle, LMO-MW 95.
16 „Differenzen mit dem Architekten wegen der Bemessung der noch erforderlichen Leichtmetall-Profile. Ich mußte ihm erst nachweisen, daß noch Restbestände vorhanden sind. Eine weitere Schwierigkeit erwächst dadurch, daß der vorzügliche technische Arbeiter die Werkstatt demnächst verlassen wird." Walter Müller-Wulckow an Johann Schütte, Briefdurchschlag v. 28.8.1937, LMO-MW 95.
17 Walter Müller-Wulckow an Johann Schütte, Briefdurchschlag v. 2.10.1937, LMO-MW 95; im Melderegister der Stadt Oldenburg ist Bredendiecks Ummeldung nach „Chikago" am 30.9.1937 verzeichnet, vgl. Meldekarte Hinrich Bredendieck, Stadtarchiv Oldenburg, G Nr. 641, Nr. 3857.

1 Walter Müller-Wulckow, "Das Bauhaus in Weimar," *Frankfurter Zeitung*, no. 311 (April 26, 1919).
2 See Stamm 2011.
3 See Köpnick/Stamm 2019.
4 For more on Karl Schwoon, see Köpnick 2019a; and for more on Galerie Schwoon, see Köpnick 2018a.
5 See Köpnick 2019b.
6 See Köpnick 2018b.
7 See Hinrich Bredendieck's registration card, Oldenburg municipal archives, G no. 641, no. 3857.
8 Walter Gropius, letter of recommendation for Hin Bredendieck dated July 23, 1934, LMO-HB 10 [translated].
9 It remains unclear when the cooperation between Bredendieck and Gautel began. On a survey form which Bredendieck received from Gropius in 1935, he wrote: "for one year now, i have been trying to market my designs independently, but despite all the positive comments from companies in switzerland and abroad, i have not yet succeeded." Walter Gropius, survey addressed to the Bauhaus members, 1935, filled in by Hin Bredendieck in the summer of 1935, Bauhaus-Archive Berlin, GS 16/portfolio 129 [translated].
10 See Mehlau-Wiebking, Rüegg and Tropeano 1989, 186.
11 See ibid., 70–71.
12 See ibid.
13 Hin Bredendieck corresponded in the first half of 1937 regarding the patent application for a children's toy (slider card); see letter from Hinrich Bredendieck to the Reich Patent Office in Berlin dated May 10, 1937, LMO-HB 26. The patent

office "held out the prospect" of a registration; see letter from the Reich Patent Office to Hinrich Bredendieck dated June 3, 1937, LMO-HB 26 [translated].
14 Walter Müller-Wulckow, letter dated November 12, 1963, Landesmuseum für Kunst und Kulturgeschichte Oldenburg, Nachlass Walter Müller-Wulckow (hereinafter: LMO-MW) 160 [translated].
15 See statement of account for the furnishing of the Schütte-Lanz Hall of Honor, LMO-MW 95.
16 "Differences with the architect due to the calculation of the light metal profiles still required. I first had to prove to him that remaining stocks still exist. A further difficulty arises because the excellent technical worker will soon leave the workshop." Letter from Walter Müller-Wulckow to Johann Schütte dated August 28, 1937 [carbon copy], LMO-MW 95 [translated].
17 Letter from Walter Müller-Wulckow to Johann Schütte dated October 2, 1937 [carbon copy], LMO-MW 95 [translated]; Bredendieck's registration of change of address to "Chikago" on September 30, 1937, is recorded in the Oldenburg municipal register of residents; see Hinrich Bredendieck's registration card, Oldenburg municipal archives, G no. 641, no. 3857.

the new bauhaus

AMERICAN SCHOOL of DESIGN

1905 Prairie Avenue

CHICAGO, ILLINOIS

Founded by the

ASSOCIATION of

ARTS and INDUSTRIES

Hin Bredendieck in Chicago

Hin
Bredendieck
in Chicago

Das Bauhaus im Exil

Im Juli 1933 wurde unter dem Druck der Nationalsozialisten die Selbstauflösung des Bauhauses, das unter seinem letzten Direktor Ludwig Mies van der Rohe im Herbst 1932 von Dessau nach Berlin übersiedelt war, beschlossen. Damit war der Traum des 1919 in Weimar eröffneten Bauhauses, der eng mit dem Beginn der Weimarer Republik als der ersten deutschen Demokratie verbunden war, von der kulturpolitischen Realität des Nationalsozialismus begraben worden.

Die Machtergreifung der Nationalsozialisten hatte bei Teilen der intellektuellen und künstlerischen Elite des Landes eine Flucht ins Exil – zum Teil für immer – ausgelöst. Trotz der institutionellen Auflösung verbreiteten sich die Ideen des Bauhauses, „die neuen Ansätze in der freien und angewandten Kunst, der Gestaltung, der Architektur und Pädagogik (...) überall auf der Welt, ob in den Vereinigten Staaten oder der Sowjetunion, in Polen, Israel oder der Schweiz, in Japan und Mexiko und [auf] dem afrikanischen Kontinent. Überall schrieben die meist zur Emigration gezwungenen Bauhäusler die Ideen der bedeutendsten Gestaltungsschule des 20. Jahrhunderts fort."[1]

Nicht nur aufgrund von politischer oder rassischer Verfolgung, sondern auch aus wirtschaftlichen Gründen verließen viele ehemalige Bauhäusler (Meister wie Schüler) Deutschland. Während Wassily Kandinsky nach Paris emigrierte und Paul Klee nach dem Verlust seiner Professur an der Düsseldorfer Kunstakademie in die Schweiz zurückkehrte, wanderten andere Bauhäusler in die Vereinigten Staaten aus. Gabriele Diana Grawe hat dokumentiert, dass zwischenzeitlich über 30 Bauhäusler in den USA lebten.[2]

The Bauhaus in Exile

In July 1933, under pressure from the Nazi Party, the Bauhaus was permanently dissolved. At that time, the Bauhaus was in Berlin, having moved there from Dessau in the autumn of 1932 under its last director, Ludwig Mies van der Rohe. The dream of the Bauhaus, which had opened in Weimar in 1919 and which was closely linked to the beginning of the Weimar Republic as the first German democracy, was thus buried by the cultural-political dominance of the National Socialists.

The seizing of power by Hitler and the Nazis in 1933 caused parts of Germany's intellectual and artistic elite to flee into exile—in some cases permanently. Despite its dissolution, the ideas of the Bauhaus and its "new approaches in free and applied arts, design, architecture, and educational methods" were disseminated across the world, "be it in the United States or the Soviet Union, in Poland, Israel, or Switzerland, in Japan and Mexico, and [on] the African continent. Everywhere, the Bauhaus members—mostly forced to emigrate—kept alive the ideas of the most important design school of the twentieth century."[1]

Many former Bauhaus members (both masters and students) left Germany not only because of political or racial persecution, but also for economic reasons. While Wassily Kandinsky emigrated to Paris, and Paul Klee returned to Switzerland after losing his professorship at the Düsseldorf Art Academy, other Bauhaus members emigrated to the United States. Gabriele Diana Grawe has determined that more than thirty of them lived for some period of time in the US.[2]

Josef and Anni Albers were the first to leave for America. The couple emigrated in November 1933, when Josef Albers took up a teaching position at the progressive Black Mountain College, which had just been founded in North Carolina by John Andrew Rice.[3] Walter Gropius and László Moholy-Nagy left Germany in 1934, but their paths only led them to the United States in 1937, after they had both worked in Great Britain, and Moholy also in the Netherlands. Marcel Breuer (emigration in 1935 to Great Britain, in 1937 to the USA), Ludwig Mies van der Rohe (1937), Herbert Bayer (1938), and Walter Peterhans (1938) also emigrated to the US. Chicago became one center for former members of the Bauhaus. Lloyd C. Engelbrecht has compiled numerous reasons for this choice:[4] rapid population growth had turned the city on Lake Michigan, which in 1832 had only 150 inhabitants, into a metropolis of millions and one of the most important American industrial centers. Engelbrecht writes that, as a result of industrialization, a vital arts-and-crafts movement was able to establish itself in Chicago, while the architecture and art scene had hardly developed.[5] Nevertheless, there was "a group of citizens who wished to found a ... school" to educate designers and collaborate creatively with the industry.[6] The result of this endeavor was the opening of America's successor to the Bauhaus, the New Bauhaus, in Chicago in the fall of 1937.

Bredendieck's Path to Chicago

Bredendieck later recalled the circumstances around his leaving Germany: "Finally it was evident

Den Anfang hatten Josef und Anni Albers gemacht. Das Ehepaar emigrierte im November 1933 in die USA, wo Josef Albers eine Lehrtätigkeit am Black Mountain College aufnahm, das im selben Jahr von John Andrew Rice in North Carolina gegründet worden war.[3] Walter Gropius und László Moholy-Nagy verließen Deutschland zwar 1934, doch ihr Weg führte sie erst nach Stationen in Großbritannien bzw. den Niederlanden und Großbritannien 1937 in die USA. Auch Marcel Breuer (Emigration 1935 nach Großbritannien, 1937 in die USA), Ludwig Mies van der Rohe (1937), Herbert Bayer (1938) und Walter Peterhans (1938) emigrierten in die Vereinigten Staaten. Ein Zentrum der Bauhäusler wurde Chicago. Lloyd C. Engelbrecht hat vielfältige Gründe für diese Wahl genannt.[4] Ein rasantes Bevölkerungswachstum hatte aus der Stadt an den großen Seen, die 1832 lediglich 150 Einwohner zählte, eine Millionenmetropole und eines der wichtigsten amerikanischen Industriezentren werden lassen. Engelbrecht schreibt, dass sich in der Folge der Industrialisierung eine vitale Arts and Crafts-Bewegung in Chicago etablieren konnte, während sich die Architektur- und Kunstszene kaum entwickelte.[5] Gleichwohl gab es „eine Gruppe von Bürgern, die eine (...) Schule gründen wollte", die Designer erziehen und kreativ mit der Industrie zusammenarbeiten sollte.[6] Ergebnis dieses Strebens war im Herbst 1937 die Eröffnung der amerikanischen Bauhaus-Nachfolgeinstitution: des New Bauhaus Chicago.

Bredendiecks Weg nach Chicago

„Schließlich war klar, dass ich meinen Beruf als freischaffender Designer ohne Mitgliedschaft in der Reichskulturkammer nicht mehr hätte ausüben können", rekapitulierte Bredendieck den Anlass für seine Emigration aus Deutschland.[7] Bereits 1936 hatte er seine Ehefrau, die gemeinsame Tochter und sich selbst auf dem US-Konsulat in Bremen registrieren lassen, die Emigration also bereits vor dem Angebot, am New Bauhaus tätig werden zu können, ins Auge gefasst. „Nach Prüfung der uns übermittelten Unterlagen bestehen hierseits gegen Ihre Auswanderung nach den Vereinigten Staaten von Nordamerika keine Bedenken", hatte ihm die Auswanderer-Beratungsstelle mitgeteilt.[8]

Im Sommer 1937 nahm das Ehepaar Bredendieck Kontakt mit Walter Gropius auf, der im März des Jahres von Großbritannien aus

Auszug aus dem Schiffstagebuch

Doppelschrauben=Postdampfer „BERLIN"

Kapitän F. Krone

Brutto Register Tonnen 15 286

Reise 134

1937 Sep.	Breite Nord	Länge West	Seemeilen	Wind/Stärke	Bemerkungen
30.	Bremer=	haven		SO 3	Abfahrt Bremerhaven 14.06 Uhr. Passierten Weser Feuerschiff 16.24 Uhr. Wetter: Wolkenlos, mäßig bewegte See.
30. Oktb.					
1.	51° 04' South-	1o 22' Ost ampton	306 99	Ost 4	Wetter: Wechselnd bewölkt, mäßig bewegte See. Ankunft Southampton 18.54 Uhr Abfahrt 19.36 Uhr.
2.	50o 44'	7° 48'	255	Nord 5	Wetter: Bedeckt, regnerisch, ziemlich grobe See.
3.	Galway 53o 11'	Galway 12o 01'	217 90	WSW 3	Ankunft Galway 3.30 Uhr :-: Abfahrt 5.12 Uhr. Wetter: Wechselnd bewölkt, leicht bewegte See.
4.	53o 20'	21° 56'	356	Süd 7/8	Wetter: Bedeckt, Regen, grobe See, lange W=Dünung.
5.	52o 19'	31° 13'	342	WSW 5/6	Wetter: Wechselnd bewölkt, Regenschauer, ziemlich grobe See.
6.	50° 38'	40° 06'	347	SSW 10	Wetter: Bedeckt, Regenschauer, sehr grobe See, hohe W-Dünung.
7.	48° 22'	47o 52'	332	West 5	Wetter: Bedeckt, Nebel, ziemlich grobe See, W-Dünung.
8.	45o 54'	55o 40'	355	SSW 5	Wetter: Bedckt, ziemlich grobe See.
9.	Halifax	Halifax	338	West 5	Ankunft Halifax 10.00 Uhr :-: Abfahrt 11.48 Uhr. Wetter: Wechselnd bewölkt, mäßig bewegte See.
10.	40° 30'	70o 10'	386 169	Ost 4	Wetter: Bedeckt, mäßig bewegte See, Passierten Ambrose - Feuerschiff 22.00 Uhr.
11.	New York	New York		Ost 4	Ankunft New York Pier 84, cirka 7.00 Uhr.

Seedistanz 3 586 Seemeilen.

10 Tage   0 Stunden   18 Minuten in See
Durchschnittsgeschwindigkeit pro Std. 14,92 Knoten.

1 //

---

abb. 1 // Auszug aus dem Schiffstagebuch „SS Berlin", Reise 134, September/Oktober 1937, GTL-HB **// fig. 1 //** Excerpt from the ship's log of the *SS Berlin*, voyage 134, September/October 1937, GTL-HB

---

ins amerikanische Cambridge emigriert war. Bredendieck sei einer der erfolgreichsten Absolventen des Bauhauses, bestätigte ihm der ehemalige Bauhaus-Direktor erneut und unterrichtete ihn über die Pläne, eine neue Bauhaus-Schule in Chicago aufzubauen.[9] Im August 1937 informierte Moholy-Nagy Sigfried Giedion über seine Pläne, Hin Bredendieck und György Kepes als Assistenten am New Bauhaus anzustellen.[10] „Kann das Bauhaus mit Bredendieck und Kepes lebensfähig sein?", zweifelte Giedion noch im Dezember 1937, als die Schule ihren Betrieb bereits aufgenommen hatte, und reflektierte im Dialog mit seiner Ehefrau: „Fragte [Josep Lluís] Sert, ob er wolle. Wenn [Hans] Arp und Sert auch gingen, wäre es für alle Teile leichter."[11]

that I would no longer have been able to practice my profession of freelance designer without membership in the official Art Chamber."[7] As early in 1936, he registered his wife, their daughter, and himself at the US Consulate in Bremen, thus envisaging emigration even before receiving the offer to work at the New Bauhaus. "After examination of the documents submitted to us, there are no objections here to your emigration to the United States of North America," the Emigrant Counseling Center had informed him.[8]

In the summer of 1937, the Bredendiecks contacted Walter Gropius, who had emigrated from Great Britain to Cambridge, Massachusetts, in March of that year. Bredendieck had been one of the most successful Bauhaus graduates. The former Bauhaus director reaffirmed his esteem in a letter of recommendation for Bredendieck, and also informed him of plans to establish a new Bauhaus school in Chicago.[9] In August 1937, Moholy-Nagy told Sigfried Giedion of his plans to hire Bredendieck and György Kepes as assistants at the New Bauhaus.[10] "Can the Bauhaus be viable with Bredendieck and Kepes?" Giedion

2 //

doubted as late as December 1937, when the school had already started operations, and reflected in correspondence with his wife: "Asked [Josep Lluís] Sert whether he wanted to. If [Hans] Arp and Sert would also go, it would be easier for all involved."[11]

As passengers aboard the *SS Berlin*, the three-member Bredendieck family emigrated to the United States. On October 11 the Bredendiecks arrived in New York and reached Chicago a few days later.[12]

The New Bauhaus Chicago

On October 18, 1937—only a few days after Bredendieck's arrival in Chicago—László Moholy-Nagy, as Founding Director of the school, and Walter

Als Passagiere der „SS Berlin" emigrierte die dreiköpfige Familie Bredendieck Ende September 1937 in die Vereinigten Staaten. Die Bredendiecks trafen am 11. Oktober 1937 in New York ein und erreichten wenige Tage später Chicago.[12]

Das New Bauhaus Chicago

Am 18. Oktober 1937 – nur wenige Tage nach Bredendiecks Ankunft in Chicago – eröffneten László Moholy-Nagy, als Gründungsdirektor der Schule, und Walter Gropius, der als *Spiritus rector* eine Beraterfunktion übernahm, das New Bauhaus Chicago. Finanziell getragen wurde es von der 1922 gegründeten Association of Arts and Industries (AAI), die dem Deutschen Werkbund ähnelte und zunächst in das Art Institute of Chicago, das größte Kunstmuseum der Stadt mit angeschlossener Kunstschule, investiert und hier eine Art Studiengang in Industrial Art finanziert hatte.[13] Um größeren Einfluss auf die Ausbildung zu erhalten, beschloss die AAI schließlich die Gründung einer eigenen Schule.

Im Mai 1937 hatte sich Norma K. Stahle, die geschäftsführende Direktorin, deshalb mit der Bitte, die „Leitung einer am Vorbild des Bauhauses orientierten Gestaltungs-Schule zu übernehmen", an Gropius gewandt.[14] Dieser unterrichtete inzwischen an der Harvard University in Cambridge und hatte das Angebot abgelehnt, jedoch László Moholy-Nagy nachdrücklich empfohlen. Moholy-Nagy, der der unzulänglichen beruflichen Möglichkeiten in London überdrüssig war, zeigte sich vom Angebot begeistert, einigte sich rasch mit der AAI über die Konditionen und bestieg Ende Juni 1937 ein Schiff nach Amerika, wo er am 5. Juli eintraf. Trotz der günstigen Bedingungen, unter denen er hatte emigrieren können, und noch überwältigt von den Eindrücken der Ankunft in New York, überkam ihn in Chicago zunächst ein Gefühl der Fremdheit: „Ich habe mich noch nie so allein gefühlt. Alles sieht vertraut aus, aber wenn Du genauer hinschaust, ist es eine andere Kultur – oder es ist noch keine Kultur, sondern nur eine Million Anfänge", schrieb er Sibyl, seiner zweiten Ehefrau.[15] Ende August wurde seine Ernennung zum Gründungsdirektor des New Bauhaus Chicago offiziell bekannt gegeben.

Das Kollegium war in der Anfangsphase zum Teil mit europäischen Künstlern besetzt, etwa mit György Kepes, der mit Moholy

1937 aus England nach Amerika gekommen war und den Bredendieck spätestens in Moholys Berliner Atelier kennengelernt hatte, sowie mit dem ukrainischen Bildhauer Alexander Archipenko, der schon seit 1923 in den USA lebte. Die Berufung Hin Bredendiecks stellte eine Besonderheit dar: Bredendieck zählte nicht nur zu den wenigen Lehrkräften am New Bauhaus, die das ursprüngliche Bauhaus selbst erlebt hatten, sondern er war zunächst auch der einzige vormalige Schüler, der am New Bauhaus einen Lehrauftrag übernahm. Auch die Bauhaus-Weberin Otti Berger (1898–1944), mit der

Gropius, who as *spiritus rector* assumed an advisory function, opened the New Bauhaus in Chicago. It was financed by the Association of Arts and Industries (AAI). Founded in 1922, the AAI resembled the Deutscher Werkbund (German Association of Craftsmen) and initially invested in the Art Institute of Chicago, the city's largest art museum and art school, where it financed a course in industrial art.[13] In order to have more influence on education, the AAI ultimately decided to found its own school.

In May 1937, the AAI's Managing Director, Norma K. Stahle, approached Walter Gropius with the request to "take over the management of a design school based on the model of the Bauhaus."[14] Gropius had a teaching position at Harvard University and rejected the offer, but strongly recommended László Moholy-Nagy. Moholy-Nagy, who was weary of the inadequate career opportunities in London, was enthusiastic about the offer; he quickly reached an agreement

We know that art itself cannot be taught, only the way to it. We have in the past given the function of art a formal importance, which segregates it from our daily existence, whereas art is always present where healthy and unaffected people live. Our task is, therefore, to contrive a new system of education which, along with a specialized training in science and technique leads to a thorough awareness of fundamental human needs and a universal outlook. Thus, our concern is to develop a new type of designer, able to face all kinds of requirements, not because he is a prodigy but because he has the right method of approach. We wish to make him conscious of his own creative power, not afraid of new facts, working independently of recipes.

Upon this premise we have built our program.

page 4

EDUCATIONAL PROGRAM

AIMS The New Bauhaus requires first of all students of talent: the training is for creative designers for hand and machine made products; also for exposition, stage, display, commercial arts, typography and photography; for sculptors, painters, and architects.

ORGANIZATION The education of the student is carried on in theoretical and practical courses and in the workshops of the school. The school year is divided into two semesters, the first extending from the end of September to the middle of February and the second from the middle of February until the end of June. Each student must spend two semesters (a school year) in the preliminary courses and at least six semesters (three school years) in a special workshop. After the successful completion of this training he will obtain his Bauhaus diploma and he may, by continuing four semesters (two years) in the architectural department receive the architect's degree.

PRELIMINARY COURSE The preliminary curriculum offers a test of the student's abilities. It helps shorten the road to self-experience. It embodies briefly the essential components of the training given in the specialized workshops of the new bauhaus. It gives him ample opportunity to make a careful choice of his own field of specialization later.

The preliminary curriculum is divided into three parts:

(A) The basic design shopwork (tools, machines, building musical instruments).

(B) Analytical and constructive drawing, modeling, photography.

(C) Scientific subjects.

THE OBLIGATORY PRELIMINARY COURSE

(A) *Basic Design Shopwork*

In the basic workshop the student learns the constructive handling of materials: wood, plywood, paper, plastics, rubber, cork, leather, textiles, metal, glass, clay, plasticine, plaster, and stone:
(a) their tactile values;
(b) structure;
(c) texture;
(d) surface effect and the use of their values
(e) in plane,
(f) in volume,
(g) and in space. Henceforth the student becomes (1) volume- (2) space- and (3) kinetic-conscious.
(h) In order to develop his auditory sense, he experiments with sound and builds musical instruments.
(i) He learns: the subjective and objective qualities, the scientific testing of materials;
(j) existence of the fourth dimension (time).
(k) As he experiments he builds, with small motors or other devices, toys, moving sculptures, spatial constructions, etc.
(l) and develops his sense for proportion, and penetrates this work with the different
(m) visual representation. He sketches by hand and with photo apparatus as well in black and white and in color and he works in clay. Standard nature forms will be analyzed and this analytical method leads the student to the
(n) elementary forms, later to the construction of these forms in relationship to each other
(o) with the aim of free composition.

(B) *Drawing, Modeling, Photography*

page 5

(C) *Scientific Subjects*

The following scientific courses complement shopwork and drawing:
1. Geometry
2. Physics
3. Chemistry } Physical Sciences
4. Mathematics
5. Biology
6. Physiology } Life Sciences
7. Anatomy
8. Intellectual Integration

In addition to these, the curriculum includes brief surveys of — *Supplementary*
(a) Biotechnique—the system of conscious inventions (e.g. Edison)
(b) Psychotechnique (ability testing)
(c) Music
(d) Guest lectures on other subjects;
(e) Lettering, writing (construction of letters, and printing types);
(f) Light (as an instrument of visual notes, using light as a new medium of expression); photography, film;
(g) Visits to factories, newly constructed buildings, museums, exhibitions, theatres, etc.
(h) Exhibitions (some assembled by the students, some by the faculty or others).

4 //

with the AAI regarding terms, and boarded a ship to America at the end of June 1937, arriving on July 5. Despite the favorable conditions under which Moholy-Nagy had been able to emigrate, and still overwhelmed by his impressions of New York, he was initially overcome by a sense of alienation in Chicago: "I have never felt so alone. Everything looks familiar, but if you take a closer look, it's a different culture—or it's not yet a culture, but only a million beginnings," he wrote to Sibyl Moholy, his second wife.[15] His appointment as Founding Director of the New Bauhaus Chicago was officially announced in late August.

During the initial phase, various members of the teaching staff were European artists, such as Kepes, who had come with Moholy-Nagy to America from England in 1937 (and would have met Bredendieck

abb. 4 // Schulprogramm „the new bauhaus. American School of Design", Chicago, 1937, Seiten 4 und 5 **// fig. 4 //** "the new bauhaus. American School of Design," school brochure, Chicago, 1937, pages 4 and 5

Bredendieck gemeinsam den Vorkurs besucht und die er in den Berliner Jahren noch getroffen hatte, hatte einen Ruf an das New Bauhaus erhalten, doch gelang ihr die Flucht aus Europa nicht. Als jüdisch-stämmig wurde sie Opfer des Holocaust und im Konzentrations- und Vernichtungslager Auschwitz ermordet. Schließlich übernahm die Bauhaus-Weberin Marli Ehrmann (1904–1982), die von 1923 bis 1926 am Bauhaus Weimar und Dessau studiert hatte, einen Lehrauftrag in Chicago: Ab 1939 hatte sie die Leitung des Textile Design Workshops an der School of Design, der Nachfolgeinstitution des New Bauhaus, inne.[16]

Das Unterrichtskonzept, das Moholy in dem bereits aus Weimar bekannten, von Oskar Schlemmer gestalteten Kreisdiagramm zusam-
menfasste, entsprach in vielerlei Hinsicht dem Kursplan, der bereits
in Deutschland praktiziert worden war:[17] Die Ausbildung begann mit
einem verbindlichen Vorkurs (Basic Design), in dem die Schüler mit
den verschiedenen Materialien bekannt gemacht wurden, um deren
Beschaffenheit, Eigenschaften und Verwendbarkeit zu erfahren.
Dem Besuch des Grundkurses sollte die Arbeit in den nach Materiali-
en geordneten Werkstätten folgen, wobei der Unterricht zunächst in
einer Klasse von rund 35 Studenten begann und die Schule erst sukzessive zur vollen mehrjährigen Klassenstärke ausgebaut werden
sollte. Politik spielte am New Bauhaus keine Rolle: „Moholy-Nagy und
Bredendieck waren beide strikt gegen jeden äußeren politischen Einfluss in der Schule auf Grund der Erfahrung, die sie in Deutschland
gemacht hatten. Politik und politische Diskussionen waren im Rahmen des Lehrplans der Schule praktisch tabu", erinnert sich Richard
Koppe.[18]

Der Amerikaner Koppe gehörte zu den ersten Studenten, die an
der Schule aufgenommen wurden und beschreibt den Beginn leb-
haft: „Von überall her aus den Vereinigten Staaten kamen die Studenten, und sie waren von Moholy-Nagy und der Bauhaus-Idee faszi-
niert. (...) Sie kamen aus allen möglichen Lebensbereichen, und die
meisten von ihnen hatten eine lange Schulausbildung und ein Studium an der Universität oder einer Kunsthochschule hinter sich. (...)
Fast alle hatten über das Bauhaus und mit ihm verwandte Strömun-
gen gelesen, so viel sie nur bekommen konnten (...)."[19] Koppe erinnert
allerdings auch, dass der Lehrplan den amerikanischen Studenten
zunächst fremd erschien: „Das spezielle System Lehrling – Geselle –
Meister, in Deutschland weit verbreitet, gab es praktisch in den Vereinigten Staaten überhaupt noch nicht".[20]

Ergänzt wurde der Unterricht um neu aufgenommene wissen-
schaftliche Fächer (Scientific Subjects) wie Philosophie, Musik oder
Biologie, wobei die Dozenten dieser Fächer ihre hauptamtlichen Tätigkeiten an der Universität von Chicago verrichteten. Der bereits am
Bauhaus Dessau unterrichteten Fotografie kam in Chicago ein

in Moholy-Nagy's Berlin studio, if not before then),
and the Ukrainian sculptor Alexander Archipenko,
who had been living in the US since 1923. Bredendieck's appointment was more of an anomaly:
he was not only one of the few teachers at the
New Bauhaus who had personally experienced
the original Bauhaus, he was at first the only former
pupil to take on a teaching position at the New
Bauhaus. The Bauhaus weaver Otti Berger (1898–
1944), with whom Bredendieck attended the Preliminary Course and whom he had met during the Berlin
years, had also been offered a position at the New
Bauhaus, but she was unable to escape from
Europe; of Jewish descent, she was murdered in the
Auschwitz concentration and extermination camp.
The Bauhaus weaver Marli Ehrmann (1904–1982),
who had studied at the Bauhaus in Weimar and
Dessau from 1923 to 1926, eventually took on
a teaching position in Chicago; and from 1939

5 //

Hin Bredendieck

I Semester

Basic Workshop   General

1. First problem:
Changing surface of wood

2. Second problem:
Wood sampler showing following operations with hand tools:

a. glueing   d. drilling
b. dadoing   e. ripping
c. rabbiting   f. cross-cutting

3. Third problem:
Same as above with machines.

4. Tactile table:
Collecting and organizing of different materials in analagous or
contrasting order, without changing their surface aspect.

5. Tactile table:
Same as above but with surface changes in the materials in certain
relations to each other: (to bring out similarities in unsimilar
materials; treating one material, for instance, in a number of ways
so that its tactile aspect is varied.)

6. Hand sculpture:
Finding a form of which the hand alone is judge.

Basic Workshop   Tools and Machines

Sharpening   Joints   Handling

1. Planer   Glueing   Woodscraper
   Chisels   Riveting   Spraying
2. Saws   Screwing (threads)   Filing
3. Drills   Soldering (soft)   Metal and Wood
                       Soldering (hard)   Automatic Screwdriving
                       Nailing
                       Pasting   Micrometer
                       Welding   Glass cutting
                       Spotwelding   Blowtorch

Geometry

1. Body projection
2. Table projection
3. Table projection turned in the ground elevation
4. Ditto in front elevation
5. Ditto in ground and front elevation
6. Ditto turned in three elevations

6 //

Hin Bredendieck

II Semester

Basic Workshop

1. Paper cutting
Exercise in inventiveness: through slits and cuts and folds, to open
a single sheet of paper without waste, and without use of extraneous
materials (like clips, glue etc.)

2. Same as above, taking instead of sheet of paper, small standard units
and with the same repeated operation (cut slit, fold) building with
them.

3. Exploration of the possibilities of the machines in wood and metal

4. Metal wire and glass and other materials. Experiments in the nature
and potentialities of the materials.

5. Changing printed paper surface (for instance newspaper)

6. Mechanical plastics

7. Mirroring, reflection, refraction

8. Surface treatment of materials with regard to light reflection

9. Invention of an auxiliary tool or instrument in any field of student's
own choice.

Basic Workshop   Tools and Machines as in Ist semester

Lettering same as first semester

Geometry

1. Projection of a line to find real size
2. Projection of a triangle to find real size (paper model)
3. Projection of a traceline (paper model)
4. Körper schneiden
5. Penetration of bodies
6. Shadow construction
7. Shadow construction

7 //

abb. 6 // Hin Bredendieck, Planung für den Unterricht im „Basic Workshop" am New Bauhaus Chicago, erstes Semester, 1937 // **fig. 6** // Hin Bredendieck, Course plan for the Basic Workshop at the New Bauhaus Chicago, first semester, 1937

abb. 7 // Hin Bredendieck, Planung für den Unterricht im „Basic Workshop" am New Bauhaus Chicago, zweites Semester, 1937 // **fig. 7** // Hin Bredendieck, Course plan for the Basic Workshop at the New Bauhaus Chicago, second semester, 1937

onwards, she was Head of the Textile Design Workshop at the School of Design, the successor to the New Bauhaus.[16]

The teaching concept, which Moholy-Nagy summarized in a circle diagram designed by Oskar Schlemmer and which was already known from Weimar, corresponded in many respects to the course plan that had already been practiced in Germany.[17] The training was to begin with a compulsory Preliminary Course (Basic Design), in which the students were to be introduced to various materials in order to experience their character, qualities, and usability. Basic Design was to be followed by training in the workshops, which were organized according to materials. The lessons initially began in a class of

größerer Stellenwert als bislang zu, wobei Moholy-Nagys eigene Experimente auf diesem Gebiet und seine Wahrnehmung der Fotografie als wesentlichem Teil zeitgemäßer visueller Kommunikation ausschlaggebend waren.

Im Nachlass Hin Bredendiecks haben sich nicht nur der Entwurf eines Stundenplans, sondern auch Seminarkonzepte mit der Benennung konkreter Vermittlungsziele fast aller Lehrer erhalten, so zu den Lehrangeboten von László Moholy-Nagy (Material, Volume and Space), György Kepes (Visual Representation and Color Excercises), Henry Holmes Smith und György Kepes (Photography), Alexander Archipenko (Modellierung), David Dushkin (Music), Charles W. Morris (Intellectual Integration), Ralph W. Gerard (Biological Science) und Carl Eckart (Physical Science) sowie für die erst später geplanten Kurse von Jean Hélion (Color Workshop), Herbert Bayer (Light Workshop) und Xanti Schawinsky (Stage). Die meist mehrseitigen Papiere geben ein anschauliches Bild von dem Unterrichtskonzept für die ersten beiden Semester.

Hin Bredendiecks Unterricht am New Bauhaus

Für den gebürtigen Ostfriesen bedeutete die neue Herausforderung, möglichst schnell Englisch zu lernen, um sich seinen Studierenden

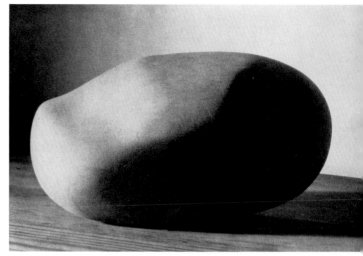

abb. 8 // Ausstellung von Handskulpturen aus dem Unterricht von Hin Bredendieck am New Bauhaus, 1938, Fotografie: Henry Holmes Smith, Bauhaus-Archiv Berlin **// fig. 8 //** Exhibition of hand sculptures from lessons held by Hin Bredendieck at the New Bauhaus, 1938, photograph by Henry Holmes Smith, Bauhaus Archive Berlin

abb. 9 // Edna Morse (Fotografie und Werk), Handskulptur aus dem Unterricht von Hin Bredendieck, New Bauhaus Chicago, erstes Semester 1937, GTL-HB, vgl. Moholy-Nagy 1938, S. 93 **// fig. 9 //** Edna Morse (photograph and work), hand sculpture from the lessons held by Hin Bredendieck, New Bauhaus Chicago, first semester 1937, GTL-HB, see Moholy-Nagy 1938, 93

mitteilen zu können. Im ersten Semester in Chicago unterstützte ihn zunächst seine Frau Virginia, die als gebürtige Amerikanerin den Studierenden seine Ausführungen übersetzte.[21] Nach einer Einführung durch Moholy-Nagy, der mit den Studierenden des Basic Design bereits die Gestaltung von Tasttafeln begonnen hatte, übernahm Bredendieck die Leitung des Vorkurses, wobei er von dem Gestalter Andi Schiltz unterstützt wurde, der wenig später – und noch fast zehn Jahre vor Bredendiecks Ankunft in Atlanta – erste Kurse im Industriedesign an der Georgia Tech anbieten sollte. Am New Bauhaus Chicago sollte Bredendieck darüber hinaus die Leitung der Holz- und Metallwerkstatt übernehmen und Perspektive sowie Schriftentwurf unterrichten.[22]

Hin Bredendiecks Aufzeichnungen dokumentieren seine Lehre am New Bauhaus recht detailliert.[23] Für den Unterricht im Basic Design griff er auf seine Erfahrungen aus Dessau zurück und entwickelte diese weiter. Er versuchte mit entsprechenden Übungen das Empfinden für Form und Material zu schulen und gleichzeitig die kreativen Fähigkeiten der Studenten zu fördern. Zu Recht nennt Rainer K. Wick daher Hin Bredendieck – neben Hannes Neuner, Maximilian Debus, Kurt Kranz, Hanns Hoffmann-Lederer und Iwao Yamawaki – einen der bedeutendsten „Multiplikatoren der von Albers praktizierten Methoden".[24]

roughly thirty-five students, and the school was to be gradually expanded to full multi-year class sizes. Politics was not to play a role at the New Bauhaus: "Both Moholy and Bredendieck, because of their experiences in Germany, spoke against any outside political involvements where the school was concerned. Politics and political discussions within the educational framework of the school were virtually taboo," Richard Koppe recalls.[18]

The American Koppe was one of the first students to be admitted to the school and describes its beginnings vividly: "The student body was composed of people who were attracted from all over the United States to Moholy-Nagy and the Bauhaus Idea…. They came from all walks of life, and the majority had a long training in higher education in universities and art schools…. Most had read as much material as possible on the Bauhaus and related movements."[19] Koppe also explains, however,

10 //

11 //

12 //

that the curriculum initially seemed foreign to the
American students: "The particular apprentice
system leading to some professions, widely accepted in Germany then, was practically nonexistent
in the United States."[20]

The lessons were supplemented by newly
integrated "scientific subjects," such as philosophy,
music, or biology, with the lecturers for these
subjects being full-time staff members of the
University of Chicago. Photography, already taught
at the Bauhaus in Dessau, became more important
in Chicago, the result of Moholy-Nagy's own experiments in this field and his conviction that photography was an essential part of contemporary visual
communication. In the Bredendieck estate, the draft
lesson plan has been preserved, as has the seminar
concepts with the naming of the concrete teaching
goals of almost all instructors, such as the course
offerings of Moholy-Nagy (Material, Volume, and
Space), Kepes (Visual Representation and Color
Exercises), Henry Holmes Smith and Kepes (Photography), Alexander Archipenko (Modeling), David
Dushkin (Music), Charles W. Morris (Intellectual
Integration), Ralph W. Gerard (Biological Science),
and Carl Eckart (Physical Science), as well as for

Im ersten Semester stellte Bredendieck darüber hinaus aufeinander
aufbauende Gestaltungsaufgaben, die er als „problems" bezeichnete, wie die Veränderung der Oberfläche von Holz, Holzverbindungen
und -bearbeitung mit handbetriebenen Werkzeugen und – im nächsten Schritt – durch Maschinen.[25] Ferner sollten Handskulpturen hergestellt werden: „Eine weitere Übung, die ich neu einführte", erinnerte
sich Bredendieck, „war die sogenannte Handplastik, eine aus verschiedenen Materialien hergestellte Form, die im Gegensatz zu einer
visuellen Plastik mit der Hand und durch Tasten bewertet wurde.
Zweck dieser Übung war es, darauf hinzuweisen, daß nicht nur unsere visuellen, sondern auch unsere physischen Beziehungen beim Entwerfen von Gegenständen zu berücksichtigen sind", wie Bredendieck
in seinem Aufsatz „Vorkurs und Entwurf" erläutert.[26]

Untergebracht war das New Bauhaus im herrschaftlichen Marshall Field Mansion, das von der Familie Field für die Einrichtung der

13 //

---

abb. 13 // Papierschnitt-Arbeiten in der Grundkursklasse des New Bauhaus Chicago. Im Hintergrund Dozent Hin Bredendieck im Gespräch mit Alex Giampietro (stehend). In der Reihe davor (v.l.n.r.): Myron Kozman, Nathan Lerner, unidentifiziert, Nat Rau (?), Grace Seelig, Pavlieck (?), Richard Koppe, unidentifiziert, Leepa (?), Calvin Albert, Tony Smith (nach rechts blickend), 1938, Fotografie: Henry Holmes Smith, Bauhaus-Archiv Berlin // **fig. 13** // Paper-cutting excercises from the Basic Course at the New Bauhaus Chicago. Background: lecturer Hin Bredendieck in conversation with Alex Giampietro (standing). Front row (left to right): Myron Kozman, Nathan Lerner, unidentified, Nat Rau (?), Grace Seelig, Pavlieck (?), Richard Koppe, unidentified, Leepa (?), Calvin Albert, and Tony Smith (looking to the right), 1938, photograph by Henry Holmes Smith, Bauhaus Archive Berlin

abb. 14 // Faltblatt zur Ausbildung am New Bauhaus Chicago, 1938, Gestaltung: László Moholy-Nagy // **fig. 14** // Leaflet for training at the New Bauhaus Chicago, 1938, design by László Moholy-Nagy

---

14 //

---

planned courses by Jean Hélion (Color Workshop), Herbert Bayer (Light Workshop), and Xanti Schawinsky (Stage). The concept papers, most of them several pages long, give a clear picture of the planned lessons during the first two semesters.

Hin Bredendieck's Teaching at the New Bauhaus

For the native of East Frisia, the first challenge was learning English as quickly as possible in order to be able to communicate with his students. In his first semester in Chicago, he was supported by his wife Virginia, an American who translated his remarks for the students.[21] After an introduction by Moholy-Nagy, who had already started designing texture boards with the Basic Design students, Bredendieck took the lead in the Preliminary Course, supported by designer Andi Schiltz, who was to offer his first courses in Industrial Design a little later at Georgia Tech—almost ten years before Bredendieck's arrival in Atlanta. At the New Bauhaus in Chicago, Bredendieck was also

---

Schule gestiftet[27] worden war und um einen modernen Annex und Eingang erweitert wurde. Als beim Umbau der Eingangshalle die hölzernen Einbauten größtenteils entfernt und der zentralen Treppe ein modernes Äußeres verliehen wurde, verwendete Bredendieck das Material für seinen Unterricht. Dabei handelte es sich zu einem großen Teil um hochwertiges Hartholz, das einst beschafft worden war, um das Gebäude auszustatten. Für den Unterricht von Bredendieck war dieser Umbau ein Glücksfall, da er seinen Studenten das Holz im Basic Design Workshop kostenlos zur Verfügung stellen konnte.[28]

Wie es Bredendiecks Unterrichtskonzept zu entnehmen ist, stand erst für das zweite Semester eine „Paper Cutting"-Aufgabe auf dem Kursplan: „Übung in Einfallsreichtum: durch Schlitze und Schnitte und Falten, um ein einzelnes Blatt Papier ohne Abfall und ohne Verwendung von Fremdmaterialien (wie Klammern, Kleber usw.) zu öffnen."[29] Diese Aufgabe sollte - anders als bei Albers - nach

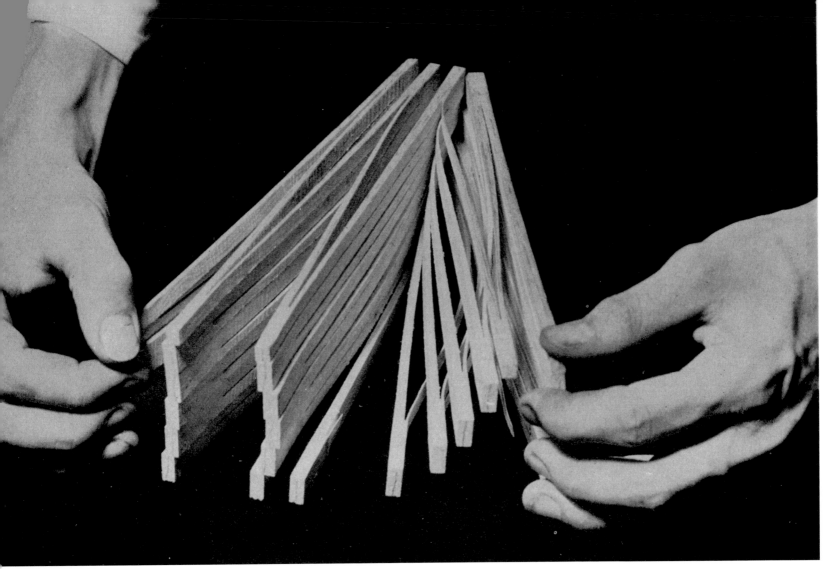

15 //

abb. 15 // Hin Bredendieck, Holzschnittarbeit, 1937,
Fotografie: McIntosh, GTL-HB, vgl. Moholy-Nagy 1938,
S. 57 // fig. 15 // Hin Bredendieck, Woodcutting, 1937,
photograph by McIntosh, GTL-HB, see Moholy-Nagy 1938, 57

to head the Wood and Metal Workshop and teach Perspective and Typeface Design.[22]

Bredendieck's notes document his teaching at the New Bauhaus in detail.[23] For his lessons in Basic Design, he drew on his experience from Dessau and developed this further. He strived to inculcate a sensibility for form and material with appropriate exercises and at the same time to promote the students' creativity. Rainer K. Wick thus rightly calls Hin Bredendieck—along with Hannes Neuner, Maximilian Debus, Kurt Kranz, Hanns Hoffmann-Lederer, and Iwao Yamawaki—one of the most important "multipliers of the methods practiced by Albers."[24]

In the first semester of Basic Design, Bredendieck also set design tasks that built upon each other, which he described as "problems," such as changing the surface of wood, as well as joining and processing wood with hand-operated tools and—in the next step—with machines.[25]

Furthermore, hand sculptures were to be produced: "Another exercise that I reintroduced,"

konkreten Anweisungen ausgeführt werden. Bredendieck beschrieb die Aufgabe, mit Papier zu arbeiten, es mit Schnitten und durch Falten zu verändern, später folgendermaßen: „Die Übung war ähnlich wie gewisse Arbeiten am alten Bauhaus, aber mit dem Unterschied, daß ich den Studenten empfahl, drei Schritte zu beachten. Der erste Schritt war, unbehindert mit einem Stück Papier zu experimentieren, auch im spielerischen Sinne. Danach beim zweiten Schritt, wurde das Geschaffene untersucht, um sich der Wirkung der erreichten Schritte und der Faltung bewußt zu werden. In der dritten Stufe wurde das entdeckte Prinzip in irgendeiner Weise bewußt angewandt. Diese drei Schritte, Experimentieren, Untersuchen, Anwenden, wurden auch in den folgenden Übungen beachtet."[30] „Hin Bredendieck in the New Bauhaus (…) built it further to a systematic method to clarify the

182

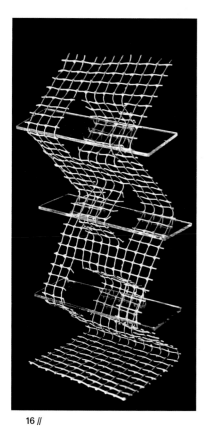

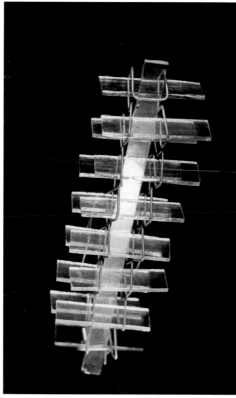

16 //   17 //

recalled Bredendieck, "was the so-called hand sculpture, a form made of different materials, which, in contrast to a visual sculpture, was evaluated with the hand and by touch. The purpose of this exercise was to point out that not only our visual, but also our physical relationships must be taken into account when designing objects," as Bredendieck explained in his essay "Vorkurs und Entwurf" (Preliminary Course and Design).[26]

The New Bauhaus was installed in the stately Marshall Field Mansion, which had been donated by the Field family for the establishment of the school[27] and was extended by a modern annex and entrance. After the wooden furnishing and fixtures were largely removed and the central staircase given a modern look, Bredendieck used those material for his lessons. It was mostly high-quality hardwood that had been procured from all over the world to furnish the house. For Bredendieck's lessons, this renovation was a stroke of luck, as he was then able to provide his Basic Design students with free material.[28]

As Bredendieck's teaching plan reveals, it was not until the second semester that a "paper cutting" task was put on the course schedule: "Exercise in ingenuity: through slits and cuts and folds, to open a single sheet of paper without waste, and without use of extraneous materials (like clips, glue, etc.)."[29] Unlike Albers's exercises, this task was to be carried out according to concrete instructions. Bredendieck later described the task of working with paper, changing it with cuts and folds, as follows: "The exercise was similar to certain tasks at the old Bauhaus, but with the difference that I recommended the students to follow

elements of the possible cuts and foldings", erläuterte Moholy-Nagy die Weiterentwicklung der Papier-Faltungsübung.[31] Weitere Übungen des zweiten Vorkurssemesters lagen im Bereich der experimentellen Holz- und Metallbearbeitung mit Maschinen sowie der Untersuchung von Materialpotentialen am Beispiel von Glas und Draht und Übungen zu Oberflächen, Spiegelungen und Reflektionen.[32] Der Vergleich zwischen den am New Bauhaus entstandenen Konstruktionen in Glas und Draht und den zehn Jahre zuvor am Bauhaus Dessau entstandenen, zum Teil von Bredendieck selbst gestalteten Vorkurs-Arbeiten spiegelt den engen Zusammenhang beider Kurse.

„Der Grundkurs am neuen Bauhaus machte die Grundsätze neuer Ausbildung in reinster Form deutlich: weitgehend frei von sichtbarer praktischer Anwendungsmöglichkeit außerhalb der Ausbildung. Die Grundkurse für Gestaltung befassten sich ausschließlich mit Erkundungen der taktilen Oberflächen- und Formwahrnehmungen, die für Auge und Verstand gleichermaßen überzeugend waren. Die Untersuchungen an Maschinen waren abgestellt auf den rein schöpferischen, erfinderischen Umgang mit Werkzeugen und Materialien ohne Rücksicht auf technische und ästhetische Vorabwägungen, wie auch das knifflige Papierfalten auf dem Gebrauch des Bogenmaterials beruhte, ohne Verschwendung oder künstliches Zusammenfügen

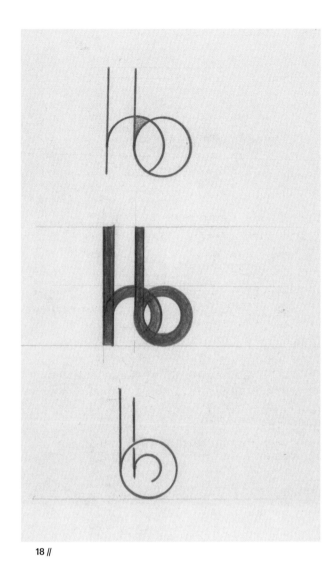

abb. 18 und 19 // Hin Bredendieck, Entwürfe für ein Monogramm, ca. 1937/38 // figs. 18 and 19 // Hin Bredendieck, Designs for a monogram, ca. 1937/38

abb. 20 // Hin Bredendieck, Schriftgestaltung, ca. 1937/38 // fig. 20 // Hin Bredendieck, Type design, ca. 1937/38

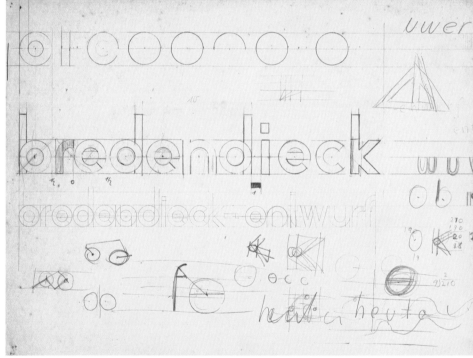

three steps. The first step was to experiment unhindered with a piece of paper, also in a playful sense. Then, in the second step, that which was created was analyzed in order to become aware of the effect of the achieved steps and the folding. In the third step, the principle discovered was applied consciously in some way. These three steps—experimenting, analyzing, applying—were also observed in the following exercises."[30] As Moholy-Nagy explained the further development of the paper-folding task: "Hin Bredendieck in the New Bauhaus ... built it

und ohne die dimensions- und strukturbedingte Eigenart zu verändern. Glas und Draht waren in genialer Handwerksarbeit zu Organismen zusammengefügt, wobei sich wiederholende Einheiten gegenüber freien skulpturartigen Entwürfen vorherrschten. Räumliche Gesichtspunkte - sowohl zwei- wie dreidimensional - wurden voneinander getrennt erforscht durch Spiegelung unter Zuhilfenahme komplizierter Linienelemente, nach Oberflächenaussehen, durch Nebeneinanderstellen,

184

Bewegung und räumliche Drehung; das alles war in vielerlei Hinsicht eine Vorwegnahme dessen, was wir heute als Op-Art kennen", fasste Richard Koppe seine Erfahrung der Grundlehre am New Bauhaus Chicago zusammen.[33]

Nathan Lerner, der ebenfalls zu den ersten Studierenden gehörte, berichtete: „Ich spreche von der Erfahrung, die ich gemacht habe – an der Schule war das Produkt kein Stuhl, keine Lampe oder Typografie. Das Produkt war der Student, ein Mensch, der das Gefühl haben sollte, dass seine Bedeutung irgendwie mit der Verbesserung der Welt verbunden war. Gesellschaftliche Verantwortung wurde immer wieder betont."[34]

Dieser Transfer und die Weiterentwicklung des Vorkurses bildeten das wirkmächtigste Erbe des Bauhauses in den USA: „Unter verschiedenen Bezeichnungen (...) wurde der Bauhaus-Vorkurs in fast allen Architektur- und Kunstschulen nachgebildet. Darin wäre wohl der bedeutendste Einfluß des Bauhauses in den USA zu sehen", betont Gabriele Diana Grawe: „Die neue Lehrmethode ersetzte den bis dahin herrschenden Akademismus der Beaux-Arts-Tradition in einem solchen Umfang, daß sie zu einer selbstverständlichen Unterrichtsgrundlage wurde."[35]

Auch zu Bredendiecks geplantem Unterricht in der Holz- und Metallwerkstatt hat sich ein ausführliches Konzept erhalten. Da die Schule jedoch erst sukzessive zur vollen Klassenstärke ausgebaut werden sollte, ging die Arbeit in den Materialwerkstätten vermutlich nicht über den Grundkurs und die Fächer des ersten Schuljahres hinaus. Dem Unterrichtskonzept zufolge sollte neben dem Studium des Materials vor allem die Lehre von Materialverbindungen („Joints") auf dem Programm stehen, die im Zusammenhang mit Bredendiecks Dessauer Bestrebungen zur Zusammenführung der Metallwerkstatt und der Holzwerkstatt zur Ausbauklasse gesehen werden kann. Um die verschiedenen Werkstoffe bearbeiten zu können, wollte Bredendieck darüber hinaus den fachgerechten Umgang mit Spezialwerkzeugen vermitteln. Gerade der versierte Umgang bereitete den Studierenden des Grundkurses oft Schwierigkeiten, wie Koppe erinnert: Nur „wenige hatten eine gründliche Handwerks- oder Maschinen-Fachausbildung (...). Das trug zur schlechten Beurteilung der Aussichten in den Spezialwerkstätten Holz-, Metall- und Kunststoffbearbeitung bei.

further to a systematic method to clarify the elements of the possible cuts and foldings."[31]

Further exercises from the Basic Course's second semester included experimental wood and metal processing with machines; investigating the potential in materials, focusing on the examples of glass and wire; and exercises on surfaces, mirror images, and reflections.[32] Comparing the glass and wire constructions from the New Bauhaus with those created in the Preliminary Course work ten years earlier at the Bauhaus in Dessau (partly designed by Bredendieck himself) shows the close connection between the two courses.

Richard Koppe summarized his experience of the Preliminary Course at the New Bauhaus Chicago as follows:

"The foundation course at the New Bauhaus demonstrated the principles of a new education in its purest form, largely devoid of apparent practical application except to education. The basic design workshop classes were involved in pure explorations into tactile surface and form sensations that soon convinced the eye and mind as well. The machine investigations were geared to pure creative, inventive use of power tools and materials devoid of a priori technical or aesthetic considerations, as were the intricate paper folds based on the use of sheet material without waste or artificial joining, yet changing dimensional and structural characteristics. Glass and wire were brought together into structures by ingenious fabrication where repetitive units dominated freer sculptural concepts. Spatial considerations, both two- and three-dimensional articulation, were investigated in capsulated form through mirroring, intricate linear elements, surface aspects, juxtaposition, movement, and spatial tensions that were the forerunners, in many respects, of the optical art we know today."[33]

Nathan Lerner, who was also among the first students, reported: "At the school, the product was

not a chair or lamp or typography. The product was the student, a human being who was supposed to have a sense that his importance was somehow linked to making the world better. Social responsibility was stressed over and over again."[34]

This continuation of the Preliminary Course and its further development was to become the most powerful legacy of the Bauhaus in America: "Under various names ... the Bauhaus Preliminary Course was replicated in almost all architecture and art schools. This would probably be the most significant influence of the Bauhaus in the US," Gabriele Diana Grawe emphasizes. "The new method of instruction replaced the previously prevailing academicism of the *beaux-arts* tradition to such an extent that it became the de facto standard in teaching."[35]

abb. 21 // *More Business*, November 1938, S. 4 und 5, mit Wiedergabe von Schülerarbeiten aus dem Unterricht bei Hin Bredendieck, GTL-HB //
fig. 21 // *More Business*, November 1938, pages 4 and 5, with reproduction of student work from lessons held by Hin Bredendieck, GTL-HB

Wenn man in den Vereinigten Staaten zum Beispiel Industrie-Designer war, dann erwartete man Materialkenntnisse und Kenntnis der Verarbeitungsmöglichkeiten; aber leider war nicht einmal das immer vorhanden."[36]

Neben den Materialstudien sollten Besuche in Fabriken und Designtheorie den Unterricht ergänzen: „Hier werden die Natur des Objekts und die Natur des Designs untersucht, sowie der Mensch in Bezug auf das Objekt und die Beziehung der Objekte zueinander – in

22 //

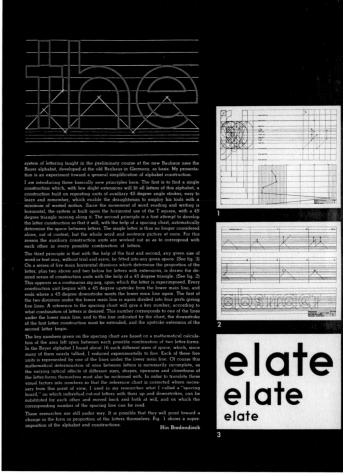

23 //

Produktion, Verteilung und Konsum", wie Bredendieck das Lernziel skizziert.[37] Geometrisch-perspektivisches Zeichnen, Lichttechnik sowie Patentrecht, Buchführung und Geschäftskorrespondenz bildeten ergänzende praktische Schwerpunkte.

Am New Bauhaus Chicago sollte Bredendieck auch erstmals Schriftgestaltung („Lettering") unterrichten, wobei er sich vor allem an Herbert Bayers Typografie orientierte. Einige Inkunabeln moderner Buchgestaltung bzw. der Neuen Typografie (wie *„bauhaus. zeitschrift für gestaltung", „Offset. Buch und Werbekunst",* 1926, oder Jan Tschicholds *„Eine Stunde Druckgestaltung: Grundbegriffe der Neuen Typografie",* 1930) haben sich im Nachlass von Bredendieck erhalten und dürften ihm als Inspiration und Anschauungsmaterial gedient haben. Doch nicht nur am Bauhaus Dessau, sondern auch in den Berliner Reklameateliers von Moholy-Nagy und Bayer sowie in den Schweizer Jahren war Bredendieck immer wieder mit Werbe- und Schriftgestaltung befasst, wie Aufzeichnungen, Dokumente und Entwürfe in seinem Nachlass belegen.

Neben einem Unterrichtskonzept, in dem Bredendieck die Schwerpunkte der einzelnen Sitzungen notierte (z.B. „Freehand lettering in graph form", „Letters vertically extended" oder „Fat and thin letters"), veranschaulicht der Beitrag in der dem New Bauhaus gewidmeten Ausgabe der Chicagoer Zeitschrift *More Business* vom November 1938 seine Überlegungen für eine Weiterentwicklung des von Herbert Bayer entwickelten Alphabets. Bredendieck stellt hierin ein Experiment zur Vereinfachung der Schriftgestaltung vor, dem er drei grundlegende

A detailed draft of Bredendieck's planned lessons in the Wood and Metal Workshop has also been preserved. Since the school was intended to expand to full class size, however, the work in the material workshops presumably did not go beyond the Preliminary Course and the subjects of the first school year. According to his teaching plan, the study of materials would be complimented by the teaching of material connections ("joints"), which can be seen as an extension of Bredendieck's efforts in Dessau to merge the Metal and Wood Workshops to form one finishing class. In order to process the various materials, Bredendieck also wanted to teach the professional use of special tools. The handling of tools was a frequent source of difficulty for students in the Basic Course; as Koppe recalls, "few had thorough hand- or machine-tool training.... This tended to negate the prospects of the specialized shops of wood, metal, plastic, etc."[36]

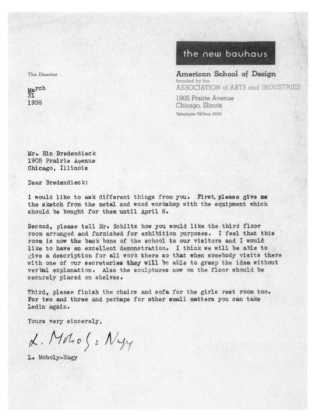

24 //

In addition to the material studies, the lessons were supplemented by design theory and visits to factories. "The nature of the object and the nature of design will be here investigated, as well as the human being in relation to the object and the relation of objects to each other, in production, distribution, and consumption," as Bredendieck explained the educational objectives of the course.[37] Geometric-perspectival drawing and lighting technology, as well as patent law, accounting, and business correspondence, were additional practical focuses.

At the New Bauhaus in Chicago, Bredendieck would also teach "Lettering" for the first time, whereby he oriented himself primarily towards the typography of Herbert Bayer. Several incunabula of modern book design and new typography—such as *bauhaus. zeitschrift für gestaltung*; *Offset. Buch und Werbekunst* (1926); and Jan Tschichold's *Eine Stunde Druckgestaltung. Grundbegriffe der Neuen Typografie* (1930)—have been preserved in Bredendieck's estate and may have served him with inspiration and visual reference. In addition, Bredendieck was not only involved in advertising design and lettering at the Bauhaus in Dessau, but also in the Berlin advertising

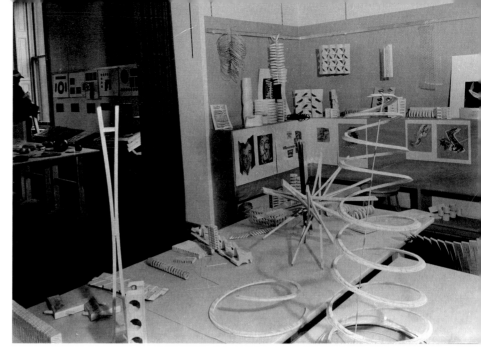

25 //

26 //

abb. 24 // László Moholy-Nagy an Hin Bredendieck, Brief vom 31. März 1938 **// fig. 24 //** László Moholy-Nagy to Hin Bredendieck, letter of March 31, 1938

abb. 25 // Ausstellung von Vorkurs-Arbeiten aus Holz und Papier, New Bauhaus Chicago, 1938, Fotografie: Hin Bredendieck, Bauhaus-Archiv Berlin, Spende Hin Bredendieck **// fig. 25 //** Exhibition of basic workshop works made of wood and paper, New Bauhaus Chicago, 1938, photograph by Hin Bredendieck, Bauhaus Archive Berlin, gift of Hin Bredendieck

abb. 26 // Ausstellung von Vorkurs-Arbeiten am New Bauhaus. Im Vordergrund Tasttafeln, 1938, Fotografie: Hin Bredendieck, Bauhaus-Archiv Berlin, Spende Hin Bredendieck **// fig. 26 //** Exhibition of works from the basic workshop at the New Bauhaus. In the foreground: tactile panels, 1938, photograph by Hin Bredendieck, Bauhaus Archive Berlin, gift of Hin Bredendieck

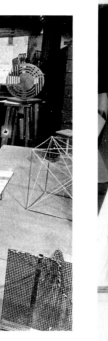

27 //

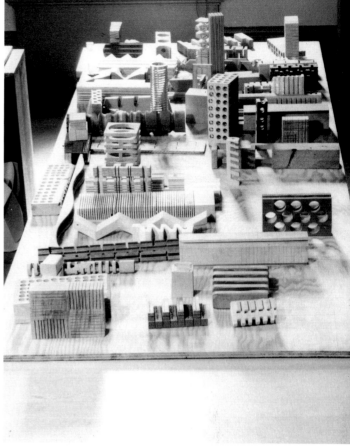

28 //

Prinzipien zuordnete: Zuerst sollte ein Gestaltungssystem sich wiederholender Elemente konstruiert werden, aus dem sich alle Buchstaben des Alphabets entwickeln lassen. Das zweite Gestaltungsprinzip beschreibt ein Abstandsdiagramm, das den Zwischenraum zwischen den Buchstaben bestimmen sollte, sodass der einzelne Buchstabe nicht mehr allein, sondern aus dem Zusammenhang heraus betrachtet (als Wort oder im ganzen Satz) und entwickelt werden konnte. Durch die Anwendung des ersten und des zweiten Prinzips sollten in einem dritten Schritt beliebige Textgrößen generierbar werden.[38]

Die Arbeitsergebnisse der ersten beiden Semester wurden von Juli bis September 1938 im New Bauhaus Chicago in einer Ausstellung präsentiert, mit deren Vorbereitungen Bredendieck betraut war.[39] Fotografien vermitteln einen Eindruck der Ausstellung. Die Presse reagierte mit Neugierde: „an exhibition of bewildering nameless objects", konstatierte die *Time*.[40] Besonders die Rezension des renommierten Kunstkritikers Clarence J. Bulliet, der die Präsentation für die *Chicago Daily News* besprach und die von anderen Zeitschriften zitiert wurde, hatte großen Anteil am Erfolg.[41]

Vom 7. Dezember 1938 bis zum 30. Januar 1939 wurden ausgewählte Objekte der Semesterausstellung in der großen Ausstellung „Bauhaus: 1919–1928" im New Yorker Museum of Modern Art gezeigt, die maßgeblich zur Verbreitung des Bauhaus-Gedankens in Amerika beitrug. Auch in dem parallel dazu publizierten Buch

abb. 27 // Ausstellung von Arbeiten aus Glas und Metall aus dem Grundkurs am New Bauhaus. Spiegelraum-Konstruktionen u.a. von Juliet Kepes, 1938, Fotografie: Hin Bredendieck // fig. 27 // Exhibition of glass and metal works from the basic workshop at the New Bauhaus. Mirror room constructions, among others by Juliet Kepes, 1938, photograph by Hin Bredendieck

abb. 28 // Ausstellung von Arbeiten aus dem Grundkurs am New Bauhaus. Beispiele der Holzbearbeitung mit Hilfe verschiedener Maschinen, 1938, Fotografie: Hin Bredendieck, Bauhaus-Archiv Berlin, Spende Hin Bredendieck // fig. 28 // Exhibition of works from the Basic Workshop at the New Bauhaus. Examples of woodworking made with the help of various machines, 1938, photograph by Hin Bredendieck, Bauhaus Archive Berlin, gift of Hin Bredendieck

studios of Moholy-Nagy and Bayer, as well as during his Swiss years, as notes, documents, and drafts in his estate testify.

In addition to a teaching concept in which Bredendieck noted the focal points of the individual sessions (e.g., "Freehand lettering in graph form," "Letters vertically extended," and "Fat and thin letters"), the article in the November 1938 issue of the Chicago magazine *More Business*, dedicated to the New Bauhaus, illustrates his ideas for furthering developing the alphabet created by Herbert Bayer. Here, Bredendieck presented an experiment to simplify the design of typefaces, to which he

29 //

assigned three fundamental principles. First, a design system of repeating elements was to be constructed, from which all letters of the alphabet could be developed. The second design principle describes a distance chart designed to determine the space between letters, so that the individual letter can no longer be viewed alone, but rather within a context (as a word or as a whole sentence) and developed accordingly. In the third step, any text size would be able to be generated by applying the first and second principles.[38]

The work results of the first two semesters were presented from July to September 1938 in an exhibition at the New Bauhaus in Chicago, for which Bredendieck was entrusted with the preparations.[39] The press reacted with curiosity: "an exhibition of bewildering nameless objects," *Time* magazine stated.[40] In particular, the review by the renowned art critic Clarence J. Bulliet, who wrote about the presentation for the *Chicago Daily News* and was quoted by other magazines, played a major role in its success.[41] From December 7, 1938, to January 30, 1939, selected objects from the semester exhibition were shown in the major exhibition *Bauhaus: 1919–1928* at The Museum of Modern Art in New York, which contributed significantly to the dissemination of the Bauhaus idea in America. In Moholy-Nagy's book *the new vision: fundamentals of design, painting, sculpture, architecture*, which was published in parallel to the exhibition and served as the pedagogic primer of the Bauhaus in exile, numerous works from the first year of the New Bauhaus were depicted.

Moholy-Nagys „the new vision. Fundamentals of design, painting, sculpture, architecture", das die pädagogische Fibel des Exil-Bauhauses bildete, wurden etliche Arbeiten aus dem ersten Jahr des New Bauhaus abgebildet.

Auflösung des New Bauhaus Chicago und Streit mit Moholy-Nagy

Im Herbst 1938 musste das New Bauhaus Chicago, nach nur einem Jahr, geschlossen werden: „Proteste seitens der Studenten gegen das Lehrprogramm, Unstimmigkeiten zwischen einer Mehrheit des Verwaltungsrats und Moholy-Nagy und, nicht zuletzt, fragwürdige Spekulationen des Geldgebers, der AAI, zu einer wirtschaftlich instabilen Zeit", führten zum Ende der Schule.[42] Bereits im August 1938 hatte sich diese Entwicklung angekündigt, wie ein Brief Virginia Bredendiecks an die befreundete Dione Neutra, Ehefrau des Architekten Richard Neutra, verdeutlicht: „Hin leitete den Basic Workshop, das Rückgrat der Bauhaus-Arbeit. (...) Das Jahr war außerordentlich erfolgreich und führte zum Aufbau der spezialisierten Werkstätten: Hins Werkstatt für Industriedesign, Malerei unter Helion, Werbung unter Herbert Bayer, sowie Bühne und Ausstellung unter Schawinski. Die diesjährige Ausstellung brachte großes Interesse und Lob; es gab eine Warteliste der Studenten für das neue Semester. Alles wuchs auf die aufregendste Art und Weise. Bayer und Helion waren auf dem

190

30 //

abb. 30 // Büro des Direktors László Moholy-Nagy (an der Wand Fotografien von Moholy-Nagy) im New Bauhaus Chicago, 1938, Fotografie: Henry Holmes Smith, Bauhaus-Archiv Berlin // fig. 30 // Office of Director László Moholy-Nagy (Moholy-Nagy's photographs on the wall) at the New Bauhaus Chicago, 1938, photograph by Henry Holmes Smith, Bauhaus Archive Berlin

Weg von Berlin bzw. Paris, um ihre neue Arbeit aufzunehmen. Und was glaubst du ist dann passiert? Die Association of Arts and Industries, die die Schule unterstützte, erklärte sich zahlungsunfähig. (...) die Schule werde im Herbst nicht wiedereröffnet werden können. ‚Wahrscheinlich' sagen sie."[43]

Vor dem Hintergrund dieser Entwicklungen wurde der Semesterbeginn, der für September 1938 geplant war, zunächst verschoben und schließlich gänzlich abgesagt. Für Bredendieck und die Versorgung seiner drei-, bald vierköpfigen Familie galt es dementsprechend schnell eine neue Beschäftigung zu finden. László Moholy-Nagy gelang bereits kurze Zeit später die Gründung einer neuen Schule: Die *School of Design* nahm ihren Schulbetrieb im Februar 1939 in Chicago auf, nun ohne auf die Unterstützung der AAI angewiesen zu sein. Weil Bredendieck es sich nicht leisten konnte, zunächst ein Jahr lang unentgeltlich für die neue Schule tätig zu sein, wie es etwa György Kepes und andere angeboten hatten, und es zu

Dissolution of the New Bauhaus in Chicago and Dispute with Moholy-Nagy

In the autumn of 1938, after only one year of operation, the New Bauhaus in Chicago had to be closed down. "Protests on the part of the students against the educational program, disagreements between a majority of the Board of Directors and Moholy-Nagy, and, last but not least, questionable investments by the donor, the AAI, at an economically unstable time" led to the ruin of the school.[42] This development had been known as early as August 1938, as is made clear in a letter from Virginia Bredendieck to her friend Dione Neutra, wife of the architect Richard Neutra:

"Hin had charge of the Basic Workshop, the backbone of the Bauhaus work.... The year has been extraordinarily successful, and was going on into the build-up of the specialized workshops, Hin's the Industrial Design workshop, under Helion the painting, Herbert Bayer advertising, Schawinski stage and exhibition. This year's exhibition brought an immense amount of interest and praise; there was a waiting list of students for the new semester. Everything was growing in the most exciting fashion. Bayer from Berlin and Helion from Paris were on the way to take over their new work. And then what do you think happened. The Association of Arts and Industries which was supporting the school declared itself out of funds.... the school would not be able to reopen in the fall. Probably is their expression."[43]

Due to these developments, the start of the semester, planned for September 1938, was first postponed and then finally canceled altogether. For Bredendieck and his family of three—soon to be four—this meant that he had to find a new job quickly. A short time later, László Moholy-Nagy succeeded in founding a new school, this time without being dependent on the support of the AAI; this was The School of Design, which began operations in Chicago in February 1939. Because Bredendieck could not afford to work for this new school for a year without pay, as György Kepes and others had offered, and because there had been a far-reaching dispute with Moholy-Nagy, Bredendieck was not involved in this new undertaking.[44]

His relationship with Moholy-Nagy was of great importance to Bredendieck. His former master had been a mentor and advisor during the Bauhaus period, an employer in Berlin, and an advocate and mediator in Switzerland; he had also hired Bredendieck to teach at the New Bauhaus in Chicago. This

einem tiefgreifenden Streit mit Moholy-Nagy gekommen war, war Bredendieck bei dieser Neugründung nicht mehr dabei.[44]

Das Verhältnis zu Moholy-Nagy war für Hin Bredendieck von großer Bedeutung: Sein ehemaliger Meister war Mentor und Ratgeber während der Bauhaus-Zeit, Arbeitgeber in Berlin und Fürsprecher und Vermittler für Bredendiecks Weg in die Schweiz gewesen und schließlich hatte er ihn als Lehrer an das New Bauhaus Chicago geholt. Auseinandersetzungen gehörten dazu. Bredendieck erinnert eine Situation während des zweiten Semesters am New Bauhaus, die auf vorbeikommende Studenten durchaus unkonventionell gewirkt haben mag, aber bereits das seit den Dessauer Jahren bestehende Verhältnis veranschaulicht: „Ich hatte eine Diskussion mit Moholy über eine bestimmte Aufgabe, die er den Studenten vorgeschlagen hatte, den so genannten ‚Raum-Modulator' (eigentlich eine hängende Skulptur). Ich hatte einige Bedenken über den pädagogischen Wert geäußert. Zuerst erklärte mir Moholy es mit Worten und einer Skizze. (...) Dann schlug er vor: ‚Lass uns auf den Boden legen'. Nun, beide auf dem Boden liegend, unsere Köpfe hin und her bewegend, zeigte er auf die Beine von Tisch und Stühlen und wies auf die unterschiedlichen Abstände und Überlappungen der verschiedenen Beine hin."[45]

Wie bereits als Student in Dessau hatte Bredendieck sich auch in Chicago für eine Reform des nach Materialgruppen gegliederten Kurssystems zu Gunsten einer auf Design ausgerichteten Struktur eingesetzt: „I opposed this like I did already in the old Bauhaus in Germany. I felt, the emphasis should be on design and the student should have access to all materials. I had quite a discussion with Moholy about this."[46] Moholy-Nagy blieb für Bredendieck eine Art Mentor, doch während Bredendieck in Dessau in der Rolle eines Schülers gewesen war, hoffte er als praxiserfahrener Designer und Lehrer am New Bauhaus, seinen Standpunkt nun auf Augenhöhe verteidigen zu können.

Ein Streit, der schließlich zum temporären Bruch führen sollte, entbrannte anlässlich der Schließung des New Bauhauses und veranschaulicht Bredendiecks existentielle Sorgen um seine berufliche Zukunft. In einem Brief an Moholy-Nagy wird seine Enttäuschung deutlich: Er erinnert an von Moholy-Nagy gemachte, jedoch unerfüllt

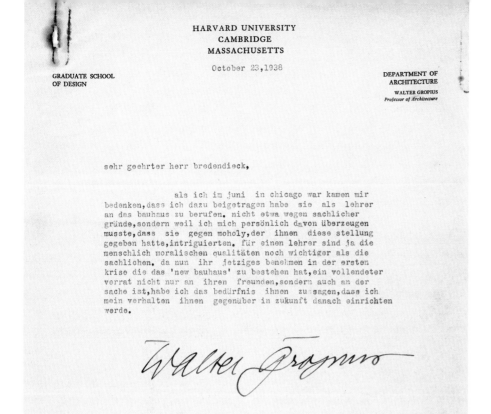

sehr geehrter herr bredendieck,

als ich im juni in chicago war kamen mir
bedenken,dass ich dazu beigetragen habe sie als lehrer
an das bauhaus zu berufen. nicht etwa wegen sachlicher
gründe,sondern weil ich mich persönlich davon überzeugen
musste,dass sie gegen moholy,der ihnen diese stellung
gegeben hatte,intriguierten. für einen lehrer sind ja die
menschlich moralischen qualitäten noch wichtiger als die
sachlichen. da nun ihr jetziges benehmen in der ersten
krise die das 'new bauhaus' zu bestehen hat,ein vollendeter
verrat nicht nur an ihren freunden,sondern auch an der
sache ist,habe ich das bedürfnis ihnen zu sagen,dass ich
mein verhalten ihnen gegenüber in zukunft danach einrichten
werde.

Walter Gropius

31 //

gebliebene Job-Versprechungen, wittert Ideenklau und eine persönliche Bereicherung Moholy-Nagys aus Verhandlungen mit potentiellen Unterstützern der Schule. Er wirft ihm vor: „Sie hatten ein sehr nettes kleines Hobby für das Wochenende gefunden, bei dem Sie netto etwa 70 Dollar pro Stunde verdient haben."[47]

Offenbar war es in Moholy-Nagys Büro zu einer Konfrontation gekommen: „Kepes hat mir am Freitag erzählt, dass Ihnen Ihr unmögliches Verhalten in meinem Büro leidtut", schreibt Moholy-Nagy an Bredendieck, der vorschlägt ihm eine Zeitlang aus dem Weg zu gehen;[48] eine Idee, die Moholy-Nagy begrüßt, denn „es wird in der Tat einige Zeit dauern, bis ich mich von dem absurden Vorwurf erholt habe, dass ich eine Sicherung meiner persönlichen wirtschaftlichen Interessen der Fortsetzung des Bauhauses vorziehe."[49] Die Lage war mehr als verfahren:

„Sie wussten natürlich ganz genau, dass ich alles versucht hatte, um eine Schließung der Schule als Folge des erbärmlichen Scheiterns der Association zu vermeiden, dass ich bereit war, wirtschaftliche Opfer zu bringen, mein Gehalt zu kürzen und dem Bauhaus das ganze Geld zur Verfügung zu stellen, das mir in diesen Tagen für meine persönlichen Dienste für ein Versandhaus angeboten wurde. Ihre Haltung mir gegenüber war schrecklich, aber ich entschuldigte es mit der nervenaufreibenden Unsicherheit dieser Wochen. Ich war bereit, zu vergessen.

Dann habe ich Ihren Brief vom 7. Oktober erhalten. Und er zeugt von einem so völlig gestörten Gemütszustand, dass ich überzeugt

abb. 31 // Walter Gropius an Hin Bredendieck, Brief vom 23. Oktober 1938 // fig. 31 // Walter Gropius to Hin Bredendieck, letter of October 23, 1938

brought with it certain disputes. Bredendieck recalls a situation during the second semester at the New Bauhaus that would have appeared highly unconventional to students passing by, but which illustrates the relationship between them that had already existed since the Dessau years: "I had a discussion with Moholy, about a certain assignment he suggested for the students, the so called 'Space-modulator' (actually a hanging sculpture). I had expressed some concern about its educational value. First Moholy explain[ed] it to me, with words and sketch.... Then, he suggests, 'let's get on the floor'.... Now, both lying on the floor, moving our heads back and forth, he pointed to the legs of the table and chairs, referring to the various distances and overlapping of the different legs."[45]

As Bredendieck had already done as a student in Dessau, he advocated again in Chicago a reform of the course system. He was in favor of a structure oriented towards design in place of a structure determined by material groups. "I opposed this like I did already in the old Bauhaus in Germany. I felt the emphasis should be on design and the student should have access to all materials. I had quite a discussion with Moholy about this."[46] Moholy-Nagy remained a kind of mentor for Bredendieck; but while in Dessau Bredendieck had been in the role of a student, at the New Bauhaus he intended to defend his point of view at an equal level, being by then an experienced designer and teacher.

A dispute that eventually led to a temporary break erupted as a result of the closure of the New Bauhaus, and it illustrates Bredendieck's existential concerns about his professional future. In a letter to Moholy-Nagy, Bredendieck's disappointment becomes clear: he recalls job promises made by Moholy-Nagy that were never fulfilled, and even suspects him of stealing ideas and personally enriching himself through negotiations with potential supporters of the school. In a letter to

Moholy-Nagy, Bredendieck accuses him directly: "you had found a very neat little hobby for the week-end, netting about $70 an hour."[47]

There had apparently been a confrontation in Moholy-Nagy's office. "Kepes told me Friday, that you feel sorry for your impossible behavior in my office," Moholy-Nagy wrote to Bredendieck, who proposed to avoid him for a while.[48] This was an idea that Moholy-Nagy welcomed, since "it will indeed take me some time to recover from the absurd accusation that I prefer a settlement of my personal economic interests to the continuation of the Bauhaus."[49] The situation was more than a little muddled:

"You knew of course quite clearly that I tried everything to avoid a closing down of the school as an outcome of the miserable failure of the Association, that I was willing to make economical sacrifices, to cut my salary and to put at the disposal of the Bauhaus all the money I was offered in these days for my personal services to a mailorder house. Your attitude towards me was terrible but I excused it with the nerve-racking uncertainty of these weeks. I was willing to forget.

Then I got your letter of October 7th and it gives evidence of so completely deranged a state of mind that I am convinced it will be better we do not meet anymore at all in the future. Not only that your letter is thoroughly a nonsense, it is a malicious slander as well."[50]

Moholy-Nagy's complete letter, written in English, comprises four pages, in which he comments further on the allegations. He not only describes his view of the events and circumstances that led to the closure of the school, but also his personal disappointment: "I am very sorry that my earnest desire to make a new Bauhaus, with your collaboration also, had to end in such a human disaster," and added further points in a postscript. A draft reply from Bredendieck has been preserved: "Dear Moholy," he replied to him in German on

bin, dass es besser sein wird, wenn wir uns in Zukunft überhaupt nicht mehr treffen. Nicht nur, dass Ihr Brief durch und durch ein Unsinn ist, er ist auch eine böswillige Verleumdung."[50]

Moholy-Nagys im Original in Englisch verfasste Replik umfasst vier Seiten, auf denen er ausführlich zu den Vorwürfen Stellung bezieht. Er schildert nicht nur seine Sicht der Ereignisse und der Umstände, die zur Schließung der Schule führten, sondern auch seine persönliche Enttäuschung: „I am very sorry that my earnest desire to make a new Bauhaus with your collaboration also, had to end in such a human disaster" und ergänzt weitere Punkte *post scriptum.* Von Bredendieck ist ein Entwurf eines Antwortschreibens erhalten. „Lieber Moholy", wendet er sich am 20. Oktober auf Deutsch an ihn und versucht sich in Besänftigung der Situation.[51]

Auf dem Höhepunkt der Auseinandersetzung mischte sich auch noch Gropius, der kurze Zeit zuvor noch seine Wertschätzung für Bredendiecks Arbeit ausgedrückt hatte, in das Geschehen ein: „da nun ihr jetziges benehmen in der ersten krise die das ‚new bauhaus' zu bestehen hat, ein vollendeter verrat nicht nur an ihren freunden, sondern auch an der sache ist, habe ich das bedürfnis ihnen zu sagen, dass ich mein verhalten ihnen gegenüber in zukunft danach einrichten werde."[52] Unterzeichnet ist der Brief mit der schwungvollen Unterschrift des Bauhaus-Gründers. Bredendieck reagierte entsprechend bedauernd und bat Gropius, ihm wenigstens die Möglichkeit einer Darstellung seiner Sichtweise zu lassen.[53]

Im Sommer 1939 setzte Bredendieck seine Kritik gleichwohl fort: In einem Brief an Alfred H. Barr, Kunsthistoriker und Gründungsdirektor des Museum of Modern Art, den er mit der Bitte um Rat für ein Buch zum Thema Kreativität kontaktiert, kommt er auf die Vorkommnisse des Vorjahres zurück: „Während der gesamten Zeit meiner Zusammenarbeit mit Moholy am Chicagoer Bauhaus war ich in ständigem Konflikt mit ihm über seine alte Einstellung. Die zufällige und willkürliche Aufstellung seines Programms und seiner Arbeitsweise machte es unmöglich, seinem Beispiel zu folgen ohne ständige Auseinandersetzungen und Meinungsverschiedenheiten. Alles in allem wurde meine Anwesenheit für Moholy so unangenehm, dass er mich trotz der höchsten Anerkennung meiner Arbeit von der Fakultät seiner neuen Privatschule ausgeschlossen hat."[54] Abschließend ließ er noch eine Spitze gegen

Moholy-Nagys Buch „the new vision" fallen, das seit der Erstausgabe zehn Jahre zuvor seiner Meinung nach nichts Neues bringe.

Der Streit schwelte weiter: Im Sommer 1940 nahm Bredendieck zu mehreren Personen Kontakt auf, um sich über Moholy-Nagys – in seiner Wahrnehmung – unautorisierte und falsche Weiterverwendung der von ihm entwickelten Designübungen zu beschweren. Rosalind Cassidy, Organisatorin der Summer Sessions am Mills College, schrieb er: „Moholys Verwendung dieser [Übungen] ist oberflächlich und da er selbst kein Wissen über die Handwerkskunst hat, hat er kein Verständnis für die Bedeutung oder den Zweck der Methode."[55] Bredendiecks Vorwürfe erreichten schließlich auch Moholy-Nagy, der das Anwaltsbüro Kelly and Cohler einschaltete, um weitere Verleumdungen zu unterbinden.[56]

Damit endete der Streit. Da sich Moholy-Nagy und Bredendieck weiterhin im selben Umfeld bewegten, waren Begegnungen dennoch unvermeidbar. Eine Annäherung der beiden fand jedoch erst nach dem Krieg wieder statt.

1938–1945: Freiberufliche Jahre in Chicago

Als sich abzeichnete, dass das New Bauhaus Chicago seinen Betrieb würde einstellen müssen, begann Hin Bredendieck sich um neue Arbeitsmöglichkeiten zu bemühen. Im Januar 1939 kam die zweite gemeinsame Tochter von Hin und Virginia Bredendieck zur Welt und so musste der Unterhalt für die nun vierköpfige Familie gesichert werden. Im Nachlass Bredendiecks finden sich aus dieser Zeit zahlreiche Bewerbungsschreiben. Diese dokumentieren, dass er sich sowohl für Positionen als Dozent an Kunst- und Kunstgewerbeschulen[57] als auch auf – vor allem in *The Chicago Tribune* inserierte – Stellenausschreibungen im Bereich Produktdesign (‚Draftsman') bewarb. Schwierigkeiten bereitete ihm sein Status als Immigrant. Erst am 1. Juni 1943 wurde Hin Bredendieck in die Vereinigten Staaten eingebürgert, obwohl er sich bereits seit 1940 darum bemüht hatte.[58]

Über seine Tätigkeit als selbständiger Designer in Chicago finden sich kurze, zum Teil in verschiedenen Fassungen seines Lebenslaufs variierende Angaben. Demnach entwarf Bredendieck zwischen 1938 und 1945 Möbel, Inneneinrichtungen und Holzspielzeug sowie Maschinen und Spezialwerkzeuge; letztere ab 1942

October 20, in a letter that attempts to calm the situation.[51]

At the height of the dispute, Gropius, who a short time before had expressed his appreciation for Bredendieck's work, also intervened in the clash: "since your present behavior in the first crisis that the 'new bauhaus' has to endure is a perfect betrayal not only of your friends, but also of the cause, i feel obliged to tell you that i will adapt my behavior towards you accordingly in the future."[52] The letter is signed with the buoyant signature of the Bauhaus founder. For his part, Bredendieck reacted regretfully and asked Gropius at least to give him the opportunity to present his point of view.[53]

In the summer of 1939, Bredendieck nevertheless continued his criticism. In a letter to Alfred H. Barr, an art historian and Founding Director of The Museum of Modern Art, whom he was contacting to request advice for a book on creativity, he returned to the events of the previous year: "During the whole time of my collaboration with Moholy on the Chicago Bauhaus, I was in constant conflict with him as to his old attitude. The accidental and arbitrary set up of his program and way of working made it impossible to follow his lead without continual argument and disagreement.... All in all my presence became so inconvenient for Moholy that he has chosen to exclude me from the faculty of his new private school, in spite of the highest recognition of my work."[54] In conclusion, he made a pointed remark against Moholy-Nagy's book *the new vision*, which, in his opinion, had produced nothing new since its first edition ten years earlier.

The dispute continued. In the summer of 1940, Bredendieck contacted several people to complain about what he saw as Moholy-Nagy's unauthorized and incorrect use of the design exercises he had developed. He wrote to Rosalind Cassidy, organizer of the Summer Sessions at Mills College: "Moholy's employment of them is superficial, and having no

knowledge of craftsmanship himself he has no grasp of the significance or purpose of the method."[55] Moholy-Nagy eventually learned of Bredendieck's accusations, leading him to contact the law firm of Kelly and Cohler in an effort to prohibit further slander.[56]

With this, the dispute came to end. Since Moholy-Nagy and Bredendieck continued to operate in the same environment, encounters were unavoidable. A reconciliation between the two did not take place until after the war.

1938–45: Years of Freelance Work in Chicago

When it became clear that the New Bauhaus in Chicago would be forced to cease operations, Bredendieck began to look for new job opportunities. In January 1939, Hin and Virginia's second daughter was born, so that the livelihood of the now four-person family had to be secured as quickly as possible. The estate of Bredendieck contains numerous application letters from this period. They document that he applied for teaching positions at arts and crafts schools,[57] as well as for jobs as a draftsman in the field of product design, especially positions advertised in *The Chicago Tribune*. His status as an immigrant caused him difficulties. It was not until June 1, 1943, that Bredendieck was naturalized in the United States, although he had been working towards this since 1940.[58]

There are brief details about his work as a freelance designer in Chicago, some of which vary in different versions of his curriculum vitae. According to this, between 1938 and 1945, Bredendieck designed furniture, interiors, and wooden toys, as well as machines and special tools; for the Punch-Lok Company in Chicago, for example, he worked on tools from 1942 onwards. Evidence can also be found of a temporary employment at the architecture and design firm of Holabird & Root in Chicago.[59]

insbesondere für den Chicagoer Werkzeughersteller Punch-Lok Company. Belege finden sich auch für eine zeitweilige Mitarbeit im Architektur- und Designbüro Holabird & Root (Chicago).[59] Ferner gibt es Hinweise auf eine Arbeit für das US-Militär, das u.a. für neue Flecktarn-Technologien mit der School of Design zusammenarbeitete: „Die Entwürfe, die das Militär am meisten beeindruckten, waren eine Reihe von indirekten Beleuchtungskörpern, die von Hin Bredendieck entworfen wurden."[60] In einem undatierten, etwa 1944 verfassten Brief an Serge Chermayeff, den späteren Leiter des Institute of Design, lehnte Bredendieck ein Arbeitsangebot vom Brooklyn College mit dem Hinweis ab, er werde derzeit gut bezahlt „für Ingenieurtätigkeiten in der Kriegsindustrie".[61]

Während sich bislang keine von Hin Bredendieck entworfenen Werkzeuge dokumentieren lassen, finden sich für von ihm entwickelte Spielzeug-Innovationen konkrete Belege: Für die 1928 gegründete, auf Lernspielzeug spezialisierte Firma Playskool Mfg. Co. entwarf er ab 1939 Kinderspielzeuge. Skizzen, Entwürfe und Fotografien der produzierten Spielzeuge, die aus Holz gefertigt und bemalt wurden, sowie Verkaufsprospekte haben sich im in Atlanta bewahrten Nachlassteil erhalten. Auch für seine eigenen Kinder fertigte Bredendieck Spielzeug aus Holz, das zum Teil noch in Familienbesitz erhalten ist.

Parallel zu seiner freiberuflichen Arbeit war Bredendieck als Dozent tätig. Im September 1939 begann er, einen Basic Workshop zu

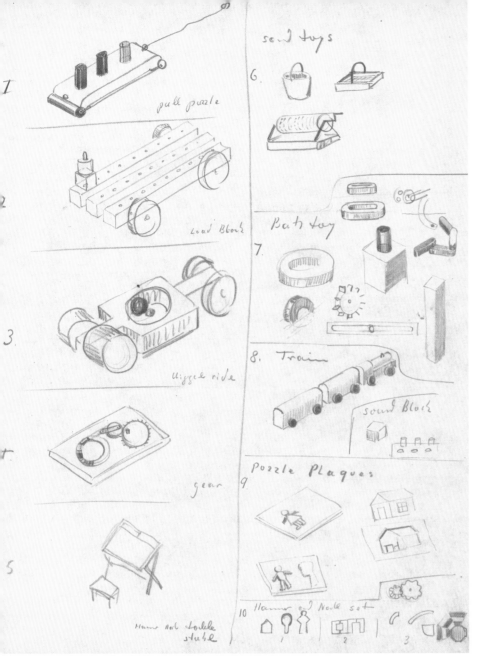

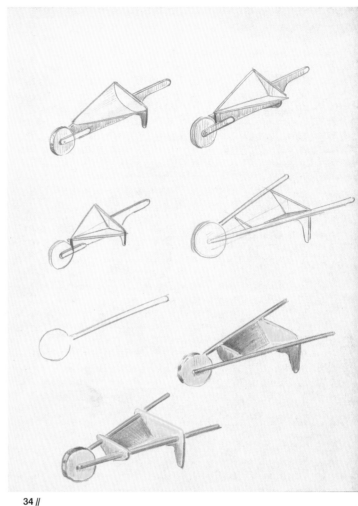

34 //

abb. 33 und 34 // Hin Bredendieck, Skizzen für verschiedene Holzspielzeuge, 1940/45, GTL-HB **// figs. 33 and 34 //** Hin Bredendieck, Sketches for various wooden toys, 1940/45, GTL-HB

unterrichten:[62] „Hin Bredendieck (...) wird Lehrer einer neuen Klasse für Industriedesign, die abends viermal pro Woche an der Carl Schurz High School stattfindet (...). Der Kurs findet jeden Montag bis Donnerstag von 19 bis 21 Uhr statt und beginnt übermorgen. Der Unterricht ist kostenlos und öffentlich. Die High-School Werkstatt wird hierfür genutzt", hieß es in der entsprechenden Zeitungsannonce.[63]

Ein weiteres Beispiel für Bredendiecks Tätigkeiten zwischen seiner Mitarbeit am New Bauhaus und am Institute of Design lässt sich für 1940 dokumentieren: Gemeinsam mit Nathan Lerner, seinem ehemaligen Studenten am New Bauhaus, führte er die Innenausstattung des South Side Community Art Center in Chicago aus. Durch das staatlich geförderte Umbauprojekt sollte die alte Villa in eine moderne Kunstgalerie verwandelt werden.[64] Die Räume mussten

There are also indications of work for the US military, which collaborated with the School of Design on new camouflage technologies, among other things. "The designs that most impressed military personnel were a number of indirect lighting fixtures conceived by Hin Bredendieck."[60] In an undated letter to Serge Chermayeff, the later Director of the Institute of Design, written around 1944, Bredendieck rejected a job offer from Brooklyn College, saying that he was now well paid "in engineering in [the] war industry."[61]

While thus far none of Bredendieck's tool designs can be documented, concrete evidence

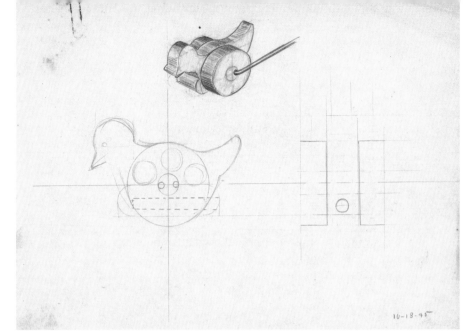

35 //

36 //

can be found for his toy innovations. From 1939
onwards, he designed children's toys for the
company Playskool Mfg. Co., which had been
founded in 1928 and specialized in educational
toys. Sketches and drafts, photographs of the
painted wooden toys, and sales brochures have
been preserved in the partial estate in Atlanta.
Bredendieck also made wooden toys for his own
children, some of which are still owned by the family
and clearly demonstrate his skillful handling of the
material, tracing back to his apprenticeship as
a carpenter in Aurich.

Parallel to his freelance work, Bredendieck
worked as an instructor. In September 1939, he
began teaching a Basic Workshop,[62] as was announced in a local newspaper: "Hin Bredendieck …
will be the instructor in a new class in industrial
design to be given four nights each week at the Carl
Schurz High School…. The class will meet from 7 to
9 p.m. each Monday through Thursday, beginning
the day after tomorrow. The class is free and is open
to public. The high school workshop will be used."[63]

In 1940 there is another example of his activities between the closing of the New Bauhaus in
1938 and his teaching at the Institute of Design
in 1945. Together with Nathan Lerner, his former
student at the New Bauhaus, he designed the
interior of the South Side Community Art Center
in Chicago. The state-funded renovation project
was intended to transform the former villa into
a modern art gallery.[64] The rooms had to be freed
from existing furniture and fixtures, and walls had
to be torn down in order to create a spacious
gallery from many small rooms. Special attention
was paid to the lighting in order to illuminate the
exhibited works of art without glare.[65] After the
redesign carried out by Bredendieck and Lerner,
which began in July 1940, the Center for African
American Art opened in December of that year.[66]
Photographs of the furniture designed for this

hierfür von bestehendem Mobiliar befreit und Wände eingerissen
werden, um aus vielen kleinen Räumen großzügige Galerieräume
zu schaffen. Besondere Aufmerksamkeit wurde auf die Beleuchtung verwandt, um ohne Blendung die ausgestellten Kunstwerke zu
illuminieren.[65] Nach der von Bredendieck und Lerner ausgeführten,
im Juli 1940 begonnenen Umgestaltung konnte das Zentrum für
afroamerikanische Kunst bereits im Dezember des Jahres eröffnet
werden.[66] Fotografien der hierfür entworfenen Möbel haben sich in
Hin Bredendiecks Nachlass erhalten. Sie korrespondieren mit den
auf Raumaufnahmen des Kunstzentrums erkennbaren Möbeln. Indes muss offen bleiben, ob es sich bei dem Mobiliar um eigens für
die Galerie angefertigte Möbel handelte oder Bredendieck - wie

198

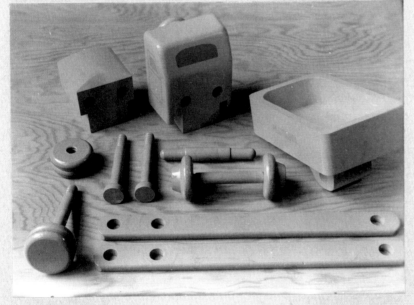

37 //

38 //

abb. 37 // Hin Bredendieck, Holzspielzeug „Lastwagen", um 1940, hergestellt und vertrieben von der Firma Playskool Chicago, Fotografien, GTL-HB // **fig. 37** // Hin Bredendieck, "Truck," wooden toy, ca. 1940, manufactured and distributed by Playskool Chicago, photographs, GTL-HB

abb. 38 // Hin Bredendieck, Holzspielzeug „Hau den Ball", um 1940, hergestellt und vertrieben von der Firma Playskool Chicago, Fotografie, GTL-HB // **fig. 38** // Hin Bredendieck, "Bang-A-Ball," wooden toy, ca. 1940, manufactured and distributed by Playskool Chicago, photograph, GTL-HB

abb. 39 // Verkaufsprospekt der Firma Playskool mit von Bredendieck entworfenem Holzspielzeug, um 1940, GTL-HB // **fig. 39** // Playskool prospectus with wooden toys designed by Bredendieck, ca. 1940, GTL-HB

39 //

40 //

abb. 40 // Ausstellung im South Side Community Art Center. In der Bildmitte sind die von Hin Bredendieck entwickelten Sitzmöbel zu erkennen, April 1942. Fotografie: Jack Delano, International Center of Photography, Museum Purchase, 2003 // **fig. 40** // Exhibition at the South Side Community Art Center. In the middle of the picture are the chairs developed by Hin Bredendieck, April 1942, photograph by Jack Delano, International Center of Photography, Museum Purchase, 2003

purpose have been preserved in Bredendieck's estate, and they correspond with the furniture seen in photographs of the art center. However, it has not been conclusively determined whether the furniture was specially made for the gallery or whether Bredendieck–as some records suggest–selected it from a larger product portfolio he had previously created for the Illinois Art Project. That initiative, which had been founded as part of an extensive government-sponsored work program (the Work Projects Administration, or WPA), had commissioned Bredendieck and Lerner to renovate the art center, among other projects.[67] Since Bredendieck did not yet have American citizenship at that time, John Walley, who led the design workshop of the Illinois Art Project, arranged that Bredendieck could be called in as a "special consultant" and paid for by private foundations. To win Bredendieck as a consultant, Walley visited him in his studio apartment in the south of the city near the university.

Walley reports on this visit in his memoirs:

"As in Moholy's apartment, he had painted the interior all white. On the walls were a number of pin-light paintings. Value and shape were controlled by density and depth of penetration. I recall the shock of a pin merchant in the garment district some months later when Bredendieck purchased a box of 10,000 random size pins and explained casually that they were to be used for part of a light painting he planned to make.

In the same area of the first floor with the pin paintings, he had created a constructivist environment for the play and work development of his small children. Looking back, or more precisely, feeling back, I have a generalized memory of 1" x 2" pine members, panels of plywood and hardwood, dowels of various sizes assembled in such simple, elegant organizations that even today I still maintain intense

Aufzeichnungen nahelegen – diese aus einem von ihm zuvor geschaffenen größeren Produktportfolio für das Illinois Art Project auswählte. Das Illinois Art Project, welches im Rahmen eines umfangreichen staatlich geförderten Arbeitsprogramms („Work Projects Administration", kurz WPA) gegründet worden war, hatte Bredendieck und Lerner u.a. mit dem Umbau des Kunstzentrums beauftragt.[67] Da Bredendieck zu diesem Zeitpunkt jedoch noch nicht die amerikanische Staatsbürgerschaft besaß, ermöglichte es John Walley, der den Design Workshop des Illinois Art Project leitete, dass Bredendieck als „special consultant" hinzugezogen und durch private Stiftungen bezahlt werden konnte. Um Bredendieck als Berater zu gewinnen, besuchte Walley Bredendieck, der im Süden der Stadt, in der Nähe der Universität lebte, in dessen Atelier-Wohnung.

In seinen Erinnerungen berichtet Walley von diesem Besuch:

„As in Moholy's apartment, he had painted the interior all white. On the walls were a number of pin-light paintings. Value and shape were controlled by density and depth of penetration. I recall the shock of a pin merchant in the garment district some months later when Bredendieck purchased a box of 10.000 random size pins and explained casually that they were to be used for part of a light painting he planned to make.

In the same area of the first floor with the pin paintings, he had created a constructivist environment for the play and work development of his small children. Looking back, or more precisely, feeling back, I have a generalized memory of 1" x 2" pine members, panels of plywood and hardwood, dowels of various sizes assembled in such simple, elegant organizations that even today I still maintain intense

41 //

42 //

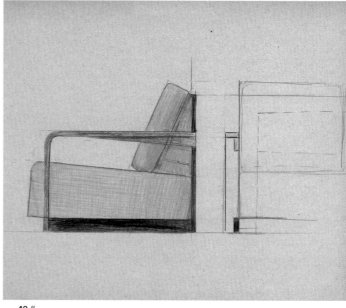

43 //

abb. 41 // Hin Bredendieck, Stuhl, 1940, Fotografie: Hin Bredendieck, GTL-HB //
fig. 41 // Hin Bredendieck, Chair, 1940, photograph by Hin Bredendieck, GTL-HB

abb. 42 // Ausstellung im South Side Community Art Center. Es sind die von
Hin Bredendieck entwickelten Möbel (und Leuchten?) zu erkennen, ca. 1940,
Alain Locke Papers, courtesy The Moorland-Springarn Research Center //
fig. 42 // Exhibition at the South Side Community Art Center. The furniture
(and lights?) developed by Hin Bredendieck can be recognized, ca. 1940,
Alain Locke Papers, courtesy of The Moorland-Springarn Research Center

abb. 43 // Hin Bredendieck, Skizze für einen Sessel, 1940/45 //
fig. 43 // Hin Bredendieck, Sketch for an armchair, 1940/45

memory patterns of that aesthetic experience. This incident was to
be multiplied many times over the next few years. The simplest problems of structures for the purpose of accepting storage containers
of various sizes would become an act of such rational purity and
constructivist delight that one would have a tendency to forget the
carefully controlled aesthetics within the functional hierarchy."[68]

Faszinierend und wie ein roter Faden setzt sich auch in der Arbeit für das Illinois Art Project das Thema der Holzbearbeitung im

memory patterns of that aesthetic experience. This
incident was to be multiplied many times over the
next few years. The simplest problems of structures
for the purpose of accepting storage containers of
various sizes would become an act of such rational
purity and constructivist delight that one would have
a tendency to forget the carefully controlled aesthetics within the functional hierarchy."[68]

Fascinatingly, and with the effect of a leitmotif,
Bredendieck's work for the Illinois Art Project continues the theme of woodworking in his professional life.

Lloyd C. Engelbrecht described Bredendieck's talent in handing the material as a "sophisticated understanding of the possibilities of woodworking."[69]

Walley was particularly impressed by his adept handling of the modern building material plywood:

"Bredendieck became a central force in transcending the limited craft concepts that controlled the state-wide shops before they were placed under our supervision.... As a design consultant, Bredendieck's position was readily established by his qualification as a master craftsman. This was a fortunate situation in his relation[ship] with workers in the shops. In the Chicago unit there were 1,100 workers involved in wood, metal, plastics, and textiles. There were 100 men in the wood shop alone. After a technical dispute in the workshop by some central European workers over the possibility of fabricating a double curvature veneer lamination, Bredendieck asked permission to use a workbench. He brought his personal tool box and prepared to build the forms. The comment of the workers after the demonstration was that as soon as he opened his tool box and put on his apron they knew they had lost the dispute."[70]

Lloyd C. Engelbrecht is convinced that Bredendieck had an influence on the School of Design in Chicago through his work for the Illinois Art Project and the Design Workshop, since "some of the students had studied with him at the New Bauhaus and had also worked with him in the Design Workshop."[71] It seems more likely, however, that Bredendieck remained in loose contact with former colleagues and members of the newly founded School of Design and demonstrated his influence not least of all through the continued use of the design exercises he developed.

1945–49: Hin Bredendieck at the Institute of Design

In 1945, shortly after the war, Bredendieck received another teaching position from László Moholy-Nagy

Berufsleben von Bredendieck fort. Lloyd C. Engelbrecht beschrieb Bredendiecks Begabung im Umgang mit dem Werkstoff als ein „differenziertes Verständnis der Möglichkeiten".[69]

Insbesondere sein versierter Umgang mit dem modernen formbaren Material Sperrholz überzeugte auch Walley:

„Bredendieck became a central force in transcending the limited craft concepts that controlled the state-wide shops before they were placed under our supervision. (...) As a design consultant, Bredendieck's position was readily established by his qualification as a master craftsman. This was a fortunate situation in his relation-[ship] with workers in the shops. In the Chicago unit there were 1.100 workers involved in wood, metal, plastics, and textiles. There were 100 men in the wood shop alone. After a technical dispute in the workshop by some central European workers over the possibility of fabricating a double curvature veneer lamination, Bredendieck asked permission to use a workbench. He brought his personal tool box and prepared to build the forms. The comment of the workers after the demonstration was that as soon as he opened his tool box and put on his apron they knew they had lost the dispute."[70]

Engelbrecht ist überzeugt, dass Bredendieck durch seine Arbeit für das Illinois Art Project und den Design Workshop Einfluss auf die School of Design Chicago hatte, da „some of the students had studied with him at the New Bauhaus and had also worked with him in the Design Workshop."[71] Wahrscheinlicher scheint indes, dass Bredendieck weiterhin in lockerem Kontakt zu den ehemaligen Kollegen und Mitgliedern der neugegründeten School of Design stand und sich sein Einfluss vor allem in der Weiterverwendung der von ihm entwickelten Designübungen zeigte.

1945–1949: Hin Bredendieck am Institute of Design

1945 erhielt Bredendieck erneut einen Lehrauftrag von László Moholy-Nagy am Institute of Design, das auf Grundlage der „G.I. Bill" „jedem Kriegsteilnehmer eine Ausbildung garantierte" und somit in dieser Zeit viele neue Studenten aufnahm.[72] Bredendieck, der zunächst Zweifel hatte, ob die alten Konflikte nicht wieder aufbrechen würden, erkundigte sich im Vorhinein nach den Bedingungen. – „You do, the way you like it", antwortete ihm Moholy-Nagy. Nach 15-jährigem Disput über den

Aufbau der Werkstätten gründete Bredendieck nun eine materialübergreifende Werkstatt, deren Zweck auf das „Design" ausgerichtet war.[73] Auch Bredendiecks ehemalige Studenten Richard Koppe und Richard Filipowski wurden als Lehrkörper an das Institute of Design berufen. Ab September 1946 war es in der 632 North Dearborn Street untergebracht. In einem Brief erinnert Bredendieck die arbeitsreichen Umzugswochen: „Am Anfang hatten wir [Nathan Lerner und Hin Bredendieck] die Hände voll zu tun, mit dem Umzug in die Dearborn Street, dem Umgang mit immer größeren Massen von Studierenden und in unserer ‚Freizeit' dem Aufbau der physischen Mittel, um Unterricht überhaupt möglich zu machen. Wir haben nicht die üblichen 20 bis 22 Stunden pro Woche in der Schule verbracht, sondern täglich 8 bis 10 Stunden sowie viele Abende und Sonntage."[74]

Als Assistenzprofessor im „Product Design Workshop" war Hin Bredendieck wieder für den Vorkurs sowie für Unterricht über „Material und Technik" sowie „Industrielles Zeichnen" zuständig. Bei der Gestaltung des Design-Unterrichts entwickelte er seine Lehrmethode vom New Bauhaus Chicago weiter. Übungen wie Papierfaltungen und Handskulpturen standen weiterhin auf dem Programm.[75] Im Produktdesign behandelte Bredendieck im Herbstsemester 1949/50 intensiv das Thema Leuchtendesign.[76] Wochenweise waren die Studierenden mit Beleuchtungs-„Problemen" konfrontiert, wobei das Erkunden grundlegender Aspekte wie Material, Oberflächenbeschaffenheit, Formung sowie analytische Methoden zur erfolgreichen Gestaltung von funktionalen Beleuchtungskörpern führen sollte. Wie schon am New Bauhaus waren konstruktive Kritik und Diskussionsrunden Bestandteil des Arbeitsprozesses. Besuche in Fabriken ergänzten auch hier den Unterricht. In einem Schulprospekt von 1946 hieß es zum Ziel des Industriedesign-Kurses: „After graduation, such a student is equipped to design anything from a hammer to a prefabricated housing unit."

Das Jahr 1946 war für Bredendieck neben dem großen Schulumzug geprägt von der Trennung von Virginia und dem Tod Moholy-Nagys im November, der an den Folgen einer Leukämie-Erkrankung gestorben war.[77] Wenige Monate zuvor hatte er noch in einem Brief an Will Grohmann den Wert seiner Anstrengungen, die Bauhaus-Lehre in Amerika fortzusetzen, resümiert: „Wir haben hier in Chicago nach

—this time at the Institute of Design, which, on the basis of the G.I. Bill, guaranteed every former soldier an education and thus accepted many new students within a short time.[72] Bredendieck initially had doubts as to whether the previous conflicts with Moholy-Nagy would break out again, and he inquired in advance about the conditions. "You do, the way you like it," was Moholy-Nagy's conciliatory response.[73] After fifteen years of disagreement about the structure of the workshops, Bredendieck at last founded a cross-material workshop, the purpose of which was to focus entirely on "design."[74] From September 1946 onwards, the school was located at 632 North Dearborn Street. In a letter, Bredendieck recalled the weeks of moving: "In the beginning we [Bredendieck and Lerner] had our hands full of moving to Dearborn Street, dealing with ever greater masses of students, and building in our 'free time' the physical means to make teaching possible. We did not spend the usual 20–22 hours per week in the school, but daily from 8 to 10 hours, and many evenings and Sundays."[75]

As Assistant Professor in the Product Design Workshop, Bredendieck was again responsible for the Preliminary Course, as well as for teaching Materials and Technology and Industrial Drawing. In structuring the design lessons, Bredendieck further developed his teaching method from the New Bauhaus Chicago. Exercises such as paper folding and hand sculptures were still on the program.[76] In the autumn semester of 1949/50, for example, Bredendieck dealt in depth with the subject of lighting in the area of product design.[77] Each week, the students were confronted with various lighting "problems," whereby fundamental aspects such as material, surface texture, and shaping, as well as analytical methods, were to lead to the successful design of functional lighting fixtures. As at the New Bauhaus, constructive rounds of criticism and discussion were part of the working process. And here as well, visits to factories complemented the

44 //

lessons. The goals of the industrial design course were laid out in a school brochure from 1946: "After graduation, such a student is equipped to design anything from a hammer to a prefabricated housing unit."

For Bredendieck, the year 1946 was not only marked by the move of the school, but also by his separation from Virginia and the death of Moholy-Nagy following a bout with leukemia.[78] A few months earlier, the latter had told Will Grohmann about his attempts to continue the teachings of the Bauhaus in America:

"Here in Chicago, after years of considerable stress and much effort, we have built a school that functions as a continuation of the Bauhaus. Of course, neither the curriculum nor the teaching staff could be imitated unconditionally in such a culturally diverse country, but the basic principle and objectives are the same. We now have over 500 day and evening students and a large faculty. It will interest [Wilhelm] Wagenfeld to hear that Hin Bredendieck teaches in the workshop, and Marli Heymann (now Ehrman) has had the weaving workshop for years.... The biggest problem for us here is the fact that the

Jahren grosser Anstrengung und vieler Mühe eine Schule aufgebaut, die als Fortsetzung des Bauhauses arbeitet. Natürlich konnte man weder Lehrplan noch Lehrkörper in einem kulturell so verschiedenen Lande bedingungslos imitieren, aber das Grundprinzip und die Zielsetzung sind die gleichen. Wir haben jetzt über 500 Tages- und Nachtstudenten und eine große Fakultät. Es wird [Wilhelm] Wagenfeld interessieren zu hören, dass Hin Bredendieck in der Werkstatt lehrt und Marli Heymann (jetzt Ehrman) seit Jahren die Webwerkstatt hat. (...) Das größte Problem für uns hier ist die Tatsache, dass der durchschnittliche Student keinerlei, aber auch wirklich keinerlei Voraussetzungen mitbringt, und man mit dem ABC der Funktionalität anfangen muss. Ausserdem ist ein so völlig kommerzialisiertes Land kein leichter Boden für eine systematische stufenweise Erziehung. Aber nach und nach zeigen sich Ergebnisse,

45 //

abb. 45 // Programm des Institute of Design, Chicago, 1946, GTL-HB // fig. 45 // Program of the Institute of Design, Chicago, 1946, GTL-HB

besonders unter den älteren Kriegsteilnehmern, die wissen, warum sie wieder zur Schule gehen".[78]

Nach Moholy-Nagys Tod im November 1946 übernahm Nathan Lerner das Amt des geschäftsführenden Direktors. Im Dezember wurde schließlich Serge Chermayeff zum Präsidenten des Institute of Design ernannt, mit dem Bredendieck bereits um 1945 in freundschaftlichem Austausch gestanden hatte, als dieser ihn als Lehrer für das Brooklyn College hatte gewinnen wollen.[79] Der russisch-stämmige Architekt trat die Präsidentschaft im März 1947 an und leitete einen Wandel des Lehrangebots ein, das neustrukturiert und auf die Bedürfnisse der gestiegenen Schülerzahl angepasst wurde. 1949 wurde die Schule nicht nur zur finanziellen Absicherung, sondern auch zur „vollen Akkreditierung innerhalb des amerikanischen Universitätssystems" formell dem Illinois Institute of Technology angegliedert.[80]

Noch im April 1952 war Bredendiecks berufliche Zukunft unklar: Bereits im Mai 1950 hatte Bredendieck beim Dean of Engineering John Theodore Rettaliata, der 1952 Präsident des Illinois Institute of Technology werden sollte, eine höhere Bezahlung eingefordert, vor allem da ihm die Klassifizierung als Assistenzprofessor vor dem Hintergrund seines beruflichen Werdegangs als unangemessen erschien.[81] Bredendieck hatte das Department in den ersten Jahren nach dem Krieg zusammen mit Nathan Lerner geleitet und war von dieser Verantwortung sukzessive abgezogen und von Chermayeff und Otto Kolb ersetzt worden, die das Department gemeinsam etwa von 1947/48 bis 1951 leiteten. Im Frühjahr 1951 wurde Kolb entlassen und von Jesse Reichek ersetzt, der 1941 bis 1942 an der School of Design studiert hatte. Bredendiecks Stand an der Schule verbesserte sich nicht, als Chermayeff im Juni 1951 zurücktrat, da es „unüberwindbare Differenzen mit Teilen des Lehrkörpers über Schwerpunkte des Lehrplans und die pädagogische Richtung der Schule" gab.[82] Zwar übernahm nach Chermayeffs Ausscheiden Bredendieck wieder die Leitung des Product Design Departments, er störte sich jedoch an der Unerfahrenheit des noch jungen Reichek. Schließlich kippte die Stimmung und Bredendieck sah sich seiner Möglichkeiten beraubt, weiterhin „the best use of my background and experience" zu machen, wie er Sigfried Giedion im April 1952

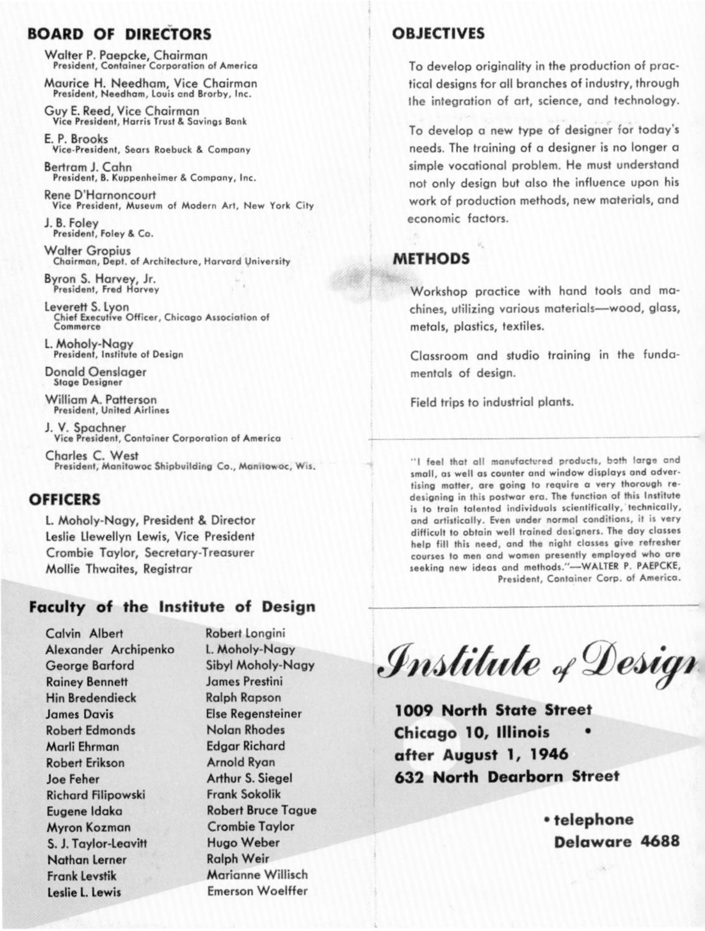

average student has no, but really no, prerequisites, and you have to start with the ABCs of functionality. Moreover, such a completely commercialized country is no easy ground for a systematic, step-by-step education. But little by little, there are indeed results, especially among the older soldiers who know why they're going back to school."[79]

After Moholy-Nagy's death in November 1946, Nathan Lerner took over the position of Managing Director of the Institute of Design. In the spring of 1947, Serge Chermayeff, with whom Bredendieck had already been in friendly contact when he tried to win over Bredendieck to teach at Brooklyn College, took over the presidency of the school.[80] The Russian-born architect initiated a change in the curriculum,

which was restructured and adapted to the needs of the increased number of students. In 1949, the school was formally affiliated to the Illinois Institute of Technology—not only for financial security, but also for "full accreditation within the American university system."[81]

In May 1950, Bredendieck demanded a higher salary from the Dean of Engineering, John Theodore Rettaliata, who was to become President of the Illinois Institute of Technology in 1952. In particular, his classification as Assistant Professor seemed inappropriate to him, given his professional accomplishments.[82] Bredendieck had been removed from the Product Design Department in 1947/48. After he had established and headed the department together with Lerner, he was replaced by Chermayeff and Otto Kolb, who headed the

abb. 46 // Kollegium des Institute of Design mit Hin Bredendieck (hintere Reihe, unter dem Geweih) und Nathan Lerner (vor Bredendieck), um 1947, Fotografie // fig. 46 // Staff of the Institute of Design with Hin Bredendieck (back row, under the antler) and Nathan Lerner (in front of Bredendieck), ca. 1947, photograph

schrieb.[83] Die Auseinandersetzungen im Kollegium nahmen zu, und nachdem Bredendieck - wie er es nannte - den „mistake" begangen hatte, in einer Institutssitzung im Januar 1952 offen über seine Ansichten zur Neugestaltung der Schule zu sprechen, sah er sich zunehmend isoliert und in Gefahr, seine Stellung zu verlieren: „Meine siebenjährige Zusammenarbeit mit der Schule und mein beruflicher Hintergrund als Designer berechtigen mich zweifellos dazu, meine Meinung in einer Angelegenheit zu äußern, die meine Zukunft so ernsthaft betrifft."[84]

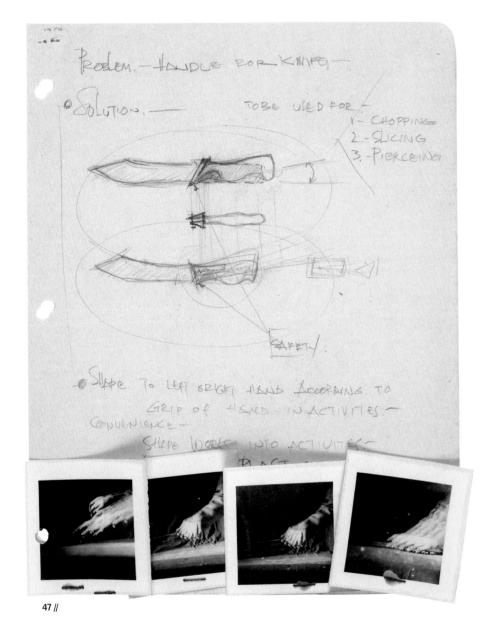

47 //

department until 1951. When Kolb was dismissed in the spring of that year, he was replaced by Jesse Reichek, who had studied at the School of Design from 1941 to 1942.

Bredendieck's status at the school did not improve when Chermayeff resigned in June 1951, as there had been "insurmountable differences with parts of the faculty over curriculum priorities and the pedagogical direction of the school."[83] Although, after Chermayeff's retirement, Bredendieck once again became Head of the Product Design Department, he was infuriated with Reichek's inexperience. The mood eventually soured, and Bredendieck saw himself prevented from making "the best use of my background and experience," as he told Sigfried Giedion in April 1952.[84] The disputes among the staff increased, and after Bredendieck had committed what he called the "mistake" of openly talking about his views on the school's redesign at a meeting in January 1952, he felt increasingly isolated and in danger of losing his position. "My seven years of association with the school, plus my professional background as a designer, certainly entitle me to voice my opinion in a matter which so seriously involves my future."[85] Bredendieck's criticism of the Industrial Design Department had been rejected by Crombie Taylor, who had acted as Managing Director since Chermayeff's retirement: "Mr. Taylor stated that I had my chance to develop the section when Otto Kolb was the head [of the Product Design Department] because [Kolb] was 'so weak that you could easily have pushed him aside.'"[86] For the academic year 1952/53, Bredendieck had again been granted a temporary position as Assistant Professor. Although he had the majority support of the students, as a survey conducted in 1952 reveals,[87] Bredendieck finally resigned from the Institute of Design in June 1952 and followed the call to Georgia Tech in Atlanta.

Bredendiecks Kritik am Industrie Design Department hatte Crombie Taylor, der seit Chermayeffs Ausscheiden als geschäftsführender Direktor agierte, zurückgewiesen: „Herr Taylor gab an, dass ich die Möglichkeit gehabt hätte, die Abteilung weiterzuentwickeln, als Otto Kolb der Leiter [der Produktdesignabteilung] war, weil [Kolb], so schwach war, dass Sie ihn leicht beiseite hätten schieben können."'[85] Den mehrheitlichen Rückhalt der Studenten besaß Bredendieck weiterhin, wie eine Umfrage belegt.[86] Für das akademische Jahr 1952/53 war Bredendieck wieder eine befristete Stelle als Assistenzprofessor bewilligt worden, doch im Juni 1952 erklärte er seinen Rücktritt vom Institute of Design und folgte einem Ruf an die Georgia Tech in Atlanta.[87]

1   Deutscher Bundestag, "Die Welt neu denken – Der 100. Jahrestag der Gründung des Bauhauses im Jahre 2019," Drucksache 18/3727, January 1, 2015 [translated].
2   See Grawe 1994, 119.
3   For more information on Albers at Black Mountain College, see, among others, Eggelhöfer 2015.
4   See Lloyd C. Engelbrecht, "Chicago—eine Stadt auf der Such nach einem Bauhaus?," Hahn/Engelbrecht 1987, 20–32.
5   See ibid., 24–25.
6   Ibid., 30 [translated].
7   Petition for Naturalization of Hin Bredendieck, file no. 730 P 240823, October 6, 1942, GTL-HB.
8   Letter from the Emigrant Counseling Center to Hin Bredendieck dated August 24, 1937, GTL-HB [translated].
9   See Walter Gropius, letter of recommendation for Hin Bredendieck dated June 10, 1937, LMO-HB 10.
10   See letter from László Moholy-Nagy to c.w. and s.g. [Carola Giedion-Welcker and Sigfried Giedion] dated August 28, 1937, gta Archive / ETH Zurich (Estate of Sigfried Giedion).
11   Letter from Sigfried Giedion to Carola Giedion-Welcker dated December 2, 1937; quoted in Grunewald 2019, 192 [translated].
12   Email from the German Emigration Center in Bremerhaven to the author dated July 20, 2017. I thank Andrea Grahl for kindly providing this information.
13   See Lloyd C. Engelbrecht, "Moholy-Nagy und Chermayeff in Chicago," Hahn/Engelbrecht 1987, 51–68, here 51.
14   Peter Hahn, "Vom Bauhaus zum New Bauhaus," Hahn/Engelbrecht 1987, 9–19, here 11 [translated].
15   Letter from László Moholy-Nagy to Sibyl Moholy dated July 16, 1937; quoted in Moholy-Nagy 1972, 122 [translated].
16   See Marli Ehrmann, AKL 2002, vol. 32, 476. In 1945, the former Bauhaus student Werner Drewes taught for a short time at the Institute of Design; see Engelbrecht 2009, 592.
17   See Bredendieck 1990, 8.
18   Koppe 2019b, 187.
19   Ibid., 183.
20   Ibid., 185.
21   See letter from László Moholy-Nagy to Virginia Bredendieck dated June 27, 1938, LMO-HB 12; letter from Norma K. Stahle to Mrs. Hin Bredendieck dated October 21, 1937, GTL-HB.
22   See Bredendieck 1938, unpaginated.
23   See LMO-HB 28.
24   Wick 2000, 185 [translated].
25   See Hin Bredendieck, teaching concept "Basic Workshop,"
1st semester, autumn 1937, LMO-HB 28 [translated].
26   Bredendieck 1979, 63 [translated].
27   See Lloyd C. Engelbrecht, "Moholy-Nagy und Chermayeff in Chicago," Hahn/Engelbrecht 1987, here 52.
28   See Engelbrecht 1987, unpaginated; Engelbrecht 2009, 562.
29   Hin Bredendieck, teaching concept "Basic Workshop," 2nd semester, autumn 1937, LMO-HB 28.
30   Bredendieck 1979, 63 [translated]
31   Moholy-Nagy 1938, 54.
32   Hin Bredendieck, teaching concept "Basic Workshop," 2nd semester, autumn 1937, LMO-HB 28.
33   Koppe 2019b, 186.
34   Quoted in Roger Manley, "An afternoon with Nathan Lerner," idem., *Modernist Eye: The Art & Design of Nathan Lerner*, exh. cat. Gallery of Art & Design, North Carolina State University, Raleigh, North Carolina, 2000, 17–25, here 21; available online at: http://www.nathanlerner.com/articles/roger-manley.pdf [last accessed on December 6, 2019]; see also Marie Zoe Greene-Mercier, "The Role of Materials in My Geometric and Abstract Sculpture: A Memoir," *Leonardo,* 15, no. 1 (1982): 1–6.
35   Grawe 1994, 118 [translated].
36   Koppe 2019b, 185.
37   Hin Bredendieck, concept paper "Wood and Metal Workshop Program," autumn 1937, LMO-HB 28.
38   See Bredendieck 1938, unpaginated.
39   See letter from László Moholy-Nagy to Hin Bredendieck dated March 31, 1938, LMO-HB 12.
40   "Bauhaus: First Year," *Time* (July 8, 1938), quoted in Siegel 2016, 224, 234, note 2.
41   See Clarence J. Bulliet, "Around the Galleries," *Chicago Daily News* (July 9, 1938), quoted in ibid.
42   Jeannine Fiedler, "Chronologie," Hahn/Engelbrecht 1987, 93–104, here 98 [translated]. Grawe writes that the expectations of the students were not fulfilled due to the fact that they had expected a college of art, since the Bauhaus had been regarded primarily as a place of activity for famous visual artists; see Grawe 1994, 129.
43   Letter from Virginia Bredendieck to Richard and Dione Neutra dated August 30, 1938, LMO-HB 12.
44   See Jeannine Fiedler, "Chronologie," Hahn/Engelbrecht 1987, 93–104.
45   Hin Bredendieck, undated notes, LMO-HB 28.
46   Bredendieck 1990, 8.
47   Letter from Hin Bredendieck to László Moholy-Nagy dated October 7, 1938, carbon copy, LMO-HB 12.

1   Deutscher Bundestag: „Die Welt neu denken – Der 100. Jahrestag der Gründung des Bauhauses im Jahre 2019, Drucksache 18/3727 v. 13.1.2015.
2   Vgl. Grawe 1994, S. 119.
3   Vgl. zu Albers am Black Mountain College, u.a. Eggelhöfer 2015.
4   Vgl. Lloyd C. Engelbrecht: Chicago – eine Stadt auf der Such nach einem Bauhaus?, in: Hahn/Engelbrecht 1987, S. 20-32.
5   Vgl. ebd., S. 24f.
6   Ebd., S. 30.
7   Petition for Naturalization of Hin Bredendieck, File No. 730 P 240823 v. 6.10.1942, GTL-HB [übersetzt aus dem Englischen].
8   Auswanderer-Beratungs-stelle an Hin Bredendieck, Brief v. 24.8.1937, GTL-HB.
9   Vgl. Walter Gropius, Zeugnis Hin Bredendieck, v. 10.6.1937, LMO-HB 10.
10   Vgl. László Moholy-Nagy an c.w. und s.g. [Carola Giedion-Welcker und Sigfried Giedion], Brief v. 28.8.1937, gta Archiv / ETH Zürich (Nachlass Sigfried Giedion).
11   Sigfried Giedion an Carola Giedion-Welcker, Brief v. 2.12.1937, zit. nach: Grunewald 2019, S. 192.
12   Deutsches Auswanderer-haus Bremerhaven an die Verfasserin, Email v. 20.7.2017. Ich danke Andrea Grahl für die freundliche Auskunft.
13   Vgl. Lloyd C. Engelbrecht: Moholy-Nagy und Chermayeff in Chicago, in: Hahn/Engelbrecht 1987, S. 51-68, hier S. 51.
14   Vgl. Peter Hahn: Vom Bauhaus zum New Bauhaus, in: Hahn/Engelbrecht 1987, S. 9-19, hier S. 11.
15   László Moholy-Nagy an Sibyl Moholy, Brief v. 16.7.1937, zit. nach: Moholy-Nagy 1972, S. 122.
16   Vgl. Marli Ehrmann, AKL 2002, Bd. 32, S. 476. 1945 unterrichtete der ehemalige Bauhausstudent Werner Drewes für kurze Zeit am Institute of Design, vgl. Engelbrecht 2009, S. 592.
17   Bredendieck 1990, S. 8.
18   Koppe 2019a, S. 187.
19   Ebd., S. 183.
20   Ebd., S. 185.
21   László Moholy-Nagy an Virginia Bredendieck, Brief v. 27.6.1938, LMO-HB 12; Norma K. Stahle an Mrs. Hin Bredendieck, Brief v. 21.10.1937, GTL-HB.
22   Vgl. Bredendieck 1938, o. Pag.
23   Vgl. LMO-HB 28.
24   Wick 2000, S. 185.
25   Hin Bredendieck, Unterrichtskonzept „Basic Workshop", 1. Semester, Herbst 1937, LMO-HB 28.
26   Bredendieck 1979, S. 63.
27   Vgl. Lloyd C. Engelbrecht: Moholy-Nagy und Chermayeff in Chicago, in: Hahn/Engelbrecht 1987, S. 51–68, hier S. 52.
28   Vgl. Engelbrecht 1987, o. Pag.; vgl. auch Engelbrecht 2009, S. 562.
29   Hin Bredendieck, Unterrichtskonzept „Basic Workshop",
2. Semester, Herbst 1937, LMO-HB 28 [übersetzt aus dem Englischen].
30   Bredendieck 1979, S. 63.
31   Moholy-Nagy 1938, S. 54.
32   Hin Bredendieck, Unterrichtskonzept „Basic Workshop", 2. Semester, Herbst 1937, LMO-HB 28.
33   Koppe 2019a, S. 186.
34   Zit. nach: Roger Manley: An Afternoon with Nathan Lerner [übersetzt aus dem Englischen], online: http://www.nathanlerner.com/articles/roger-manley.pdf, zuletzt abgerufen am 21.10.2019; vgl. auch Marie Zoe Greene-Mercier: The Role of Materials in My Geometric and Abstract Sculpture. A Memoir, in: *Leonardo,* 15. Jg., 1982, H. 1, S. 1–6.
35   Grawe 1994, S. 118.
36   Koppe 2019a, S. 185.
37   Hin Bredendieck, Konzeptpapier „Wood and Metal Workshop Programm", Herbst 1937, LMO-HB 28 [übersetzt aus dem Englischen].
38   Vgl. Bredendieck 1938, o. Pag.
39   Vgl. László Moholy-Nagy an Hin Bredendieck, Brief v. 31.3.1938, LMO-HB 12.
40   Bauhaus: First Year, in: *Time* v. 8.7.1938, zit. nach: Siegel 2016, S. 224 und S. 234, Anm. 2.
41   Clarence J. Bulliet: Around the Galleries, in: *Chicago Daily News* v. 9.7.1938, zit. nach: ebd.
42   Jeannine Fiedler: Chronolo-gie, in: Hahn/Engelbrecht 1987, S. 93–104, hier S. 98. Grawe schreibt, dass die Erwartungen der Studieren-den insofern nicht erfüllt wurden, als dass sie eine Kunsthochschule erwarteten, da das Bauhaus vor allem als Wirkungsort berühmter bildender Künstler gegolten hatte, vgl. Grawe 1994, S. 129.
43   Virginia Bredendieck an Richard und Dione Neutra, Brief v. 30.8.1938, LMO-HB 12 [übersetzt aus dem Englischen].
44   Jeannine Fiedler: Chronologie, in: Hahn/Engelbrecht 1987, S. 93–104.
45   Hin Bredendieck, undat. Aufzeichnung, LMO-HB 28 [übersetzt aus dem Englischen].
46   Bredendieck 1990, S. 8.
47   Hin Bredendieck an László Moholy-Nagy, Briefdurchschlag v. 7.10.1938, LMO-HB 12 [übersetzt aus dem Englischen].
48   László Moholy-Nagy an Hin Bredendieck, Brief v. 11.10.1938, LMO-HB 12 [übersetzt aus dem Englischen].
49   Ebd.
50   Ebd.
51   Hin Bredendieck an László Moholy-Nagy, Briefentwurf v. 20.10.1938, LMO-HB 12.
52   Walter Gropius an Hin Bredendieck, Brief v. 23.10.1938, LMO-HB 12.
53   Vgl. Hin Bredendieck an Walter Gropius, Briefentwurf v. 31.10.1938, LMO-HB 12. Offenbar beruhigte sich die Situation auch mit

Gropius wieder, denn 1953 besuchte der Bauhaus-Gründer Bredendieck an seinem neuen Wirkungsort in Atlanta und hielt dort einen Vortrag, vgl. Walter Gropius an Paul Klopfer, Brief v. 3.4.1953, zit. nach: Conrads, Droste, Nerdinger u.a. 1994, S. 55.

54   Hin Bredendieck an Alfred Barr, Briefdurchschlag v. 13.6.1939, GTL-HB [übersetzt aus dem Englischen].

55   Hin Bredendieck an Rosalind Cassidy, Briefdurchschlag v. 10.7.1940, GTL-HB [übersetzt aus dem Englischen].

56   Vgl. László Moholy-Nagy an Hin Bredendieck, Brief v. 25.7.1940, GTL-HB; J. Robert Cohler an Hin Bredendieck, Brief v. 29.8.1940, GTL-HB.

57   U.a. an der Layton School of Art, Milwaukee, der Cranbrook Academy of Art, Michigan, und am Carnegie Institute of Technology, Pittsburgh, vgl. LMO-HB 12.

58   Certification of Naturali- zation, Hinrich Bredendieck, v. 1.6.1943, LMO-HB 10.

59   Vgl. Hin Bredendieck, undat. Bewerbungsschreiben [ca. 1943], GTL-HB.

60   Mavigliano 1987, S. 44. Mavigliano bezieht sich dabei auf Clark Sommer Smith: Nine Years of Federally Sponsored Art in Chicago. 1933-1942, unveröffentlichte Masterarbeit, Universität von Chicago 1965, S. 54 [übersetzt aus dem Englischen].

61   Hin Bredendieck an Serge Chermayeff, undat. Brief [ca. 1944], GTL-HB [übersetzt aus dem Englischen].

62   Carl Schurz High-School, Assignment of Teacher, ausgestellt für Hin Bredendieck am 1.9.1939, LMO-HB 10 [übersetzt aus dem Englischen].

63   Industrial Designer to Teach at Schurz, unidentifizierter Zeitungsausschnitt [September 1939], LMO-HB 10.

64   Vgl. Judith Burson Lloyd: The Flowering: African American Artists and Friends in 1940s Chicago. A Look at the South Side Community Art Center, Illinois Art Gallery, April 7-May 28, 1993; Antrag auf Aufnahme des South Side Community Art Center Buildings in die Liste der Nationaldenkmäler, https://www2.illinois.gov/dnrhistoric/Preserve/SiteAssets/Pages/illinois-historic-sites-advisory-council/Chicago%20--%20South%20Side%20Community%20Art%20Center.pdf, zuletzt abgerufen am 18.10.2019.

65   Vgl. ebd.

66   Vgl. Fritzi Weisenborn: S. Side center preens for First Lady's visit, in: Sunday Times, Chicago, 20.4.1941.

67   Vgl. Engelbrecht 1987, o. Pag. Unterlagen zu Bredendiecks Tätigkeiten für das Illinois Art Project haben sich im Nachlass erhalten, so Bestelllisten für die Werkstatt, Korrespondenz mit John Walley usw., vgl. LMO-HB 29.

68   Walley 1975, S. 76f.

69   Vgl. Engelbrecht 1987, o. Pag. [übersetzt aus dem Englischen].

70   Walley 1975, S. 76f.

71   Engelbrecht 1987, o. Pag.

72   Jeannine Fiedler: Chronologie, in: Hahn/Engelbrecht 1987, S. 100.

73   Bredendieck 1990, S. 9.

74   Vgl. Hin Bredendieck an The Advisory Council des Institute of Design, Brief v. 13.2.1952, GTL-HB [übersetzt aus dem Englischen].

75   Vgl. Hin Bredendieck, hand-sculpture. general outline, einseitiger Seminarplan v. 10.4.1948, GTL-HB.

76   Vgl. Hin Bredendieck, Product Design 305, Fall Term 1949/50, einseitiger Seminarplan v. 1949, GTL-HB.

77   Nach der Trennung von Virginia Bredendieck war Hin Bredendieck für kurze Zeit mit Bertha Tepper-Mayer liiert, die in der 5428 Blackstone Avenue lebte und deren Haus Bredendieck renoviert hatte. Die Beziehung währte nicht lang. Noch in Chicago lernte Bredendieck seine zweite Frau Joan kennen, mit der er gemeinsam nach Atlanta übersiedelte.

78   László Moholy-Nagy an Will Grohmann, Brief v. 13.8.1946, zit. nach: Gutbrod 1968, S. 131f. Bereits im Herbst 1946 war die Zahl der Tages- und Abendstudenten auf nahezu 2000 gestiegen, vgl. Hahn/Engelbrecht 1987, S. 102.

79   Serge Chermayeff an Hin Bredendieck, Brief v. 25.1.1945, GTL-HB.

80   Hahn/Engelbrecht 1987, S. 104.

81   Hin Bredendieck an J.T. Rettaliata, Brief v. 24.5.1950, LMO-HB 34.

82   Hahn/Engelbrecht 1987, S. 104.

83   Hin Bredendieck an Sigfried Giedion, Brief v. April 1952, gta Archiv / ETH Zürich (Nachlass Sigfried Giedion).

84   Vgl. Hin Bredendieck an The Advisory Council des Institute of Design, Brief v. 13.2.1952, GTL-HB [übersetzt aus dem Englischen].

85   Ebd.

86   Students, Equipment Design Department an Faculty Advisory Committee, Brief v. 20.2.1952, GTL-HB.

87   Vgl. J.T. Rettaliata an Hin Bredendieck, Brief v. 31.3.1952, GTL-HB; R.G. Owens an Hin Bredendieck, Brief v. 19.6.1952, GTL-HB.

48   Letter from László Moholy-Nagy to Hin Bredendieck dated October 11, 1938, LMO-HB 12.

49   Ibid.

50   Ibid.

51   Draft letter from Hin Breden-dieck to László Moholy-Nagy dated October 20, 1938, LMO-HB 12 [translated].

52   Letter from Walter Gropius to Hin Bredendieck dated October 23, 1938, LMO-HB 12 [translated].

53   See letter from Hin Bredendieck to Walter Gropius dated October 31, 1938, LMO-HB 12. The situation with Gropius apparently calmed down again, because, in 1953, the Bauhaus founder visited Bredendieck at his new place of employment in Atlanta and gave a lecture there; see letter from Walter Gropius to Paul Klopfer dated April 3, 1953, quoted in Conrads, Droste, Nerdinger et al. 1994, 55.

54   Letter from Hin Bredendieck to Alfred Barr dated June 13, 1939, carbon copy, GTL-HB.

55   Letter from Hin Bredendieck to Rosalind Cassidy dated July 10, 1940, carbon copy, GTL-HB.

56   See letter from László Moholy-Nagy to Hin Bredendieck dated July 25, 1940, GTL-HB; letter from J. Robert Cohler to Hin Bredendieck dated August 29, 1940, GTL-HB.

57   Among others, at the Layton School of Art, Milwaukee; the Cranbrook Academy of Art, Michigan; and the Carnegie Institute of Technology, Pittsburgh; cf. LMO-HB 12.

58   Certification of Naturalization, Hinrich Bredendieck, June 1, 1943, LMO-HB 10.

59   See Hin Bredendieck, undated letter of application [ca. 1943], GTL-HB.

60   Mavigliano 1987, 44. Mavigliano refers here to Clark Sommer Smith, Nine Years of Federally Sponsored Art in Chicago: 1933-1942, unpublished master's thesis (University of Chicago, 1965), 54.

61   Letter from Hin Bredendieck to Serge Chermayeff, undated [ca. 1944], GTL-HB.

62   Carl Schurz High School, Assignment of Teacher, issued for Hin Bredendieck on September 1, 1939, LMO-HB 10.

63   "Industrial Designer to Teach at Schurz," unidentified newspaper clipping [September 1939], LMO-HB 10.

64   See Judith Burson Lloyd, The Flowering: African American Artists and Friends in 1940s Chicago: A Look at the South Side Community Art Center, exh. cat. Illinois Art Gallery (Decatur, 1993); application for the inclusion of the South Side Community Art Center Buildings in the National Register of Historic Places, available online at: https://www2.illinois.gov/dnrhistoric/Preserve/SiteAssets/Pages/illinois-historic-sites-advisory-council/Chicago%20--%20South%20Side%20Community%20Art%20Center.pdf [last accessed on December 8, 2019].

65   See ibid.

66   See Fritzi Weisenborn, "S. Side center preens for First Lady's visit," Sunday Times (Chicago, April 20, 1941).

67   See Engelbrecht 1987, unpaginated. Documents related to Bredendieck's activities for the Illinois Art Project have been preserved in the estate, including order lists for the workshop, correspondence with John Walley, etc.; see LMO-HB 29.

68   Walley 1975, 76-77.

69   See Engelbrecht 1987, unpaginated.

70   Walley 1975, 76-77.

71   Engelbrecht 1987, unpaginated.

72   See Hahn/Engelbrecht 1987, 100.

73   Quoted in Bredendieck 1990, 9.

74   Ibid.

75   Letter from Hin Bredendieck to the Advisory Council of the Institute of Design, February 13, 1952, GTL-HB.

76   See Hin Bredendieck, "hand-sculpture. general outline," single-page seminar plan dated April 10, 1948, GTL-HB.

77   See Hin Bredendieck, "Product Design 305, Fall Term 1949/50," single-page seminar plan, 1949, GTL-HB.

78   After the separation from Virginia Bredendieck, Bredendieck was involved for a short time with Bertha Tepper-Mayer, who lived at 5428 Blackstone Avenue and whose house he had renovated. While still in Chicago, he met his second wife Joan, with whom he later moved to Atlanta.

79   Letter from László Moholy-Nagy to Will Grohmann dated August 13, 1946; quoted in Gutbrod 1968, 131-32 [translated]. By the autumn of 1946, the number of day and evening students had risen to nearly 2,000; see Hahn/Engelbrecht 1987, 102.

80   Letter from Serge Chermayeff to Hin Bredendieck dated January 25, 1945, GTL-HB.

81   Hahn/Engelbrecht 1987, 104.

82   See letter from Hin Bredendieck to J. T. Rettaliata dated May 24, 1950, LMO-HB 34.

83   Hahn/Engelbrecht 1987, 104 [translated].

84   Letter from Hin Bredendieck to Sigfried Giedion, April 1952, gta Archive / ETH Zurich (Estate of Sigfried Giedion).

85   See letter from Hin Breden-dieck to the Advisory Council of the Institute of Design dated February 13, 1952, GTL-HB.

86   Ibid.

87   Letter from the students of the Equipment Design Department to the Faculty Advisory Committee dated February 20, 1952, GTL-HB. Cf. letter from J. T. Rettaliata to Hin Bredendieck dated March 31, 1952, ibid.; letter from R. G. Owens to Hin Bredendieck dated June 19, 1952, ibid.

Lerner-Bredendieck Designers

Hin Bredendieck and Nathan Lerner met at the New Bauhaus in Chicago in 1937. Lerner, born in Chicago in 1913, first took lessons at various other art academies before enrolling at the New Bauhaus in 1937.[1] It was an influential experience for him, especially in the field of experimental photography. With the reopening of the school under a new name in 1939, Lerner returned to the School of Design, now as a student and teacher. In 1939/40, Bredendieck and Lerner worked on their first joint commission. Together, they took on the interior design of the South Side Community Art Center in Chicago. This center for African-American art, which was housed in a Georgian-style building, was opened in December 1940 after Bredendieck and Lerner had redesigned it, primarily by furnishing it with modern furniture.

Lerner graduated from the School of Design in 1942 or 1943. In 1945, he became Head of the Department of Product Design and Dean of the Faculty at the Institute of Design, the successor institution to the School of Design; he then became Executive Director after Moholy-Nagy passed away in 1946. In 1949, he left the school to establish the joint company "Lerner-Bredendieck Designers" together with Bredendieck, who had been working at the Institute of Design since 1945. The "do-it-yourself" furniture developed by them met the needs of the growing American DIY movement and was created around the same time as the first IKEA furniture was developed by Ingvar Kamprad in Sweden. In an interview, Bredendieck once called this simultaneity "Zeitgeist—the mental climate of the times. I have a design idea but perhaps someone, who could not possibly know of my design, has the idea at the same time."[2]

The flat-pack furniture by Bredendieck and Lerner could be purchased as a "kit" and assembled by the buyers themselves; in addition, Bredendieck

Lerner-Bredendieck Designers

Hin Bredendieck und Nathan Lerner lernten sich 1937 am New Bauhaus kennen. Lerner, 1913 in Chicago geboren, hatte zunächst an verschiedenen anderen Kunstakademien Unterricht genommen, bevor er sich 1937 zum Studium am New Bauhaus anmeldete.[1] Insbesondere im Bereich experimenteller Fotografie erhielt er hier wichtige Impulse. Mit der Wiedereröffnung der Schule unter neuem Namen 1939 kehrte Lerner – nun als Student und Lehrer – an die School of Design zurück. 1939/40 arbeiteten Bredendieck und Lerner an ihrem ersten gemeinsamen Auftrag. Zusammen übernahmen sie die Innenausstattung des South Side Community Art Center in Chicago. Das Zentrum für afroamerikanische Kunst, das in einem im georgianischen Stil errichteten Gebäude untergebracht war, wurde nach der von Bredendieck und Lerner ausgeführten Umgestaltung – vor allem durch Einrichtung mit modernen Möbeln – im Dezember 1940 eröffnet.

Lerner, der etwa 1942/43 seinen Abschluss an der School of Design erlangte, wurde 1945 am Institute of Design, der Nachfolgeinstitution der School of Design, zum Leiter der Abteilung für Produktdesign und Dekan der Fakultät und 1946 – nach dem Tod Moholy-Nagys – zum geschäftsführenden Direktor. 1949 verließ er die Schule, um mit Bredendieck, der seit 1945 am Institute of Design tätig war, die gemeinsame Firma „Lerner-Bredendieck Designers" zu gründen. Die von ihnen entwickelten „do it yourself"-Möbel entsprachen den Bedürfnissen der wachsenden amerikanischen Heimwerker-Bewegung und entstanden etwa zeitgleich mit den von Ingvar Kamprad in Schweden entwickelten ersten IKEA-Möbeln. Bredendieck bezeichnete diese Gleichzeitigkeit in einem Interview einmal als „Zeitgeist – the mental climate of the times. I have a design idea but perhaps someone, who could not possibly know of my design, has the idea at the same time."[2]

Die Selbstbaumöbel von Bredendieck und Lerner konnten als ‚Kit' (Bausatz) erworben und von den Käufern selbst aufgebaut werden; darüber hinaus entwarfen Bredendieck und Lerner Konstruktionspläne („Handyman Plan") zum Möbelselbstbau mit Hinweisen zum benötigten Material und Werkzeug sowie detaillierten Aufbauanleitungen und Konstruktionszeichnungen. Als Standardmaterial wurde Holz verwendet, wobei Bredendieck für dessen fachgerechte

1 //

2 //

abb. 1 // Hin Bredendieck und Nathan Lerner, Stuhl, um 1949, Sperrholz mit Stoffbezug **// fig. 1 //** Hin Bredendieck and Nathan Lerner, Chair, ca. 1949, plywood with textile
abb. 2 // Visitenkarte Lerner-Bredendieck Designers, um 1949, GTL-HB **// fig. 2 //** Business card for Lerner-Bredendieck Designers, ca. 1949, GTL-HB

and Lerner drew up construction plans ("Handyman Plans") for ready-to-assemble furniture with notes regarding the materials and tools required, as well as detailed assembly instructions and construction drawings. Wood was always used as the main material, and Bredendieck was able to draw on his skills as a trained carpenter to ensure that it was processed and finished professionally. The do-it-yourself manuals were distributed through *Popular Home* magazine, published by the United States Gypsum Company, a Chicago-based manufacturer of building materials. This company, for which Moholy-Nagy had already acted as a consultant and created an exhibition design[3] for a sales fair in 1945 (in collaboration with Ralph Rapson), also held the rights to the designs, as the notes on the printed matter and entries in the copyright register show.

The simple, inexpensive, and practical furnishings, with their folding and storage possibilities, were intended to appeal to customers who might have cramped living conditions. It is unclear how many designs were published or went into production. There are five furniture designs by Lerner-Bredendieck that have so far been documented in photographs and assembly plans:[4]

The "Popular Home Chair", several examples[5] of which had demonstrably been produced in small editions, was shipped together with a kind of "pattern sheet" for self-assembly. The copyright year of 1949 is indicated on the assembly plan.

Ver- und Bearbeitung auf seine Fähigkeiten als gelernter Tischler zurückgreifen konnte. Vertrieben wurden die Heimwerker-Anleitungen mit der Zeitschrift *Popular Home,* die von der United States Gypsum Company – einem Baustoffhersteller mit Sitz in Chicago – herausgegeben wurde. Bei dieser Firma, für die schon Moholy-Nagy beratend tätig gewesen war und 1945 in Zusammenarbeit mit Ralph Rapson ein Ausstellungsdesign[3] für eine Verkaufsmesse entworfen hatte, lagen schließlich auch die Rechte der Entwürfe, wie Vermerke auf den Drucksachen sowie Einträge im Copyright-Register zeigen.

Die schlichten, preisgünstigen und praktischen Einrichtungsgegenstände entsprachen durch Klapp- und Verstaumöglichkeiten den zum Teil beengten Wohnverhältnissen der Kunden. Wie viele

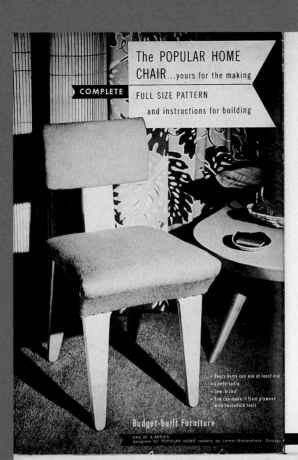

The POPULAR HOME CHAIR ...yours for the making

COMPLETE FULL SIZE PATTERN

and instructions for building

* Every home can use at least one
* Comfortable
* Low in cost
* You can make it from plywood with household tools

Budget-built Furniture

ONE OF A SERIES
designed for POPULAR HOME readers by Lerner-Bredendieck, Chicago

to build the Popular Home Chair you need only

these materials:

3/4" PLYWOOD (waterproof bonded preferred)
22" x 48" for 1 chair
48" x 84" for 4 chairs

UPHOLSTERY
Airfoam, rubberized curled hair, or cotton
back – 7 x 22 inches
seat – 16 x 18½ inches
fabric – own choice

SCREWS
34 – 1½ x No. 8 – flat wood screws
*It is recommended that all joints be glued, but it is not essential.

you need only

these household tools:

Hand saw
Keyhole saw or scroll saw
5/32 inch drill
Plane
Screwdriver
Hand square
Sandpaper
Expansion bit up to 2½" diameter
(desirable, but not necessary)

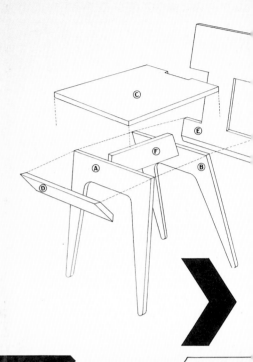

Step by step instructions

for upholstering the Popular Home Chair

Rubberized curled hair is shown in these series of pictures as the padding material. It requires a thin layer of cotton covering before upholstering. Foam rubber is even more satisfactory and needs no cotton covering before upholstery fabric is applied, but is slightly more costly. Padding can be made entirely of upholsterer's cotton if desired.

1. Cut and tack down rubberized curled hair, foam rubber or other padding material, to seat of chair. This can be cut from a piece 16 x 18½ inches. It must be notched at the rear to fit around the back rest support, and should cover the rounded front edge of the seat.

2. Cut a piece of curled hair or foam rubber padding 7 x 22 inches. Apply to back rest as shown, folding each end under about 4½ inches and tacking it tight to the back. Tack the very center of the padding to the center of the back rest. This gives a comfortably curved shape. Each end of the piece should be beveled or tapered to make the curve more regular.

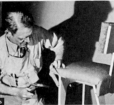

3. Cut finished fabric for upholstery. The seat will cut out of a piece 30 x 22 inches, the back from 22 x 22 inches. Pattern shown right is appropriate for 1/2 seat. Further snipping will be necessary as fabric is being applied, to reduce bulk at corners. Material for back is just 22 inch square, so no pattern is needed.

4. Tack a piece of waste material about 5½ x 6 inches to the back of the back (E) of chair, so that it spans the width of the back rest

support and is flush with the top edge of the bottom of the chair (C). All edges should be folded edges. Fold the top edge around a narrow strip of cardboard to make a sharp clean fold.

5. A thin layer of cotton batting has been spread over the curled hair, and the fabric dropped over this. Begin tacking at the back. The tacking shown is temporary. The final tacking is done on an under ledge (the operator's left thumb points to this) and does not show. All tacks should be only partially driven in at first, so that they may be removed if necessary.

6. After tacking back edge, tack front edge, pulling fabric taut as tacking proceeds. Then tack two sides and work on corners to get clean fold. In the photograph the back corner is completed and the operator is working on a front corner. All tacking is on underneath edges of seat, and on under ledges of pieces D and E, specially provided for the purpose.

7. Start tacking back covering along bottom edge. Note the tacking edges for seat, illustrated here.

8. Bring the fabric up over the back of the chair and turn in sides first, bringing back down over them. At left is finished fold (held with temporary tacks). These tacks will remain, as they will be concealed by the back flap. The loose bottom piece is folded under and finish tacking is on the bottom edge of the back, directly over the first tacking that was done when the back was started.

The matter of upholstering is to some extent a matter of judgment and expediency as the work progresses. There will be a certain amount of clipping to reduce the bulk of fabric at corners, that must be met as encountered. The dimensions given for the fabric pieces are generous.

Any way you look at it...

We enjoy being your local representative of POPULAR HOME magazine, and consider it a privilege to be able to make these plans for POPULAR HOME's Everywhere Chair available to you with our compliments, and hope that you will enjoy making this chair in your own workshop.

Please consider our offices your headquarters for information on building and remodeling and repairing and improving your home. We stand ready to share our experience in these fields with you at any time.

Fold under here

Step by step instructions

for building the Popular Home Chair

Cutting

Four chairs can be made from a standard 4x8 foot sheet of 3/4 inch plywood. Before starting to work saw such a piece into quarters (four pieces, 2x4 feet), each of which will produce a chair.

Smooth this pattern sheet to minimize wrinkles, and lay it, other side up, on the 2x4 piece of plywood. Secure it at the corners with Scotch tape or thumbtacks with the lower edge of the pattern along the mill cut edge of the plywood.

Transfer the fullsize pattern printed on the other side of this sheet, to the plywood. This may be best done in one of three ways, the three being listed in order of preference: (A) Fasten only the top edge of this sheet securely to the plywood and trace the pattern on the wood with carbon paper, moving the carbon paper as necessary, but being certain that the pattern sheet is pulled tight after each such move. (B) Punch through the pattern into the wood with an ice pick or awl at the end of each straight line, and draw lines on the wood between such punch marks after the pattern has been removed. (C) Cut around the outline of each piece of this paper pattern with scissors and trace on the plywood around the edges of each pattern piece so cut. Be sure they are laid on the plywood in the exact placement shown on this pattern. In any of the three methods, "drill holes" for screws should be punched through the pattern with an awl or ice pick, while the pattern is fastened to the plywood.

4. Reduce size of working pieces by cutting between part B and part C.

5. Drill four 2½ inch diameter holes for inside radius on legs with expansion bit. If not available, drill smaller hole and use keyhole or scroll saw to achieve the 2½ inch circle.

6. Saw out all pieces.

7. Take measurements and mark accurate edge bevels on pieces B, C, D and E as shown on shaded cross section of these pieces.

8. Saw or rabbet or plane these bevels as marked.

9. Sand faces and sides of all pieces.

Assembly

10. Place part C over shorter edge of part F, and screw into place. Position of F is shown in dotted line on pattern of part C.

11. Screw F into position under seat C.

12. Screw A (front legs) to center brace F. (Note brads tacked into C as guide to leg placement.)

13. Screw D to front legs, A.

14. Screw back legs, B, to center brace F.

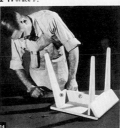

15. Screw back, E, to notch in seat, C, and back legs, B.

16. Stand chair on legs and screw down seat, C, to legs, to front piece, D, and to back, E.

Glued joints are desirable, but not necessary. Glue should be applied to meeting edges before screwing. Lubricate screws by drawing threads across a piece of soap or candle. Do not tighten screws completely before entire chair is assembled. Then go over all screws and tighten firmly. Sand entire chair, especially feet, and tack metal gliders to bottom of chair legs.

Finishing

This chair is effective with any number of finishes; with or without upholstery. High gloss lacquer in a rich color is interesting. A natural wood finish achieved with shellac and wax is good. Or it may have clear varnish applied, or any type of wood paint can be used. The type of plywood determines to some extent the choice of finish.

PATTERN FOR HALF OF SEAT FABRIC

← Fold under padding here

CENTER LINE

Published by POPULAR HOME magazine
United States Gypsum Co.
300 W. Adams Street
Chicago 6, Ill.

abb. 3 // Lerner-Bredendieck Designers, Aufbauanleitung „The Popular Home Chair", hg. v. United States Gypsum Company, Chicago, 1949 **// fig. 3 //** Lerner-Bredendieck Designers, Assembly instructions for "The Popular Home Chair," published by United States Gypsum Company, Chicago, 1949

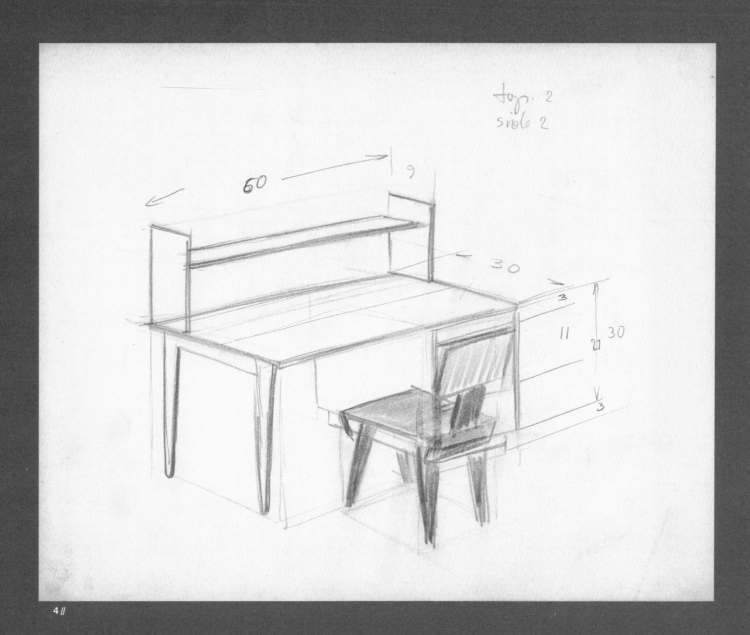

60

9

top. 2
svole 2

30

3

11

27

30

3

4 //

A "Playhouse" for children designed for simple assembly and disassembly: "easily built of hard-board and hinges / up in a jiffy at playtime / down in a jiffy at bedtime / out of the way rest of the day." The brochure features descriptive photographs, material details, and notes on where these can be obtained, as well as detailed assembly instructions described in individual steps. The copyright date is April 19, 1950.[6]

Entwürfe insgesamt publiziert bzw. in die Produktion überführt wurden, ist unklar. Bislang sind fünf Möbelentwürfe des Designer-Duos Lerner-Bredendieck in Fotografien und Aufbauplänen nachweisbar:[4]

Der „Popular Home Chair", der durch mehrere Exemplare[5] nachweislich in kleiner Auflage gefertigt worden war, wurde zusammen mit einer Art ‚Schnittmusterbogen' zur Selbstmontage versandt. Auf dem Aufbauplan ist das Copyrightjahr 1949 angegeben.

Ein leicht zu montieren und demontierendes „Playhouse" für Kinder: „easily built of Hardboard and hinges / up in a jiffy at playtime / down in a jiffy at bedtime / out of the way rest of the day". Der Prospekt wirbt mit anschaulichen Fotografien, Materialangaben und Hinweisen, wo diese zu erhalten sind, sowie einer detaillierten, in Einzelschritten beschriebenen Montageanleitung. Als Copyright-Datum

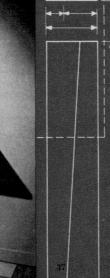

A wall desk you can build

DOES THE PAPER WORK of running your house tend to get out of hand? Are you a stamp-loser? A pen-borrower? Do you "owe everybody letters?" If so, this is for you.

Here is a wall desk that is economically designed, takes up practically no space and is a delight to behold. What's more, it can be made of hardboard in your home workshop with only hand tools if necessary.

Classically simple in line, the desk is fastened to the wall by screws that go directly into the stud. Only 28 inches in width and less than seven inches deep, the smallest apartment can yield enough space for it.

Inside the desk there is a file for stationery and mail; compartments for bills, envelopes, receipts; drawers to hold stamps, paper clips, thumbtacks or any of those small things that are apt to become the bane of anyone's

existence when there's no logical place to put them.

This desk is designed to accommodate odds and ends neatly. It need never look unsightly when open. Closed, it is as handsome, as clean, and as modern a piece of furniture as anyone could desire.

School children who want to do their homework in privacy will find this desk ideal for their rooms. It is useful in the kitchen and perfect for a bedroom that also must serve as a combination study.

Its finish should be determined by the decorative scheme of the surroundings. Used in a child's room, kitchen or den, it could be painted a bright color. In more formal rooms, its simple dignity would be enhanced by a natural-wood finish. All materials are standard and easily obtained in lumber yards and hardware stores. •

36

37

5 //

---

ist der 19. April 1950 angegeben.[6] Ein klappbarer Wandtisch ergänzte Mitte 1950 das Portfolio für den amerikanischen Heimwerker und sollte vielfältigen Kunden-Bedürfnissen entsprechen: „Neigt der Papierkram für Ihren Haushalt dazu, außer Kontrolle zu geraten? Sind Sie ein Briefmarkenverlierer? Ein Stifteleiher ? Schulden Sie jedermann Briefe? Wenn ja, ist das etwas für Sie", wurde das praktische Wandmöbel noch 1956 beworben.[7] Als besonderer Vorzug des für verschiedene Räume geeigneten Tischs, der durch seine platzsparende Gestaltung überzeugte, wurde die einfache Herstellung mit wenigen, im Haushalt verfügbaren Werkzeugen beschrieben.

Auch von einem gemeinsam entworfenen „Sliding-Door Cabinet" hat sich die der Zeitschrift *Popular Home* beigelegte Aufbauanleitung erhalten. 1954 wurde dasselbe Modell als „exclusive designed by Lerner Design Associates" (Handyman Plan, Nr. Pub 313) angeboten.

abb. 5 // A Wall Desk You Can Build," in: *Home & Highway*. Sommer 1956, S. 36f. **// fig. 5 //** "A Wall Desk You Can Build," *Home & Highway* (Summer 1956): 36-37

In mid-1950, a folding wall-mounted table was added to the portfolio for the American do-it-yourselfer and was intended to meet a wide range of customer needs. This practical piece of wall furniture was advertised in 1956: "Does the paper work of running your house tend to get out of hand? Are you a stamp-loser? A pen-borrower? Do you 'owe everybody letters'? If so, this is for you."[7] Its easy-to-build design, possible with just a few common tools,

INSTRUCTIONS FOR ASSEMBLING THE

SLIDING-DOOR CABINET

Designed exclusively for
POPULAR HOME and THE BUSINESS OF FARMING
by Lerner-Bredendieck, Chicago

Before inserting screws, be sure to draw threads of screw across a piece of candle or soap. This will make it easier to drive screws. Use awl, nail, or ⅛" drill to help start screws.

1. Glue and screw sides A to Top B (Top B is part with deeper grooves.) Make sure that all corners where top and sides meet are flush.
Caution: Make sure recess edge is towards back (check drawing No. 1.)

2. Glue and screw sides A to Bottom C. Note that grooves should be toward front on both pieces B and C and that bottom is flush with sides, as indicated on drawing.

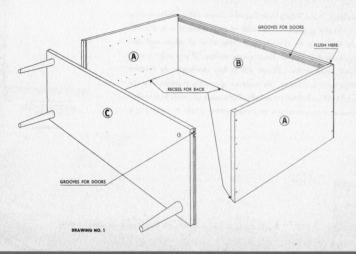

DRAWING NO. 1

6 //

HANDYMAN PLAN

Instructions for Making

GROW-UP FURNITURE

The table and chair set for growing children—
as featured in
**POPULAR HOME and
THE BUSINESS OF FARMING.**

Exclusive design by LERNER-BREDENDIECK, Chi

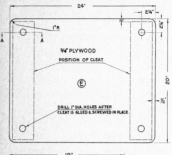

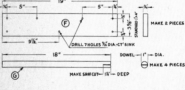

LAYOUT #1

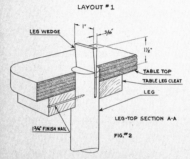

LEG-TOP SECTION A-A

FIG. #2

Material for two chairs and one table
Wood
  6 ft. stock 1x4 select White Pine
  4 ft. stock 1x2 select White Pine
  2 pcs. ¾ plywood — 13x14
  1 pc. ¾ plywood — 20x24
  6 pcs. 1" hardwood dowels — 36" long
  4 pcs. ½" hardwood dowels — 36" long

Hardware
  48 1½" x #8 flat head wood screws

TABLE ASSEMBLY INSTRUCTIONS

1. Cut cleats "F" and top "E" (Layout #1) to shape, sand surfaces smooth.

2. Glue and screw cleats "F" into position on bottom side top "E" (Layout #1).

3. Mark leg hole centers on top "E", then drill 1" hole thro "E" and "F". Drill from top down.

4. Cut leg dowels and wedges (Layout #1 and Fig. #2) legs to finished length plus 1/16".

5. Apply glue and insert leg into hole in "E" and "F". Allow to project 1/16" above top surface. Tap wedge into slo leg dowel.

6. Repeat point 5 above for other 3 legs.

7. After glue has set, file or plane down leg projection flush top surface of table.

UNITED STATES GYPSUM COMPANY
300 W. Adams Street · Chicago 6, Ill.

Handyman Plan

7 //

---

was described as a particular advantage of the table, which was suitable for different rooms and was especially appealing due to its space-saving design.

The assembly instructions for a jointly designed "Sliding-Door Cabinet", published as an insert in *Popular Home* magazine, have also been preserved. In 1954, the same model was offered as "exclusive[ly] designed by Lerner Design Associates" (Handyman Plan, no. Pub 313). While the product description was slightly modified, the same photograph as for "Lerner-Bredendieck Designers" was used, proving that it was indeed the same product.

The last design verified as a joint Lerner-Bredendieck project is the "Handyman Plan

abb. 6 // Lerner-Bredendieck Designers, Aufbauanleitung für einen Schrank mit Schiebetüren, hg. v. United States Gypsum Company, Chicago, 1950 // **fig. 6** // Lerner-Bredendieck Designers, Assembly instructions for a sliding-door cabinet, published by United States Gypsum Company, Chicago, 1950

abb. 7 // Lerner-Bredendieck Designers, Aufbauanleitung für einen Kindertisch und -stühle, hg. v. United States Gypsum Company, 1952 // **fig. 7** // Lerner-Bredendieck Designers, Assembly instructions for children's table and chairs, published by United States Gypsum Company, 1952

Während die Produktbeschreibung leicht abgeändert war, wurde dieselbe Fotografie wie für „Lerner-Bredendieck Designers" verwendet, was belegt, dass es sich nach wie vor um das gleiche Produkt handelte.

Der letzte nachweisbare gemeinsame Entwurf ist der „Handyman Plan Instructions for Making Grow-up Furniture" - ein Aufbauplan für einen Kindertisch mit zwei Stühlen -, den die Designer 1952 - im Jahr des 50-jährigen Jubiläums der United Gypsum Company - veröffentlichten.

Mit Nathan Lerner, der die Firma bis 1973 als „Lerner Design Associates" fortführte, blieb Bredendieck auch nach seinem Ruf nach Atlanta in Kontakt, da - neben persönlichen Verbindungen - noch gemeinsame Einnahmen aufgeteilt werden mussten: „Du weißt bestimmt, dass das Kit-Programm eingestellt worden ist. Gypsum hat seine gesamten Lagerbestände abverkauft und den Bestand in einem guten Geschäft zu Restpostenpreisen veräußert. Seit deiner Abreise wurden keine neuen Bestellungen aufgegeben", teilte Lerner Bredendieck im Mai 1953 mit.[8]

Instructions for Making Grow-up Furniture"—an assembly diagram for a children's table with two chairs—which the designers published in 1952, the year of United Gypsum Company's fiftieth anniversary.

Even after his appointment in Atlanta, Bredendieck remained in contact with Nathan Lerner, who ran the company through 1973 under the name "Lerner Design Associates," since—in addition to personal connections—joint income still had to be divided between the two: "You know, of course, that the kit program is over. Gypsum closed out their entire stock and dumped a good deal of their inventory at salvage prices. No new orders had been placed since you left," Lerner notified Bredendieck in May 1953.[8]

1   Vgl. zu Nathan Lerner den tabellarischen Lebenslauf: http://www.nathanlerner.com/about/chronology.html, zuletzt abgerufen am 11.10.2019.
2   Sheila Beardsley: The Master Designer, in: *Atlanta Weekly* v. 19.10.1980.
3   Moholy-Nagy 1972, S. 171.
4   Auf einer undatierten Liste im Nachlass von Bredendieck (Standort Atlanta) sind weitere sieben Erfindungen aus jener Zeit notiert, darunter ein „Midget Pencil Sharper", ein „Safety Iron Shield" und „Toy Whale". Zu zwei der sieben Erfindungen haben sich ausführliche Beschreibungen erhalten, die offenbar zum Patentschutz angemeldet werden sollten, wie es in der Überschrift des Blattes heißt: „We wish to protect the following idea, conceived and developed by Nathan Lerner and Hin Bredendieck".
5   U.a. im Milwaukee Art Museum, Inv. M2015.10, im San Francisco Museum of Modern Art, Inv. 2000.225 und im Kunsthandel; oft nur unter der Nennung Nathan Lerners als Designer.
6   Meldungen der United Gypsum Company, in: Catalog of Copyright Entries. Third Series, Vol. 4, Parts 7-11 A, No. 1: Works of Art, Reproductions of Works of Art, Scientific and Technical Drawings, Photographic Works, Prints and Pictorial Illustrations, January-June 1950, S. 196.
7   A wall desk you can build, in: *Home & Highway*, Sommer 1956, S. 36f., GTL-HB [übersetzt aus dem Englischen].
8   Nathan Lerner an Hin Bredendieck, Brief v. 26.5.1953, GTL-HB [übersetzt aus dem Englischen].

1   For more on Nathan Lerner, see the tabulated curriculum vitae: http://www.nathanlerner.com/about/chronology.html [last accessed on November 6, 2019].
2   Hin Bredendieck in Sheila Beardsley, "The Master Designer," *Atlanta Weekly* (October 19, 1980).
3   See Moholy-Nagy 1972, 171.
4   On an undated list in the partial estate of Hin Bredendieck in Atlanta, another seven inventions from that time are listed, including a "Midget Pencil Sharpener," a "Safety Iron Shield," and a "Toy Whale." Detailed descriptions of two of the seven inventions have been preserved, which were apparently to be registered for patent protection, as the heading on the paper states: "We wish to protect the following idea, conceived and developed by Nathan Lerner and Hin Bredendieck."
5   In the Milwaukee Art Museum (inv. no. M2015.10), the San Francisco Museum of Modern Art (inv. no. 2000.225), and the art trade, among others; often only mentioning Nathan Lerner as the designer.
6   Entries made by the United Gypsum Company, in *Catalog of Copyright Entries. Third Series*, vol. 4, parts 7-11 A, no. 1: Works of Art, Reproductions of Works of Art, Scientific and Technical Drawings, Photographic Works, Prints and Pictorial Illustrations, January-June 1950, 196.
7   "A Wall Desk You Can Build," *Home & Highway* (summer 1956): 36-37, GTL-HB.
8   Letter from Nathan Lerner to Hin Bredendieck dated May 26, 1953, GTL-HB.

Joan Saugrain Bredendieck

Joan Saugrain was born on February 3, 1921, as Joan Ellen Waddel in Sedalia, Missouri. From 1939 to 1943, she attended the Art Institute in Chicago and must have met Hin Bredendieck there in the late 1940s. In 1943, she met the painter and sculptor Charles Biederman, who—following the example of the De Stijl and Abstraction-Création groups, and above all inspired by Piet Mondrian—developed Structurist Art, a three-dimensional variety of Neoplasticism, to which Joan Saugrain also turned. Biederman's letters to the young artist, written between 1946 and 1951, were published in 1952 in book form under the title *Letters on the New Art*, modeled on Rainer Maria Rilke's *Letters to a Young Poet*.

Around 1945, Joan Saugrain began creating constructivist reliefs, which were exhibited in Atlanta from 1965 onwards. She had moved there in 1952, together with Hin Bredendieck, whom she married the same year. Their son Karl was born in 1954.

In the traveling exhibition *Relief—Construction—Relief*, which was presented at, among others, the Museum of Contemporary Art in Chicago, the Herron Museum of Art in Indianapolis, and the High Museum of Art in Atlanta in 1968/69, her works were shown together with those by Jean Gorin and Charles Biederman. Between 1964 and 1967, the art magazine *The Structurist* published images of her works, as well as her essay on the transformation of music into three-dimensional relief structures, "Some Possible Relationships between Composition in Music and Art" (*The Structurist*, no. IV, 1964). Joan Saugrain created the typographical design for the first brochure for the "Industrial Design" degree course at the Georgia Institute of Technology. In 1976, she moved to Siesta Key, Florida, and was divorced from Hin Bredendieck in 1988. Joan Saugrain died in Sarasota, Florida, on April 14, 2008.

Rainer Stamm

Joan Saugrain Bredendieck

Joan Saugrain wurde am 3. Februar 1921 als Joan Ellen Waddel in Sedalia (Missouri, USA) geboren. Von 1939 bis 1943 besuchte sie das Art Institute in Chicago und muss in den späten vierziger Jahren hier auch Hin Bredendieck kennengelernt haben. 1943 war sie dem Maler und Bildhauer Charles Biederman begegnet, der – nach dem Vorbild der Gruppen „De Stijl" und „Abstraction-Création" und vor allem inspiriert durch Piet Mondrian – die „Structurist Art", eine dreidimensionale Spielart des Neoplastizismus, entwickelte, der sich auch Joan Saugrain zuwandte. Die Briefe Biedermans an die junge Künstlerin aus den Jahren 1946 bis 1951 erschienen – inspiriert von Rainer Maria Rilkes „Briefe an einen jungen Dichter" – 1952 unter dem Titel „Letters on the New Art" in Buchform.

Seit etwa 1945 entstanden Joan Saugrains konstruktivistische Reliefs, die ab 1965 auch in Atlanta ausgestellt waren, wohin sie 1952 gemeinsam mit Hin Bredendieck, den sie im selben Jahr heiratete, übersiedelte. 1954 wurde der gemeinsame Sohn Karl geboren. In der Wanderausstellung „Relief - Construction - Relief", die 1968/69 u.a. im Museum of Contemporary Art in Chicago, im Herron Museum of Art, Indianapolis, und im High Museum of Art in Atlanta zu sehen war, wurden ihre Arbeiten gemeinsam mit Werken von Jean Gorin und Charles Biederman gezeigt. In der Kunstzeitschrift *The Structurist* erschienen zwischen 1964 und 1967 Reproduktionen ihrer Arbeiten sowie ihr Essay über die Umsetzung von Musik in dreidimensionale Reliefstrukturen „Some possible relationships between composition in Music and Art" (*The Structurist*, IV, 1964). Typografisch gestaltete Joan Saugrain den ersten Schulprospekt des Studiengangs „Industrial Design" des Georgia Institute of Technology. Seit 1976 lebte sie auf Siesta Key, Florida und wurde 1988 von Hin Bredendieck geschieden. Joan Saugrain starb am 14. April 2008 in Sarasota, Florida.

Rainer Stamm

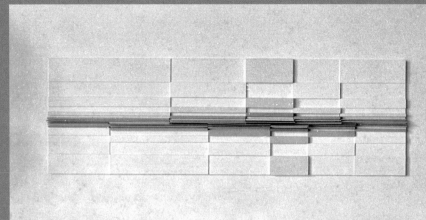

abb. 1 // Portrait Joan Waddell, ca. 1945, Privatbesitz // fig. 1 // Portrait of
Joan Waddell, ca. 1945, private collection

abb. 2 // Joan Bredendieck-Saugrain, Konstruktivistisches Kunstwerk, um
1960 // fig. 2 // Joan Bredendieck-Saugrain, constructivist artwork, ca. 1960

abb. 3 // Joan Bredendieck-Saugrain, Konstruktivistisches Kunstwerk, um
1960, Privatbesitz // fig. 3 // Joan Bredendieck-Saugrain, constructivist
artwork, ca. 1960, private collection

1 //

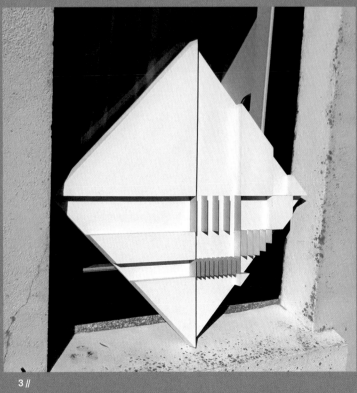

3 //

Hin Bredendieck in Atlanta

Hin
Bredendieck
in Atlanta

Georgia Institute of Technology in Atlanta

Während die emigrierten ehemaligen Bauhaus-Meister Herbert Bayer, Marcel Breuer, Walter Gropius und Ludwig Mies van der Rohe vorwiegend im nördlichen Teil der USA blieben – vor allem in Chicago und Harvard, erhielt Bredendieck einen Ruf in die amerikanischen Südstaaten:[1] Im Sommer 1952 erhielt Bredendieck einen Lehrauftrag am Georgia Institute of Technology in Atlanta. Die Stadt war – im Gegensatz zu seiner ostfriesischen Heimat – nicht nur eine klimatische Herausforderung, sondern auch ein politisch-sozialer Brennpunkt. Die Geburtsstadt Martin Luther Kings wurde in den 1960er-Jahren ein Zentrum der Bürgerrechtsbewegung. Es dauerte viele Jahre, bis auch Frauen und Afroamerikaner zum Studium zugelassen wurden.[2] Welten lagen zwischen dem freiheitlichen Bauhaus Dessau der Weimarer Republik und Atlanta in den 1950er-Jahren. Die Lehrtätigkeit an der Georgia Tech bedeutete für Bredendieck aber auch ein lang ersehntes Ankommen. Aus dem ostfriesischen Tischlergesellen sollte hier ein international vernetzter Professor für Industriedesign werden. Im Jahr seiner Ankunft in Atlanta heiratete er die Künstlerin Joan Saugrain, die am Art Institute of Chicago studiert hatte und in Atlanta Teil des ‚Structurist Art Movement' wurde. Gemeinsam erkundeten sie die Küstenstädte Charleston, Savannah und Brunswick mit dem Auto, wobei Bredendieck von der Wildnis der Landschaft und dem Atlantik beeindruckt war.[3] 1954 wurde der gemeinsame Sohn Karl geboren.

Bredendiecks Ankunft in Atlanta bedeutete – folgt man Leslie N. Sharp – die Verstetigung der Design-Ausbildung an der Georgia Tech und das Bekenntnis der Hochschule zum Industriedesign.[4] Besonders der Architekt Harold Bush-Brown (1888–1983), der seit 1922 an der

The Georgia Institute of Technology in Atlanta

While the Bauhaus masters who emigrated to the United States—Herbert Bayer, Marcel Breuer, Walter Gropius, and Ludwig Mies van der Rohe—remained for the most part in the northern part of the country, above all in Chicago (New Bauhaus) and Cambridge (Harvard University), Bredendieck made a name for himself in the American South.[1] In the summer of 1952, he moved to Atlanta, where he had received a teaching appointment at the Georgia Institute of Technology. In comparison to his East Frisian homeland, the city was not only a challenge in terms of climate, but it was also becoming a political and social hotspot. By the 1960s, Atlanta, the birthplace of Martin Luther King, had become a center of the civil rights movement. It would take many years for women and African Americans to be admitted to university,[2] and there were light years between the Atlanta of that period and the liberal Bauhaus during the Weimar Republic. For Bredendieck, however, teaching at Georgia Tech meant a long-awaited arrival. Here, the former carpenter from East Frisia was to be recognized as a professor of industrial design with an international network. During his first year there, he married the artist Joan Saugrain, who had studied at the Art Institute of Chicago and became part of the Structurist Art movement in Atlanta. Together, they explored the coastal cities of Charleston, Savannah, and Brunswick by car, with Bredendieck impressed by the wilderness of the landscape and the Atlantic Ocean.[3] In 1954, their son Karl was born.

According to Leslie N. Sharp, Bredendieck's arrival in Atlanta meant the consolidation of design education at Georgia Tech and the institute's commitment to industrial design.[4] The architect Harold Bush-Brown (1888–1983), who had been employed at Georgia Tech since 1922 and had headed the Department of Architecture since 1925, was particularly in favor of changing from the *Beaux-Arts* (see page 186) tradition to the teachings of the Bauhaus.[5] Bush-Brown brought to Georgia Tech former students of Walter Gropius at the Harvard Graduate School of Design, and he also initiated guest lectures by renowned architects and designers such as Gropius and Marcel Breuer—whose last building (the Atlanta Central Public Library) was completed there in 1980—as well as I.M. Pei, who had realized one of his first building projects, the Gulf Oil Building (131 Ponce de Leon Avenue), in Atlanta in 1949.[6]

Andi Schiltz, Bredendieck's former assistant at the New Bauhaus, had offered some initial Industrial Design courses at Georgia Tech in the early 1940s.[7] With this, the university was responding to a demand from the industrial sector in the Southern states; this demand, however, was to be interrupted by the Second World War. In 1950, the student journal *The Georgia Tech Engineer* wrote: "In the field of design, a new profession, Industrial Design, is taking an increasingly important place, and, with the advent of industry to the South, the need for the well-trained industrial designer is going to prove of great importance."[8]

In 1952, Bush-Brown, who would retire four years later, invited Bredendieck to fill this gap. Here as well, Bredendieck made Bauhaus educational theory the basis of his teaching. This theory, however, was

1 //

Georgia Tech tätig war und das Architektur-Department seit 1925 leitete, setzte sich für einen Wandel von der Beaux-Arts-Tradition zur Bauhaus-Lehre ein.[5] Bush-Brown holte nicht nur Absolventen der Harvard Graduate School of Design, die bei Gropius studiert hatten, an die Georgia Tech, sondern initiierte auch Gastvorträge von namhaften Architekten und Gestaltern wie Walter Gropius, Marcel Breuer, der 1980 hier sein letztes Bauwerk (die Atlanta Central Public Library) errichten ließ, und Ieoh Ming Pei, der 1949 in Atlanta eines seiner ersten Bauprojekte, das Gulf Oil Building (131 Ponce de Leon Avenue), realisierte.[6]

Bereits in den frühen 1940er-Jahren hatte Andi Schiltz, Bredendiecks ehemaliger Assistent am New Bauhaus, erste Kurse in Industriedesign an der Georgia Tech angeboten.[7] Damit reagierte die Hochschule auf einen Bedarf der Industrie der Südstaaten, der jedoch vom Zweiten Weltkrieg unterbrochen wurde. 1950 hieß es dazu im Studentenmagazin *The Georgia Tech Engineer:* „Auf dem Gebiet des Designs nimmt ein neuer Beruf, das Industriedesign, eine immer

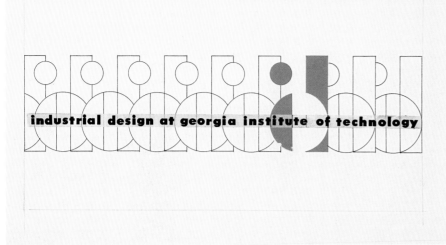

industrial design at georgia institute of technology

2 //

3 //

naturally subject to certain alterations due to the change in context. Together with Walter Schaer and Eva Pfeil in Auburn, Alabama, and Walter Baerman[9] at North Carolina State University, Bredendieck formed an "educational triangle" of the "New South": "These design educators brought to the South a new design approach which considered user-centered research a prerequisite for intelligent and responsible product development."[10]

The Teaching Concept in Atlanta

As Professor and Head of the Department of Industrial Design, Bredendieck took on the task of reactivating the course of studies. He proposed restructuring the design curriculum on the basis of his many years of practical and teaching experience, and—as students report—he regularly referred to the Bauhaus in his lectures.[11] Various material and construction exercises with wood and metal are reminiscent of the Preliminary Course at the Bauhaus in Dessau and the New Bauhaus in Chicago. Copies of the first school brochure, which was designed by Joan Saugrain-Bredendieck, have been preserved in Bredendieck's estate. As the brochure explains: "The function of the Industrial Designer consists of relating and adapting the structure-form-position of objects to man and to other objects in man's environment. While the architect deals primarily with the over-all relationships involved in the problem of shelter, the Industrial Designer operates within these relationships developing the utensils, appliances, equipment, and furnishings for the home, industry, commercial and public places."

As early as August 1952, he sent the degree course program to his former teacher, Josef Albers,

wichtigere Rolle ein, und mit dem Erstarken der Industrie im Süden wird der Bedarf an gut ausgebildeten Industriedesignern von immer größerer Bedeutung sein."[8]

1952 lud Harold Bush-Brown, der vier Jahre später in den Ruhestand ging, Bredendieck ein, diese Leerstelle auszufüllen. Dieser machte auch hier die Bauhaus-Pädagogik zur Basis seiner Lehre, die jedoch durch die sich verändernde Umwelt einem natürlichen Wandel unterworfen wurde. Gemeinsam mit Walter Schaer und Eva Pfeil in Auburn, Alabama, sowie Walter Baerman[9] an der North Carolina State University bildete Bredendieck ein „educational triangle" des wirtschaftlich prosperierenden „New South": „Diese Design-Pädagogen brachten einen neuen Design-Ansatz in den Süden, der benutzerzentrierte Forschung als Voraussetzung für intelligente und verantwortungsvolle Produktentwicklung ansah."[10]

223

and emphasized that, in addition to the creative design courses, "cost estimating, business practice, industrial marketing," and the legal basis of design should also be taught.[12] Albers's response testifies to his respect and recognition for Bredendieck's career path. "I am glad to learn that you are now developing something on your own," he wrote, before commenting on Bredendieck's course plan: "All we can do and should do is teach observation and articulation, i.e., to give a perceptual and conceptual training with the main aim—an understanding of the meaning of form."[13]

In an interview, Bredendieck explained his design theory and the questions associated with this:

"Before beginning any project—such as that table—it is important to work from a holistic approach. Anything we buy or make must be related to its area of use. This may seem self-evident, but mistakes are made if we ignore the fact that an object is not isolated from its surroundings, but is part of a whole. Is it too wide? Too tall? Will it impede passage, light, or otherwise be obtrusive? Is it even needed? Next, consider the function. What is its purpose? What will go in and on it? How is it to open?"[14]

In his course, he transformed these considerations into a multi-step process based on a three-part system: material (from which an object is produced), form (a process that transforms the material), and design (a process that guides the forming with the aim of changing the material). Most notably, Bredendieck's term "ideation" denotes the central development stage. Finally, a limited selection from numerous "ideations" was transferred to a realization phase, variants were tested, and a final design was decided on in the optimization phase. More of his teaching methods can be found on an undated list in the partial estate in Atlanta. On this list, for

4 //

5 //

Das Unterrichtskonzept in Atlanta

Als Professor und Leiter der Abteilung Industriedesign wurde Bredendieck für die Reaktivierung des Studiengangs eingesetzt, wobei er sich für eine Neugestaltung des Designunterrichts auf der Basis seiner langjährigen praktischen Erfahrung und Lehrtätigkeit einsetzte und sich im Unterricht – wie Studierende berichten – regelmäßig auf das Bauhaus bezog.[11] Verschiedene Material- und Konstruktionsübungen mit Holz und Metall erinnern sowohl an die am Bauhaus Dessau als auch am New Bauhaus Chicago entstandenen Vorkurs-Arbeiten. Exemplare des ersten Schulprospekts haben sich in Bredendiecks Nachlass erhalten und nennen Joan Saugrain-Bredendieck als Gestalterin. „Die Funktion des Industrial Designers besteht darin, Struktur, Form und Position von Objekten im Verhältnis zum Menschen und zu anderen Objekten in der menschlichen Umgebung in Beziehung zu setzen und anzupassen. Während sich der Architekt in erster Linie mit den Gesamtbeziehungen befasst, die mit der

6 //

Problematik der Behausung verbunden sind, arbeitet der Industriedesigner an der Entwicklung von Utensilien, Geräten, Ausrüstungen und Einrichtungsgegenständen für den privaten, industriellen, gewerblichen und öffentlichen Bereich", heißt es hierin zur Funktion des Industriedesigns.

Seinem einstigen Lehrer Josef Albers sandte Bredendieck bereits im August 1952 das Kursprogramm des Studiengangs und betonte, dass neben den kreativ-gestaltenden Kursen auch „cost estimating, business practice, industrial marketing" sowie Rechtsgrundlagen des Designs vermittelt werden sollten.[12] Albers' Antwort zeugt von Respekt und Anerkennung für Bredendiecks Werdegang: „I am glad to learn that you are now developing something on your own", bestätigte er ihm und kommentiert in wenigen Sätzen dessen Kursplan: „All we can do and should do is teach observation and articulation, i.e., to give a perceptual and conceptual training with the main aim – an understanding of the meaning of form".[13]

In einem Interview erläuterte Bredendieck seine Entwurfslehre und die damit verbundenen Fragestellungen: „Bevor Sie mit einem Projekt – wie dem Bau eines solchen Tisches – beginnen, ist es

example, it states that one should not be satisfied with the first solution; instead, one should retain the freedom to question everything and allow for mistakes, because anything new will require special effort.

Another focus of his method was the reproducibility of objects, since Bredendieck regarded industrial design as intrinsically oriented toward mass production: "But mass-production is much more of a problem than the mere duplication of an object conceived by an individual designer and tailored to his own needs or personal preferences. A singly produced object has little significance in terms of broader implications, but as the production increases, the responsibility of the designer also increases —not only money-wise, because of the enormous production costs, but also because of the impact of mass-production on civilization."[15]

In correspondence with Nathan Lerner, his former colleague and business partner, Bredendieck reported in detail about the beginning of his teaching activities in Atlanta. (Lerner's wife was a friend of Virginia Bredendieck, who had stayed behind in Chicago with their daughters.) As at the New Bauhaus in Chicago, the design course began with one class, out of which Bredendieck would successively expand the curriculum. "Therefore I have to prepare every term a new course," he wrote. "I have the one help in the shop. It is Gehard Buehrer[,] graduate from the institute of design. He does not work out too well, knows very little of materials and machines, so it take[s] a lot of my time to teach him, instead that he would be a relie[f] for me. But now we have a well equip[ed] shop. [T]his week an Injection-moulding machine ... will come in, I also bought a veneerpress."[16] The workshop was housed in the new building of the School of Architecture designed by the architect Paul M. Heffernan and inaugurated in 1952.

One of Bredendieck's first visitors at Georgia Tech was Walter Gropius, who came to Atlanta in April 1953: "[G]ropius with wife was here for one week. The first reception we had in our apartment.

GEORGIA INSTITUTE OF TECHNOLOGY

SCHOOL OF ARCHITECTURE

DIRECTOR: PROFESSOR H. BUSH-BROWN

INDUSTRIAL DESIGN

7 //

Gropius gave two lectures and critique to the students of architecture. He was very well received by faculty and students."[17] By the mid-1960s, Bredendieck had fully developed his four-year Industrial Design program at Georgia Tech; and as of 1958, the program led to a Bachelor of Science (BSID) degree as part of a nationally recognized program.[18] Extensive correspondence with other institutes and universities,[19] which sought advice and constructive criticism from Bredendieck for the development and improvement of their own Industrial Design courses, has been preserved in the partial estate in Atlanta. As is evident in these documents, Bredendieck had achieved wide professional recognition for his teaching. Cornell University, for example, requested his advice on filling a position in the field of Housing and Design: "As a key person in the education field, we are requesting your recommendations for possible candidates.... We would appreciate your advice and counsel and would be grateful for your assistance in recommending individuals with a real potential to contribute to our program."[20] And Russel Rabby, who had become Walter Schaer's successor in the Department of Industrial Design, followed Schaer's advice to inquire about visiting Bredendieck in Atlanta to see his department's workshop and gain insights for his own work at Auburn University.[21]

Bredendieck also organized presentations by German lecturers. For example, Fritz G. Winter, a Krefeld-based architect and director of the Werkkunstschule there, traveled to Atlanta in 1969 as part of a two-week lecture tour entitled "Design Today and Tomorrow."[22] After his return to Germany, he wrote to Bredendieck: "The current and valuable insight into the Negro question and your students' problems, which I was able to gather in Atlanta, was a very important additional experience for me with regard to contemporary America."[23]

wichtig, von einem ganzheitlichen Ansatz auszugehen. Alles, was wir kaufen oder herstellen, muss mit seiner Verwendung im Zusammenhang stehen. Dies mag selbstverständlich erscheinen, aber es werden Fehler gemacht, wenn die Tatsache ignoriert wird, dass ein Objekt nicht von seiner Umgebung isoliert, sondern Teil eines Ganzen ist. Ist es zu breit, zu groß? Behindert es den Durchgang, das Licht oder ist es auf andere Weise störend? Wird es überhaupt gebraucht? Betrachten Sie als Nächstes die Funktion. Was ist seine Aufgabe? Was wird hineingetan und daraufgestellt? Wie kann man es öffnen?"[14] Diese Überlegungen überführte er im Unterricht in einen Prozess aus mehreren Schritten, basierend auf einem dreiteiligen System: Material (aus dem ein Objekt gemacht ist), Form (ein Prozess, der das Material transformiert) und Design (ein Prozess, der das Formen leitet mit dem Ziel, das Material zu verändern). Insbesondere der von Bredendieck verwendete Begriff der „Ideation" – zu Deutsch etwa ‚Ideenfindung' – benennt den zentralen Entwicklungsschritt. Eine limitierte Auswahl aus vielen ‚Ideations' wurde schließlich in eine Realisierungsphase überführt, Varianten wurden erprobt und schließlich in der Optimierungsphase ein endgültiges Design entwickelt. Weitere Punkte seiner Lehre finden sich auch auf einer undatierten Liste im Nachlass in Atlanta: Darin heißt es beispielsweise, man solle sich nicht mit der ersten Lösung zufriedengeben, sich die Freiheit erhalten, alles Gegebene in Frage zu stellen und Fehler zulassen, denn alles Neue verlange besonderen Einsatz.

Ein weiterer zentraler Aspekt seiner Methode war die Reproduzierbarkeit von Objekten, da Bredendieck Industriedesign als eine genuin auf Massenproduktion gerichtete Aufgabe betrachtete: „Die

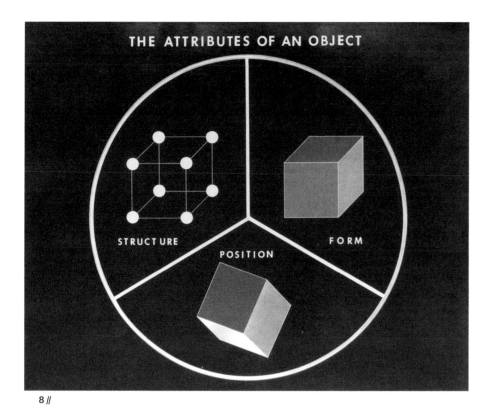

8 //

9 //

10 //

Massenproduktion ist jedoch viel mehr ein Problem als die bloße Vervielfältigung eines Objekts, das von einem einzelnen Designer entworfen und auf seine eigenen Bedürfnisse oder persönlichen Vorlieben zugeschnitten wurde. Ein einzeln produziertes Objekt hat im Hinblick auf die weiteren Auswirkungen nur eine geringe Bedeutung. Mit zunehmender Produktion steigt jedoch auch die Verantwortung des Designers – nicht nur in Bezug auf das Geld, das für hohe Produktionskosten benötigt wird, sondern auch aufgrund der Auswirkungen der Massenproduktion auf die Gesellschaft.“[15]

Über den Beginn seiner Lehrtätigkeit in Atlanta berichtete Bredendieck ausführlich an seinen ehemaligen Kollegen und Geschäftspartner Nathan Lerner, dessen Ehefrau mit Virginia Bredendieck, die mit den gemeinsamen Töchtern in Chicago geblieben war, befreundet war. Wie am New Bauhaus Chicago begann der Design-Unterricht mit einer Klasse, sodass Bredendieck den Studiengang sukzessiv aufbauen konnte: „Deshalb muss ich für jedes Semester einen neuen Kurs vorbereiten. Ich habe einen Assistenten in der Werkstatt: Gerhard Buehrer, Absolvent des Institute of Design. Er arbeitet nicht besonders gut, weiß wenig über die Materialien und die Maschinen, deshalb kostet es mich mehr Zeit, ihn zu unterrichten, als dass er mir eine Hilfe ist. Aber jetzt haben wir eine gut ausgestattete Werkstatt. Diese Woche wird die Spritzgießmaschine (...) geliefert und

abb. 8 // Hin Bredendieck, Diagramm „Die Eigenschaften von Objekten. Struktur. Position. Form", 1950er-Jahre // fig. 8 // Hin Bredendieck, "The Attributes of an Object: Structure, Position, Form," diagram, 1950s

abb. 9 // Hin Bredendieck beim Unterrichten in der Industrie Design-Werkstatt, Georgia Institute of Technology, Atlanta, 1950er-Jahre, Fotografie // fig. 9 // Hin Bredendieck teaching at the industrial design workshop, Georgia Institute of Technology, Atlanta, 1950s, photograph

abb. 10 // Industrie Design-Werkstatt, Georgia Institute of Technology, Atlanta, 1950er-Jahre, Fotografie // fig. 10 // Industrial Design workshop, Georgia Institute of Technology, Atlanta, 1950s, photograph

After Hin Bredendieck's nineteen-year tenure as head of the institute, his successors Jack Seay (1973–76), Lee Payne (1976–88), and William Bullock (1988–99) continued to develop the Industrial Design program on the basis of the Bauhaus educational theory that Bredendieck had brought over to America and expanded upon in his teaching. Meanwhile, Bredendieck, as professor emeritus, continued to work toward a publication of his theories on design.

abb. 11 // Paul Sorrells, „Ideation", 1969, GTL-HB **//**
fig. 11 // Paul Sorrells, "Ideation," 1969, GTL-HB

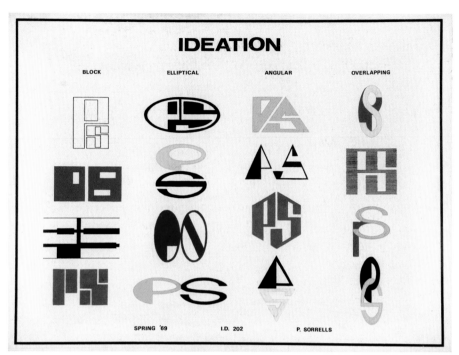

11 //

"He would send us back to our drafting tables to 'ideate' more"

In the course of this research project, with the help of Georgia Tech—special thanks to Susan Sanders—contact was made with some of Hin Bredendieck's former students. A selection of their memories of studying with Bredendieck in the late 1950s and early '60s is presented here. They convey a vivid picture of his educational theory, as well as the impact he had on his students.[24] As is shown here, the course work—which was both abstract in nature and connected to concrete tasks—led to exhibitions of the students' work. The classes were generally of no more than ten students, which is quite small compared to normal class sizes today, allowing the students an intensive engagement with their teacher. Many memories are quite positive, but what they all have in common is Bredendieck's decisive influence on the way these industrial designers worked and pursued their own careers.

George Dorr, BSID 1960

"I will never forget our first project where we had to design and actually build a prototype model of a garden tool. I very carefully designed the handle to fit someone's hand like mine. When he took hold of the tool with his large hand, it was obvious I would need to consider more than the one factor of my size hand! He was very set in his ideas about design, which were of course highly influenced by the Bauhaus. As an example, he only liked the colors of gray, white, and vermillion. He wore most always gray shirts and pants. He also felt free-flowing curved designs were not the best. I will never forget his saying, 'Ya, why not that square,' with a German accent."

James L. Oliver, BSID 1965

"One thing he made very clear was we should never use green in any of our designs. He said, 'Green is nature's color, not human's!' Later in life I noticed he had a green car. I asked what gives? I got a bad grade

ich habe auch eine Furnierpresse gekauft."[16] Untergebracht war die Werkstatt in dem 1952 eingeweihten Neubau der School of Architecture des Architekten Paul M. Heffernan.

Einer von Bredendiecks ersten Gästen an der Georgia Tech war im April 1953 Walter Gropius: „Gropius war mit seiner Frau für eine Woche hier. Der erste Besuch, den wir in unserer Wohnung empfangen haben. Gropius hielt zwei Vorträge und gab den Architekturstudenten ein kritisches Feedback. Von den Kollegen und den Studenten wurde er sehr gut aufgenommen."[17]

Bis Mitte der 1960er-Jahre hatte Bredendieck seinen an der Georgia Tech eingerichteten vierjährigen Industriedesign-Studiengang, der ab 1958 mit einem Bachelor of Science (BSID) abgeschlossen wurde, zu einem landesweit anerkannten Programm entwickelt.[18] Eine umfangreiche Korrespondenz mit anderen Instituten und Universitäten,[19] die bei Bredendieck Rat und konstruktive Kritik für Aufbau und Verbesserung ihrer Industriedesign-Studiengänge einholen wollten, hat sich im Nachlass (Atlanta) erhalten und dokumentiert Bredendiecks fachliche Anerkennung: „Als eine zentrale Figur im Bereich der Ausbildung, erbitten wir Ihre Empfehlungen für mögliche Kandidaten (...). Wir würden Ihren Rat sehr begrüßen und wären dankbar, für Ihre Hilfestellung bei der Empfehlung von Bewerbern, die mit einem echten Potential etwas zu unserem Programm beitragen können", erbat etwa die Cornell University Bredendiecks Rat bei der Stellenbesetzung im Bereich „Housing and Design".[20] Auf Anraten

12 //

abb. 12 // Ausstellung von Schülerarbeiten,
Georgia Institute of Technology, Atlanta, 1960er-
Jahre, Farbdia, GTL-HB // fig. 12 // Student work
exhibition, Georgia Institute of Technology, Atlanta,
1960s, color slide, GTL-HB

Walter Schaers erkundigte sich auch Russel Rabby, der Schaers Nachfolger am Industrial Design Department geworden war, nach der Möglichkeit, Bredendieck in Atlanta zu besuchen, um sich dessen Department-Werkstatt anzusehen und hilfreiche Impulse für die Arbeit an der Auburn University zu erhalten.[21]

Bredendieck organisierte auch Vorträge deutscher Referenten. So kam beispielsweise Fritz G. Winter, Architekt und Direktor der Krefelder Werkkunstschule, während einer zweiwöchigen Vortragsreise unter dem Titel „Design today and tomorrow" 1969 nach Atlanta.[22] Nach Deutschland zurückgekehrt, schrieb er Bredendieck: „der aktuelle und wertvolle Einblick in die Negerfrage und die Probleme Ihrer Studenten, den ich in Atlanta gewinnen durfte, war für mich eine sehr wichtige und zusätzliche Erfahrung über das derzeitige Amerika."[23]

Nach 19-jähriger Leitung des Instituts durch Hin Bredendieck setzten seine Nachfolger Jack Seay (1973–1976), Lee Payne (1976–1988) und William Bullock (1988–1999) die Entwicklung des Industriedesign-

for using a muted green in a product design. He calmly said he had changed his mind.

From my professional experiences, I learned my design education was different and better than everyone else's. In the late '80s, before moving to Asheville, I contacted Bredendieck to tell him that I really appreciated the design education I got. He invited me over to visit, which became a regular Tuesday afternoon visit. He was still living at home, and then moved into a nice independent retirement place in Atlanta. He was roughly 85, still mentally

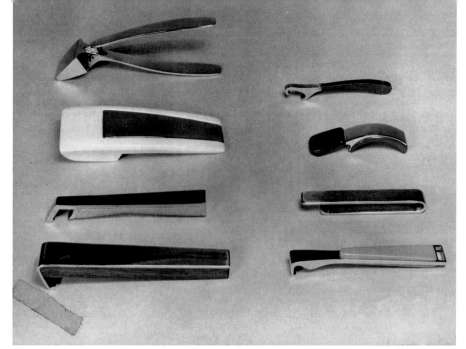

abb. 13 // Verschiedene Griffe, hergestellt im Unterricht bei Hin Bredendieck, Atlanta, 1960er-Jahre, Fotografie, GTL-HB **// fig. 13 //** Assorted handles, designed during the lessons held by Hin Bredendieck, Atlanta, 1960s, photograph, GTL-HB

abb. 14 // Design-Objekte, hergestellt im Unterricht bei Hin Bredendieck, Atlanta, vor 1957, Fotografie, GTL-HB **// fig. 14 //** Design objects, created during the lessons held by Hin Bredendieck, Atlanta, before 1957, photograph, GTL-HB

13 //

sharp and very healthy (still taking his daily walk). We spent hours talking about life, the world, and design. He reminisced about collaborating with Klee, Moholy-Nagy, and others, trying to answer the questions 'What is good design?' and 'How do you teach design?' ... One comment I will never forget is that he said civilizations have always been moving away from war and will someday make it to a place of 'beyond war.'

He told me about presenting his design methodology and teaching method to the IDSA [Industrial Designers Society of America], and they jeered him off the stage because everyone thought design was a special talent that only certain people had. The vast majority of members believed a creative designer could not be taught. The university's responsibility was just to monitor the student's practice, his design talent, and offer feedback on his designs."

James Duggan, BSID 1963

"Whereas the Bauhaus did not give grades, Bredendieck often used harsh subjective grading to apply pressure on his students. Georgia Tech was on the quarter system at that time with ID courses taught fall, winter, and spring quarters. A 'C' average was required for the three quarters to continue into the next year. Bredendieck often gave all students 'D's in the fall quarters of the junior and senior years to apply work pressure....

To his students, Professor Bredendieck was a stern, humorless teacher. He was aloof, selfish with his time, and seemed to have no interest in his students beyond their assignments. He had ample self-confidence but possibly did seem shy to strangers because of his lack of social skills. Most of his students feared him because of the many

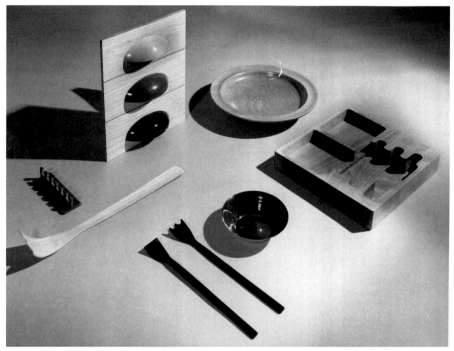

14 //

Programms auf Basis der von ihm weiterentwickelten Bauhaus-Pädagogik fort. Währenddessen engagierte sich Bredendieck als Emeritus für die Publikation seiner Designtheorie.

"he would send us back to our drafting tables to 'ideate' more"

Im Zuge des Oldenburger Forschungsprojekts konnte mit Hilfe der Georgia Tech – ein besonderer Dank gilt Susan Sanders – der Kontakt zu ehemaligen Studierenden von Hin Bredendieck aufgenommen werden. Deren Erinnerungen an das Studium in den späten

abb. 15 // Holzverbindungen, hergestellt im Unterricht bei Hin Bredendieck, Atlanta, 1950er Jahre, Fotografie, GTL-HB **// fig. 15 //** Wooden joints, designed during the lessons held by Hin Bredendieck, Atlanta, 1950s, photograph, GTL-HB

1950er- und frühen 1960er-Jahren werden in Auswahl wiedergegeben, da sie ein lebendiges Bild von Hin Bredendiecks Pädagogik und seinem Wirken auf die Studierenden vermitteln.[24] Ausstellungen der Kursarbeiten, die sowohl abstrakt als auch mit konkreten Aufgabenstellungen verbunden waren, gehörten auch hier zum Programm. Die im Verhältnis zum heutigen Lehrbetrieb sehr kleinen Klassen von selten mehr als zehn Studierenden haben einen in jeder Hinsicht intensiven Austausch gefördert. Viele Erinnerungen lesen sich positiv. Ihnen allen ist gemeinsam, dass Bredendieck die Art zu entwerfen und den erfolgreichen Berufsweg der Industriedesigner maßgeblich beeinflusst hat:

courses he taught, his erratic grading, and his control over our lives....

Bredendieck's reputation was justifiably built upon his contributions to industrial design education in America. The program that he started at Georgia Tech was a good foundation for what is now one of the best ID programs in the country. His plan, which approached problem-solving both from pure design and from different material processes, was a good fit for an engineering school. His graduates had an advantage over graduates from some other ID schools in that they understood how their designs would be manufactured."

Carolynrose MacKown Gentile, BSID 1964

"He had concerns about my ability to safely operate all the shop machinery. If I was not able to operate all the equipment and build what I designed, I could not stay. I was the first woman he accepted, and I completed my thesis in January 1964, graduating with a BSID degree and becoming Georgia Tech's first female ID graduate....

Professor Bredendieck was a proud man who took excellent care of his health, with his constitutional walk every day after lunch and 3pm teatime with Material and Techniques teacher Jack Seay. His smiles were infrequent and brief, but his 'humpf,' 'ja,' and 'by no means' were the words he most used to communicate. If he didn't like the direction we were going in, he would send us back to our drafting tables to 'ideate' more. He was strict and expected the best from us every afternoon."

Claude Hutcheson, BSID 1965

"Hin was extremely strict and almost all who studied under him did so with a mixture of respect and fear. He had no time for small talk and was not open to lengthy discussions of design. The only feedback I received from Hin was when he came to my drafting table, sat down after I got off the stool, and looked over my project sketches. Most often he would look at a page of ideation to develop an idea and say, 'This not ideation, this is doodling!!' He expected the sketches to be a flow of ideas that led from one to another better idea or to a solution of the design.

He seldom gave lectures to my class except for the 'kick off' lecture. When he did call us to a lecture or, as he put it, 'a sit together,' we were extremely

George Dorr, Bachelor of Science im Fach Industrial Design (kurz BSID) 1960

„Ich werde unser erstes Projekt nie vergessen, bei dem wir ein Modell für einen Prototypen eines Gartenwerkzeugs entwerfen und bauen mussten. Ich habe den Griff sehr sorgfältig gestaltet, so dass er in eine Hand wie meine passte. Als er [Bredendieck] das Werkzeug mit seiner großen Hand ergriff, war es offensichtlich, dass ich mehr als den einen Faktor meiner Handgröße berücksichtigen musste! Seine Vorstellungen von Design, die natürlich stark vom Bauhaus beeinflusst waren, waren sehr genau. Als Beispiel: Er mochte nur die Farben Grau, Weiß und Zinnoberrot. Er trug meistens graue Hemden und Hosen. Er fand auch, dass frei fließendes gebogenes Design nicht das Beste war. Ich werde nie vergessen, wie er mit deutschem Akzent sagte: ‚Ja, warum nicht dieses Quadrat'."

James L. Oliver, BSID 1965

„Eine Sache, die er deutlich machte, war, dass wir in keinem unserer Designs die Farbe Grün verwenden sollten. Er sagte: ‚Grün ist die Farbe der Natur, nicht des Menschen!' Später bemerkte ich, dass er ein grünes Auto besaß. Ich habe gefragt, wie das kam, denn ich hatte eine schlechte Note für die Verwendung eines gedämpften Grüns in einem Produktdesign erhalten. Er sagte ruhig, er habe seine Meinung geändert.

Vor dem Hintergrund meiner beruflichen Erfahrungen habe ich gemerkt, dass meine Designausbildung anders und besser war als alle anderen. In den späten 80ern, bevor ich nach Asheville zog, kontaktierte ich Bredendieck, um ihm zu sagen, dass ich meine Designausbildung sehr schätzte. Er lud mich zu einem Besuch ein, aus dem ein regelmäßiges Dienstagnachmittag-Treffen wurde. Er lebte noch zu Hause und zog dann in ein schönes Altersheim in Atlanta. Er war ungefähr 85 Jahre alt, immer noch geistig fit und sehr gesund (er ging immer noch täglich spazieren). Wir haben stundenlang über das Leben, die Welt und Design gesprochen. Er erinnerte sich an die Zusammenarbeit mit Klee, Moholy-Nagy und anderen, die versucht hatten, die Fragen ‚Was ist gutes Design?' und ‚Wie unterrichtet man Design?' zu beantworten. (...) Ein Kommentar, den ich nie vergessen werde, war, dass er sagte, Zivilisationen hätten sich

16 //

17 //

18 //

abb. 16–18 // Tisch und Hocker, hergestellt im Unterricht von Hin Bredendieck, Atlanta, ca. 1962, Fotografien, GTL-HB // **figs. 16–18** // Table and stools, designed during the lessons held by Hin Bredendieck, Atlanta, ca. 1962, photographs, GTL-HB

immer vom Krieg entfernt und würden es eines Tages zu einem Ort ‚Jenseits des Krieges' schaffen.

Er erzählte mir, wie er der IDSA [Industrial Designers Society of America] seine Lehrmethode für Designpädagogik vorstellte und sie ihn spottend von der Bühne jagten, weil jeder dachte, Design sei ein besonderes Talent, das nur bestimmte Leute hatten. Die überwiegende Mehrheit der Mitglieder glaubte, dass ein kreativer Designer nicht unterrichtet werden könne. Die Verantwortung der Universität bestand darin, nur die Praxis seines Designtalents zu überwachen und Feedback zu seinen Entwürfen zu geben."

James Duggan, BSID 1963

„Während das Bauhaus keine Noten vergab, nutzte Bredendieck oft eine harte, subjektive Benotung, um Druck auf seine Schüler auszuüben. Die Georgia Tech war zu dieser Zeit im Quartalssystem organisiert, mit Industriedesign-Kursen im Herbst-, Winter- und

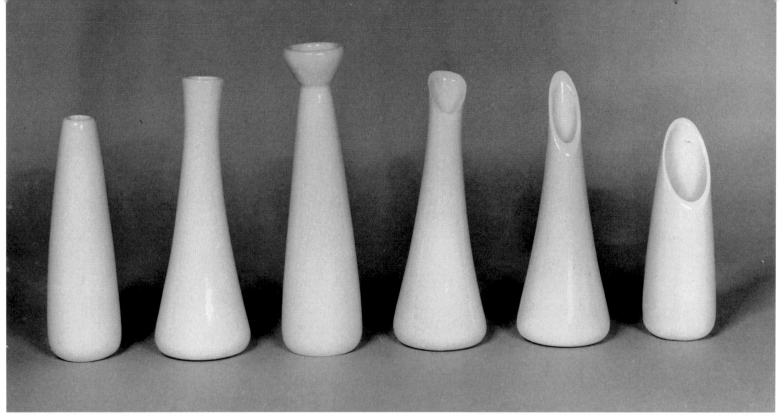

19 //

abb. 19 // Vasen (?), hergestellt im Unterricht von
Hin Bredendieck, Atlanta, 1950/60er-Jahre,
Fotografie, GTL-HB // **fig. 19** // Vases (?), designed
during the lessons held by Hin Bredendieck,
Atlanta, 1950s/60s, photograph, GTL-HB

excited about it. I personally enjoyed his talks, though
I did have problems with his command of English.
I always left stimulated by his talk of 'design,' though
often confused, which led to further pondering of the
subject. I remember thinking once that his teachings
were very Zen-like with koans. I felt that he was
a conduit to a larger world of design and the Bauhaus, which I did find exciting. I once knocked on his
office door an hour prior to class beginning, to ask
a question, and was told 'mein time is mein time' and
had the door closed in my face. Not conducive to
good communication. I was never sure if Hin's
reluctance to talk was due to shyness, lack of
fluency in English (which I doubt), or just his
preference....

'All-nighters' were frequent. I once had the
nerve to ask Hin for a two-day extension to turn in
my model so I could study for a calculus exam, and
was told that the other courses were just 'electives'
and my main focus should be on design. Of course
this was not true: calculus and physics were required
courses in the ID program. He added, 'in the Bauhaus

Frühlingsquartal. Für die drei Quartale war ein ‚C'-Durchschnitt erforderlich, um im nächsten Jahr weiter studieren zu können. Bredendieck gab häufig allen Schülern in den Herbstquartalen des dritten
und vierten Studienjahrs ein ‚D', um Arbeitsdruck auszuüben. (...)

Für seine Schüler war Professor Bredendieck ein strenger, hu-
morloser Lehrer. Er war distanziert, geizig mit seiner Zeit und schien
kein Interesse an seinen Schülern zu haben, außer an ihren Aufgaben. Er hatte viel Selbstvertrauen, schien aber – möglicherweise wegen mangelnder sozialer Fähigkeiten – gegenüber Fremden schüch-
tern zu sein. Die meisten seiner Schüler fürchteten ihn, weil er viele
Kurse unterrichtete, wegen seiner unberechenbaren Benotungen
und seiner Kontrolle über unser Leben. (...)

Bredendiecks Reputation beruhte zu Recht auf seinen Beiträgen zur Industriedesign-Ausbildung in Amerika. Das Programm, das
er an der Georgia Tech initiierte, war eine gute Grundlage für das,
was heute eines der besten ID-Programme des Landes ist. Sein Plan,
sich der Problemlösung sowohl aus reinen Designfragen als auch
aus unterschiedlichen Materialprozessen zu nähern, passte gut zu
einer Ingenieurschule. Seine Absolventen hatten einen Vorteil gegenüber Absolventen anderer ID-Schulen, denn sie verstanden, wie
ihre Entwürfe hergestellt würden."

Carolynrose MacKown Gentile, BSID 1964
„Er hatte Bedenken hinsichtlich meiner Fähigkeit, alle Werkstattgerä-
te sicher bedienen zu können. Wenn ich nicht in der Lage gewesen

wäre, alle Maschinen zu bedienen und das zu bauen, was ich entworfen hatte, hätte ich nicht bleiben können. Ich war die erste Frau, die er akzeptierte. Ich beendete meine Diplomarbeit im Januar 1964 mit einem BSID-Abschluss und wurde die erste weibliche ID-Absolventin der Georgia Tech. (...)

Professor Bredendieck war ein stolzer Mann, der sich sehr um seine Gesundheit kümmerte. Seinen üblichen Sparziergang absolvierte er jeden Tag nach dem Mittagessen und zur Teezeit um 15 Uhr nachmittags mit dem Material- und Techniklehrer Jack Seay. Sein Lächeln war selten und kurz, aber sein ‚humpf‘, ‚Ja‘ und ‚Auf keinen Fall‘ waren die Wörter, mit denen er am häufigsten kommunizierte. Wenn ihm die Richtung, in die wir uns bewegten, nicht gefiel, schickte er uns zu unseren Zeichentischen zurück, um weitere Entwürfe zu machen. Er war streng und erwartete jeden Nachmittag das Beste von uns. “

Claude Hutcheson, BSID 1965

„Hin war extrem streng und fast alle, die unter ihm lernten, taten dies mit einer Mischung aus Respekt und Angst. Er hatte keine Zeit für Smalltalk und war nicht offen für lange Diskussionen über Design. Das einzige Feedback, das ich von Hin erhielt, war, als er an meinen Zeichentisch kam, sich setzte, nachdem ich aufgestanden war, und meine Projektskizzen durchsah. Meistens schaute er auf eine Seite mit Ideations, um eine Idee zu entwickeln, und sagte: ‚Diese Idee ist keine Idee, das ist Gekritzel!‘ Er erwartete, dass die Skizzen einem Ideenfluss gleich von einer Idee zu einer besseren Idee oder zu einer Gestaltungslösung führen würden.

Er hielt in meiner Klasse nur selten Vorlesungen, mit Ausnahme der ersten Sitzung. Wenn er uns zu einem Vortrag zusammenrief oder zu einem kurzen Zusammensein, waren wir sehr aufgeregt. Ich persönlich habe seine Ausführungen sehr genossen, obwohl ich Probleme mit seinem Englisch hatte. Seine Vorträge über ‚Design‘, die manchmal verwirrend waren, regten mich zum weiteren Nachdenken an. Ich erinnere mich, einmal gedacht zu haben, dass seine Lehren Zen-artig mit Koans waren. Ich fühlte, dass er eine Verbindung zu einer größeren Welt des Designs und des Bauhauses darstellte, was ich aufregend fand. Einmal klopfte ich eine Stunde vor Unterrichtsbeginn an seine Bürotür, um eine Frage zu stellen. Mir

we had beds beside our drawing boards so we could work and sleep and work and sleep‘.”

Wade Barrineau, BSID 1967

“You could virtually set your clock by his routines. Every day at noon he ate the lunch he had brought, at 12:30 he went for his daily walk, and at 1:00 returned (rain, hail, sleet, or shine). I have no doubt he walked exactly the same path every day. After he returned he either held class or reviewed our work. When not watching over us, he worked on his book, which I very much hope he finished, though I never saw it.... His approach to lessons was very clear and structured.

Before any design was started, you had to determine exactly what the objective of the item you were designing was. For instance, you would never sit down to design a desk. You would first determine what you wanted to accomplish—was it something to accommodate paying bills, was it intended primarily for reading, was it to be used for storing old pictures and records, etc.

Then you would determine the size of the spaces or surfaces required, the ergonomics of reaching these items, and their priorities of use.

Then came the ‘ideation’ (his term—not sure I have ever seen it used anywhere else). You would sit down and literally fill pages with ideas of how to solve the problem, regardless of how silly they might seem, because one idea would inevitably lead to another. Only after having explored all the possible paths would you select one to proceed with.

Function always drove form, but form was considered. People don’t tend to buy ugly stuff, regardless of how useful it might be.

I remember the first lesson we had. We were tasked with making a display of all the types of textures, grouped by categories.

The next lesson, as I remember, was to design a candlestick holder. This is where he first stressed

235

'ideation.' We had to fill pages with as many ways to hold a candle as we could come up with. This is where I first realized how much I had previously been limiting my thinking to simple variations of what I had seen. Maybe this is what people today refer to as thinking outside the box, but it was much more than that. There was no box to think around!...

What he taught was really the only permanent thing you can learn in college, and that is how to think, how to analyze, and how to solve problems. That has to be the finest legacy any teacher can leave.

I cannot begin to image the ID department now, with so many students. When I attended, there was one other fellow in my class until about my senior year when a student ahead of us dropped backed to our class. I think the whole department was about 8 or 9 students."

Jim Kindley, BSID 1969

"Design thinking—empathy, insight, ideation, iteration, prototyping … has helped me in all my various careers—entrepreneur, major companies, teaching—I strongly believe that my different way of approaching challenges enabled me to achieve success but also handle failures. One of Hin's best quotes: 'the mark of a great designer is the ability to get himself out of his own mistakes.'"

Hin Bredendieck's Contributions to the "Science of Design"

In the 1960s, Bredendieck also began publishing texts on the history and further development of Bauhaus educational theory and its influence on the form and content of post-war design education. Walter Gropius appreciated his essay "The Legacy of the Bauhaus" (reprint in the appendix), published in *Art Journal* in 1962, calling it a "genuine contribution"[25] to Bauhaus history. In a "call for action"[26] of sorts, Bredendieck postulated a dynamic theory of

wurde die Tür vor der Nase geschlossen mit dem Hinweis: ‚Meine Zeit ist meine Zeit' – nicht zuträglich für eine gute Kommunikation. Ich war mir nie sicher, ob Hin aus Schüchternheit kaum redete, wegen mangelnder Englischkenntnisse, was ich bezweifle, oder einfach aus Neigung nicht sprechen wollte. (...)

Durchgemachte Nächte gab es häufig. Ich hatte einmal den Mut, Hin um eine zweitägige Verlängerung zu bitten, um mein Modell einzureichen, damit ich für eine Matheprüfung lernen konnte, und mir wurde gesagt, dass die anderen Kurse nur ‚Wahlfächer' waren und mein Hauptaugenmerk auf Design liegen sollte. Natürlich stimmte das nicht, Kalkulation und Physik wurden im ID-Programm vorausgesetzt. Er fügte hinzu: ‚Im Bauhaus hatten wir Betten neben unseren Zeichenbrettern, damit wir arbeiten und schlafen und arbeiten und schlafen konnten.'"

Wade Barrineau, BSID 1967

„Man konnte wirklich seine Uhr nach seinen Routinen stellen. Jeden Mittag aß er das mitgebrachte Mittagessen, ging um 12:30 Uhr zu seinem täglichen Spaziergang und kehrte um 13 Uhr zurück (Regen, Hagel, Schneeregen oder Sonnenschein). Ich habe keinen Zweifel, dass er jeden Tag genau den gleichen Weg gegangen ist. Nach seiner Rückkehr hielt er entweder Unterricht oder besprach unsere Arbeit. Wenn er nicht auf uns aufpasste, arbeitete er an seinem Buch, von dem ich sehr hoffe, dass er es beendet hat, obwohl ich es nie gesehen habe. (...)

Sein Unterrichtsansatz war sehr klar und strukturiert:

Bevor ein Design begonnen wurde, musste genau festgelegt werden, welches Ziel das zu entwerfende Objekt hatte. Sie würden sich zum Beispiel niemals hinsetzen, um einen Schreibtisch zu entwerfen. Sie würden zuerst bestimmen, was Sie erreichen möchten – sollte es etwas sein, um Rechnungen zu bezahlen, sollte er in erster Linie zum Lesen gedacht sein oder zum Aufbewahren alter Bilder und Aufzeichnungen usw.

Anschließend bestimmen Sie die Größe der notwendigen Räume oder Oberflächen, die Ergonomie beim Erreichen dieser Elemente und deren Nutzungsprioritäten.

Dann kommt die Ideation (sein Begriff – ich bin mir nicht sicher, ob ich ihn jemals woanders verwendet gesehen habe). Sie würden sich hinsetzen und buchstäblich Seiten mit Ideen füllen, wie das Problem zu lösen ist, unabhängig davon, wie albern sie erscheinen mögen, da eine Idee unweigerlich zu einer anderen führt. Erst nachdem Sie alle möglichen Pfade erkundet haben, wählen Sie einen aus, um ihn fortzusetzen.

Die Funktion regiert immer die Form, aber Form musste berücksichtigt werden. Die Leute neigen nicht dazu, hässliches Zeug zu kaufen, egal wie nützlich es sein mag.

Ich erinnere mich an die erste Lektion, die wir hatten. Wir wurden beauftragt, eine Übersicht aller Arten von Texturen zu erstellen, geordnet nach Kategorien.

Wie ich mich erinnere, bestand die nächste Lektion darin, einen Kerzenhalter zu entwerfen. Hier betonte er zum ersten Mal die ‚Ideation'-Methode. Wir mussten Seiten mit so vielen Möglichkeiten, eine Kerze zu halten, füllen, wie wir konnten. Hier wurde mir zum ersten Mal klar, wie sehr ich mich bisher auf einfache Variationen dessen, was ich kannte, beschränkt hatte. Vielleicht ist es das, was die Leute heute als über-den-Tellerrand-hinausdenken bezeichnen, aber es war viel mehr als das. Es gab keinen Teller mehr, über den man hätte hinausdenken können! (...)

Was er lehrte, war wirklich die folgenreichste Sache, die man im College lernen konnte: wie man denkt, wie man analysiert und wie man Probleme löst. Das muss das schönste Vermächtnis sein, das ein Lehrer hinterlassen kann.

Ich kann mir die ID-Abteilung jetzt mit so vielen Studenten nicht vorstellen. Als ich dort anfing zu studieren, war noch ein anderer Kollege in meiner Klasse, bis ungefähr in meinem letzten Jahr ein älterer Student in unsere Klasse zurückgesetzt wurde. Ich glaube, die gesamte Abteilung bestand aus acht oder neun Studenten."

James Kindley, BSID 1969

„Design-Denken – Einfühlungsvermögen, Einsicht, Ideenentwicklung, Wiederholung, Modellbau ... hat mir in all meinen unterschiedlichen Karrieren geholfen – Unternehmer, Großunternehmen, Lehre. Eines der besten Zitate von Hin: ‚Das Kennzeichen eines großartigen Designers ist die Fähigkeit, sich aus seinen eigenen Fehlern zu befreien.'"

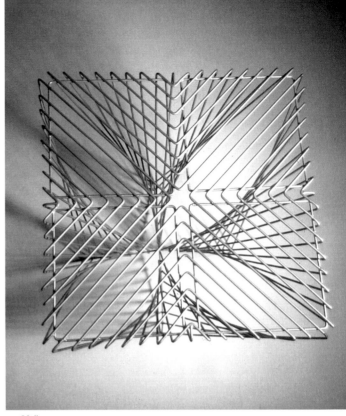

20 //

design that adapted to the circumstances of the environment, since, in his view, design was a natural dynamic process, and design education had to prepare students for practical work.[27] For him, the Bauhaus had been one step in this development. Herbert Bayer also wrote to him enthusiastically: "Your train of thought is very clear and interesting, and I am happy that you have made this statement. There is so much misconception about the Bauhaus and its principles that only those who have participated can really speak with authority. I was particularly interested in your article, as I am continuously urged to organize a school of design in Aspen."[28]

In 1963, Bredendieck participated in the annual International Design Conference in Aspen, initiated by the industrialist Walter Paepcke in cooperation with Herbert Bayer. His contribution, "The International Design Conference in Aspen: Its Structure and Purpose," was published in the *Aspen Times*.[29] Bauhaus founder Walter Gropius approved of this piece as well, writing to Bredendieck: "I like your courageous attack made on the Aspen Conferences in order to come to a specific and principled approach, which is so necessary. You look out for something which I call 'the science of design,' for which the Bauhaus had laid some foundation stones. Your contribution seems to be in the right direction, and I hope you will be able to finish the book you are working on."[30] Bredendieck had previously participated in the same conference in 1958, when the program was extended to include the urban environment. "Hin Bredendieck suggested that mistakes, many of them made by designers, had created many of the problems in the man-made environment. Most present-day designers, he observed, were busily and perhaps superficially attempting to correct the mistakes of the past."[31]

As a member of the American Society of Industrial Designers (ASID), the Industrial Designer Education Association (IDEA), and the College Art Association of America, Bredendieck was committed to his convictions. He was also the only former Bauhaus member—as the association writes—to become a member of the Industrial Designers Society of America (IDSA).[32]

In 1958, the second meeting of the IDEA, which had been founded one year earlier, was hosted by Bredendieck at Georgia Tech. The conference was primarily focused on the overriding goals of design education and the comparability of curricula. As Arthur J. Pulos describes the conference, "Underlying the meeting was a general concern that design educators, by and large, were not considered by practicing designers to have professional status. In fact, the only educators who were members of one professional society or the other at the time were those who had gone into education from field practice. In a way this was the reverse of the situation in Europe, where it was customary for an individual to establish his reputation in education before being given the opportunity to practice."[33]

Hin Bredendiecks Beiträge zur „Design-Wissenschaft"

In den 1960er-Jahren begann Bredendieck, sich auch publizistisch mit der Geschichte und Weiterentwicklung der Bauhaus-Pädagogik und deren Einfluss auf Form und Inhalt des Designunterrichts der Nachkriegszeit auseinanderzusetzen. Seinen Essay „The Legacy of Bauhaus" (Wiederabdruck im Anhang), der 1962 im amerikanischen *Art Journal* erschien, schätzte Walter Gropius als eine „genuine contribution" zur Bauhaus-Geschichte.[25] In einer Art „call for action"[26] forderte Bredendieck hierin eine dynamische, sich an die Gegebenheiten der Umwelt anpassende Designlehre, denn Design sei ein naturgegeben dynamischer Prozess und Designausbildung müsse die Studierenden auf die praktische Arbeit vorbereiten.[27] Das Bauhaus sei ein Schritt in dieser Entwicklung gewesen. Auch Herbert Bayer kommentierte begeistert: „Ihr Gedankengang ist sehr klar und interessant, und ich freue mich, dass Sie diese Erklärung abgegeben haben. Es gibt so viele Missverständnisse über das Bauhaus und seine Prinzipien, dass nur diejenigen, die es erlebt haben, wirklich mit Autorität sprechen können. Ihr Artikel hat mich besonders interessiert, da ich immer wieder aufgefordert werde, eine Designschule in Aspen zu gründen."[28]

An der von dem Industriellen Walter Paepcke gemeinsam mit Herbert Bayer initiierten jährlichen International Design Conference in Aspen beteiligte sich Bredendieck 1963 als kritischer Teilnehmer, dessen Nachdenken über „The International Design Conference in Aspen. Its Structure and Purpose" in der *Aspen Times* erschien.[29] Auch dieser Beitrag traf auf die Zustimmung des Bauhaus-Gründers Walter Gropius, der an Bredendieck daraufhin schrieb: „Ich schätze Ihren engagierten Angriff, den Sie auf der Konferenz in Aspen gestartet haben, um zu einem spezifischen und prinzipiellen Ansatz zu gelangen, der so notwendig ist. Sie suchen nach etwas, das ich ‚Design-Wissenschaft' nenne und für das das Bauhaus einige Grundsteine gelegt hat. Ihr Beitrag scheint in die richtige Richtung zu gehen, und ich hoffe, Sie können das Buch, an dem Sie arbeiten, fertigstellen."[30] Bereits an der International Design Conference 1958 in Aspen, bei der das Programm um einen Blick auf die städtische Umwelt erweitert worden war, hatte Bredendieck sich rege beteiligt: „Hin Bredendieck deutete an, dass Fehler, von denen etliche von

Designern gemacht wurden, viele der Probleme in der von Menschen geschaffenen Umgebung verursacht haben. Er stellte jedoch fest, dass die meisten heutigen Designer fleißig und vielleicht oberflächlich versuchen, die Fehler der Vergangenheit zu korrigieren."[31]

Als Mitglied der American Society of Industrial Designers (ASID), der Industrial Designer Education Association (IDEA) und der College Art Association of America engagierte sich Bredendieck für seine Überzeugungen. Als einziger ehemaliger Bauhäusler, wie der Verband schreibt, wurde er Mitglied der Industrial Designers Society of America (IDSA).[32]

Das zweite Treffen der im Vorjahr gegründeten IDEA wurde 1958 mit Hin Bredendieck als Gastgeber an der Georgia Tech veranstaltet. Zentrale Themen der Tagung waren die übergeordneten Ziele der Design-Ausbildung und die Vergleichbarkeit der Curricula: „Grund für das Treffen war die allgemeine Besorgnis, dass Design-Pädagogen von praktizierenden Designern im Großen und Ganzen nicht als professionell eingestuft wurden. Tatsächlich waren die einzigen Pädagogen, die zu der Zeit Mitglieder des einen oder des anderen Fachverbands waren, diejenigen, die aus der Praxis in die Ausbildung gegangen waren. In gewisser Weise war dies die Umkehrung der Situation in Europa, in der es üblich war, dass ein Einzelner seinen Ruf in der Bildung festigte, bevor er die Möglichkeit erhielt, praktisch zu arbeiten", beschreibt Arthus J. Pulos die Tagung.[33]

Dass Bredendieck diese Fragen beschäftigten, zeigt auch eine nicht datierte, vermutlich in diesem Zusammenhang von ihm durchgeführte Studie, deren Ziel es war, die in Amerika angebotenen Studiengänge für Industriedesign vergleichbar zu machen. Diese Untersuchung zeigte beispielsweise, dass Industriedesign an unterschiedlichen Institutionen (Kunsthochschulen, Ingenieurakademien und Universitäten) unterrichtet und mit unterschiedlichen Abschlüssen studiert werden konnte. Während die einen ihren Absolventen den Grad eines Bachelor of Arts verliehen, wurden an anderen Institutionen Bachelor of Applied Arts, of Fine Arts, of Professional Arts, of Industrial Design oder ein Bachelor of Science bzw. of Product Design vergeben, einige verliehen Diplome bzw. Zertifikate.

Als die IDSA 1965 die Professionalisierung – und Lizensierung – der Industriedesign-Ausbildung diskutierte, wurde Bredendieck um

The fact that Bredendieck was addressing these issues is also demonstrated by an undated study, presumably carried out by him in this context, the aim of which was to make coursework for industrial design comparable between different institutions in America. This study revealed, for example, that industrial design was taught at various types of institutions (art schools, engineering academies, and universities), and that the course of study could be completed with different degrees. While some awarded their graduates a Bachelor of Arts degree, other institutions awarded a Bachelor of Applied Arts, of Fine Arts, of Professional Arts, or of Industrial Design, as well as Bachelor of Science or of Product Design, and still others awarded diplomas or certificates.

In 1965, as the IDSA was discussing the professionalization—and licensing—of industrial design education, Bredendieck was asked for an assessment. He replied as follows:[34] "I feel that the practice of any profession should require a license. But is Industrial Design a profession? I still maintain that we are only in the process of becoming a profession—a mere declaration will not achieve this…. At this moment, I feel our aim should be to do everything possible to advance our status as a designer to that of a profession by developing ways and means which can assure such status."[35]

In 1967, Bredendieck once again sent Gropius an essay for his attention. The essay, titled "The Man-Made Environment," was intended for the book that Bredendieck had been planning for many years.[36] Gropius replied with a suggestion for further thought: "One point always interests me connected with these problems, how to create an atmosphere in a school of design which ties together all those taking part and gives them the steady stimulus to go on in their search. Out of such an atmosphere come attitudes which cannot be built up by intellectual considerations. The real asset of the Bauhaus within its many technical shortcomings has been that very strong atmosphere which kept everyone on the beam."[37]

Bredendieck was also interested in how design education was developing in East Germany; he kept in touch with Bauhaus members living there, and also published several articles in the East German design magazine *form + zweck. Fachzeitschrift für industrielle Formgestaltung* (Form and Purpose: Journal for Industrial Design). Hein Köster, the editor-in-chief of the magazine, responded with surprise: "How did you acquire such intimate knowledge of our theoretical discussions on design? For it is not only the current issues that you raise, these are worldwide—it is actually the way you argue … which leads us to such a question."[38] Within a few years, three contributions by Bredendieck were published in *form + zweck*: "Vorkurs und Entwurf" (Preliminary Course and Design, 1979: English translation in the appendix), "Die künstliche Umwelt" (The Artificial Environment, 1981), and "Theorie als Ansatz" (Theory as Approach, 1982).

His principal legacy in design education was, however, only published posthumously; this was his book *Beyond Bauhaus: The Evolving Man-Made Environment* (2009).[39] Bredendieck had been working on his own theory of design education since the 1930s. The countless annotated manuscript drafts in his estate, as well as his students' vivid memories of "The Book," their professor's never-ending project, bear witness to his decades-long struggle to complete his magnum opus. In December 1966, after he got upset during the proofreading of his manuscript, Joan wrote to one of his friends: "I'm so used to this reaction, since I used to try to help too, + to no avail—as did his former wife, who is a writer, + his daughter who is a PhD. This last episode would not be so serious if it weren't so costly.… Hin's writing is very 'serious' because it involves an art emerging into a science."[40]

eine Einschätzung gefragt, die er folgendermaßen beantwortete:[34] „Ich bin der Meinung, dass für die Ausübung eines Berufs eine Lizenz erforderlich sein sollte. Aber ist Industriedesign ein Beruf? Ich behaupte immer noch, dass wir uns erst auf dem Weg zu einem Beruf befinden – eine bloße Erklärung wird dies nicht erreichen. (…) Meines Erachtens sollte es unser Ziel sein, alles in unserer Macht Stehende zu tun, um unseren Status als Designer zum Beruf zu machen, indem wir Mittel und Wege entwickeln, um diesen Status zu gewährleisten."[35]

1967 sandte Bredendieck Gropius erneut einen Essay zur Kenntnisnahme. Der Aufsatz mit dem Titel „The Man-Made Environment" ist den Vorarbeiten zu dem von Bredendieck über viele Jahre geplanten Buch zuzuordnen.[36] Gropius antwortete mit einer Anregung zum Weiterdenken: „Mich interessierte immer ein Punkt, der mit diesen Problemen zusammenhängt: wie man eine Atmosphäre in einer Designschule schafft, die alle Beteiligten zusammenhält und ihnen den beständigen Anreiz gibt, ihre Suche fortzusetzen. Aus einer solchen Atmosphäre entstehen Einstellungen, die sich nicht durch intellektuelle Überlegungen aufbauen lassen. Das wahre Kapital des Bauhauses – neben seinen vielen technischen Mängeln – war die sehr starke Atmosphäre, die alle im Bann hielt."[37]

Auch die Entwicklung der Designausbildung in der DDR verfolgte Bredendieck interessiert, er hielt Kontakt zu in der DDR lebenden Bauhäuslern und publizierte mehrere Aufsätze in der hier erscheinenden Design-Zeitschrift *form + zweck. Fachzeitschrift für industrielle Formgestaltung*. Überrascht erkundigte sich Hein Köster, der Chefredakteur des Blattes: „Woher besitzen Sie derartig intime Kenntnisse unserer Theoriediskussion zum Design? Denn es sind nicht nur die aktuellen Probleme, die Sie aufwerfen, sie sind weltweit, es ist eigentlich die Art, wie Sie argumentieren, (…) die uns zu einer derartigen Frage veranlaßt."[38] In *form + zweck* erschienen innerhalb weniger Jahre drei Beiträge Bredendiecks: „Vorkurs und Entwurf" (1979, Wiederabdruck im Anhang), „Die künstliche Umwelt" (1981) und „Theorie als Ansatz" (1982).

Sein designpädagogisches Vermächtnis „Beyond Bauhaus. The Evolving Man-Made Environment" (2009) wurde jedoch erst nach seinem Tod publiziert.[39] Bereits seit den 1930er-Jahren hatte Bredendieck an einer eigenen Designpädagogik gearbeitet. Unzählige, zum

Teil annotierte Fassungen im Nachlass und die lebendigen Erinnerungen der Studenten an das nie fertig werdende „The Book" ihres Professors belegen sein jahrzehntelanges Ringen um die Fertigstellung seines *opus magnum.* Einer Freundin schrieb Joan im Dezember 1966, nachdem Hin sich über ein Korrektorat seines Manuskripts aufgeregt hatte: „Ich bin an diese Reaktion so gewöhnt, da ich auch versucht habe zu helfen, + ohne Erfolg – genauso wie seine frühere Frau, die Schriftstellerin ist, und seine Tochter, die promoviert ist. Diese Geschichte wäre nicht so schwerwiegend, wenn sie nicht so kostspielig wäre. (...) Hin's Text ist sehr ,ernst', weil es um eine Kunst geht, die sich in eine Wissenschaft verwandelt."[40] Seiner Zerrissenheit zwischen Kunst und Wissenschaft widmete Bredendieck 1984 einen kurzen, letzten Aufsatz in *Innovation. The Journal of the Industrial Designers.*[41]

Nach seinem Tod publizierte die Georgia Tech unterstützt von Dina Zinnes, Gwen B. Fischer und Karl Bredendieck, den Kindern des Designers, und James L. Oliver, einem seiner ehemaligen Studenten, der ihn in den 1980er-Jahren regelmäßig besucht hatte, Bredendiecks Buch und designpädagogisches Vermächtnis.[42] Im Aufbau folgt es der von Bredendieck vorgesehen Kapitelstruktur: Einer Einleitung und einer kurzen Geschichte der Design-Ausbildung folgen ein Kapitel zur „Evolving Man-Made Environment" sowie Abschnitte zu den grundlegenden Eigenschaften eines Objekts, dessen Transformationsprozessen, dem konzeptionellen Bereich des Designs, der Methode der ,Ideation' und ein Kapitel zur Ausbildung von Designern.

Amerika und Deutschland

Mit seinen in Deutschland lebenden Verwandten blieb Hin Bredendieck in brieflichem Kontakt und reiste mehrfach nach Deutschland (mindestens 1961, 1972, 1976 und 1983), um sie zu besuchen.[43] Diese Besuche waren zumeist mit beruflichen Terminen verbunden, wie seine zweimonatige Reise im Sommer 1961, bei der er plante, Hochschulen mit Industriedesign-Ausbildungsgängen in Essen, Hamburg, Kassel, Stuttgart, Ulm sowie das Bauhaus-Archiv und den Internationalen Kongress für Formgebung in Darmstadt sowie einige Einrichtungen in den Niederlanden und Österreich zu besuchen.[44]

In 1984, Bredendieck dedicated a short last essay to his inner conflict between art and science in *Innovation: The Journal of the Industrial Designers.*[41]

After his death, Georgia Tech published Bredendieck's book, representing his legacy in design education; they were supported in this project by Dina Zinnes, Gwen B. Fischer, and Karl Bredendieck, the designer's children, and by James L. Oliver, a former student who had visited him regularly in the 1980s.[42] It follows Bredendieck's intended chapter structure: the book begins with an introduction and a brief history of design education, followed by a chapter on the "Evolving Man-Made Environment" and sections dedicated to the basic characteristics of an object, its transformation processes, the conceptual aspect of design, the method of "ideation," and a chapter on the training of designers.

America and Germany

Hin Bredendieck remained in correspondence with his relatives living in Germany and traveled there several times (there is documentation of visits in 1961, 1972, 1976, and 1983).[43] These visits were mostly associated with his professional work, such as his two-month trip in the summer of 1961, during which he planned to visit universities with industrial design courses in Essen, Hamburg, Kassel, Stuttgart, and Ulm, as well as the Bauhaus Archive, the Internationalen Kongress für Formgebung (International Congress for Design) in Darmstadt, and several institutions in the Netherlands and Austria.[44]

Bredendieck also remained in contact with former Bauhaus members such as Herbert Bayer, Marianne Brandt, Walter Gropius, Hubert Hoffmann, Kurt Kranz, Robert Lenz, and Andor Weininger.[45] Josef Albers contacted Bredendieck in 1961 as an "eyewitness," because he saw himself misrepresented in the first major exhibition on teaching at the Bauhaus at the Kunsthalle Darmstadt: "Did you notice that my 2 years of Vorkurs [Preliminary

21 //

Course] in Weimar are absolutely 'totgeschwiegen' [hushed up]?... May I counter you as an 'Augenzeuge' [eyewitness] next to [Gustav] Hassenpflug who from Amerika, dares to correct those 'Falschmeldungen' [false reports]."[46]

Bredendieck kept in touch especially with those such as Hassenpflug and Robert Lenz whom he had known since their first semester together in Dessau and who had also worked as teachers in the postwar period. Shortly after the war, Lenz told him about the founding of "a kind of Neo-Bauhaus" in Weimar.[47] "As I have heard from Hassenpflug, you're doing the same work there in Chicago; it would thus be nice if we could exchange works and experiences with each other," Kurt Kranz suggested to Bredendieck.[48] From Atlanta, Bredendieck also exchanged information on teaching concepts with Hassenpflug, who who became professor at the Landeskunstschule [State School of Art] in Hamburg. "I am, of course, very interested in your school's program," Hassenpflug wrote enthusiastically in November 1952. "Here at our school, we are still quite devoted to the old tradition of the Werkkunstschule [school of arts and crafts], which cannot do without painting and sculpture, commercial art, etc."[49] Bredendieck also remained in contact for many years with Gundel Gautel, the widow of his former fellow student and colleague Hermann Gautel, who had died in the war; she had moved from Oldenburg to Karlsruhe, where they also met on several occasions when Bredendieck was traveling in Germany.[50]

With the help of his contacts, Bredendieck closely followed the reconstruction of post-war Germany, as well as the various developments in the field of industrial design in both West and East Germany. In particular, he had a friendly exchange and also met with Marianne Brandt, a former

Auch mit ehemaligen Bauhäuslern blieb Bredendieck in Kontakt, so mit Herbert Bayer, Marianne Brandt, Walter Gropius, Hubert Hoffmann, Kurt Kranz, Robert Lenz und Andor Weininger.[45] Josef Albers kontaktierte Bredendieck 1961 als „Augenzeugen", da er sich in der ersten großen Ausstellung zur Lehre am Bauhaus in der Kunsthalle Darmstadt falsch dargestellt sah: „Did you notice that my 2 years of Vorkurs in Weimar are absolutely ‚totgeschwiegen'? (...) May I counter you as an ‚Augenzeuge' next to Hassenpflug who from Amerika, dares to correct those ‚Falschmeldungen'."[46]

Besonders hielt Bredendieck Kontakt zu denjenigen, die er wie Hassenpflug und Robert Lenz seit dem gemeinsamen ersten Semester in Dessau kannte und die in der Nachkriegszeit, wie er, als Lehrende praktizierten. Lenz berichtete ihm schon kurz nach dem Krieg über „so eine Art Neo-Bauhaus"-Gründung in Weimar.[47] „Wie ich von Hassenpflug erfahren habe, bist Du dort in Chikago an der gleichen Arbeit und so wäre es schön, wenn wir untereinander Arbeiten und Erfahrungen austauschen würden", hatte Kurt Kranz Bredendieck vorgeschlagen.[48] Mit dem an der Hamburger Landeskunstschule lehrenden Gustav Hassenpflug tauschte Bredendieck auch von Atlanta aus Informationen zu Unterrichtskonzepten aus: „Das Programm deiner Schule hat mich natürlich sehr interessiert", schrieb ihm Hassenpflug im November 1952 begeistert: „Hier bei uns hängen wir noch immer an der Form der alten Werkkunstschule, die auf Malerei und Bildhauerei, Gebrauchsgrafik etc. nicht verzichten kann."[49] Auch mit Gundel Gautel, der Witwe seines im Krieg gefallenen ehemaligen Kommilitonen und Kollegen Hermann Gautel, die von Oldenburg nach Karlsruhe übersiedelt war, blieb Bredendieck viele Jahre in Kontakt und mit ihr kam es auch wieder zu Begegnungen in Deutschland.[50]

242

22 //

Mit Hilfe seiner Kontaktpersonen verfolgte Bredendieck aufmerksam den Wiederaufbau in Nachkriegsdeutschland ebenso wie die unterschiedlichen Entwicklungen im Bereich des Industriedesigns der Bundesrepublik und der DDR. Besonders mit der in der DDR lebenden, einstigen Weggefährtin in der Metallwerkstatt Marianne Brandt unterhielt er einen freundschaftlichen Austausch und auch Treffen der beiden fanden statt.[51] Ihr hatte Bredendieck auch seinen Artikel „Vorkurs und Entwurf" (1979) gesandt: „Für mich, vielleicht wirst Du lachen, stand allerlei mit drinnen wo mir, so deutlich gefasst, erst jetzt in meinen alten Tagen erst bewußt wurde: Ich habe nähmlich [sic] nur einen sehr kurzen Vorkurs genossen. Albers ganz kurz und Moholy ausführlicher, aber da war ich schon mit einem Schwung in der Metallwerkstatt und ich mußte lernen mit Hammer und Anke kleine Halbkugeln für [Wolfgang] Tümpels Teekugeln zu schlagen. Mehr will ich von mir nicht sagen. Wieso u. warum ich den ‚Amerikanern' nicht nach dort folgte weiß ich heute nicht mehr. Die Sprache allein ist es nicht gewesen, eine Grundlage dazu hatte ich schon. Vielleicht hab ich gefürchtet dort nicht hin zu passen. Ich bin sehr beeindruckt von Deinen schönen Erfolgen u. vielfältiger Tätigkeit."[52]

Am 8. und 9. September 1976, anlässlich der Ausstellung „Bauhäusler in Amerika" hielt Hin Bredendieck, der im November des Vorjahres von dem Gründer des Bauhaus-Archivs Hans Maria Wingler in Atlanta besucht worden war, zwei Vorträge im Amerika-Haus in Berlin.[53] Seine „Vorlesungen zur Design-Theorie" trug Bredendieck auf Englisch vor, zum Teil mit einer deutschen Simultanübersetzung. Im Rahmen der Ausstellung schenkte Bredendieck dem Bauhaus-Archiv eine Gruppe von Werken, darunter bedeutende Vintage-Fotografien aus seiner Dessauer Bauhaus-Zeit.[54]

companion in the Metal Workshop now living in East Germany.[51] Bredendieck sent her his article "Vorkurs und Entwurf" (Preliminary Course and Design, 1979). She responded: "For me—perhaps you will laugh—there were all sorts of things there, so clearly worded, which I only now, in my old days, finally realize: namely, that I enjoyed only a very short Preliminary Course. Albers very briefly and Moholy more extensively; but then I suddenly found myself in the Metal Workshop, where I had to learn how to beat small half-spheres with a hammer and die [Anke] for [Wolfgang] Tümpel's ball-shaped tea infuser. That's all I wish to say about myself. Why I didn't go to the States with the 'Americans,' I don't know anymore. It wasn't only the language; I already had a basis for this. Maybe I was afraid that I would not to fit in there. I am very impressed by your wonderful success and wide-ranging activity."[52]

On September 8 and 9, 1976, in conjunction with the exhibition *Bauhaus Members in America*, Hin Bredendieck—who had been visited by Hans Maria Wingler in Atlanta in November 1975—gave two lectures at the Amerika Haus in Berlin.[53] Bredendieck gave his "Lectures on Design Theory" in English, partly with simultaneous German translation. On the occasion of the exhibition, Bredendieck donated a group of works, including important vintage photographs from his Bauhaus Dessau period, to the Bauhaus Archive.[54]

In 1983, Bredendieck participated in the panel discussion of the Third International Bauhaus Colloquium in Weimar, which took place from July 5 to 7 under the motto "The Bauhaus Legacy and the Contemporary Development of Architectur: In Honor of the 100th Birthday of Walter Gropius."

"This is Hin Bredendieck recording his life…"

Bredendieck, who wrote his memoirs around 1990—a ten-page unpublished typescript written on

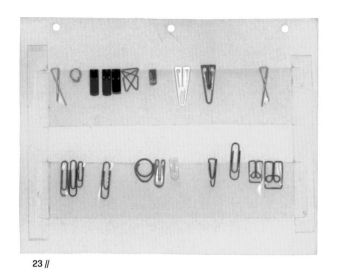

23 //

a computer—worked well into old age in his effort
to publish his design theory, and he remained an
inventor and tinkerer. "As you may know, I've been
retired for ten years now, but I'm still very busy....
Please excuse my not quite perfect German, as
I have been living here now for more than forty
years," Bredendieck wrote to Marianne Brandt in
1981, wishing her in broken German, "eine schöne
New Jahr" [a happy New Year][55]. Curious about the
latest inventions of all kinds, he asked Brigitte
Walkowiak (who had requested information from him
about his Kandem lamps developed at the Bauhaus
in the 1920s) about her computer: "May I ask if you
made these illustrations with a Macintosh computer? I would like to know more about the procedure
and the necessary software, since I also have
a 'Macintosh Plus.'"[56]

Bredendieck's son recalls his father's enthusiasm for design innovations, which continued into old
age: "He was always thinking about the future,
wondering how design could change his immediate
environment or the world, and firmly believed that, at
some point, everyone would use a computer.... At
home, there was always talk about design.... This kept
him busy day and night. He lived industrial design;
almost all the furniture in our house was built in
Hin's woodshop in the garden—made completely in
accordance with our needs."[57] Gwen B. Fischer,

1983 nahm Bredendieck an der Podiumsdiskussion des 3. Internationalen Bauhaus-Kolloquiums in Weimar teil, das vom 5. bis zum
7. Juli unter dem Motto „Das Bauhauserbe und die gegenwärtige
Entwicklung der Architektur. Zum 100. Geburtstag von Walter Gropius" stattfand.

This is Hin Bredendieck recording his life ...

Bis ins hohe Alter arbeitete Bredendieck, der etwa 1990 seine Memoi-
ren – ein zehnseitiges unveröffentlichtes computergeschriebenes
Typoskript – verfasste, an dem Versuch der Publikation seiner Designlehre und blieb dabei ein Tüftler und Bastler. „Wie du vielleicht weißt
bin ich jetzt schon zehn Jahre im Ruhestand, aber dennoch immer
sehr beschäftig[t]. (...) Bitte entschuldige mein nicht ganz einwand-
freies Deutsch, bin ich doch jetzt hier über vierzig Jahre", schrieb Bredendieck 1981 Marianne Brandt und wünschte der einstigen Weggefährtin in gebrochenem Deutsch „eine schöne New Jahr".[55] Neugierig
auf die neuesten Erfindungen aller Art erkundigte er sich zum Beispiel bei Brigitte Walkowiak, die ihn um Auskunft zu seinen in den
1920er-Jahren am Bauhaus entwickelten Kandem-Lampen gebeten
hatte, nach ihrem Computer: „Ich moechte Sie fragen, machten Sie
diese Abbildungen mit einem Macintosh Computer? Ich moechte
gerne das Verfahren wissen und das notwendige Software, habe ich
doch auch ein ‚Macintosh Plus'."[56]

Bredendiecks Sohn erinnert die bis ins hohe Alter reichende Begeisterung seines Vaters für Design-Innovationen bis heute: „Er war
mit seinen Gedanken immer in der Zukunft, fragte sich, wie Design
seine unmittelbare Umgebung oder die Welt verändern könnte und
glaubte fest daran, dass irgendwann jeder Mensch einen Computer
benutzen würde. (...) Zu Hause wurde immer über Design gesprochen
(...). Das beschäftigte ihn Tag und Nacht. Er hat Industriedesign ge-
lebt, fast alle Möbel, die in unserem Haus standen, hat Hin in seiner
Werkstatt im Garten gebaut – genauso wie wir sie brauchten."[57] Auch
Gwen B. Fischer, Bredendiecks Tochter aus erster Ehe, erinnert sich
an entsprechende Erfahrungen: „Wir unterhielten uns in der Küche,
als er den Besteckständer aus dem Geschirrspüler nahm und sagte:
‚Das ist sehr interessant.' Als ich ihn fragte, was er meinte, nahm er
einen Plastik-Trinkbecher und erklärte, wie die Form hergestellt

24 //

wurde – ziemlich einfach, mit einem inneren Teil und einem äußeren Teil. Dann wies er mich darauf hin, wie kompliziert es gewesen sein muss, die Form des Besteckhalters herzustellen."[58]

1994 erhielt Hin Bredendieck für seine lebenslange Erforschung und Entwicklung der Design-Ausbildung von der IDSA den „Education Award".[59] Als Einwanderer hatte er die Bauhaus-Ideen nach Amerika gebracht und sie hier als Pionier der Industriedesign-Ausbildung Zeit seines Lebens weiterentwickelt. Am 1. September 1995 starb Hin Bredendieck in Roswell (Georgia, USA). Beigesetzt ist er im Familiengrab auf dem Friedhof seiner Heimatstadt Aurich in Ostfriesland.

Bredendieck's daughter from his first marriage, also remembers such situations: "We were talking in the kitchen when he picked up the tableware rack out of the dishwasher and commented, 'This is very interesting.' When I asked what he meant, he picked up a plastic drinking 'glass' and explained how the mold was made—pretty simple, with an inside part and an outer part. Then pointed out how complicated the mold must be in make the tableware rack."[58]

In 1994, Hin Bredendieck received the Education Award from the IDSA for his lifelong research into and development of design education.[59] As an immigrant, he brought the ideas of the Bauhaus to America and developed them further throughout his life as a pioneer of industrial design education. Hin Bredendieck died in Roswell, Georgia, on September 1, 1995. He found his final resting place in the family grave in the cemetery of his hometown of Aurich in East Frisia.

1   See Grawe 1994; Grawe 2002, 171–77.

2   In 1952, the first women (Elizabeth Herndon and Diane Michel) were admitted to Georgia Tech; see "Georgia Tech Celebrates 50 Years of Women" [March 21, 2003], URL: https://www.news.gatech.edu/2003/03/21/georgia-tech-celebrates-50-years-women [last accessed on December 11, 2019]. The first woman graduate in Industrial Design was Carolynrose MacKown Gentile, who studied with Hin Bredendieck from 1960 to 1964. In the autumn of 1961, the first three African American students enrolled. This made Georgia Tech the first university in the so-called "Deep South" to abolish racial segregation peacefully and without a court order.

3   See draft letter from Hin Bredendieck to Nathan Lerner dated March 22, 1953, GTL-HB.

4   See Leslie N. Sharp, in Bredendieck 2009, XI; see also Pulos 1988 (a comprehensive history of the development of industrial design in America between 1940 and 1975).

5   See Bush-Brown 1976.

6   See ibid., 43; Dowling/Thomason 2009, 27.

7   See Bredendieck 2009, XI.

8   Quoted in ibid.; see also Norman Worrell, "Georgia Tech has Nation's Top-Ranking School of Industrial Design," *The Georgia Industrialist* (August 1956): 4–5.

9   For more information on Baerman, see Pulos 1988, 167–68.

10   Profile of Walter Schaer in *IDSA Newsletter* (Nov./Dec. 1987), quoted in Bredendieck 2009, XV.

11   See "News Report," *College Art Journal,* 12, no. 1 (1952): 68–75, here 70.

12   Letter from Hin Bredendieck to Josef Albers dated August 15, 1952, The Josef and Anni Albers Foundation, Bethany, Connecticut. The author is grateful to Anne Sisco of The Albers Foundation for making the documents available.

13   Letter from Josef Albers to Hin Bredendieck dated August 29, 1952, The Josef and Anni Albers Foundation, Bethany, Connecticut.

14   Hin Bredendieck, quoted in Sheila Beardsley, "The Master Designer," *Atlanta Weekly* (October 19, 1980).

15   See university brochure, Department of Industrial Design, Georgia Institute of Technology, ca. 1952.

16   Draft letter from Hin Bredendieck to Nathan Lerner dated April 22, 1953, GTL-HB.

17   Ibid. See also letter from Walter Gropius to Paul Klopfer dated April 3, 1953, quoted in Conrads/Droste/Nerdinger et al. 1994, 55.

18   See Norman Worrell, "Georgia Tech Has Nation's Top-Ranking School of Industrial Design," *The Georgia Industrialist* (August 1956): 4–5.

19   See letter from Jack W. Christ, San José State College, to Hin Bredendieck dated March 5, 1964, GTL-HB; letter from Manuel Vollazón, Universidad Iberoamericana, Mexico City, to Georgia Institute of Technology dated March 9, 1964, GTL-HB.

20   Letter from Joseph Carreiro, Cornell University, to Hin Bredendieck dated May 10, 1967, GTL-HB.

21   See letter from Russel Rabby to Hin Bredendieck dated September 30, 1965, GTL-HB.

22   See letter from Fritz G. Winter to Hin Bredendieck dated January 18, 1969, GTL-HB.

23   Letter from Fritz G. Winter to Hin Bredendieck dated February 26, 1969, GTL-HB [translated].

24   I would like to thank Carolynrose MacKown Gentile, first woman graduate in Industrial Design in Atlanta, as well as Wade Barrineau, George Dorr, James Duggan, Thomas Fleming, Claude Hutcheson, James L. Oliver, Jack Robinson, James Kindley, Irwin Schuster, and Paul Sorrells, for the memories they shared with me, which helped me in my scholarly research to better understand Hin Bredendieck not only as an educator but also as a person.

25   Letter from Walter Gropius to Hin Bredendieck dated July 8, 1963, GTL-HB.

26   Bredendieck 1962, 20.

27   See ibid.

28   Letter from Herbert Bayer to Hin Bredendieck dated February 28, 1963, GTL-HB; see also Sidney J. Budwick's letter to the editor, *Art Journal,* no. 3 (1962): 170; Grawe 2002, 171–77. Grawe's treatment reflects the limited sources on this subject at the

1   Vgl. Grawe 1994; Grawe 2002, hier S. 171–177.

2   1952 wurden die ersten Frauen (Elizabeth Herndon und Diane Michel) an der Georgia Tech zum Studium zugelassen, vgl. Georgia Tech Celebrates 50 Years of Women, 21.2.2013, online: https://www.news.gatech.edu/2003/03/21/georgia-tech-celebrates-50-years-women, zuletzt abgerufen am 11.12.2019. Die erste Absolventin im Fachbereich Industriedesign war Carolynrose MacKown Gentile, die von 1960 bis 1964 bei Hin Bredendieck studierte. Im Herbst 1961 immatrikulierten sich die ersten drei afroamerikanischen Studenten. Damit war die Georgia Tech die erste Hochschule im sog. ‚tiefen Süden', die die Rassentrennung friedlich und ohne Gerichtsbeschluss aufhob.

3   Hin Bredendieck an Nathan Lerner, Briefentwurf v. 22.3.1953, GTL-HB.

4   Vgl. Leslie N. Sharp, in Bredendieck 2009, S. XI; vgl. Pulos 1988, der eine umfangreiche Geschichte der Entwicklung des Industriedesigns in Amerika zwischen 1940 und 1975 verfasst hat.

5   Vgl. Bush-Brown 1976.

6   Vgl. ebd., S. 43; vgl. auch: Dowling/Thomason 2009, S. 27.

7   Vgl. Bredendieck 2009, S. XI.

8   Zit. nach: Bredendieck 2009, S. XI [übersetzt aus dem Englischen]; vgl. auch Norman Worrell: Georgia Tech has Nation's Top Ranking School of Industrial Design, in: *The Georgia Industrialist*, August 1956, S. 4f.

9   Vgl. zu Baerman Pulos 1988, S. 167f.

10   Profile of Walter Schaer, IDSA Newsletter, Nov./Dec. 1987, zit. nach: Bredendieck 2009, S. XV [übersetzt aus dem Englischen].

11   Vgl. News Report, in: *College Art Journal,* 12. Jg. 1952, H. 1, S. 68-75, hier S. 70.

12   Hin Bredendieck an Josef Albers, Brief v. 15.8.1952, The Josef and Anni Albers Foundation, Connecticut/USA. Die Autorin dankt Anne Sisco von der Albers Foundation für die Bereitstellung der Unterlagen.

13   Josef Albers an Hin Bredendieck, Brief v. 29.8.1952, The Josef and Anni Albers Foundation, Connecticut/USA.

14   Hin Bredendieck zit. nach: Sheila Beardsley: The Master Designer, in: *Atlanta Weekly* v. 19.10.1980 [übersetzt aus dem Englischen].

15   Vgl. Schulprospekt Industrial Design, Georgia Institute of Technology, ca. 1952 [übersetzt aus dem Englischen].

16   Hin Bredendieck an Nathan Lerner, Briefentwurf v. 22.4.1953, GTL-HB [übersetzt aus dem Englischen].

17   Hin Bredendieck an Nathan Lerner, Briefentwurf v. 22.4.1953, GTL-HB [übersetzt aus dem Englischen]; vgl. auch Walter Gropius an Paul Klopfer, Brief v. 3.4.1953, zit. nach: Conrads, Droste, Nerdinger u.a. 1994, S. 55.

18   Vgl. Norman Worrell: Georgia Tech has Nation's Top Ranking School of Industrial Design, in: *The Georgia Industrialist*, August 1956, S. 4f.

19   Vgl. Jack W. Christ, San José State College, an Hin Bredendieck, Brief v. 5.3.1964, GTL-HB; Manuel Vollazón, Universidad Iberoamericana Mexiko an Georgia Institute of Technology, Brief v. 9.3.1964, ebd.

20   Joseph Carreiro, Cornell University, an Hin Bredendieck, Brief v. 10.5.1967, GTL-HB [übersetzt aus dem Englischen].

21   Russel Rabby an Hin Bredendieck, Brief v. 30.9.1965, GTL-HB.

22   Fritz G. Winter an Hin Bredendieck, Brief v. 18.1.1969, GTL-HB.

23   Fritz G. Winter an Hin Bredendieck, Brief v. 26.2.1969, GTL-HB.

24   Ich danke Carolynrose MacKown Gentile, der ersten ID-Absolventin in Atlanta, Wade Barrineau, George Dorr, James Duggan, Thomas Fleming, Claude Hutcheson, James L. Oliver, Jack Robinson, James Kindley, Irwin Schuster und Paul Sorrells für die mir mitgeteilten Erinnerungen, die bei meinen wissenschaftlichen Recherchen geholfen haben, nicht nur den Pädagogen, sondern auch den Menschen Hin Bredendieck besser zu verstehen. Die Texte wurden aus dem Englischen übersetzt.

25   Walter Gropius an Hin Bredendieck, Brief v. 8.7.1963, GTL-HB.

26   Bredendieck 1962, S. 20.

27   Vgl. ebd.
28   Herbert Bayer an Hin Bredendieck, Brief v. 28.2.1963, GTL-HB [übersetzt aus dem Englischen]; vgl. auch Sidney J. Budwicks Brief an die Herausgeber, in: *Art Journal*, 1962, Nr. 3, S. 170; vgl. Grawe 2002, S. 171-177. Ihre Bearbeitung spiegelt die zum Zeitpunkt der Veröffentlichung limitierte Quellenlage zu diesem Thema und die dadurch verursachten kleineren Deutungsfehler.
29   Vgl. Bredendieck 1963a und Bredendieck 1963b. Vgl. Herbert Bayer an Hin Bredendieck, Brief v. 2.7.1963, GTL-HB.
30   Walter Gropius an Hin Bredendieck, Brief v. 7.10.1963, GTL-HB [übersetzt aus dem Englischen].
31   Pulos 1988, S. 215 [übersetzt aus dem Englischen].
32   Vgl. den Eintrag zu Hin Bredendieck auf der Website der IDSA, online: https://www.idsa.org/content/hin-bredendieck-0, zuletzt abgerufen am 10.12.2019.
33   Pulos 1988, S. 182 [übersetzt aus dem Englischen].
34   Robert E. Redmann an Hin Bredendieck, Brief v. 27.10.1965, GTL-HB.
35   Hin Bredendieck an Robert E. Redmann, Briefdurchschlag v. 10.11.1965, GTL-HB [übersetzt aus dem Englischen].
36   Hin Bredendieck an Walter Gropius, Brief v. 21.9.1967, Bauhaus-Archiv Berlin.
37   Walter Gropius an Hin Bredendieck, Brief v. 26.9.1967, GTL-HB [übersetzt aus dem Englischen].
38   Hein Köster an Hin Bredendieck, Brief v. 20.3.1981, GTL-HB. Der Brief bezieht sich vermutlich auf Bredendiecks Aufsatz „Die künstliche Umwelt", der 1981 in *form + zweck* erscheinen sollte.
39   Bredendieck 2009.
40   Joan Bredendieck an Nina [?], Brief v. 12.12.1966, GTL-HB [übersetzt aus dem Englischen].
41   Vgl. Bredendieck 1984.
42   In der Tat wird Bredendiecks pädagogischer Ansatz wesentlich deutlicher in den Auskünften seiner Studierenden als in seinen eigenen Texten.
43   1972 besuchte Bredendieck bei einer Deutschlandreise u.a. die in Aurich lebende Mathilde Mensen, die Witwe seines Tischlermeisters, zu deren 89. Geburtstag: „Eine unglaubliche Veränderung!". Prof. Hinrich Bredendik [sic!] (USA) erfreut über Aurichs Entwicklung, unidentifizierter Zeitungsartikel v. 27.9.1972, Bauhaus-Archiv Berlin.
44   Hin Bredendieck an Edwin D. Harrison, President Georgia Institute of Technology, Brief v. 28.4.1961, GTL-HB.
45   Vgl. u.a. Andor Weininger an Hin Bredendieck, Brief v. 1.6.1977, GTL-HB.
46   Josef Albers an Hin Bredendieck, Brief v. 8.8.1961, GTL-HB; vgl. auch Josef Albers an Hin Bredendieck, Brief v. 4.9.1961, ebd.
47   Robert Lenz an Hin Bredendieck, Briefe v. 3.3. und 16.8.1947, GTL-HB.
48   Kurt Kranz an Hin Bredendieck, Brief v. 30.11.1950, GTL-HB.
49   Gustav Hassenpflug an Hin Bredendieck, Brief v. 8.11.1952, GTL-HB.
50   Vgl. u.a. Gundel Gautel an Hin Bredendieck, Brief v. 10.7.1976, GTL-HB.
51   Hin Bredendieck an Marianne Brandt, Brief v. 23.5.1977, Stiftung Bauhaus Dessau, Inv. I 15419 D. Vgl. Hans M. Wingler an Marianne Brandt, Brief v. 28.12.1978, GTL-HB.
52   Marianne Brandt an Hin Bredendieck, Brief v. 31.12.1979, LMO-HB 12.
53   Vgl. Eva Maria Züchner an Hin Bredendieck, Brief v. 11.11.1975, GTL-HB.
54   Vgl. Peter Hahn an Hin Bredendieck, Brief v. 6.12.1976, GTL-HB.
55   Hin Bredendieck an Marianne Brandt, Brief v. 6.1.1981, Stiftung Bauhaus Dessau, Inv. I 15421/1-2 D.
56   Hin Bredendieck an Brigitte Walkowiak, Brief v. 13.11.1989, GTL-HB.
57   Karl Bredendieck, zit. nach: Hein 2018, S. 71.
58   Gwen B. Fischer an die Verfasserin, E-Mail v. 14.11.2019 [übersetzt aus dem Englischen].
59   Vgl. den Eintrag zu Hin Bredendieck auf der Website der IDSA, online: https://www.idsa.org/content/hin-bredendieck-0, zuletzt abgerufen am 10.12.2019.

time of publication and the minor errors of interpretation that resulted from this.
29   See Bredendieck 1963a and Bredendieck 1963b; letter from Herbert Bayer to Hin Bredendieck dated July 2, 1963, GTL-HB.
30   Letter from Walter Gropius to Hin Bredendieck dated October 7, 1963, GTL-HB.
31   Pulos 1988, 215.
32   See the entry on Hin Bredendieck on the website of the IDSA; URL: https://www.idsa.org/content/hin-bredendieck-0 [last accessed on December 11, 2019].
33   Pulos 1988, 182.
34   See letter from Robert E. Redmann to Hin Bredendieck dated October 27, 1965, GTL-HB.
35   Letter from Hin Bredendieck to Robert E. Redmann dated November 10, 1965, carbon copy, GTL-HB.
36   See letter from Hin Bredendieck to Walter Gropius dated September 21, 1967, Bauhaus Archive Berlin.
37   Letter from Walter Gropius to Hin Bredendieck dated September 26, 1967, GTL-HB.
38   Letter from Hein Köster to Hin Bredendieck dated March 20, 1981, GTL-HB [translated]. The letter presumably refers to Bredendieck's essay "Die künstliche Umwelt" (The Artificial Environment), which was to be published in *form + zweck* in 1981.
39   See Bredendieck 2009.
40   Letter from Joan Bredendieck to Nina [?] dated December 12, 1966, GTL-HB.
41   See Bredendieck 1984.
42   In fact, Bredendieck's educational approach is more clearly understood through the information provided by his students than through his own texts.
43   In 1972, during a trip through Germany, Bredendieck visited, among others, Mathilde Mensen, the widow of his master carpenter, in Aurich on her eighty-ninth birthday: "'Eine unglaubliche Veränderung!' Prof. Hinrich Bredendik [sic] (USA) erfreut über Aurichs Entwicklung," ("An Unbelievable Change!" Prof. Hinrich Bredendik [sic] Delighted by Aurich's Development), unidentified newspaper article, September 27, 1972, Bauhaus Archive Berlin.
44   See letter from Hin Bredendieck to Edwin D. Harrison, President of the Georgia Institute of Technology, dated April 28, 1961, GTL-HB.
45   See, among others, letter from Andor Weininger to Hin Bredendieck dated June 1, 1977, GTL-HB.
46   Letter from Josef Albers to Hin Bredendieck dated August 8, 1961, GTL-HB; see also letter from Albers to Bredendieck dated September 4, 1961, GTL-HB.
47   Letters from Robert Lenz to Hin Bredendieck dated March 3 and August 16, 1947, GTL-HB [translated].
48   Letter from Kurt Kranz to Hin Bredendieck dated November 30, 1950, GTL-HB [translated].
49   Letter from Gustav Hassenpflug to Hin Bredendieck dated November 8, 1952, GTL-HB [translated].
50   See, among others, Gundel Gautel to Hin Bredendieck dated July 10, 1976, GTL-HB.
51   See letter from Hin Bredendieck to Marianne Brandt dated May 23, 1977, Bauhaus Dessau Foundation, inv. no. I 15419 D; letter from Hans M. Wingler to Marianne Brandt dated December 28, 1978, GTL-HB.
52   Letter from Marianne Brandt to Hin Bredendieck dated December 31, 1979, LMO-HB 12 [translated].
53   See letter from Eva Maria Züchner to Hin Bredendieck dated November 11, 1975, GTL-HB.
54   See letter from Peter Hahn to Hin Bredendieck dated December 6, 1976, GTL-HB.
55   Letter from Hin Bredendieck to Marianne Brandt dated January 6, 1981, Bauhaus Dessau Foundation, inv. no. I 15421/1-2 D [translated].
56   Letter from Hin Bredendieck to Brigitte Walkowiak dated November 13, 1989, GTL-HB [translated].
57   Karl Bredendieck, quoted in Hein 2018, 71 [translated].
58   Email from Gwen B. Fischer to the author dated November 14, 2019.
59   See the entry on Hin Bredendieck on the website of the IDSA (see note 32).

Texte von Hin Bredendieck

Texts by Hin Bredendieck

Die Texte von Hin Bredendieck werden nach den Erstdrucken wiedergegeben. Zur besseren Lesbarkeit wurden kleinere Korrekturen stillschweigend vorgenommen.

The following texts by Hin Bredendieck are reproduced based on their original published form. Minor corrections have been made for readability.

This is Hin Bredendieck, recording his own life story, ca. 1990

Hometown of Aurich

Now that I am 86 years old, it might be interesting to see how I got where I am now. When I was 14, I signed (together with my father) a contract, which obligated me to a four-year apprenticeship as cabinetmaker. At the time, someone said to me: "four years is a long time when it is in front of you, and so short when it is after you." Now, more than 7 decades later, it seems it was a rather short time.

I was born in Aurich, Germany, a small town of about 6,000 inhabitants at the time. I grew up in a large family of five brothers and two sisters. I was number five. From age six to fourteen, I attended the public school, and from 14 to 18 a night class as part of the apprentice system. I was 10 years old when the First World War started.

Much of my early education was during war time. Students of the public school often got free time in order to collect scrap metal, paper, etc. for the war effort. And for two years, in the spring, we planted potatoes for several weeks and harvested these in the fall. This was voluntary, of course, but it reduced our time in the school, which was perhaps the reason we liked it, besides getting paid for our labor.

At home I was always trying to build something. Having practically no tools, when a knife in the kitchen was missing, they were only looking for me. And most the time, they were right.

I think I was very much influenced by my mother, not my father. For more than three years, in my early teens, my father was in the war. In these rather important years in my development, I had rather little contact with my father.

My mother was definitely the doer in our family. Beside the household, with the help of my two sisters, she also made much of our clothing and at times even painted the different rooms. I was always very much interested in what she was doing, far more than any of my brothers. And often, I tried to help her.

When I had money, I bought kits to make paper models of various kinds of buildings. These were printed on strong paper. One had to cut the different pieces, bend the tabs, and glue the whole together. I made model after model. That was before I was 14 years old. I never played with these models: the fun was in the making, and I think the making of these models may have added to the development of my spatial conception.

I also painted watercolor pictures. My prime subject was the house across the street. I could see it from our window. I did it so many times, I could still do it today from memory. It was a rather old red-brick building with white wood trimming and vines covering some of the brick, and a green hedge in front. It no longer exists.

While I always try to make something, this did not keep me from playing with the boys in the neighborhood, usually some kind of baseball game. Or we walked in the nearby woods. In the summer, we went swimming in a public pool or in the canal. This would not be accepted by today's standards. On the whole, I think, I had a rather happy childhood, in spite of the shortages, due to the war, of food and clothing, and other miscellaneous things.

However, looking back from today's perspective, something was missing. At the time, I was unaware of it. I grew up practically without books. I never read a book in my early life. Stating it more correctly: I did not have the chance to read books. There were simply no books available to me. Neither the school nor the town had a library. At home, it was not much different. My sisters had a few paperback love stories, which did not interest me. In all the years in the public school, we had to buy only a few books, covering different subjects. One was a so-called reading book, with miscellaneous short stories and various poems. One Christmas, I got a book of fairy-tales, but I did not care to read it.

One day I discovered a law book in my father's desk. It interested me more than a fairytale. Anyhow, we heard about fairytales already in the school. Of course, we had the local newspaper, and there was other miscellaneous reading material that my father got in the store. In spite of this, I learned to read quite well. I don't recall having any difficulties at any time.

All this does not mean I was not interested in reading. This became clear when I got, quite accidentally, hold of two books which interested me very much. When the family in the second floor of my parents' house moved out, they discarded, beside other things, two books dealing with different subjects. One was about new technological inventions, the other was about fine arts, sculpture in particular. The articles of technological invention interested me the most, particularly an article about a monorail train. A gyroscope would balance the train. At stops, it would be supported by the station platform. The point was, it required only one rail. Another article was about recording sound on wire. The article mentioned this could perhaps be used to record sound on the rails of a streetcar track. As the streetcar passed over, it would call out the street name of the streets. All this fascinated me very much.

In the time and the cultural milieu in which I grew up in, when you were 14 years old you were considered to be grown-up, wearing now long pants. That's the time I started my 4 year apprenticeship training as a cabinetmaker. We worked from eight in the morning to seven in the evening, including Saturdays. One hour lunch. Comparing this with today's working-hours, my training was considerably more than four years. All work was done completely by hand, there were no machines of any kind in the shop. We were making custom-made furniture. Only in the last year, I got, not an actual payment, but on Saturdays I got some little money. Living at home I could afford this.

At 18, I made my journeyman's examination, building a big oak buffet for my parents. Again, completely by hand including all the veneering. I 'designed' this buffet, i.e., what I thought designing was: selecting from a book or furniture catalog the various details and treatment. This was the way my master, my boss, did it. It was a rather large buffet, consisting of three units, joined together. Two side units and one center unit. It took me about five weeks to complete.

As a part of the apprentice system I had to attend night school two nights each week, for the four years. Beside this, I belonged to a gym club, going there two evenings each week.

The City of Leer

After completing my journeyman's examination in 1918, now, being an 18 year old, I got my first job as a cabinetmaker in a furniture factory in a different town, earning for the first time my own money. It was a rather small place, perhaps 25 employees, referred to as a factory just because it had some machines. The First World War had just ended and the revolution established the new 48-hour workweek. The work in this factory was not much different than during my apprenticeship. Only the work on the machines were done by a different crew. After that, we assembled the whole, making in general only two units at a time.

However, after eight or nine months, we worked only two or three days a week, not enough money to pay for room and board. At that time, my mother suggested I should go to college. Neither I nor my parents had an idea where or what college. However, I had met someone, working part-time in the factory, who told me that he was going to the Arts and Crafts school in Stuttgart. That was the way I got to that particular school.

Stuttgart
Attending the Arts and Crafts School (Würtenbergische Kunstgewerbeschule)

The first semester was a required introductory course. Freehand drawing (flowers and architectural details), furniture design, history of products (porcelain), and plane geometry. I did very well in these courses. (The professor several times took some of my work in order to show it to the director of the school.) Particularly geometry, in spite of the fact that geometry was new to me. I don't recall ever having geometry in my earlier education in the public school or in the night school. In the night school, I only had a rather rudimentary introduction to mechanical drawing.

At the time, it did not occur to me that I was actually not prepared for plane geometry, nor why I did so well. I simply took it in stride, and enjoyed it very much. In spite of doing quite well, I felt this was not the right school for me. So I decided to go to another school.

There were also certain incidents which added to that decision. One occurred the first day I arrived at the school. I, together with some other students, came a few days late. The class had already started. The professor took us five or six late-comers aside to give us our assignment. We stood in a circle in the back of classroom. Suddenly the professor looked at me and said, "What is your name?" After giving my name he said, "If you cannot keep up with the work, I cannot have you here." At the time, I thought he made these remarks because I was looking to the floor as he spoke. Only many years later, it occurred to me it was my educational background, it was different than the other students. The professor may have found this out from my application. I had only public school and a four year apprenticeship, including night classes, but had not attended a gymnasium like, I assume, all the other students.

In later years, looking back, I often asked myself, "How did I, twenty years old, with little previous education, coming from a rather small town, which I had never left before, know that this school was not for me?" Was it arrogance or was I looking for something, but not knowing precisely what it was. After two semesters, I decided to go to a different school.

Hamburg

Now I knew, but only a little more, about schools, and I decided to go to the Arts and Crafts school in Hamburg. Taking again the Furniture or Interior Design course. Right away, in my first semester, I found it was quite similar to the experience in Stuttgart. But I got a good training in watercolor and perspective. It was here where I began actually to design furniture in cube forms. Quite different than all the other student in the section. My professor was quite tolerant with me. This was somewhat remarkable, since I was the only one in the class, so to say, doing my own thing. I got along very well with my professor. Professor Boehme was his name.

However, as part of the main course, we had ornament design one afternoon each week, given by the head of the woodcarving section of the school. I refused to participate, stating ornaments were not needed. The rather young instructor was very patient with me, trying to convince me of the importance of ornaments for furniture designers. He took me to his office for further talks. Finally he showed me his woodcarving workshop, five or six students were busy carving, and then made the remark: "If you do not design ornaments, these peoples will have no work." He did not convince me.

After that, I was not asked to design ornaments anymore. I can only assume my professor must have heard of this incident but never mentioned it to me. There were some other incidents indicating to the professor that I was just a maverick. I myself was not aware of it, nor did I did know the German equivalent of the term.

After one first semester I had enough. So, I talked with my professor. I did not tell him that I planned to leave, but first I would like to take one semester of freehand drawing, somehow implying after that I would come back to him. He made all the necessary arrangements for me. But, after that one semester of freehand drawing, I decided to change schools again. This time to the Art Academy in Berlin. Why Berlin? I don't know.

Berlin

Going to college, and on top of it changing colleges several times, was not easy for my parents. In later years, I often thought about this, wondering why my parents never questioned my decisions. It was never talked about. In later years, it amazed me, particularly considering that I had five brothers and I was the only one who went to a college. Of course I had to live rather frugally and with little money. And whenever possible I tried to earn some money. E.g., in Stuttgart I worked sometimes in the woodshop, making print blocks for the textile department.

The Berlin Art Academy required a two-day entrance examination consisting of two assignments. The first one was to design dining-room furniture. After we got the assignment, most of the students left the room. I asked someone, "Where is everyone going?" Oh, they are in the library, looking in magazines for what kind of furniture the professors were designing. This was not what I had in mind.

The next assignment was freehand drawing of a kind of baroque chair. After all that, I was not accepted. I was quite surprise about this, particularly in view of my previous two years of art school. Talking to the professor, he looked at my work and said, "That's not the way a designer draws; a painter, yes, but not a designer." I thought, this was plain nonsense. Only years later, it occurred to me that I was not accepted, not because of the work, but because of not having attended a gymnasium. Although it was not an entrance requirement, I assume all the other students graduated from a gymnasium, and I had only practical experience and night classes.

Gymnasium represented not only an educational factor, but at the time also status in society. It should be remembered this was shortly after the 1918 revolution. The overthrow of the Kaiser and all he stood for. I recall an incident I experienced in Stuttgart which illustrates the mental climate at the time right after the First World War. This occurred when I was in Stuttgart. Some students from the art school sat on a bench in a park (a park previously owned by some royalty). A gentleman, very properly dressed, sat next to us and asked one of us, "Are you from the art school?" and then asked, "What are your parents?" Someone mentioned his father had some kind of small business, somewhat similar to that of my father's. The gentleman then commented, "Oh, you will be later ashamed of your parents." That was all he said. The gentleman's point of view was: due to the education we were receiving, we would later in life come in contact with persons of society and most likely be reluctant or even ashamed to talk about our parents. This gentleman, judging from his clothing and remarks, was most likely a former butler for one of the now disposed-of royals. Still very proper in dress and manners.

Another incident, revealing similar thinking typical at the time, occurred in my hometown. When I was an apprentice, someone, knowing my family, said to me; "Are you not the son of the store owner Bredendieck, and will you be a cabinetmaker?" Implying: owning a store was a somewhat higher status then being a cabinetmaker, a kind of blue-collar worker. A store-owner has a somewhat higher social status then a blue-collar worker.

After failing the entrance exam at the Art Academy in Berlin, I worked again for a short time in a furniture factory. After that, I went home (keeping busy renovating various rooms). My concern was what school to go next. It was then that I heard certain remarks by some stranger (whom I met quite accidentally in an Art Gallery in Stuttgart two years ago). This person mentioned the Bauhaus, saying, "You come all the way from the north and pass by the Bauhaus in Weimar?" Having never heard anything about the Bauhaus at the time, I simply ignored it. Only later, it occurred to me, it was rather strange, in all the Art Schools I had attended, the Bauhaus was never mentioned. Not by any professor or student. And this was the time of the first great Bauhaus exhibition in Weimar in 1923, and when the first Bauhaus book was published. Was it simply being ignored, or did I fail to pay attention?

Dessau

Anyhow, I ordered a book about the Bauhaus and wrote an application form. In selecting schools, I was completely on my own. My parents could not help me much. However, the important point was they always agreed with me. I was accepted by the Bauhaus, but on probation. I told my parents, every new student was accepted on probation. However, this was not the case, as I found out later.

In April 1927, I came to the Bauhaus. Having experienced three other art schools before, the Bauhaus seemed to have a different "atmosphere." I felt at home, it was the right place for me.

Only one thing bothered me in the beginning. I was there on probation. But that changed after the first semester introductory course. At the Bauhaus the practice was, instead of an examination at the end of a semester, the student had to display what he or she did during the semester. The exhibition was than judged by the faculty. I did very well the first semester. Now I was definitely "in" and felt fully accepted. My confidence, now regained, was reinforced as Moholy talked to me about my future plans. My intention

was to take architecture, but lacked at the time some prerequisites. Being familiar with wood, I thought to take the woodshop. However, Moholy, after seeing the display of my work, talked to me: "Why go to the woodshop, you already know wood? Why not take the metalshop?" This made sense to me, and I never regreted it.

At the Bauhaus the instructions, if any, as I have experienced it, were rather vague. It was very important that the student had enough personal initiative to perform. Referring to shops as courses, like Woodshop, Metalshop, Printshop, etc. is somewhat misleading. These were actual design courses. However, designing products essentially only in a specific materials. This was obviously a leftover from the earlier division of the different crafts. In my later years at the Bauhaus, I was actively advocating to change this. My point was, there should only be one design course, and the students should have access to all shops. As an elected student representative, I brought this up in the faculty meeting; however, no changes were made at the German Bauhaus. This had to wait until the Bauhaus came to America. And even here in the USA, in 1937, initially it was still a matter of discussion.

In my fourth semester, Gropius and other members of the faculty left the Bauhaus. This included also Moholy and Breuer. Gropius appointed Hannes Meyer as the new director. Initially, I opposed Hannes Meyer. I thought it would no longer be the Bauhaus I had in mind. I was, at the time, the elected student representative, and had a number of personal discussions with him. After that, I got along quite well with Hannes Meyer.

The Bauhaus, specifically the metalshop, had a working relationship with the lighting manufacturer Körting & Mathiesen in Leipzig, for which the Bauhaus received a retainer fee. From this fee, Marianne Brandt and I received a monthly salary and were responsible for dealing directly with the firm, and to provide the designs requested by the firm. At that time, I designed various kinds of commercial, industrial, and home lighting fixtures, some in collaboration with Marianne Brandt.

Other students could also work on any given design problem and would receive, like us, quarterly royalties for any specific design. As it turned out, Marianne and I did practically all the designing and I visited the firm numerous times.

Beside lighting, I designed tubular furniture and cabinets. One special design was a command desk for the control room of the electric power station of a manufacturing firm in Leipzig.

Berlin

In May 1930, I received my Bauhaus diploma and left for Berlin. There were no graduation ceremonies.

The time was bad: there was an economic depression. Initially I had trouble finding a job. However, since I had been employed at the Bauhaus, I received some compensation from the unemployment insurance. But then I worked in the Moholy's commercial art studios and later for Herbert Bayer in Berlin, doing commercial designs and exhibitions, etc.

Zurich

One day, still in Berlin, Moholy asked me whether I would like to go to Switzerland, designing lighting fixtures. He told me, Sigfried Giedion, a close friend of a number of modern architects in Zurich having trouble getting the appropriate lighting fixture for their modern buildings. Would I be willing to come? They already had contact with the lighting manufacturing company B.A.G. in Turgi. I accepted and worked there for about two years, designing a series of lighting fixtures for homes and commercial places.

After this, I was engaged by an architectural firm in Zurich to design special lighting for the renovated Corso Theater in Zurich. After two years, my work permit was terminated and I had to leave Switzerland. This was because Hitler did this to Swiss persons working in Germany. The Swiss government simply retaliated and refused to extend my working permit.

I went to Oldenburg, Germany, and worked with a Bauhaus friend designing and making special furniture. I was married to an American I met in Berlin in the offices of Moholy. Virginia studied some semesters at the Bauhaus, under Peterhans.

We were anxious to get out of Hitler's Germany and go to the USA. This was simpler for me because Virginia retained her American citizenship. We corresponded with Gropius, who was already at Harvard University. He wrote us: Moholy will start a new school in Chicago, The New Bauhaus, of which Gropius was the advisor. He recommend to Moholy for me to come also. Moholy knew me from the Bauhaus and from working in his studio in Berlin.

However, to leave Germany I needed an exit visa, and being of military age I needed a leave-of-absence from the military. It was granted for one year. We arrived early September 1937, and at the end of September, I started to teach at The New Bauhaus in Chicago. At the time I spoke only very little English. In the first semester, Virginia translated my remarks. The first semester started with about twenty-five students. Moholy gave the first assignment of the introductory course: "making a tactile chart." The second semester, I was in charge of the introductory course,

introducing a number of new assignments. Moholy was very enthused about these new assignments. Beside the introductory course, I taught perspective and lettering.

In discussing the education plan for the following years, Moholy proposed essentially the same course plan as it was in the old Bauhaus in Germany. The courses were set up according to different materials: ceramic, wood, metal, etc. I opposed this, like I did already in the old Bauhaus in Germany. I felt the emphasis should be on design and the student should have access to all materials. I had quite a discussion with Moholy about this. Gropius, as the advisor of the schools, attended the faculty meeting in which I had a chance to present my course plan. After my presentation, Gropius remarked: "That is all alright, but it is too early for that." I felt, of course not saying so, he was merely trying to agree with Moholy. The irony of the whole issue was that in the morning of the day of the meeting, Moholy came to me and said: let's have peace when Gropius is here. And he agreed with my plan. Apparently, it seems to me, he had no chance to tell this to Gropius. However, the whole issue became moot as The New Bauhaus closed down, as it was running out of money.

Having a number of disagreements with Moholy, he started a new school without me. I left teaching, did some freelance designing. This was the time of the Second World War. Certain materials were not to be used for commercial purposes. Designing a series of wood toys and a series of cardboard furniture. But as these designs were finished, cardboard was also restricted. Since not much designing for commercial products was called for, I got a rather interesting job as an engineer, designing, in collaboration with another engineer, special tools and small machines. This gave me an opportunity to gain further experience in manufacturing processes.

At the end of the war, Moholy called me and asked me to come back to teach. He had started a new school, the Institute of Design. Having had some previous disagreements regarding educational matters, I asked: under what conditions? "You do it the way you like it," was his answer. Interestingly enough, the school now had one workshop for all materials, as I had urged years before.

I was now teaching regular design courses, not the introductory course, about which I still had certain misgivings. Having previously taught the course and introduced a number of new assignments, I was also rather critical about its actual educational value. Particularly having it for two semesters, one whole year of introductory courses.

In teaching design courses, I was seeking to develop a more systematic approach to design. This was somewhat interrupted when Moholy died, which caused some reorganization, with the result that my contract was not renewed.

Atlanta

At that time, June 1952, the Georgia Institute of Technology planned to start a new Industrial Design program as one of the four options of the school of architecture. This was for me an opportunity to develop a new Industrial Design program. The first course was not an introductory course à la Bauhaus. Instead, I dealt with specific aspect of products (referring here only to two assignments). E.g., instead of the so-called hand-sculpture (my own invention in 1937), it dealt instead with the direct physical relationship of a person to various environmental aspects. Instead of the so-called tactile chart, originally develop by Moholy, the student dealt with the nature of surface texture: its production and application, including a first attempt to classify surface treatments. From an educational point of view, I felt the tactile chart does no more than merely draw attention to surface characteristics. In these courses, lectures were of major importance. A given assignment served essentially to drive home what has been covered in the accompanying lecture.

I made a major change in the Material & Technique course series. This course series I introduced at the ID [Institute of Design] in Chicago, as a craft-training course, primarily to enable the students to make replicates or tryouts of their designs. This course evolved into a new design course series based on what I call the application design approach—a course offered in parallel to the regular design course series, representing two different approaches to design: the Situation design approach and the Application design approach, defining briefly these two design course series. Following the Situation design approach, the problem states a certain situation—for instance, the toasting of bread—and then seeks to develop the means which can be used to obtain the desired result: toasted bread.

The procedure of the Application approach is the reverse of the Situation design procedure. It states a certain means, perhaps a new material and/or a certain manufacturing process, and seeks to apply it in an appropriate situation. In other words: the former proceeds from a given desire towards a certain means which can fulfill the specified desire. The other proceeds from a specified means towards a situation in which the means can be applied, can be used.

My general broad aim was and still is to establish a comprehensive body of knowledge. This is a body of knowledge uniquely of those aspects of our environment which are the concern of the designer: the built-object, its physical characteristics, its inter-relationships, and the manner in which these objects come into being.

It is not possible to deal here with the complexity of that which has already been established. This has to wait for when my book, *Beyond Bauhaus* will be published. *Objectology*: a comprehensive study of the human-built object.

This is Hin Bredendieck recording his own life story, unveröffentlichtes Typoskript, Roswell [ca. 1990], 10 Seiten, Landesmuseum für Kunst und Kulturgeschichte Oldenburg, Nachlass Hin Bredendieck

The Legacy of the Bauhaus, 1962

Nearly forty years have passed since the first history-making exhibition of the Bauhaus in Weimar took place. That event heralded a movement which was destined to shape the design trend and design education for decades to come. Those were times of vision and courage, of men willing to assert themselves, to face challenges and to defend principles in controversy.

For quite some time now, a certain calm has prevailed on the scene, a calmness which is perhaps not unlike the listless climate of the early twenties which the Bauhaus so thoroughly stirred up. The present quiescence in the field of Design Education is largely due to the fact that the Bauhaus approach has long been honored and accepted, but no further steps have been introduced to give the field a new impetus. It is today the "proper" approach for the education of the designer. The principles of the Bauhaus, once bitterly attacked as radical, have been adopted throughout and beyond the western hemisphere in art schools, colleges, and high schools.

Past are the harsh attacks and accusations too common in the period of the Bauhaus; we educators today are spared these abuses. The early promulgators of the movement must have longed for our present climate of respectability and acceptance; their creative energies were greatly impeded by opposition and conflict. Now that the Bauhaus approach has broken through that resistance and has reached a level of inert acceptance, it is appropriate to ask, "What next?", and specifically, "What is the Bauhaus legacy for our present generation?"

These question already deeply preoccupied the student body of the Bauhaus of the twenties, of which I was a member. We felt that, with the establishment of this school, design education had caught up with the general development which had already occurred in other areas of human endeavor. Possibly this was a naïve assumption, not necessarily shared by the faculty. Nevertheless, it was an aspect of our general awareness that an event of magnitude and consequence had taken place, and we were proud of our share in it. I am reminded today of our arguments of thirty years ago when I hear educators state that "the

Bauhaus approach has become common goods; it no longer characterizes any particular school. We have reached a plateau." In the light of general recognition of this dilemma, it is pertinent to re-examine the "meaning" of the Bauhaus and the sequence of its growth.

What is the Bauhaus "Approach"?

In common usage, this term has come to refer to a kind of exercise which was introduced by the German Bauhaus as a preparation for follow-up design courses. This course was called "Vorkurs" in Germany, and is variously known in the U.S.A. as the "Basic-workshop," "Preliminary course," "Foundation-workshop," etc. The term "Bauhaus Approach," when it refers merely to the exercises of the preparatory course, represents a rather limited interpretation of what actually constitutes the Bauhaus Approach.

Regardless of such a limited interpretation of the term, the purpose of this writing is to deal primarily with the development of the preparatory course, the Bauhaus Approach, and its place in today's design education. No attempt will be made to give a detailed account of the approach or the specific exercises. It will be assumed that the details are well known to the reader.

Historically, the Basic Workshop approach constituted the first course in which the sole purpose was to develop and facilitate the creative faculty in the student. It was instituted by Johannes Itten in 1918 in Vienna. Gropius called Itten to the Bauhaus in Weimar in 1919, and here the approach became the "backbone of the Bauhaus system."[1] Under this direction the course consisted primarily of "composition," employing various materials in two and three dimensions, abstract drawings and nature renderings, analysis of the old masters, etc.[2]

Itten had left the Bauhaus by the time it moved to Dessau, and there it was primarily Josef Albers who developed and enriched the preparatory course into a significant and imaginative program. Simultaneously, Moholy-Nagy was introducing supplementary exercises in his lecture courses. Such assignments as the "tactile chart" and the "space modulator" later in Chicago, became part of the Bauhaus Approach. At the New Bauhaus in Chicago during 1937–38, I introduced a number of new exercises such as the "hand sculpture" and the "woodcuts," which constituted an exploration of form as related to machine processes.[3] Thus, by 1938 the "approach" had amassed a considerable repertoire of exercises.

In general, the course was intended to "release the creative power of the student,"[4] and became more and more consciously directed to this end, excluding the usual emphasis on teaching retainable knowledge or particular skills. The approach employs no specific means or procedures to follow. The student is not required or encouraged to produce "premature practical results."[5] Instead, he is offered an opportunity to experiment freely with various materials and tools. There is a strong emphasis on initiative within a "do-it-yourself" set-up, using conventional and unconventional means, often achieving strikingly new and strange configurations.

The undirected manipulation of materials should result in the student's ability to produce structures, forms, patterns, and relationships which will give him a "sense of accomplishment," and this, in turn, will "show him the power that rests within himself."[6] Theoretically the student learns to experience his own creative potential, and simultaneously he develops a criterion of form and structure, an ability to recognize the "worthwhile" within the conglomerate of miscellaneous forms produced. It is expected that he will attain an attitude of flexible ingenuity toward unfamiliar forms, which will enable him to exploit these further. Finally, it is implied that the attitudes, knowledge, and skill thus acquired in the course would be carried over into purposeful design activity.

The apparent success and the broad adoption of the Basic Workshop program would seem to indicate that it actually achieves these goals, but there is ample cause for skepticism. It is regrettable that in all these years no sufficient studies have been made which trace the actual benefits a student gains. Its value has perhaps been considered too obvious to bear further investigation, or perhaps its nature was so elusive that it escaped evaluation. It is certain that the overall educational program of which the Basic Workshop approach is a part, and merely a part, shrouds the extent to which it actually affects the later work-life of a designer. Even with respect to the immediate returns within the school situation, the effectiveness of the approach is questionable.

What, then, is the actual value of the approach?

For lack of a systematic field study, we must resort to analysis and personal observation. Analytically, we are dealing in the Bauhaus exercises, as in any design process, with three basic aspects. First, we have *material:* the to-be transformed. Second, we have the "forming" *process*. And thirdly the decision-making agency, the *design*, which directs the forming process in which the material is converted into a meaningful entity of specific character. These three aspects constitute the Transformation Process.

In every process of this kind, all three aspects are constantly present. But, as designers, our chief concern is concentrated on the design sector. Here lie the factors determining the outcome of the process. Here we seek to learn to foresee and control. Now when we consider the nature of the Bauhaus Workshop exercises, we observe at once that they all place dominant emphasis on the *materials* and *forming* sectors, and that the *design* role is merely incidental. But the materials and the forming aspects of a transformation process can be of interest to us as designers only insofar as they impinge on *design*.

Whenever we manipulate materials, as a transformation process, whether we are paying any attention to the design aspect or not, there is always some agency operating or factors present which will determine the outcome, form-wise or otherwise. But such an agency does not necessarily represent the designer as the manipulator of the materials. He may well be merely the extension of his tools or even an unwitting victim of the numerous incidental events in the process. But it is precisely the aim of design education to impart to the student the means of achieving authority and command in order to gain ascendancy over the accidental.

The objection here is not that the exercises employ tools and materials. Rather, the concern is that the design aspect is given a secondary place, whereas, in Design Education, it must permeate every phase of the procedure. Design may well begin with a given material or process. This constitutes the "Application" Method, which is man's oldest method of obtaining the objects he needs. In the "Application" Method, one starts with the selection of a given entity and seeks to apply it to a given situation, by developing and transforming it. Today this is no longer the only method. Increasingly, the "Situation" Method gains in importance. This constitutes, in a sense, a reserve proceeding as compared to the "Application" Method. One starts by exploring a given situation with the idea of solving a problem by exploring appropriate materials and forming processes.

Regardless of which specific procedure is followed, to "design" means to control the involved factors and deliberately to develop the form. Such design-control can only be obtained by intellectual efforts. Although these efforts may be facilitated though external means—e.g., drawing and/or manipulation of materials—design remains, nevertheless, essentially a mental act. Therefore, the extent to which a student succeeds in his design depends largely on the attainment of knowledge and understanding.

These goals cannot be achieved through exercises in which the design aspect plays a mere incidental role. As long as the emphasis is placed predominantly on a free manipulation of materials, the most that can be expected is a vague "feel" of creativity, largely on a subconscious level. It becomes apparent that this approach, due to its very nature, cannot advance the student's understanding of the design process. But then, also, we might consider that such a goal is not within the scope of these experiences. As important as it is for the student to gain some measure of control with regard to a design process, there are, nevertheless, other aspects which design education also seeks to obtain. These are initiative, resourcefulness, and willingness to assert oneself. In fact, these seem to be precisely the aspects which are often listed as the aims of the exercises. Perhaps here lies the actual value of the Basics Workshop approach.

The Bauhaus approach assumes "that everyone is talented,"[7] but it also realizes that such native ability may be inhibited. "The greatest hindrance to creative work is fear."[8] Therefore, the course's chief function is to liberate the individual by breaking down conventional thought patterns, which are considered to be the "villains" who impede the students' creative efforts. To overcome these impediments, the student is encouraged to play freely with materials. "Free play in the beginning develops courage."[9]

Fear is well known to creative workers and often constitutes a serious obstacle. Many creative persons have had to overcome such handicaps in the initial stage of their personal development. From an educational point of view, the manner in which man overcomes fear when left to his own devices is interesting. Initially, perhaps, an attempt is made to ignore such fear, but what ultimately conquers it is long-term experience in numerous situations. Therefore, fear is not an inherent characteristic of a person, but is due merely to unfamiliarity with the situation one is confronted with. The student's fear is also due to such unfamiliarity and his lack of experience of the reassurance of a positive result. Mere freedom and unrestricted manipulation of materials

cannot allay this fear. The results of the exercises may, at the moment, give the student a sense of accomplishment, but this will be of little use in later design work.

If fear constitutes a hindrance to creative work, then the only means to alleviate such fear is through gaining experience in the respective area. Practical work in the field can, in time, provide such experiences and simultaneously allay possible fear. But education can achieve the same end in a deliberate manner, not with play, but rather with a program which constitutes essentially a concentration of practical experiences. A program which is structured in such a manner makes possible an accelerated accumulation by the student. Thus, the very same means which can give the students some measure of control with regards to the design process can also provide him with the means to overcome possible fear and lack of resourcefulness. Furthermore, since such an educational program is based on a body of knowledge, it provides a new and external frame of reference which can be effective in "breaking down conventional patterns of thought."[10]

The air of "freedom" In which the basic workshop approach seemingly lets the student operate is a mere phantom. For the student is caught in his own net of ignorance and lack of skill. Freedom exists only where there is choice and control.

Of course, play can have a place within the creative process, although not necessarily as a reduction agent for anxiety. If employed at all, play constitutes perhaps a "random" method. In somewhat random fashion, one manipulates materials and techniques with little intellectual interference. But in order to be of value, educationally or otherwise, play can only be considered as the *initial* phase of the process. It must be followed by analyzing the results of the play activity, and consciously seeking to apply data thus obtained (not necessarily to "useful" objects alone). Only as a part of the three phases: Play, Analysis, Application, can play be justified on an educational level.

Some Personal Observations

So far we have viewed the Bauhaus Approach from an analytical point of view; now for some personal observations based upon my own relationship with the approach. I myself was a student of the course in the German Bauhaus under Albers and Moholy. Later I taught the course for some time, and here I developed a series of new exercises, mentioned above. I taught also for many years design courses which followed the basic-workshop plan. I also spent considerable time developing a comprehensive theory of design. My study, I think, has by now progressed far enough to give me a vantage point. And, finally, I had practical design experience in the field, which not only contrasted with what I learned, but has clarified for me the real problem which design education faces. Specifically, I recall that when I was a student in the course, I enjoyed it very much. In later years, many of my own students made similar comments, although when questioned, they, like myself, could not point out any specific gains. I have often wondered whether the immediate results of the course are here confused with actual educational gains. Perhaps the often achieved and certainly "fascinating" products which the course actually developed were considered too literally at their "face-value," with little regard for how the process actually affected the students' later work. And because of the "interesting" forms-structures and relationships shown in the products, its educational value has been taken for granted.

As an instructor in design courses which followed the Basic-workshop courses, I could often observe a notable inconsistency in the students' basic-workshop performance compared to that in their later design courses. One could not predict that because a student was excellent, or for that matter mediocre, in the basic-workshop course, that he would perform equally well or badly in the following courses. Other instructors must have made similar observations, for I recall a meeting in which precisely this issue was discussed. This meeting arose from a general concern expressed in the following statement, made at that time by other faculty members:

"Although the purpose of the *Foundation Course* is to allow the student to develop his creative abilities freely and without restrictions—in the following semesters, where the students are channeled in the direction of practical problems, the smallest limitation becomes a new obstacle and his creativeness has shown a tendency to 'freeze': in most cases they completely ignored all their previous training and fell back on the conventional. In reviewing work of students in the third and fourth years, there is a definite loss of sensitivity even as early as the fourth semester."[11]

Of course there were students who successfully completed the Basic-workshop and who did equally well in later design work. We are easily tempted to list this in the credit side. However, in an unprejudiced evaluation, we also have to consider the possibility that such success might occur in spite of the Basic-workshop course.

One reason for these often demonstrated inconsistencies in the students' performance at the two levels of their development can be found in the somewhat random nature of the approach itself. But another is clearly the lack of coordination between the Basic-workshop course and the following design courses. It,

nevertheless, did not evolve from them. From the very beginning, the course was autonomous to a considerable degree. Initially its autonomous character was less apparent, because the underlying concept which prompted the approach was still somewhat similar to the prevailing design concept of that time. But already at the German Bauhaus, the lack of coordination between the courses was frequently discussed among the students.

What has been expressed so far seems to suggest that the approach was always essentially ineffective, even in the early Bauhaus. But such a critique must be viewed in the context of its time. It should be emphasized that the introduction of such an approach constitutes a great advancement in Design Education. Its historic importance cannot be minimized. But it is to be considered that, at the early Bauhaus time, the general tendency was to educate the Craftsman-Artist. Today Design Education strives to develop an individual who is oriented in an essentially different way. This is imperative because professional designing, being closer to the dynamic events in industrial development, has changed drastically. In general, education has responded to these changes, so far as the actual design process is concerned, but strangely enough the Basic-workshop course made little or no adaptions and remained largely in its original form.

How could an approach with such an auspicious beginning, an approach which in its very essence aimed at facilitating creative faculties, fail to keep pace with contemporary development? A number of contributing factors can be named as responsible for the now inert character of the approach. The most striking one seems to me that the approach itself was not guided by the same spirit which it sought to instill and kindle in the student. While it strove to develop creativity, initiative, and resourcefulness, encouraging the student to overcome prejudice and relentlessly to explore new vistas, it failed to apply these very same concepts to the approach itself. And so its initially creative and certainly dynamic nature regressed into a heedless repetitious procedure, increasingly losing its contact with reality.

Although the Bauhaus movement existed for some time, its actual growth occurred over a relatively short span. The essential data are:
1. The establishment of the Bauhaus in 1919;
2. Its first major public exhibition in 1923;
3. The move from Weimar to Dessau in 1926 (the move from Dessau to Berlin in 1933 is here ignored, since it was not accompanied by any consequential changes);
4. Finally, the establishment of the "New Bauhaus" in Chicago in 1937.

Each of these dates corresponds to advancement, adjustment, and changes. But this also concludes the dynamic history of the Bauhaus. Since then, more than twenty years ago, little has been added to the concept of design and design education initiated by the Bauhaus.

The Bauhaus itself has in the past often repudiated any reference to such phrases as a "Bauhaus Style." It emphatically rejected all such clichés. One would assume that it should, therefore, equally reject cliché-exercises and a meaningless repetition of Bauhaus tenets.

What does remain?

Of course the total residue of the Bauhaus principles cannot be dismissed as meaningless. In the early phase of the movement, a number of statements were made which today can be considered as the harbinger of a development yet to come. At that time Gropius said: "A corresponding knowledge of theory—which existed in a more vigorous era—must again be established as a basis for practice in the visual arts."[12] This statement is as valid today as then, and still remains to be accomplished. Gropius said in the same paragraph: "Theory is not the achievement of the individuals but of generations."[13] These and other statements do not seem to be made casually, but they constitute a deliberate call for action. This task is now the responsibility of those who are today concerned with the advancement of Design Education. Otherwise the rap which Gropius once directed toward the academies will apply equally to us. And if self-criticism remains to be practiced, it already has implicated the Bauhaus movement itself, when Gropius said, together with the foregoing statements: "The academies, whose task it might have been to cultivate and develop such a theory, completely failed to do so, having lost contact with reality."[14]

In quoting from the early Bauhaus publications, it should be considered that some of the terms may have a different connotation for us. Thus, the term "Theory" seems to have at that time a rather vague meaning. Perhaps a mere from of verbalization was considered as theory. Nowhere is the term, as applied to design education, elucidated. In the school program it appears that such a theory actually existed. But it seems to me that the use of the term merely expressed an intention to develop such a theory. Regardless of our more deliberated and considered use of the term "theory," the Bauhaus definitely intended to develop and make use of theories. This seems to be precisely the point where the Bauhaus movement foreshadowed our present development. And perhaps here is its message for present-day Design Education. Here the Bauhaus points out, once again, the direction Design Education must take for further advancement.

This constitutes the only direction which can free us from the present inert state of affairs.

The next step

Design by its very nature is a dynamic process. Whether we consider a specific procedure itself, or the effect it has on our environment, we witness a constant change and evolution.

Design Education, in preparing a student to participate and to facilitate such a development, must necessarily adopt a correspondingly dynamic approach. This means not only the development of a creative attitude in a student, but also the maintenance of a creative attitude toward the very approach which it employs.

Design Education should prepare the student realistically and effectively for the practice of design, but an educational design approach patterned according to the practice in the field no longer constitutes an effective educational method. To a large extent, Design education is still patterned after design practice. The problem method and learning by doing dominate. The emphasis is on the manipulative aspects, on training rather than knowledge.

Education is essentially a concentration of practical experiences, structured in a manner to make an accelerated accumulation possible. This must be done to an ever greater extent as we advance in our field. But in order to accomplish such a task, education has to be different in structure and procedure from the practice of design. It must be different not only because in practice our main concern is the end-result while in education it is procedure, but also because we must aim at a deliberate concern with the intellectual aspects of design.

How will this come about?

In the process of designing and in the teaching of design in general, we will become increasingly aware of the specific and detailed aspects of the procedure and approach. The mere frequency of reoccurrence of an activity makes one—at first tacitly and without any directed effort—become aware of specific aspects of the task. But then, with an ever greater awareness, one becomes conscious of details, differences, similarities, and order within the process. Increasingly this initial awareness becomes a form of retainable and transferable knowledge. At some point, one consciously decides to investigate the process systematically. From here it is a short step to organize the discovered data into a comprehensive structure and then further to develop means which will continue to facilitate this development. It hereby becomes a self-perpetuating system. Therefore, the process of designing, particularly the way it is taught and practiced in institutions of higher learning, can no longer be a mere matter of proficiently producing "good" designed objects. In order to advance both design and the development of sound professional designers, a design approach which is "hit-and-run" is no longer tenable. There has recently been considerable discussion about the professional status of the designer. It is apparent that a profession cannot be established by merely making declarations or adopting the customs of other professions. The professional man concerns himself with matters beyond the to-be-designed object.

It is not enough that the designer should grow in status with each work he accomplishes. Such growth, of mental and manual dexterity and proficiency, can only serve him in his next task and will vanish with him. To achieve continuous growth of the profession and, more important, the advancement of the cultural aspects of man's visual and physical environment, the scope of the design field has to be broadened.

"Those who are enamored of practice without science are like a pilot who goes into a ship without rudder or compass and never has any certainty where he is going." Leonardo da Vinci.

All this indicates a strong current in the direction of intellectualization—a move, apparently, away from Art and toward Science. About this, many will voice concern. Is this a move away from intuition, feeling, and a personal relationship with our work? It is certain that a change has already occurred. But these changes do not and never will include the abandonment of intuition and "feeling," since this is an impossibility. But intuition, as indispensable as it is for any advancement, cannot do, and never has done, the job alone.

Man's intellect has always played an integral part in the development of the new. But in the past, in design as well as art, the intellect played its role rather haphazardly. Now the intellect must be employed consciously, as it has been used in science for a long time and with remarkable results. True, much of the effort of science went into the achievement of physical comfort, and the development of the destructive (once protective) tools of war, and little has gone into cultural pursuits. But this is precisely the point, that so little of man's intellectual power is today used for cultural development. The slow pace in art and design, as compared with technology, etc., is not because the artist and designer fail to use their intellect (for they have no choice in the matter), but because they have not advanced to the stage where they are willing to do so consciously. Whereas at one time in history, the artist was the vanguard of development, representing the intellectual elite of his time, he now occupies a rear position. It is a great fallacy to assume that the scientist works only "scientifically" and the artist only "artistically." The basic difference

between science and art is not in the approach, but rather in the area. And in whatever area man ventures, in order to advance, he has to make use of all his faculties. The designer and artist, like the scientist, can no longer rely merely on their native intellect. They, too, have to make a concerted effort to develop the means which guarantee the full use and further development of their native intellect and their native intuitiveness. There can be no question that the intellect will fructify man's intuitiveness and his intuitiveness will fructify his intellect.

Perhaps the time has come to move closer to the early proclamations of the Bauhaus, when it was stated: "No distinction between Fine Arts and Applied Art," or when Gropius spoke of a "Grammar of Design," or Moholy emphasized a triumvirate, "Art, Science, and Technology." There is evidence that we are no longer mere "problem-solvers," nor is the profession an extension of a Madison Avenue approach to merchandising. On the other hand, our work no longer constitutes a form of personal indulgence, typical of the Craftsman-Artist.

Mass production, although not our choice initially or now, has broadened our task and will continue to do so. Therefore, the job that confronts us is so vast that it cannot be solved by numerous individual efforts alone, however outstanding and significant these may be in themselves. Sincere individual effort is not enough, unless it is accompanied by enlightenment, an enlightenment which is duty-bound to achieve. Our concern has to go beyond the designing of products and also beyond a mere confessed concern for our culture, toward an active participation in the development of means which will lead to the fulfillment of these aspirations. The individual may direct but cannot achieve the fulfillment. This realization will remain the task of a cohesive and deliberated effort on the part of forward-looking individuals in the field.

Hin Bredendieck: The Legacy of the Bauhaus, in: *Art Journal*, 1962, Nr. 1, S. 15–21

1   Bayer, Gropius und Gropius 1938, 32.
2   *Die Form*, no. 6, 1930.
3   See László Moholy-Nagy, *The New Vision*, and Bayer, Gropius und Gropius 1938.
4   Moholy-Nagy 1938, 20.
5   Ibid., 21.
6   Moholy-Nagy, *I.D. Fold* 1947.
7   Moholy-Nagy 1938, 21.
8   Moholy-Nagy, *I.D. Fold*, 1947.
9   Bayer, Gropius und Gropius 1938, 116.
10 Moholy-Nagy, ibid.
11 From an abstract for the visual design workshop, ca. 1948.
12 Bayer, Gropius und Gropius 1938, 28.
13 Ibid.
14 Ibid.

Preliminary Course and Design, 1979

An essential part of the Bauhaus training was the Preliminary Course, which was compulsory for all new students. The much-discussed "Bauhaus method" mainly refers to this Preliminary Course, the scheme of which was developed by Josef Albers and László Moholy-Nagy. In the following, I shall describe my own experiences and observations and say something about the further development of the Preliminary Course and the training of designers generally, as I see it.

I came to the Bauhaus in Dessau in the spring of 1927. My training began with Albers's Preliminary Course. As I recall, Albers gave a short lecture on creative work in general. Afterwards, he gave us the task, "hole in paper." All of us were taken aback. Was this really a task? One student dared to say, "You could simply bite a hole in the paper." Just as surprisingly, Albers replied to this by saying, "There you are, you have a hole already." And with this, he left the room. As surprised as everyone was, we got started in making various holes. Later, we realized that Albers did not necessarily expect everyone to come up with a solution. His intention was rather to dissuade us from our usual way of thinking and to inspire us creatively. If memory serves me well, the "hole task," if you want to call it a task, was the only one he gave the entire class. From then on, everyone used a specific material, chosen on his or her own initiative or as recommended by Albers. Various materials were now being worked with: wood, paper, glass, wire, plastics, etc. It was up to each individual what exactly and how

Vorkurs und Entwurf, 1979

Ein wesentlicher Teil der Bauhausausbildung war der Vorkurs, ein obligatorischer Kursus für alle neuen Studenten. Die oft erwähnte Bauhausmethode bezieht sich hauptsächlich auf diesen Vorkurs, dessen Art und Weise besonders von Josef Alberts und Moholy-Nagy entwickelt wurde. Im folgenden werde ich meine eigenen Erfahrungen und Beobachtungen schildern sowie etwas über die Weiterentwicklung des Vorkurses und die Ausbildung von Designern – wie ich sie sehe – im allgemeinen sagen.

Im Frühjahr 1927 kam ich ans Bauhaus in Dessau. Die Ausbildung begann für mich mit dem Vorkurs von Albers. Wie ich mich erinnere, hielt Albers einen kurzen Vortrag, ganz allgemein über die schöpferische Arbeit. Danach stellte er die Aufgabe: „Loch in Papier". Scheinbar ohne Ausnahme waren wir alle sehr erstaunt: War das wirklich eine Aufgabe? Einer wagte zu äußern: „Man kann doch einfach ein Loch ins Papier beißen." Wiederum ganz unerwartet erklärte Albers: „Da haben Sie ja schon ein Loch", und mit dieser Bemerkung verließ er den Raum. Obwohl wir noch überrascht waren, fingen wir dennoch an, verschiedene zu machen. Später wurde uns bewußt, daß Albers nicht notwendigerweise von jedem eine Lösung erwartete. Seine Absicht war es vielmehr, uns von unserer üblichen Denkweise abzubringen und uns schöpferisch anzuregen. Soweit ich mich erinnere, war dich „Lochaufgabe", wenn man diese als eine Aufgabe bezeichnen will, die einzige, die er der ganzen Klasse stellte. Für die weiteren Arbeiten benutzte jeder sein eigenes Material, aus eigener Initiative gewählt oder empfohlen von Albers. Verschiedene Materialien wurden jetzt bearbeitet: Holz, Papier, Glas, Draht, Kunststoffe usw. – war es doch den einzelnen überlassen, was und wieviel sie machten. Demzufolge waren die Ergebnisse sehr unterschiedlich; sie reichten von einer visuellen Anordnung von Perlen auf einer Glasplatte über die visuelle Veränderung einer Zeitung bis zu einfachen und auch komplizierten Strukturen aus verschiedenen Materialien.

Albers sprach regelmäßig mit jedem, machte Vorschläge, um eine Arbeit weiterzuführen, und ermutigte diesen oder jenen, wenn es nötig war. Von Zeit zu Zeit wurden die Arbeiten gemeinsam besprochen. Während solcher Besprechungen machte Albers solche

Bemerkungen, wie: „Erreiche mehr mit Weniger", „visuelle und strukturelle Ordnung" oder „Ökonomie von Materialien". Am Ende des Semesters stellte jeder seine Arbeiten aus, die dann vom ganzen Lehrkörper bewertet wurden. Der Lehrkörper beurteilte, ob der betreffende Student genügend Fähigkeiten zeigte, um sein Studium am Bauhaus fortsetzen zu können. Zensuren wurden nicht gegeben.

Soweit eine kurze Beschreibung, wie ich den Vorkurs erlebt habe. Aber wie war die allgemeine Stimmung unter den Studenten nach dem Vorkurs, in den folgenden Semestern? Allem Anschein nach hatte die Mehrzahl das Gefühl, gute Erfahrungen gemacht zu haben. Obwohl kaum jemand in der Lage war, etwas Bestimmtes zu nennen. Anders war es mit der Auswirkung des Vorkurses auf die Arbeitsmethode in diesen Entwurfssemestern. In dieser Hinsicht herrschte hier eine ganz andere Stimmung. Dies war der Fall, obwohl wir in einer von Moholy-Nagy geleiteten Klasse auch gleichzeitig mit gewissen Materialübungen beschäftigt waren. (Die „Tasttafel" ist genügend bekannt, so daß sie hier nicht näher beschrieben werden muß.) Ganz offensichtlich fehlte eine Beziehung zwischen der Vorkursmethode und dem Vorgehen in den Entwurfssemestern. In scherzhaftem Sinne wurde manchmal der Gedanke geäußert, daß der Vorkurs nur eine Art Einführung sei, eine Zeremonie, um in die Gemeinschaft aufgenommen zu werden.

Es ist allgemein bekannt, daß das Bauhaus in Dessau, und nach einem weiteren kurzen Aufenthalt in Berlin, geschlossen wurde. Die Lehrer und Schüler verstreuten sich, viele gingen ins Ausland. So kam ich 1937 in die USA, um an der von Moholy-Nagy geleiteten Schule, dem New Bauhaus in Chicago zu lehren, Gropius fungierte als Beirat.

Der Plan für den Aufbau der Schule war, Semester für Semester im Laufe der Zeit hinzuzufügen, und deshalb begann die Schule mit nur einer Klasse den Vorkurs. Moholy-Nagy stellte die erste Aufgabe, und zwar eine Tasttafel, eine Übung, die er am alten Bauhaus eingeführt hatte. Nach dieser Aufgabe übernahm ich den Vorkurs. Um die Vielfältigkeit der Materialien besser behandeln zu können, stellte ich,

much they did. The results were thus quite varied: they ranged from a visual arrangement of beads on a glass plate and the visual modification of a newspaper to simple and complicated structures comprised of various materials.

Albers spoke regularly with everyone, made suggestions about how to continue a particular work, and—when necessary—encouraged one student or another. From time to time, the work was discussed together. During such meetings, Albers made remarks such as: "achieve more with less," "visual and structural order," or "economy of materials." At the end of the semester, everyone presented their works in an exhibition, and the works were evaluated by the entire faculty. The teaching staff judged whether the students demonstrated sufficient skills to continue their studies at the Bauhaus. Grades were not given.

So much for a brief description of how I experienced the Preliminary Course. But what was the general mood among the students in the following semesters? By all accounts, the majority of the students felt that they had had good experiences—although hardly anyone was able to name any one specific reason. It was different when it came to the Preliminary Course's impact on working methods during these later design semesters. Then the atmosphere became quite different. This was the case even though we were also, at the same time, involved in particular material exercises in a class led by Moholy-Nagy. (The "Tasttafel" [texture board] is sufficiently well known and thus does not need to be described here.) There was no obvious correlation between the Preliminary Course method and the design semesters approach. Occasionally, the idea was jokingly expressed that the Preliminary

Course was merely an introduction of sorts, a ceremony by which one was accepted into the community.

It is generally known that the Bauhaus in Dessau—following a further brief period in Berlin—was eventually closed. The teachers and students each went their own way, and many ended up going abroad. I thus came to the USA in 1937 to teach at the New Bauhaus in Chicago, the school run by Moholy-Nagy; Gropius served as an advisor.

The plan for developing the school was to add further courses over time, semester by semester, and therefore the school started with only one class: the Preliminary Course. Moholy-Nagy set the first task, namely a texture board, an exercise he had introduced at the old Bauhaus. After this task, I took over the Preliminary Course. Unlike Albers, I gave the students specific tasks, in order to help them deal better with the variety of materials. The first task was to work with paper, to modify it with cuts and folds. This exercise was similar to certain projects at the old Bauhaus, but with the difference that I recommended that the students follow three steps: the first step was to experiment with a piece of paper, unhindered and in a playful way; in the second step, what the students created was examined in order to become aware of the effects of the different steps and the folding; and in the third step, the principle that had been discovered was applied consciously in some way. These three steps—experimenting, examining, applying—were also observed in subsequent exercises.

Another exercise that I introduced was the so-called "hand sculpture." This was a form produced from various materials and which, unlike a visual sculpture, was assessed using one's hand and sense of touch. The purpose of this exercise was to point out that not only our visual but also our physical relationships have to be taken into account when designing objects. Another exercise

im Gegensatz zu Albers, bestimmte Aufgaben. Die erste war, mit Papier zu arbeiten, es mit Schnitten und durch Falten zu verändern. Die Übung war ähnlich wie gewisse Arbeiten am alten Bauhaus, aber mit dem Unterschied, daß ich den Studenten empfahl, drei Schritte zu beachten. Der erste Schritt war, unbehindert mit einem Stück Papier zu experimentieren, auch im spielerischen Sinne. Danach beim zweiten Schritt, wurde das Geschaffene untersucht, um sich der Wirkung der erreichten Schritte und der Faltung bewußt zu werden. In der dritten Stufe wurde das entdeckte Prinzip in irgendeiner Weise bewußt angewandt. Diese drei Schritte, Experimentieren, Untersuchen, Anwenden, wurden auch in den folgenden Übungen beachtet.

Eine weitere Übung, die ich neu einführte, war die sogenannte Handplastik, eine aus verschiedenen Materialien hergestellte Form, die im Gegensatz zu einer visuellen Plastik mit der Hand und durch Tasten bewertet wurde. Zweck dieser Übung war es, darauf hinzuweisen, daß nicht nur unsere visuellen, sondern auch unsere physischen Beziehungen beim Entwerfen von Gegenständen zu berücksichtigen sind. Eine andere Übung, die ich ebenso neu einführte, war die maschinell hergestellte Form. Der Zweck war hier, nicht nur den Einfluß der Maschine auf unsere Entwürfe zu zeigen, sondern auch eventuell neue Möglichkeiten zu entdecken. Da war noch eine Reihe anderer Übungen, aber für mein Thema zeigen die genannten deren Art in genügender Weise auf.

Wegen Geldschwierigkeiten wurde die doch nur privat unterstützte Schule New Bauhaus nach einem Jahr geschlossen. Kurz danach eröffnete Moholy-Nagy eine neue Schule, das Design Institute, aus welchem später das Institute of Design wurde. Diese am Anfang auch nur privat unterstützte Schule wurde später in das staatliche Illinois Institute of Technology eingegliedert. Obwohl ich hier hauptsächlich in den Entwurfsklassen tätig war, hatte ich doch die Gelegenheit, den Vorkurs von einem anderen Gesichtspunkt zu beobachten. Die Art der Übungen im Vorkurs blieb im wesentlichen den vorangegangenen ähnlich.

Soweit, in großen Zügen, ein Teil der geschichtlichen Entwicklung des Vorkurses. Die Frage, die gestellt werden muß: Erreichte der Vorkurs das gesteckte Ziel? Bestand es doch darin, die schöpferischen Fähigkeiten der Studenten zu wecken und so zu fördern, daß diese Fähigkeiten in späteren Entwurfsarbeiten zur Wirkung kommen konnten. Dies sollte erreicht werden, indem man den Studenten die Gelegenheit gab, ganz frei und ohne Hindernisse mit verschiedenen

Materialien zu arbeiten und neue Formmöglichkeiten zu entdecken. So erklärte Moholy-Nagy, daß keine frühzeitigen Resultate, das heißt Gegenstände, verlangt würden, und später sagte er, der Hauptzweck des Vorkurses sei, das Individuum von seiner konventionellen Denkweise zu befreien.

Wurde das gesteckte Ziel erreicht? Man könnte annehmen, daß dies der Fall ist, da doch die Vorkursmethode von so vielen Schulen in verschiedenen Ländern übernommen wurde. Aber Zweifel hört man öfters. Schon am alten Bauhaus gab es die Frage: „Was ist der eigentliche Zweck des Vorkurses?" Mußte man doch zugeben, daß viele Entwerfer schöpferische Fähigkeiten zeigten, auch ohne den Vorkurs besucht zu haben. Es ist bedauerlich, daß in all den Jahren die Methode nie gründlich untersucht worden ist. Es scheint, daß ihr Wert einfach als selbstverständlich hingenommen wurde. Als Lehrer in den dem Vorkurs folgenden Entwurfssemestern konnte man nicht ohne weiteres die Vorkursarbeiten eines Studenten als einen Hinweis auf seine zukünftigen Arbeiten nehmen, standen sie doch oft in Widerspruch dazu. Andere Lehrer mußten ähnliche Erfahrungen gemacht haben, wie dies aus einer Konferenz, an der ich beteiligt war, hervorging. Ein Bericht, der eigentlich die Konferenz verursachte, erklärte: „Obwohl es der Zweck des Vorkurses ist, dem Studenten die Möglichkeit zu bieten, seine schöpferischen Fähigkeiten frei und ohne Hindernisse zu entwickeln, werden in den folgenden Semestern, wenn er es mit praktischen Problemen zu tun hat, die kleinsten Bedingungen ein Hindernis, schöpferisch zu sein, ... In den meisten Fällen vergessen sie ganz und gar ihr vorheriges Training und gehen zurück zum Konventionellen." Natürlich waren da auch Studenten, die im Vorkurs wie auch in den folgenden Semestern gute Arbeit leisteten. Aber von einem unvoreingenommenen Standpunkt aus muß man doch auch die Möglichkeit berücksichtigen, daß sie dieses vielleicht auch ohne den Vorkurs hätten erreichen können.

Die Ursache für dieses Dilemma, wie ich es sehe, liegt in der Willkürlichkeit der Übungen und in dem Fehlen eines Kriteriums, die Arbeiten entsprechend zu bewerten. Obwohl der Student verhältnismäßig leicht das Gefühl hatte, etwas Bemerkenswertes geschaffen zu haben, wurde ihm doch nicht bewußt gemacht, was insbesondere das Beachtenswerte war. Die Konsequenz war, daß nur sehr wenige von den im Vorkurs gemachten Erfahrungen in den folgenden Semestern angewandt werden konnten. Es scheint, daß der Vorkurs im wesentlichen ein, aber nur kurzfristiges Selbstvertrauen nährte.

that I introduced was the machine-made form. The purpose here was not only to demonstrate the influence of the machine on our designs, but also potentially to discover new possibilities. There were a number of other exercises, but the ones mentioned here are sufficient to illustrate the methodology.

Due to financial difficulties, the New Bauhaus, which was only privately funded, was closed after one year. Shortly afterwards, Moholy-Nagy opened a new school, the Design Institute, which later became the Institute of Design. This school, which was initially only privately funded, was later incorporated into the state-funded Illinois Institute of Technology. Although I was mainly active in the design classes there, I had the opportunity to observe the Preliminary Course from another perspective. The type of exercises in the Preliminary Course remained essentially similar.

So much for, in broad outline, this stage in the historical development of the Preliminary Course. The question that must be asked is: did the Preliminary Course achieve its goal? After all, the aim was to awaken and promote the creative capabilities of the students in such a way that they could be put into effect in later design work. This was to be achieved by giving the students the opportunity to work freely and without obstacles with various materials and to discover new design possibilities. Moholy-Nagy thus explained that no early results, i.e. objects, were required; and later he said that the main purpose of the Preliminary Course was to liberate the individual from a conventional way of thinking.

Was this goal achieved? One can well assume that it was, especially since so many schools in different countries have adopted the Preliminary Course method. But doubts are often heard. The question of "What's the actual purpose of the Preliminary Course?" had already been raised at the old Bauhaus. One had to admit that many designers demonstrated creative capabilities even without having attended the Preliminary Course. It is regrettable that, in all these years, the method has never been thoroughly investigated. It seems that its value was simply taken for granted. As a teacher in the design semesters that followed the Preliminary Course, I didn't find it easy to take a student's Preliminary Course work as an indication of his or her future work; in fact, the result often contradicted this. Other teachers had similar experiences, as was revealed during a conference in which I participated. The report that had actually given rise to the conference offered the following description: "Although the purpose of the Preliminary Course is to give students the opportunity to develop their creative capabilities freely and without obstacles, in the following semesters, when they are faced with practical problems, the smallest conditions become an obstacle to creativity.... In most cases, they completely forget their previous training and go back to the conventional." There were also, of course, students who did a good job in the Preliminary Course as well as in the following semesters; but, to be unbiased about it, one must also consider the possibility that they might have achieved this without having attended the Preliminary Course.

The cause of this dilemma, as I see it, lies in the arbitrariness of the exercises, as well as in the lack of a criterion for evaluating the works. Although students felt that they had created something remarkable, they were not made aware of what, in particular, was remarkable. In consequence, very few Preliminary Course experiences could be applied in the following semesters. It seems that the Preliminary Course essentially nurtured one's self-confidence, but only on the short term. The way the Preliminary Course developed is also quite remarkable: although it was conceived as a preparation for the subsequent design semesters, it was not developed with these in mind; from the very beginning, the Preliminary Course was relatively autonomous, as were the subsequent semesters.

Bemerkenswert ist auch die Entstehung des Vorkurses: Obwohl eine Vorbereitung für die folgenden Entwurfssemester, war er doch nicht von diesen entwickelt worden. Von Anfang an war der Vorkurs, wie auch die folgenden Semester, verhältnismäßig autonom.

Wie steht es mit der Weiterentwicklung des Vorkurses und der Ausbildung von Gestaltern im allgemeinen? Bevor ich darauf eingehe, möchte ich besonders betonen, daß die obigen Bemerkungen auf keinen Fall die Arbeiten und Beiträge von Albers und Moholy-Nagy verkleinern sollen. Betrachtet man den Vorkurs im Rahmen der Zeit, dann muß man seine Einführung als einen Anfang und Fortschritt in der Ausbildung von Gestaltern sehen, dessen Weiterentwicklung anderen überlassen ist. Mit dieser Weiterentwicklung werde ich mich jetzt befassen.

Es waren die oben geäußerten Bedenken wie auch meine beruflichen Erfahrungen, die mich veranlaßten, eine breitere Grundlage für die Ausbildung von Gestaltern zu suchen. Wie schon erwähnt, kann man die Bauhausbewegung nicht als eine vorübergehende Sache betrachten. Sie ist auch heute noch eine Bewegung, die dahin strebt, die Ausbildung der Gestalter unserer Umwelt zu fördern.

Gropius scheute nicht davor zurück, von einer Theorie für die Gestaltung unserer Umwelt zu sprechen. Dieses bestätigte er auch in einer Korrespondenz mit mir, so schrieb er 1963: „Sie suchen, was ich eine 'Wissenschaft' des Entwerfens nenne, für dieses legte das Bauhaus einige Fundamente. Ihr Beitrag scheint in der richtigen Richtung zu sein..."

Was geschieht in dieser Hinsicht? Seit einiger Zeit findet man zunehmendes Interesse an der Untersuchung des Entwurfsprozesses, das sich im allgemeinen direkt auf den Prozeß konzentriert. Dies ist, wie ich es sehe, ein zu beschränktes Vorgehen. Um den Entwurfsprozeß richtig zu erfassen, muß man ihn als einen Teil in der Entwicklung unserer Umwelt betrachten. Die von uns gebaute Umwelt und die darin enthaltenen Gegenstände müssen von einem weiten Gesichtspunkt aus untersucht werden, um ein neues Wissensgebiet aufzubauen, ähnlich, wie es schon seit langem auf vielen anderen Gebieten üblich ist (zum Beispiel in der Chemie, Physik, Biologie, Medizin und anderen Disziplinen). Diese Gebiete enthalten drei wichtige Teile, die sich geschichtlich entwickeln. Da ist zuerst die Praxis, deren Aufgabe es ist, in dem betreffenden Bereich gewisse Veränderungen hervorzurufen. Der Arzt, der unmittelbar den Patienten behandelt, oder ein Gestalter, der direkt ein Bedürfnis befriedigt. Zweitens haben wir die

Ausbildung, die den Nachwuchs auf die Praxis vorbereitet, anfangs oft in einer Art Lehrlingsausbildung (ist sie doch heute im allgemeinen auf Kenntnissen aufgebaut). Drittens enthalten diese Gebiete einen Kern von Leuten, der mit der Weiterentwicklung eines Wissensgebietes beschäftigt ist, reine Forschung betreibt.

Vergleicht man diese Gebiete und insbesondere deren drei Aspekte mit dem des Gestalters, findet man natürlich die Praxis und auch die Ausbildung – aber keine allgemeine Untersuchung unserer Gegenstände. Wir kümmern uns um unsere Gegenstände nur, wenn wir in irgendeiner Weise damit zu tun haben, sie kaufen, gebrauchen, herstellen, entwerfen usw. Auch ist die Ausbildung im wesentlichen noch eine Art Lehrlingsausbildung. Der Student lernt, indem er mit Erfahrenen zusammenarbeitet und unter deren Aufsicht gewisse praktische Probleme löst. Damit soll nicht gesagt werden, daß die Lehrlingsmethode ganz ausgeschaltet werden soll, aber sie muß mit einem entsprechenden Wissensgebiet bereichert werden. Dies bezieht sich nicht auf die mit der Gestaltung verwandten Gebiete, wie Kunstgeschichte, Materialkunde, Fabrikationsmethoden usw., die, obwohl wichtig, nur bestimmte Aspekte behandeln, sondern auf ein umfassendes Wissensgebiet der von uns gebauten Umwelt. Mit dem Aufbau eines solchen Gebietes habe ich mich seit Jahren beschäftigt, und die Arbeit ist so weit fortgeschritten, daß man es mit dem Begriff „Objectology" bezeichnen kann. Es beruht auf einer Untersuchung unserer Gebrauchsgegenstände, unabhängig von gegenwärtigen Entwurfsproblemen, die aber dennoch der Praxis wie der Ausbildung dient.

Wie sieht eine solche Forschung aus? Im Rahmen eines Artikels ist es nicht möglich, das schon Erreichte in überzeugender Weise zu beschreiben. Dies muß auf eine weitere Veröffentlichung warten, die jetzt in Vorbereitung ist. Nur einige Punkte können hier erwähnt werden. Ganz allgemein gesprochen, befaßt sich diese Forschung mit den räumlichen und zeitlichen Beziehungen unserer Gebrauchsgegenstände: 1. Klassifikation der Gegenstände, 2. die Grundeigenschaften der Gegenstände, 3. die Umwandlung der Gegenstände. Das letztere enthält als einen Teil den Entwurfsprozeß, dessen sukzessive Schritte sich auf den zuerst erwähnten aufbauen. Auch die Entwicklung von Ideen kann auf der Basis erworbener Kenntnisse in bewußter Weise gefördert werden. Dies hat natürlich Auswirkungen auf ein Vorbereitungssemester. Während es im Vorkurs am alten Bauhaus das Ziel war, den Studenten auf irgendeine Weise zum

What about the further development of the Preliminary Course and the training of designers in general? Before I go into this, I would like to emphasize that the above remarks are by no means intended to diminish the work and contributions of Albers and Moholy-Nagy. Looking at the Preliminary Course in the context of the time, its introduction must be seen as a beginning in the training of designers, with their further development left to others. I will now address this further development.

It was the concerns expressed above, as well as my professional experience, that led me to seek a broader basis for the training of designers. As already mentioned, the Bauhaus movement cannot be seen as something temporary. To this day, it remains a movement that strives to educate the designers of our environment.

Gropius did not hesitate to speak of a theory for the design of our environment. He also confirmed this in correspondence with me, as he wrote in 1963: "You are looking for what I call a 'science' of design, for which the Bauhaus laid several foundations. Your contribution seems to be leading in the right direction."

And what is currently going on with the education of designers? For some time now, there has been a growing interest in studying the design process itself. This is, as I see it, too limited an approach. In order to understand the design process properly, it must be seen as part of the development of our environment. The environment we build and the objects it contains must be studied from a broad perspective in order to establish a new field of knowledge, similar to what has long been common in many other fields (for example, chemistry, physics, biology, medicine, and other disciplines). These fields contain three important components that evolve historically. First, there is the practice, the task of which is to bring about certain changes in the related field; for example, the doctor who directly treats the patient or the designer who directly satisfies a need. Second, the training that prepares the next generation for practice often starts out as a kind of apprenticeship (which today is generally based on knowledge). Third, these areas contain a core group of people who are engaged in the further development of a particular field of knowledge and conduct pure research.

If one compares these fields, and in particular their three aspects, with those of the designer, one naturally finds the practice and also the training—but no general examination of our objects. We only concern ourselves with our objects when, in some way, we have something to do with them: purchasing them, using them, producing them, designing them, etc. What is more, training is essentially still an apprenticeship of sorts. Students learn by working together with experienced designers and solving certain practical problems under their supervision. This is not to say that the apprentice method should be completely eliminated, but it must be enriched with an appropriate field of knowledge. This does not apply to fields related to design—such as art history, materials science, manufacturing methods, etc., which, although important, only deal with certain aspects—but rather to a broad field of knowledge about the constructed environment. I have been working on the development of such a field for years, and the work has progressed to such an extent that it can be described as "objectology." It is based on an investigation of our objects of utility, independent of current design problems, in order to serve both practice and training.

What does such research look like? It is not possible with the frameworks of this article to offer a convincing description of what has been achieved; that will have to wait for another publication, which is now in preparation. Only a few points can be mentioned here. Generally speaking, this research deals with the spatial and temporal relationships of our objects of utility: 1. the classification of the objects, 2. the basic properties of the objects, and 3. the transformation of the objects. The latter encompasses the design process, the successive steps of which are based on point 1. The development of

schöpferischen Arbeiten zu bringen, indem man ihm Gelegenheit zum Experimentieren bot, ihn ermutigte und mit wohlgemeinten Bemerkungen unterstützte, erreichen wir das viel besser mit Kenntnissen. Die oft erwähnte Angst vor dem Schöpferischen kann besser beseitigt werden, indem man den Studenten mit den Eigenschaften und Beziehungen der Dinge, mit denen er zu tun hat, bekannt macht. In diesem Sinne wurde, um nur weniges zu nennen, die von Moholy-Nagy eingeführte Übung, die Tasttafel, durch eine Untersuchung von Oberflächen ersetzt. Während das Anfertigen einer Tasttafel den Studenten eigentlich nur auf Oberflächen aufmerksam macht, geben wir heute nicht nur einen Hinweis auf, sondern auch eine allgemeine Übersicht über Oberflächen wie auch über deren Anwendung und Herstellung. Die Handplastik, die ich selbst 1937 einführte, wurde ersetzt durch eine Untersuchung der Einflüsse, die die Formen unserer Gegenstände bedingen.

Man muß natürlich Einsprüche gegen eine solche Entwicklung erwarten. Einsprüche, die vielleicht die Frage aufwerfen, ob das Gebiet des Entwerfens eine Sache der Kunst oder Wissenschaft ist, und schließlich in der Frage münden: Ist die Intuition nicht wichtiger als es Kenntnisse sind? In Wirklichkeit ist es eine Sache der Methode, die wir anwenden, um gewisse Resultate zu erreichen. Der Unterschied zwischen den verschiedenen Gebieten liegt nicht in der Methode, sondern in der Art und Eigenschaft der Dinge, die behandelt werden. Dies spricht nicht gegen Intuition, die natürlich in allen schöpferischen Arbeiten notwendig ist. Aber worauf es ankommt ist, wie die Intuition verwirklicht wird. Eine Intuition funktioniert nicht im leeren Raum, sie muß, um wirksam werden zu können, zunächst in irgendeiner Weise „genährt" werden. Entweder geschieht dies, wie es im allgemeinen heute üblich ist, durch unsere täglichen zufälligen Erlebnisse einschließlich unserer gegenwärtigen Ausbildung, oder wir „nähren" sie zusätzlich in systematischer Weise mit Kenntnissen der Dinge, die unter der Obhut des Gestalters stehen.

Das Bauhaus begann eine neue Entwicklung in der Ausbildung von Gestaltern, eine Entwicklung, die auch heute noch weitergeführt werden muß. Es proklamierte kein Dogma, sondern eine Aufforderung, die Bauhausidee weiterzuführen.

Hin Bredendieck: Vorkurs und Entwurf, in: *form + zweck. Fachzeitschrift für industrielle Formgestaltung*, Nr. 3, 1979, S. 63-65

ideas can also be consciously promoted on the basis of acquired knowledge. This, of course, has an effect on the preparatory semester. While the aim of the Preliminary Course at the old Bauhaus was in some way to lead students to creative work by giving them the opportunity to experiment, encouraging and supporting them with well-meant remarks, we achieve this much better with knowledge. The often-mentioned fear of the creative can be better overcome by acquainting students with the qualities and relationships of the things they are dealing with. For this reason, the texture board exercise introduced by Moholy-Nagy was replaced by an examination of surfaces. While the making of a texture board actually only draws the students' attention to surfaces, today we not only make reference to but also provide a general overview of surfaces, as well as their application and manufacture. The hand sculpture, which I introduced myself in 1937, was replaced by an investigation of the influences that determine an object's shape.

Of course, one must expect objections to such a development, objections that perhaps raise the question of whether the field of design is a matter of art or science, and eventually lead to the question: is intuition more important than knowledge? In reality, it is a matter of which method we use to achieve certain results. The difference between the various fields lies not in the method, but rather in the nature and quality of the things that are processed. This does not speak against intuition, which, of course, is necessary in all creative work. But what matters is how intuition is realized. Intuition does not function in a vacuum; in order to be effective, it must first be "nourished" in some way. Either this happens, as is generally common today, through our daily random experiences, including our current training, or we "nourish" it additionally in a systematic way, with knowledge of the things that are under the designer's care.

The Bauhaus initiated a new development in the training of designers, a development that must be continued today. It did not proclaim a dogma, but rather an invitation to continue the Bauhaus idea.

Anhang
Appendix

Schriftenverzeichnis Hin Bredendieck / Writings of Hin Bredendieck

Bredendieck 1938
The system of lettering, in: *More Business,* November 1938, o.Pag.

Bredendieck 1962
The Legacy of the Bauhaus, in: *Art Journal,* 1962, Nr. 1, S. 15–21

Bredendieck 1963a
Hin Bredendieck: International Design Conference ... its purpose ... a critique, Teil 1, in: *The Aspen Times*, Vol. 82, Nr. 25 v. 21.6.1963, S. 4

Bredendieck 1963b
Hin Bredendieck: International Design Conference ... its purpose ... a critique, Teil 2, in: *The Aspen Times,* Vol. 82, Nr. 26 v. 28.6.1963

Bredendieck 1979
Vorkurs und Entwurf, in: *form + zweck. Fachzeitschrift für industrielle Formgestaltung,* Nr. 3, 1979, S. 63–65

Bredendieck 1981a
The determination of form, in: *impact of science on society,* Bd. 31, Nr. 4, 1981, S. 381–388

Bredendieck 1981b
Die künstliche Umwelt, in: *form + zweck. Fachzeitschrift für industrielle Formgestaltung,* Nr. 4, 1981, S. 44–48

Bredendieck 1982
Theorie als Ansatz, in: *form + zweck. Fachzeitschrift für industrielle Formgestaltung,* Nr. 5, 1982, S. 18f.

Bredendieck 1984
Industrial Design. Art or Science?, in: *Innovation. The Journal of the Industrial Designers Society of America,* Herbst 1984, S. 22–24

Bredendieck 1990
This is Hin Bredendieck recording his own life story, unveröffentlichtes Typoskript, Roswell [ca. 1990], 10 Seiten, Landesmuseum für Kunst und Kulturgeschichte Oldenburg, Nachlass Hin Bredendieck

Bredendieck 2009
Beyond Bauhaus Objectology. The Evolving Man-Made Environment, hg. v. Leslie N. Sharp, Atlanta 2009

Literaturverzeichnis / References

Arma 2016
Paul Arma: Avantgarde und Arbeiterlied.
Autobiographie 1904–1934, hg. v. Tobias Widmaier,
Büdingen 2016

Baldinger/Steigmeier 2002
Astrid Baldinger und Andreas Steigmeier: B.A.G.
beleuchtet alles gut. Ein Projekt zur Sicherung von
Industriekulturgütern der Leuchtenfabrik B.A.G Turgi,
in: *Argovia. Jahresschrift der Historischen
Gesellschaft des Kantons Aargau,* 114 (2002),
S. 187–198

Bayer, Gropius und Gropius 1938
Herbert Bayer, Walter Gropius und Ise Gropius (Hg.):
Bauhaus 1919–1928, New York 1938

Besnyö 2018
Eva Besnyö. Photographin. Budapest, Berlin,
Amsterdam, hg. v. Hannelore Fischer, Ausst.-Kat.
Käthe Kollwitz Museum Köln 2018; Museen
Böttcherstraße Bremen 2019, Köln 2018

Bignens 1985
Christoph Bignens: Corso – ein Zürcher Theaterbau
1900 und 1934, Niederteufen 1985

Bill 1999
max bill. typografie, reklame, buchgestaltung, Zürich
1999

Bill 2008
Jakob Bill: max bill am bauhaus, Bern/Sulgen 2008

Binroth 2002
Justus A. Binroth u.a.: Bauhausleuchten?
Kandemlicht! Bauhaus Lighting? Kandem Light!,
hg. v. Museum für Kunsthandwerk Leipzig/
Grassimuseum, Stuttgart 2002

Brüning 1995
Das A und O des Bauhauses. Bauhauswerbung:
Schriftbilder, Drucksachen, Ausstellungsdesign, hg.
für das Bauhaus-Archiv Berlin von Ute Brüning, Berlin
1995

Buchsteiner/Letze 2005
Thomas Buchsteiner und Otto Letze (Hg.): Max Bill.
Maler, Bildhauer, Architekt, Designer, Ostfildern-Ruit
2005

Büttner 2011
Ulrike Büttner: Die Kunstgewerbeschule zwischen
1896 und 1933, in: Nils Büttner und Angela Zieger
(Hg.): Rücksichten. 250 Jahre Akademie der
Bildenden Künste Stuttgart. Ein Lesebuch, Stuttgart
2011, S. 135–150

Bush-Brown 1976
Harold Bush-Brown: Beaux Arts to Bauhaus and
Beyond. An Architect's Perspective, New York 1976

Conrads, Droste, Nerdinger u.a. 1994
Ulrich Conrads, Magdalena Droste, Winfried
Nerdinger u.a. (Hg.): Die Bauhaus-Debatte 1953.
Dokumente einer verdrängten Kontroverse,
Wiesbaden 1994

Crosse 2010
John Crosse: Pauline Gibling Schindler. Vagabond
Agent for Modernism, 1927–1936, Eintrag v. 14.7.2010,
online: https://socalarchhistory.blogspot.com/
2010/07/pauline-gibling-schindler-vagabond.html,
zuletzt abgerufen am 4.10.2019

Dietzsch 1991
Folke F. Dietzsch: Die Studierenden am Bauhaus.
Eine analytische Betrachtung zur strukturellen
Zusammensetzung der Studierenden, zu ihrem
Studium und Leben am Bauhaus sowie zu ihrem
späteren Wirken, Teil 2, Diss. Weimar 1991

Dowling/Thomason 2009
Elizabeth Meredith Dowling und Lisa M. Thomason:
One Hundred Years of Architectural Education,
1908-2008, Atlanta 2009

Droste 1988
Magdalena Droste: Experiment Bauhaus,
Ausst.-Kat. Bauhaus Dessau 1988, Berlin 1988

Droste 1998
Magdalena Droste: bauhaus 1919-1933, Köln 1998

Droste/Friedewald 2019a
Magdalena Droste und Boris Friedewald (Hg.):
Unser Bauhaus. Bauhäusler und Freunde erinnern
sich, München/London/New York 2019

Droste/Friedewald 2019b
Magdalena Droste und Boris Friedewald (Hg.): Our
Bauhaus. Memories of Bauhaus People, München/
London/New York 2019

Engelbrecht 1987
Lloyd C. Engelbrecht: Wood, Plywood and Veneer,
Cranbrook, the New Bauhaus and the W. P. A. The
Origins of the Eames Chair of 1946, online: https://
scholar.uc.edu/show/j9602142v, zuletzt abgerufen
am 18.10.2019

Engelbrecht 2009
Lloyd C. Engelbrecht: Moholy-Nagy. Mentor to
Modernism, Cincinnati 2009, online: https://scholar.
uc.edu/show/bc387j639, zuletzt abgerufen am
18.10.2019

Eggelhöfer 2015
Fabienne Eggelhöfer: Prozesse statt Resultate.
Was am Bauhaus und am Black Mountain College
gelehrt wurde, in: Eugen Blume, Matilda Felix,
Gabriele Knapstein u.a. (Hg.): Black Mountain. An
interdisciplinary experiment 1933-1957, Leipzig 2015,
S. 110-119

Fiedler 1990
Fotografie am Bauhaus, hg. für das Bauhaus-Archiv
v. Jeannine Fiedler, Berlin 1990

Fleischmann 1984
bauhaus. drucksachen, typografie, reklame,
hg. v. Gerd Fleischmann, Düsseldorf 1984

Frey 2003
Stefan Frey: Paul Klee – Chronologische Biographie
1920-1931, in: Paul Klee am Bauhaus. Ausst.-Kat.
Kunsthalle Bremen 2003, S. 220–252

Gebhard 1985
Max Gebhard: Reklame und Typographie am
Bauhaus, in: Eckhard Neumann (Hg.): Bauhaus und
Bauhäusler. Erinnerungen und Bekenntnisse,
erweiterte Neuausgabe, Köln 1985, S. 197–201

Giedion 1987
Sigfried Giedion. Wege in die Öffentlichkeit. Aufsätze
und unveröffentlichte Schriften aus den Jahren
1926-1956, hg. v. Dorothee Huber, Zürich 1987

Grämiger, Heinze-Greenberg und Schmitt 2019
Gregory Grämiger, Ita Heinze-Greenberg und Lothar
Schmitt (Hg.): Die Schweizer Avantgarde und das
Bauhaus. Rezeption, Wechselwirkungen,
Transferprozesse, Zürich 2019

Grawe 1994
Gabriele Diana Grawe: Von der Hochschule für Gestaltung zur Schule des Stils. Facetten der Bauhausrezeption in den USA, in: Andreas Haus (Hg.): Bauhaus-Ideen 1919–1994, Berlin 1994, S. 116-142

Grawe 2002
Gabriele Diana Grawe: Call for Action. Mitglieder des Bauhauses in Nordamerika, Weimar 2002

Gropius 1925
Walter Gropius (Hg.): Neue Arbeiten der Bauhauswerkstätten (= Bauhausbücher, 7), München 1925

Grunewald 2019
Almut Grunewald (Hg.): Die Welt der Giedions. Sigfried Giedion und Carola Giedion-Welcker im Dialog, Zürich 2019

Gutbrod 1968
Karl Gutbrod (Hg.): „Lieber Freund". Künstler schreiben an Will Grohmann, Köln 1968

Hahn/Engelbrecht 1987
Peter Hahn und Lloyd C. Engelbrecht: 50 Jahre New Bauhaus. Bauhausnachfolge in Chicago, Ausst.-Kat. Bauhaus-Archiv Berlin 1987-1988, Berlin 1987

Hein 2018
Barbara Hein: „This is Hin Bredendieck", in: *art*, September 2018, S. 64-71

Herzogenrath 1980
Wulf Herzogenrath: Josef Albers und der „Vorkurs" am Bauhaus (1919-1933), in: Wallraf-Richartz-Jahrbuch, 41.1980, S. 245-277

Herzogenrath 2019
Wulf Herzogenrath: Die fünf Phasen des Bauhauses, in: ders. (Hg.): Das bauhaus gibt es nicht, Berlin 2019, S. 25-55

Herzogenrath/Kraus 1989
Erich Consemüller. Fotografien Bauhaus-Dessau, hg. v. Wulf Herzogenrath und Stefan Kraus, München 1989

Hines 1994
Thomas S. Hines: Richard Neutra and the Search for Modern Architecture. A Biography and History, Berkeley [u.a.] 1994

Holländer/Wiedemeyer 2019
Original Bauhaus. Übungsbuch, hg. v. Friederike Holländer und Nina Wiedemeyer für das Bauhaus-Archiv Berlin, München/London/New York 2019

Kellein/Egging 2006
Thomas Kellein und Björn Egging (Hg.): Vom Bauhaus zur Neuen Welt. Josef Albers und László Moholy-Nagy, Ausst.-Kat. Kunsthalle Bielefeld 2006, Bielefeld 2006

Kentgens-Craig 2001
Margret Kentgens-Craig: The Bauhaus and America. First contacts, 1919–1936, Cambridge (Mass.) u.a. 2001

Kirchmann 1999
Kay Kirchmann: Oskar Schlemmer, in: Bauhaus, hg. v. Jeannine Fiedler und Peter Feierabend, Köln 1999, S. 280-287

Klee 1979
Paul Klee: Briefe an die Familie 1893-1960, Bd. 2: 1907-1940, hg. v. Felix Klee, Köln 1979

Köpnick 2018a
Gloria Köpnick: Eine Insel des kulturellen Neubeginns – die ,galerie schwoon' in Oldenburg, in: Oldenburger Jahrbuch, 118.2018, S. 209-226

Köpnick 2018b
Gloria Köpnick: Die Vereinigung für junge Kunst und ihr Engagement für den Transfer der Bauhaus-Ideen in die oldenburgische Provinz, in: dies. und Rainer Stamm (Hg): Beiträge zur Kunst der Moderne, Niederdeutsche Beiträge zur Kunstgeschichte, Neue Folge, Bd. 3, Petersberg 2018, S. 151-178

Köpnick 2019a
Gloria Köpnick: Karl Schwoon. Bauhäusler, Maler, Galerist und Bildredakteur, in: Köpnick/Stamm 2019, S. 111-131

Köpnick 2019b
Gloria Köpnick: Hermann Gautel. Bauhäusler, Möbeldesigner und Innenarchitekt, in: Köpnick/Stamm 2019, S. 89-102

Köpnick/Stamm 2019
Gloria Köpnick und Rainer Stamm (Hg.): Zwischen Utopie und Anpassung. Das Bauhaus in Oldenburg, Ausst.-Kat. Oldenburg 2019, Petersberg 2019

Koppe 2019a
Richard Koppe: Das neue Bauhaus Chicago, in: Droste/Friedewald 2019a, S. 181-188

Koppe 2019b
Richard Koppe: The New Bauhaus, Chicago, in: Droste/Friedewald 2019b, S. 181-188

Lowis 2017
Kristina Lowis (Hg.): Experiment. New Bauhaus Fotografie Chicago, Ausst.-Kat. Bauhaus-Archiv Berlin, Museum für Gestaltung 2017/2018, München 2017

Lusk 1980
Irene-Charlotte Lusk: Montagen ins Blaue. Laszlo Moholy-Nagy. Fotomontagen und -collagen 1922-1943, Gießen 1980

Marbach/Rüegg 1990
Ueli Marbach und Arthur Rüegg: Werkbundsiedlung Neubühl in Zürich-Wollishofen 1928–1932. Ihre Entstehung und Erneuerung, Zürich 1990

Mavigliano 1987
George J. Mavigliano: The Chicago Design Workshop 1939-1943, in: *The Journal of Decorative and Propaganda Arts*, Vol. 6 (Herbst 1987), S. 34–47

Meer 2015
Julia Meer: Neuer Blick auf die Neue Typographie. Die Rezeption der Avantgarde in der Fachwelt der 1920er Jahre, Bielefeld 2015

Mehlau-Wiebking, Rüegg und Tropeano 1989
Friederike Mehlau-Wiebking, Arthur Rüegg und Ruggero Tropeano: Schweizer Typenmöbel 1925–1935. Sigfried Giedion und die Wohnbedarf AG, Zürich 1989

Mittag-Fodor 2014
Etel Mittag-Fodor: Not an unusual Life, for the Time and the Place. Ein Leben, nicht einmal ungewöhnlich für diese Zeit und diesen Ort, bearb. v. Kerstin Stutterheim, Berlin 2014

Moholy-Nagy 1927
László Moholy-Nagy: Malerei, Fotografie, Film (= Bauhausbücher, 8), 2. Aufl., München 1927

Moholy-Nagy 1929
László Moholy-Nagy: Von Material zu Architektur (= Bauhausbücher, 14), München 1929

Moholy-Nagy 1938
László Moholy-Nagy: The new vision. Fundamentals of design, painting, sculpture, architecture (= The New Bauhaus Books, No. 1), hg. v. László Moholy-Nagy und Walter Gropius, New York 1938

Moholy-Nagy 1972
Sibyl Moholy-Nagy: Laszlo Moholy-Nagy. Ein Totalexperiment, Mainz/Berlin 1972

Neumann 1998
Eckhard Neumann (Hg.): Bauhaus und Bauhäusler. Erinnerungen und Bekenntnisse, Köln 1998

Neutra 1986
Richard Neutra: Promise and Fulfillment 1919–1932. Selections from the Letters and Diaries of Richard and Dione Neutra, zusammengestellt und übersetzt v. Dione Neutra, Carbondale und Edwardsville 1986

Oechslin/Harbusch 2010
Werner Oechslin und Gregor Harbusch (Hg.): Sigfried Giedion und die Fotografie. Bildinszenierungen der Moderne, Zürich 2010

Otto 2005
Elizabeth Otto (Hg.): Tempo, Tempo! Bauhaus Photomontagen von Marianne Brandt, Ausst.-Kat. Bauhaus-Archiv Berlin 2005/2006, Harvard University Cambridge 2006, International Center of Photography New York 2006, Berlin 2005

Pulos 1988
Arthur J. Pulos: The American Design Adventure 1940–1975, Massachusetts 1988

Rössler 2007
Patrick Rössler: Die Neue Linie 1929–1943. Das Bauhaus am Kiosk. Ausst.-Kat. Bauhaus-Archiv Berlin 2007, Bielefeld 2007

Rössler 2013
Patrick Rössler: Herbert Bayer. Die Berliner Jahre. Werbegrafik 1928–1938, Berlin 2013

Rössler 2019
Patrick Rössler: Die Ausstellung als begehbares Informationsdesign. Das Bauhaus und die Präsentation der Baugewerkschaften auf der „Deutschen Bauausstellung" 1931, in: Hellmuth Th. Seemann und Thorsten Valk (Hg.): Entwürfe der Moderne. Bauhaus-Ausstellungen 1923-2019, Göttingen 2019, S. 173-196

Rössler/Otto 2019
Patrick Rössler und Elizabeth Otto: Frauen am Bauhaus. Wegweisende Künstlerinnen der Moderne, München 2019

Rüegg 2006
Arthur Rüegg: Finsler und die Schweizer Moderne. Design- und Sachfotografie, in: Hans Finsler und die Schweizer Fotokultur. Werk, Fotoklasse, moderne Gestaltung 1932–1960, Zürich 2006, S. 128–147

Schebera 1985
Jürgen Schebera: Spurensuche. Erich Weinert / Paul Arma, in: *Weimarer Beiträge. Zeitschrift für Literaturwissenschaft, Ästhetik und Kulturtheorie*, 31. Jg. (1985), H. 6, S. 1010–1015

Schlemmer 1958
Oskar Schlemmer: Briefe und Tagebücher, hg. v. Tut Schlemmer, München 1958

Schlemmer 1969
Oskar Schlemmer: Der Mensch. Unterricht am Bauhaus (= Neue Bauhausbücher). Nachgelassene Aufzeichnungen, redigiert, eingeleitet und kommentiert von Heimo Kuchling, Mainz 1969

Schöbe, Thöner und Perren 2019
Lutz Schöbe, Wolfgang Thöner und Claudia Perren (Hg.): Bauhaus Dessau. Die Sammlung, Bielefeld 2019

Siegel 2016
Elizabeth Siegel: The Modern Artist's New Tools, in: Matthew S. Witkovsky, Carol S. Eliel und Karole P. B. Vail (Hg.): Moholy-Nagy. Future present, Chicago/New Haven/London 2016, S. 223–234

Stamm 2011
Rainer Stamm (Hg.): Der zweite Aufbruch in die Moderne. Expressionismus – Bauhaus – Neue Sachlichkeit. Walter Müller-Wulckow und das Landesmuseum Oldenburg 1921-1937, Ausst.-Kat. Landesmuseum für Kunst und Kulturgeschichte Oldenburg 2011, Bielefeld 2011

Stankowski 1996
Anton Stankowski. Frei und Angewandt 1925-1995, Bd. 2, Berlin 1996

Stiftung Bauhaus Dessau 2017
Handwerk wird modern. Vom Herstellen am Bauhaus. Ausst.-Kat. Stiftung Bauhaus Dessau, Bielefeld 2017

Struve 2019
Klaus Struve: Konstruktion und Formfindung im Werk Hin Bredendiecks für Kandem, in: Köpnick/Stamm 2019, S. 163f.

Walley 1975
John E. Walley: The Influence of the New Bauhaus in Chicago 1938–1943 (1965), in: ders.: Selected Papers Chicago 1975, S. 74–87

Warren 2014
Beth Gates Warren: Edward Weston and His German Connections, The Museum of Modern Art, 2014, online: http://www.moma.org/interactives/objectphoto/assets/essays/Warren.pdf, zuletzt abgerufen am 4.10.2019

Weber 2005
Klaus Weber: Die Metallwerkstatt am Bauhaus, hg. im Auftrag des Bauhaus-Archiv Berlin, Ausst.-Kat. Bauhaus-Archiv Berlin 1992, 3. unveränderte Aufl., Berlin 2005

Whitford 1993
Frank Whitford: Das Bauhaus. Selbstzeugnisse von Meistern und Studenten, Stuttgart 1993

Wick 2000
Rainer K. Wick: Bauhaus. Kunstschule der Moderne, Ostfildern-Ruit 2000

Wingler 1962
Hans M. Wingler: Das Bauhaus. 1919–1933 Weimar – Dessau – Berlin, Bramsche 1962

Wünsche 2006
Isabel Wünsche (Hg): Galka E. Scheyer & Die Blaue Vier. Briefwechsel 1924–1945, Wabern/Bern 2006

Register / Index

Aalto, Alvar 152
Albers, Anni 15, 23, 172, 246
Albers, Josef 22–27, 29–37, 51, 54f., 64, 72, 99f.,
   105f., 172, 179, 181f., 208, 223, 225, 241–243, 246f., 256, 258, 262–264, 266f.
Albert, Calvin 181, 205
Anikeef, Vasia .... 116f.
Archipenko, Alexander 7, 175, 177f., 180, 205
Arma, Paul (s. Weisshaus, Imre)
Arndt, Alfred 72
Arp, Hans .... 173f.
Baerman, Walter 223, 246
Bahelfer, Moses 108, 110
Barr, Alfred H. 194f., 209
Barrineau, Wade 235f., 246
Bayer, Herbert 20f., 33, 62, 75f., 83, 107–112, 130,
   144–147, 149, 156, 172, 178, 181, 187–190, 192, 221, 237f., 241f., 246f., 254, 261
Beöthy, Etienne 118
Berger, Otti 22, 40, 54, 101, 105f., 145, 147,
   175, 177
Bernoully, Amy 159
Bernoully, Ludwig .... 159f.
Besnyö, Éva .... 120f.
Biederman, Charles 218
Bill, Max 22f., 99–101, 142, 144–146, 149,
   154–156, 164
Brandt, Marianne 50f., 54–60, 62–68, 71f., 75f., 78f.,
   81, 96f., 99f., 103, 105–107, 113, 145, 147, 159, 241–244, 247, 253
Bredendieck, Aaltje Gesine (gen. Anna) .... 11f.
Bredendieck, Dina (verh. Zinnes) 8, 128f., 241
Bredendieck, Gwen (verh. Fischer) 8, 241, 244, 247
Bredendieck, Hinrich (Vater) .... 11f.
Bredendieck, Karl 8, 218, 221f., 241, 247
Bredendieck, Virginia (geb. Tooker;
     gesch. Weisshaus) 107–109, 111, 114–133, 135f., 149,
   151, 155, 157, 161, 166f., 175, 179, 181, 190, 192, 195, 203f., 208f., 225, 227, 254
Breuer, Marcel .... 69, 73, 75, 82f., 159, 161, 172, 221f.
Buchman, Julius Henry .... 132f.
Bücking, Peer .... 106f.
Buehrer, Gerhard 225, 227
Buhlig, Richard 132
Bulliet, Clarence J. 189f., 208
Bullock, William 227, 229
Burckhardt, Ernst 151f., 157
Bush-Brown, Harold 221–223, 246
Buske, Albert .... 125f.
Carreiro, Joseph 246
Cassidy, Rosalind 195, 209
Chermayeff, Serge 196f., 205–209
Christ, Jack W. 246
Clasing, Heinz 108, 110

Cobb, Henry Ives 204
Cohler, J. Robert 195f., 209
Comeriner, Erich 40, 53, 55, 75, 107, 109
Comte, René 144, 156
Consemüller, Erich 24, 27, 29, 33, 53f., 83, 96
Corazzo, Alex 175
Cowell, Henry 132
Crawford, Ruth .... 120–122, 124f., 132f.
Crichton, K. S. 126–129, 133
Dambeck, Margret .... 105f.
Debus, Maximilian 179, 182
Dorr, George 228, 232, 246
Driesch-Foucar, Lydia 159
Droste, Magdalena 22, 33, 75, 95, 209, 246
Duggan, James 230, 233, 246
Dushkin, David 178, 180
Eckart, Carl 178, 180
Ehrlich, Franz .... 22, 46f.
Ehrmann, Marli 167f., 204f., 208
Eisenstein, Sergei .... 46f.
Engelbrecht, Lloyd C. .... 172, 202, 208f.
Ernst, Max 151f., 157
Fadiman, Clifton 126–128, 133
Feininger, Julia 124f., 133
Feininger, Lux 70
Feininger, Lyonel 15, 19
Feist, Werner David 33, 72, 74
Feldhoff, Hugo 161
Fernbach, Eva 40
Fieger, Carl 50f., 72
Filipowski, Richard 203, 205
Finsler, Hans .... 137f., 141f., 144–146, 150f.
Fischli, Hans 33, 125, 127
Fleming, Thomas 246
Flocon, Albert (s. Mentzel, Albert)
Frenzel, H. K. 113
Fricke, Hans Martin 161
Friedlaender, Marguerite 159
Fulton Tooker, Gertrude 120, 132
Gautel, Hermann 33, 50f., 56, 58, 60, 62–64, 66,
   69f., 72f., 84–86, 89, 91, 95f., 98f., 129f., 159, 160–164, 166–169, 242
Gautel, Kunigunde (gen. „Gundel", geb. Mürb) ... 166–168, 242, 247
Gebhard, Max 22, 32f., 106f., 109, 111, 113
Gerard, Ralph W. 178, 180
Giampietro, Alexander 175, 181
Gibling Schindler, Pauline 115–117, 132
Giedion-Welcker, Carola 113, 136, 157, 208
Giedion, Sigfried 111–113, 135–139, 141f., 144–147,
   149–152, 156f., 162f., 173, 205, 207–209, 254
Gorin, Jean 218

Graber, Rudolf 156
Graeff, Werner 109, 111
Grawe, Gabriele Diana .... 7, 171f., 185f., 208, 246f.
Greene-Mercier, Marie Zoe 208
Gremmler, Theodor 167
Grohmann, Will 203f., 209
Gropius, Walter 16, 19–21, 33, 49, 54, 56f., 61,
    63–67, 69, 75f., 97, 105, 129f., 147, 150f., 155, 157, 159, 161, 169, 172–175,
    181, 186, 193–195, 205, 208f., 221f., 225f., 228, 236–244, 246f., 253f., 256,
    260f., 263f., 266f.
Haase, Lawrence .... 132f.
Haefeli, Max Ernst .... 163f.
Hahn, Peter 208f., 247
Harrison, Edwin D. 247
Hassenpflug, Gustav 7, 22, 40, 242, 247
Havemeyer, Martha .... 132f.
Heckel, Erich 159
Heffernan, Paul M. 222f., 225, 228
Hélion, Jean 130, 178, 181, 190, 192
Henneberger, Elisabeth 22, 24
Herndon, Elizabeth 246
Herzogenrath, Wulf 33, 70, 73, 75
Heubner, Albrecht 109, 111
Heymann, Marli (s. Ehrmann, Marli)
Hilberseimer, Ludwig 84, 86f., 95
Hill-Hempl, Elsa .... 132f.
Hoffmann-Lederer, Hanns 179, 182
Hoffmann, Hubert .... 241f.
Hubbuch, Hilde 122–124, 133
Hubbuch, Karl 122, 124
Hutcheson, Claude 232f., 235f., 246
Ilma, Viola .... 126f.
Itten, Johannes 19, 22, 256
Jegher, Werner 157
Kádár, Béla .... 119f.
Kamprad, Ingvar 210
Kandinsky, Wassily .... 19, 32, 38, 51, 53, 72, 105f., 171f.
Kepes, György 7, 113, 130, 173–176, 178, 180, 186,
    191–194
Kepes, Juliet 175, 187, 189
Kertész, André 118, 132
Keßler, Hans 26
Kilham Jr., Walter 20
Kindley, James 236f., 246
King, Martin Luther 221
Kirchner, Ernst Ludwig 159
Klee, Paul 19, 32, 34–39, 50f., 53, 72, 171f.,
    230, 232
Klopfer, Paul 209, 246
Knell, Karl 149, 151f., 157

Köhn, Friedrich 32, 50f., 72
Kolb, Otto 205–207
Koppe, Richard 7, 175, 177, 179, 181, 185, 187,
    203, 208
Köster, Hein 240, 247
Kozman, Myron 181, 205
Krajewski, Max .... 50f., 76, 78f., 105f.
Krantz, Erich 108, 110
Kranz, Kurt 109, 111, 113, 179, 182, 241f., 247
Krause, Erich 98
Lanz, Karl 167–169
Lee, Larry W. 237
Lenz, Robert 22, 50, 98f., 241f., 247
Leppien, Suzanne (s. Markos-Ney, Suzanne)
Lerner, Nathan 95, 181, 185, 197f., 200, 203,
    205–208, 210–217, 225, 227, 246
Leuthold, Melanie 40
Loew, Heinz 108–111
Lorenz, Anton 161
MacKown Gentile, Carolynrose 232, 234, 246
Markos-Ney, Suzanne 122, 124
Marx, Gerda 22, 40, 55, 57, 59, 65, 68, 71
Mengel, Margarete .... 106f.
Mensch, René .... 96, 98f.
Mensen, Carl M. 12f., 17, 247
Mentzel, Albert 34, 38
Meyer-Amden, Otto 40, 45
Meyer-Bergner, Lena 38
Meyer-Waldeck, Wera 22, 40
Meyer, Hannes 38, 40, 56, 59, 61–63, 65–67,
    72–76, 86f., 89, 95, 105–107, 253
Meyer, Peter 156
Michel, Diane 246
Mies van der Rohe, Ludwig 105, 124–126, 159, 171f., 221
Mittag-Fodor, Etel 22, 33, 72, 74, 84–86
Mittelholzer, Walter 150
Mizutani, Takehiko 22, 31, 101
Modersohn-Becker, Paula 159
Moholy-Nagy, László 7, 16, 22, 34, 49–51, 53–57, 59f.,
    62, 65f., 68f., 72, 75, 99, 101, 106–113, 125–127, 129f., 133, 135f., 164, 172–184,
    186–196, 200, 202–205, 208–211, 217, 230, 232, 243, 253–256, 258, 261–269
Moholy-Nagy, Sibyl 107f., 174, 176, 205, 208
Moholy, Lucia .... 96f.
Molnár, Farkas 118, 132
Mondrian, Piet 218
Morris, Charles W. 178, 180
Morse, Edna 179
Muche, Georg 242
Müller-Wulckow, Walter .... 159–161, 168f.
Müller, Wilhelm 32, 50f., 72

Mürb, Kunigunde „Gundel" (s. Gautel, Kunigunde)
Neumann, Klaus 24
Neumann, Lony .... 98f.
Neuner, Hans Ferdinand (gen. Hannes) 107, 109, 111, 179, 182
Neuner, Hein 107, 109, 111
Neutra, Dione 124f., 130f., 133, 190, 192, 208
Neutra, Richard 124f., 130f., 133, 190, 192, 208
Niemeyer, Reinhold 41
Niesmann, Adolf 168
Niethammer, Emil 155, 157
Nolde, Emil 159
Oliver, James L. 228, 232, 241, 246
Paepcke, Walter .... 205, 237f.
Pankok, Bernhard .... 13f.
Pap, Gyula 76, 78f., 107, 109
Payne, Lee 227, 229
Pei, Ieoh Ming 222
Peterhans, Walter 122, 124f., 172, 254
Pfeil, Eva 223
Przyrembel, Hans .... 76, 78f., 96f.
Pulos, Arthus J. .... 75, 238f., 246f.
Rabby, Russel 226, 229, 246
Rapson, Ralph 205, 211
Redmann, Robert E. 247
Reichardt, Margaretha 159
Reichek, Jesse 205, 207
Reindl, Paul 50, 64
Rettaliata, John Theodore 205f., 209
Reynolds, Stephen A. .... 150f.
Rice, John Andrew 172
Rilke, Rainer Maria 218
Rittweger, Otto .... 50f., 55, 57, 76-79, 96f.
Robinson, Jack 246
Rohde, Alfred 15, 17
Rose, Hajo 107, 109
Rosenbaum-Ducommun, Wladimir 156
Ross, Charles W. .... 132f.
Rössger, Wolfgang 55, 57, 76
Saugrain-Bredendieck, Joan 209, 218f., 221-224, 226, 240f., 247
Schädlich, Christian 242
Schäfter, Alfred 55-57, 60
Schaer, Walter 223, 226, 229, 246
Schawinsky, Xanti 108-111, 130, 178, 181, 190, 192
Scheyer, Galka 115, 124f., 133
Schiess, Hans R. 38
Schiltz, Andi 179, 181, 222
Schlemmer, Carl 109, 111
Schlemmer, Oskar .... 19, 32, 40-45, 72, 74, 99f., 177f.
Schmidt-Rottluff, Karl .... 159f.
Schmidt, Joost 46f., 109, 111

Schnaidt, Claude 242
Schulte, Hermann 13, 17
Schulze, Helmut 76
Schuster, Irwin 246
Schütte, Johann 167-169
Schwoon, Karl 159f., 169
Seay, Jack 227, 229, 232, 235
Seeger, Charles .... 132f.
Seelig, Grace 181, 183
Séquin, Bruno 149, 151, 157
Sert, Josep Lluís .... 173f.
Simon-Wolfskehl, Tony 159
Smith, Henry Holmes 178-181, 191
Smith, Tony 181
Sorrells, Paul 228, 246
Stahle, Norma K. 174f., 181, 208
Stankowski, Anton 144, 146, 156
Stoll, Albert 89, 91, 162-164, 166
Strauss, Lawrence 132
Taylor, Crombie 205, 207
Tepper-Mayer, Bertha 209
Tomljenovic, Ivana 38
Tooker Hernandez, Marian 132
Tooker, Robert 114
Tooker, Virginia (s. Bredendieck, Virginia)
Tschichold, Jan .... 187f.
Tümpel, Wolfgang 243
Umbehr, Otto (gen. Umbo) 23
van Beuren, Michael .... 132f.
van de Velde, Henry 20
Vollazón, Manuel 246
Wachsmann, Konrad 7
Waddel, Joan Ellen (s. Saugrain-Bredendieck, Joan)
Wagenfeld, Wilhelm 159, 204
Walley, John 200, 202, 209
Watrous, Hazel .... 117f.
Weininger, Andor 241f., 247
Weisenborn, Fritzi 209
Weisshaus, Imre .... 116-127, 132f.
Weisshaus, Virginia (s. Bredendieck, Virginia)
Wick, Rainer K. 7, 179, 182, 208
Wingler, Hans Maria 33, 132f., 243, 247
Winter, Ella .... 119, 127f., 132f.
Winter, Fritz G. 226, 229, 246
Worrell, Norman 246
Yamawaki, Iwao 58, 84f., 179, 182
Zimmermann, Werner 22, 65, 68, 96, 99-101

Bildnachweis / Image credits

Impressum / Colophon

Hin Bredendieck. Von Aurich nach Atlanta
Hin Bredendieck: From Aurich to Atlanta

mit Texten, Briefen und Dokumenten
bearbeitet von Gloria Köpnick
und mit Beiträgen von Rainer Stamm

with texts, letters, and documents
edited by Gloria Köpnick
and with essays by Rainer Stamm

Konzept und Redaktion / Concept
and editing: Gloria Köpnick

Projektleitung Hirmer / Project Supervision
Hirmer: Kerstin Ludolph

Projektmanagement Hirmer / Project
Management Hirmer: Cordula Gielen

Deutsches Lektorat und Korrektorat / German
copyediting and proofreading: Rainer Stamm,
Gloria Köpnick, Maren Janka Hopp, Kristina Hoppe

Englisches Lektorat und Korrektorat / English
Copyediting and Proofreading: James Copeland,
Berlin

Übersetzung Deutsch – Englisch / English
translation from the German: Gérard Goodrow,
Köln / Cologne

Übersetzung Französisch – Deutsch / German
translation from the French: Karolin Voigt, Paris

Gestaltung, Satz und Herstellung / Graphic design,
typesetting and production: Sophie Friederich,
Hirmer

Lithografie / Prepress and repro:
Repromediateam Achter

Papier / Paper: LuxoArtSamt, 150 g/m2

Druck und Bindung / Printing and binding:
Kösel GmbH & Co. KG

Printed in Germany

Bibliografische Information der Deutschen
Nationalbibliothek: Die Deutsche Nationalbibliothek
verzeichnet diese Publikation in der Deutschen
Nationalbibliografie; detaillierte bibliografische
Daten sind im Internet über http://www.dnb.de
abrufbar.

Bibliographic information published by the
Deutsche Nationalbibliothek: The Deutsche
Nationalbibliothek lists this publication in the
Deutsche Nationalbibliografie; detailed
bibliographic data is available online at
http://dnb.de

© 2020 Landesmuseum Oldenburg; Hirmer
Verlag GmbH, Munich; and the authors

ISBN 978-3-7774-3539-8
(Deutsche Buchhandelsausgabe /
German trade edition)
ISBN 978-3-7774-3463-6
(Englische Buchhandelsausgabe /
English trade edition)

www.hirmerverlag.de
www.hirmerpublishers.com

Einbandillustration / Coverillustration:
Portrait Hin Bredendieck, 1928, Sammlung Freese /
Portrait of Hin Bredendieck, 1928, Freese Collection

Rückseite / Back: Hin Bredendieck, Collage von
indi-Leuchten, um 1932, GTL-HB / Hin Bredendieck,
Collage of "indi" lights, ca. 1932, GTL-HB

Die vorliegende Publikation erscheint im
Zusammenhang mit dem gleichnamigen
Forschungsprojekt und wurde großzügig
ermöglicht durch: / This publication appears in
conjunction with the research project of the
same name and was generously funded by:

Landesmuseum für Kunst und
Kulturgeschichte Oldenburg
Schloss, Augusteum und Prinzenpalais
Damm 1
26135 Oldenburg
+ 49 441 405 70 400
info@landesmuseum-ol.de
www.landesmuseum-ol.de

Direktor / Director: Rainer Stamm

Betriebswirtschaftliche Leitung /
Managing Director: Michael Langer

Verwaltungsleitung / Administrative
Management: Dieter Frerichs

Projektleitung „Hin Bredendieck. Von Aurich
nach Atlanta" / Project Management "Hin
Bredendieck: From Aurich to Atlanta":
Gloria Köpnick

Sekretariat / Office: Heike Glasneck,
Martina Lau, Astrid Voigt

Presse- und Öffentlichkeitsarbeit / Press and
public relations: Julia Ditsch, Martina Lau

Museumspädagogik / Head of Education:
Doris Korte

Restaurierung / Restoration and
conservation: Christoph Clermont

Fotografie / Photography: Sven Adelaide

Landesmuseum für Kunst und
Kulturgeschichte Oldenburg

Eine Institution des Landes

Niedersachsen

 Alfried Krupp
von Bohlen
und Halbach-
Stiftung

 RAO
RUDOLF-AUGUST OETKER-
STIFTUNG

 Waldemar Koch
Stiftung

 ZEIT-Stiftung
Ebelin und Gerd
Bucerius